SKANDINAVISTISCHE ARBEITEN

HERAUSGEGEBEN VON KLAUS VON SEE

——————————— BAND 9 ———————————

*Wilhelm I. R., 1890. Zeichnung von Carl Saltzmann.
Geheimes Staatsarchiv Preußischer Kulturbesitz, Berlin.*

BIRGIT MARSCHALL

Reisen und Regieren

Die Nordlandfahrten Kaiser Wilhelms II.

HEIDELBERG 1991

CARL WINTER · UNIVERSITÄTSVERLAG

CIP-Titelaufnahme der Deutschen Bibliothek

Marschall, Birgit:
Reisen und Regieren: die Nordlandfahrten Kaiser Wilhelms II.
Birgit Marschall. – Heidelberg: Winter, 1991
  (Skandinavistische Arbeiten; Bd. 9)
  Zugl.: Frankfurt (Main), Univ., Diss., 1990
  ISBN 3-533-04371-1
  NE: GT

ISBN 3-533-04371-1

Alle Rechte vorbehalten. © 1991 Carl Winter Universitätsverlag, gegr. 1822, GmbH., Heidelberg
Photomechanische Wiedergabe nur mit ausdrücklicher Genehmigung durch den Verlag
Imprimé en Allemagne. Printed in Germany
Gesamtherstellung: Clausen & Bosse, Leck

Meinen Eltern

Inhalt

Vorwort 11

I. Einleitung
1. Die Nordlandfahrten: ein Spiegelbild der wilhelminischen Zeit 13

II. Der »Reisekaiser« und der Wille zur Moderne
1. Das kaiserliche »Reisekarussell« 22
2. Die Anziehungskraft der »magischen Fäden«: Wilhelms II. Reisemotivation für die Nordlandfahrten 26

III. Die Nordlandfahrtgesellschaft
1. Das »Männerbündische« und der Mythos der Jugend: die personelle Zusammensetzung der Nordlandfahrtgesellschaft 34
2. Reisen und Regieren: die Nordlandfahrtgesellschaft, ein politisches Entscheidungsgremium? 51
3. Der Skalde und politische Intimus Wilhelms II.: Philipp Fürst zu Eulenburg-Hertefeld 67

IV. Die Nordlandromantik Wilhelms II.
1. Ein »kerniges« Volk: das Germanenbild Wilhelms II. 80
2. »Rein nordisch«: das Kunst- und Literaturverständnis Wilhelms II. 88
3. Lebensreformbewegung, Großstadtfeindschaft und Agrarromantik: Parallelen zu Wilhelms II. Nordlandideologie? 100

V. Die politische Dimension der Nordlandfahrten
1. Skandinaviens Bedeutung für die europäische Großmachtpolitik unter besonderer Berücksichtigung der deutschen Interessen ... 102

2. Wilhelms II. Haltung im schwedisch-norwegischen Unionskonflikt und seine Idee eines pangermanischen Bundes 116
3. Wilhelms II. Entrevue mit Zar Nikolaus II. bei Björkö 146
4. Wilhelm II. und die skandinavischen Staaten nach Auflösung der schwedisch-norwegischen Union 1905 157
5. Die letzte Nordlandfahrt und die Julikrise 1914 168

VI. Die Wirkung der Nordlandfahrten Kaiser Wilhelms II. auf die deutsche Kultur- und Wirtschaftspolitik
1. Die Nordlandfahrten und die Anfänge des Skandinavien-Tourismus 181
2. Die publizistische Vermittlung der Nordlandfahrten 191
3. Die Nordlandfahrten und die Gründung von deutsch-skandinavischen Vereinen und Zeitschriften 202
4. Die Nordlandfahrten und das wirtschaftliche Engagement deutscher Walfanggesellschaften in Skandinavien 210

VII. Schluß 215

VIII. Dokumentarischer Anhang
1. Verzeichnis der Nordlandfahrtteilnehmer 221
2. Ausgewählte Briefe aus der Korrespondenz zwischen Wilhelm II. und dem schwedisch-norwegischen Königshaus anläßlich der Unionskrise 224

IX. Quellen- und Literaturverzeichnis
1. Bibliographische Hilfsmittel 233
2. Ungedruckte Quellen 233
3. Gedruckte Quellen
   a. Dokumente, Memoiren, Korrespondenzen, Reden, Darstellungen 240

    b. Zeitschriftenaufsätze 248
    c. Zeitungen 250
  4. Sekundärliteratur 251

X. Abkürzungsverzeichnis 265

XI. Personenregister 266

Vorwort

Monographien oder spezielle Aufsätze über die Nordlandfahrten Kaiser Wilhelms II. liegen bisher nicht vor. Das mag nicht zuletzt damit zusammenhängen, daß das Thema mehrere Fachdisziplinen – von der politischen Geschichte über die Kultur-, Kunst- und Literaturgeschichte bis hin zum Schiffahrtswesen – gleichermaßen berührt. Dies hat zur Folge, daß die vorliegende Publikation, die die überarbeitete Fassung meiner im Juli 1990 von der Philosophischen Fakultät der Johann Wolfgang Goethe-Universität zu Frankfurt am Main angenommenen Dissertation darstellt, weitgehend auf uneditiertem Archivmaterial beruht. Infolgedessen hätte sie ohne das Entgegenkommen und die Hilfsbereitschaft vieler Institutionen nicht zustande kommen können.

Daher gilt mein aufrichtiger Dank zunächst den Damen und Herren des Bernadotteska Familjearkivet Stockholm, des Bundesarchivs Koblenz, des Bundesarchiv-Militärarchivs Freiburg, des Deutschen Filmmuseums Frankfurt am Main, des Deutschen Instituts für Filmkunde e.V. Frankfurt am Main, des Deutschen Schiffahrtsmuseums Bremerhaven, des Geheimen Staatsarchivs Preußischer Kulturbesitz Berlin, des Hessischen Staatsarchivs Darmstadt, des Instituts für Tourismus der Freien Universität Berlin, des Kongelige Utenriksdepartement Oslo, der Kungliga Biblioteket Stockholm, des Norsk Sjöfartsmuseum Oslo, des Politischen Archivs des Auswärtigen Amtes Bonn, des Riksarkivet Stockholm, der Staatsbibliothek Preußischer Kulturbesitz Berlin, des Statens Sjöhistoriska Museum Stockholm sowie der Universitätsbibliotheken von Frankfurt am Main und Oslo. In diesen Dank schließe ich auch das Bildarchiv Preußischer Kulturbesitz Berlin, das Fürstlich Fürstenbergische Archiv Donaueschingen, die Stichting Huis Doorn, den Kieler Yacht-Club und den Ullstein Bilderdienst Berlin ein, die so freundlich waren, die für die Veröffentlichung erforderlichen Bildrechte zu erteilen.

Großen Dank schulde ich auch der Hessischen Graduiertenförderung für die finanzielle Unterstützung des Dissertationsprojektes und dem Deutschen Akademischen Austauschdienst, der mir im Frühjahr 1989 einen zweimonatigen Forschungsaufenthalt in Oslo und Stockholm ermöglichte.

Unter den vielen, die mir während meiner Studien mit Rat und Tat beistanden, möchte ich namentlich erwähnen: Herrn Dr. Uwe Schnall, der mir einschlägiges Material aus dem Bereich des Schiffahrtswesens zur Verfügung stellte, mich sachkundig auf skandinavische Quellenbestände hinwies und mich hilfreich unterstützte, Herrn Professor Dr. John C. G. Röhl, der mir als vorzüglicher Kenner des wilhelminischen Zeitalters seine Unterstützung zuteil werden ließ und mir in großzügiger Weise wichtige Auskünfte – auch über Archivalien – erteilte, Herrn Professor Dr. Lothar Gall, dem ich für die Übernahme des Korreferats, für die freundliche Anteilnahme an meiner Arbeit, für Denkanstöße und weiterführende Anregungen, und nicht zuletzt auch dafür, daß er stets bereit stand, wenn Hilfe benötigt wurde, sehr verbunden bin, und vor allem meinen sehr verehrten Lehrer, Herrn Professor Dr. Klaus von See, der diese Dissertation anregte und mit unermüdlichem, über die Maße des Üblichen hinausgehenden Engagement in liebenswürdiger Weise betreute und förderte.

Besonders gefreut habe ich mich, daß das Buch gleichzeitig in die Reihen »Skandinavistische Arbeiten« und »Schriften des Deutschen Schiffahrtsmuseums« aufgenommen wurde. Dafür möchte ich dem Carl Winter Universitätsverlag, dem Deutschen Schiffahrtsmuseum und dem Ernst Kabel Verlag meinen herzlichen Dank aussprechen.

Zur technischen Einrichtung der Arbeit gebe ich noch folgenden kurzen Hinweis: Material, mit dem ich die laufende Darstellung nicht belasten wollte, und das sonst nicht zur Verfügung steht, wird gesondert in einem dokumentarischen Anhang aufgeführt. Übersetzungen von Zitaten ins Deutsche stammen – soweit nicht anders angegeben – von der Verfasserin. Unterstreichungen im Original sind in Kursivschrift wiedergegeben.

Frankfurt am Main, im August 1990   *Birgit Marschall*

I. Einleitung

1. Die Nordlandfahrten: ein Spiegelbild der wilhelminischen Zeit

> *Caelum, non animum mutant,*
> *qui trans mare currunt.*
> Horaz, Episteln, I, 11, 27.

»In unserem Kaiser drückt sich der Geist der neuen Zeit aus und in unserer Zeit der Geist unseres Kaisers«, denn – so heißt es 1913 in einer zum 25jährigen Regierungsjubiläum Kaiser Wilhelms II. herausgegebenen Festschrift – »unabhängig von allem Staatsrechte werden monarchisch empfindende Völker dem Geist und Willen ihrer Herrscher immer mehr folgen als es ihnen selbst und der Umwelt zu Bewußtsein kommt. Und das um so mehr, wenn der Geist eines Monarchen stark und der Wille fest ist.«[1] Wilhelm II. ist aber nicht nur als Reflektor, der die Ideen, Leistungen und Schwächen seiner Zeit widerspiegelte, zu begreifen, sondern zugleich auch als Repräsentant der Moderne. Von der Epoche, die seinen Namen trägt, die er und die ihn prägte, gehen Impulse aus – sowohl fruchtbare als auch gefahrvolle –, die bis in die Gegenwart hineinwirken.

Ausdruck für die Modernität Wilhelms II. ist neben seinem Engagement für die medizinische, naturwissenschaftliche und technische Forschung in der Phase der Hochindustrialisierung sein ausgeprägter hektischer Reiseaktivismus, denn hier nahm er bereits das vorweg, was man später als die Begründung eines fortschrittlichen Lebensstils bezeichnet hat. Ein Paradigma für Wilhelms Bemühen, überall tonangebend, richtungsweisend für die Zukunft zu sein und die vorherrschenden Tendenzen seiner Gegenwart – wenngleich auch nur oberflächlich – aufzunehmen, liefern seine Nordlandfahrten.

Skandinavien – genauer gesagt – vornehmlich die norwegischen Fjorde waren in den Jahren 1889 bis 1914 jeweils für einige Sommerwochen Ziel der Fahrten des deutschen Monarchen.

---

[1] Von Berger/Zorn (Hrsg.), Bd. 3, S. 1698.

Diese Reisen auf der Yacht HOHENZOLLERN nehmen innerhalb der vielfältigen Exkursionen des Kaisers insofern eine exzeptionelle Stellung ein, als das Interesse des Regenten am Nordland im Vergleich zu anderen Fahrtzielen bleibend war.

Sie zeigen die schillernde, charismatische und »zerrissene Natur« des Kaisers, die – so eine Charakterisierung Walther Rathenaus, des späteren Außenministers der Weimarer Republik – »den Riß nicht spürt«.[2] Zudem tritt in ihnen der allgemeine Zeitgeist der wilhelminischen Epoche mit all seinen Widersprüchen, dem Willen zur Modernität, dem totalen »Bruch mit dem Alten« und dem »Wiederherstellenwollen des Uralten« – wie es der Dichter des Realismus, Theodor Fontane, 1897 formulierte[3] – besonders deutlich hervor. Das heißt: Am Beispiel der Nordlandfahrten des Kaisers lassen sich allgemeine und zentrale Fragen zur wilhelminischen Epoche entwickeln, die somit den Blick über das Konkrete hinaus auf größere Zusammenhänge öffnen. Zugleich ist dabei der exemplarische Charakter – die spezifischen Eigen- und Besonderheiten – der Reisen zu berücksichtigen.

Um hier nur einige Beispiele zu nennen: Sie spiegeln die allgemeine Flotten- und Marinebegeisterung in Deutschland und – da die Flotte im Gegensatz zum Heer Reichsangelegenheit war – zugleich die nationale Reichsbegeisterung wider. Man braucht hier nur an die Flottenpläne des Admirals von Tirpitz, an die Gründung des Deutschen Flottenvereins 1898 und nicht zuletzt auch an eine modische Skurrilität, das Aufkommen des Matrosenanzuges als Hauptform der Knabentracht im ganzen deutschsprachigen Raum, zu denken.[4]

Ferner dokumentieren sie die damals im Deutschen Reich aufblühende Skandinavienbegeisterung. Sie äußerte sich etwa in einem der ersten Nordlandpilger, dem Berliner Literaturkritiker Heinrich Hart, der sich in der Fjeldlandschaft des Nordens auf die Suche nach dem neuen Menschen begab, und in Hugo Höppener – besser bekannt als »Fidus« –, dem Erfolgsmaler nordischer Lichtmenschen, der sich von der norwegischen Landschaft

---

[2] Rathenau, S. 27.
[3] Theodor Fontane an Georg Friedlaender, Berlin, 5.4.1897, in: Fontane, S. 309.
[4] Dazu Hävernick, S. 6, 11; Herwig, S. 17; Lühr, S. 28f.

inspirieren ließ. Literarisch weckte beispielsweise der Verleger Eugen Diederichs die Nordlandsehnsucht des deutschen Bildungsbürgertums. Unter dem Eindruck seiner Islandreise von 1910 gab er die 24bändige Sammlung »Thule«, eine Anthologie altnordischer Dichtung und Prosa von der Edda bis zu den Sagas, heraus.

Des weiteren sind die Fahrten interessant im Hinblick auf die Situation Skandinaviens, das sich damals in einer Umbruchzeit befand: wegen der beginnenden Auflösung der schwedisch-norwegischen Union, die 1905 vollzogen wurde, wegen der Neuorientierung der schwedischen Außenpolitik während der Regierungszeit Oscars II. zugunsten Deutschlands und zum Nachteil Frankreichs – obschon der schwedische Monarch aus dem Hause Bernadotte stammte –, ferner wegen der Verhandlungen im Vorfelde der Ratifizierung von Integritäts-, Nord- und Ostseeabkommen und schließlich wegen der Proklamation der gemeinsamen Neutralität Dänemarks, Norwegens und Schwedens auf dem Dreikönigstreffen in Malmö im Dezember 1914.

In der Forschung fanden die Nordlandfahrten meist keine Beachtung, und wenn, dann nur in Form von eher beiläufigen Randbetrachtungen, in die sich sogleich falsche Angaben über Fahrtteilnehmer und -ziele einschlichen. Das geringe Interesse der Wissenschaft an den Nordlandreisen des Kaisers hat seinen Grund darin, daß diese vielfach als reine Vergnügungsfahrten interpretiert wurden. Wilhelm II. aber begriff Reisen und Regieren gleichsam als festgefügte Einheit. Die Nordlandfahrten sind gerade deshalb als Untersuchungsgegenstand von eminenter Bedeutung, weil sie erneut die Frage nach dem »*persönlichen Regiment*« Wilhelms II. zur Diskussion stellen und damit das akzentuieren, was in der wilhelminischen Innen- und Außenpolitik deutlich zu beobachten war. Denn: Die Hohenzollern-Yacht verkörperte den »Mikrokosmos eines monarchischen Staates«[5] samt Palais, Regierungsgebäuden, Kasernen und Exerzierplatz.

Seit Fritz Hartungs 1952 erschienenem Aufsatz »Das persönliche Regiment Kaiser Wilhelms II.«[6] wird über diese Problema-

---

[5] Gußfeldt, Die Nordlandreise des Deutschen Kaiserpaares, S. 360.
[6] Hartung, Das persönliche Regiment Kaiser Wilhelms II., in: Sitzungsberichte der deutschen Akademie der Wissenschaften zu Berlin 3, 1952, S. 4–20.

tik kontrovers gehandelt.⁷ Hartung widersprach darin vehement Erich Eycks These, wonach das System des »*persönlichen Regiments*« »die Entscheidung über das Schicksal eines ganzen Volkes in die Hand eines einzelnen, dazu noch völlig unfähigen Individuums legte und... die richtige Verteilung der Kräfte zwischen politischer und militärischer Gewalt nicht gefunden hatte«⁸. »Es ist sinnlos, von ›persönlichem Regiment‹ zu sprechen, wenn es sich um eine Politik handelt, in der der Monarch nicht nur mit den verantwortlichen Trägern der Regierungsgeschäfte, sondern auch mit der Mehrheit des Parlaments und der Wählerschaft einig war«⁹, hieß es 1965 in einer Formulierung Ernst Rudolf Hubers, der in den 50er Jahren neben Hartung zu den streitbarsten Opponenten gegen die These vom »*persönlichen Regiment*« Wilhelms II. zählte¹⁰ und dessen Argumentationsführung gänzlich im Formaljuristischen befangen blieb. Eher abwägend urteilte hingegen Walter Goetz.¹¹ Gänzlich negiert wurde das »*persönliche Regiment*« auch und vor allem von den Kritikern personalistischer Geschichtsschreibung: In Hans-Ulrich Wehlers Anfang der 70er Jahre erschienener Darstellung »Das deutsche Kaiserreich 1871–1918« wurde Wilhelm II. zur quantité absolument négligeable, zum Schattenkaiser schlechthin.¹²

Als Elisabeth Fehrenbach 1969 in ihrer Studie »Wandlungen des deutschen Kaisergedankens (1871–1918)« das »*persönliche Regiment*« als »eine bloße Fiktion«¹³ bezeichnete, hatte John C. G. Röhl zwei Jahre zuvor in seiner von bemerkenswerter Aktenkenntnis zeugenden Abhandlung »Germany without Bismarck. The Crisis of Government in the Second Reich, 1890–1900«¹⁴

---

⁷ Zur Forschungsgeschichte s. Schöllgen, Zeitalter, S. 109 ff. Jetzt auch Cecil, Wilhelm II, S. 416 f., Anm. 92.
⁸ Eyck, S. 782.
⁹ Huber, Das persönliche Regiment Wilhelms II., in: Moderne deutsche Verfassungsgeschichte (1815–1918). Hrsg. v. Ernst-Wolfgang Böckenförde. Köln 1972, S. 303.
¹⁰ Ders., Das persönliche Regiment Wilhelms II., in: Zeitschrift für Religions- und Geistesgeschichte 3, 1951, S. 134–148.
¹¹ Goetz, Kaiser Wilhelm II. und die deutsche Geschichtsschreibung, in: Historische Zeitschrift 179, 1955, S. 21–44.
¹² Wehler, Das deutsche Kaiserreich 1871–1918. Göttingen 1973.
¹³ Fehrenbach, Wandlungen, S. 95.
¹⁴ Röhl, Germany without Bismarck. London 1967.

Eycks Thesen gestützt.[15] In Weiterführung des Eyckschen Ansatzes, demzufolge sich das »*persönliche Regiment*« eher 1897 denn 1890 etablierte und der Kaiser die Richtlinien der Politik vorgab, definierte Röhl das zeitgenössische Schlagwort vom »*persönlichen Regiment*« neu: Er ersetzte es durch den neutraleren, von dem Soziologen Norbert Elias geprägten Terminus des »*Königsmechanismus*«.[16] Für Röhl ergab sich daraus die zwingende Schlußfolgerung, daß in der Wahl der kaiserlichen Berater und Vertrauten die Quintessenz der kaiserlichen Herrschaftsvorstellung liege, die unweigerlich in der Katastrophe der Julikrise von 1914 mündete. Isabel V. Hull argumentierte in ihrer Studie »The Entourage of Kaiser Wilhelm II 1888–1918«[17] aus dem Jahre 1982 in Vertiefung des Röhlschen Ansatzes, eine conditio sine qua non für diese Entwicklung sei ein Zurückdrängen der Zivilisten aus dem kaiserlichen Beraterkreis gewesen. Diese sei durch den Homosexuellenprozeß gegen die Freunde des Kaisers, Philipp Fürst zu Eulenburg-Hertefeld und Cuno Graf Moltke, begünstigt gewesen, den der Bismarckianer und führende Publizist jener Jahre, Maximilian Harden, angestrengt hatte. Dadurch habe der Einfluß der Militärs auf den Kaiser, der für diesen ohnehin empfänglich war, zugenommen.

Lamar Cecil wiederum beurteilt das »*persönliche Regiment*« skeptisch, obgleich er es nicht negiert. Sein Resümee lautet: Die deutsche Politik nach 1888 und vor 1897 sei ein »exotischer und verwirrender Mischmasch« gewesen, niemand habe richtig geführt, niemand gewonnen.[18]

Für die Nordlandfahrten ergeben sich daraus folgende Fragestellungen: Fungierte die Nordlandfahrtgesellschaft als ein politisches Entscheidungsgremium? Kann man in der Auswahl der Begleiter (Abb. 1) tatsächlich die eigentliche Quintessenz der kaiserlichen Herrschaftsvorstellung sehen? Wurden die zuständigen Reichsgremien bei politisch brisanten Entscheidungen umgangen? Regierte die »Hofkamarilla« nach eigenem Gutdünken? Welche Verflechtungen in bezug auf politische Interessenverbindungen, Berater- und Freundeskreise lassen sich in-

---

[15] Beipflichtend Stürmer, S. 496–499.
[16] Elias, S. 41 et passim.
[17] Hull, The Entourage of Kaiser Wilhelm II 1888–1918. Cambridge 1982.
[18] Cecil, Wilhelm II, S. 261.

nerhalb der Reisegesellschaft konstatieren? Kann man die Männergesellschaft, die sich vorwiegend aus »Schöngeistern« und Militärs zusammensetzte, als bewußte Alternative und Gegenwelt zu den Regierungskreisen auffassen? Wie unterscheiden sich die Fahrten von den Sommerreisen, an denen die Kaiserin teilnahm?

Dies bedeutet, daß damit zugleich die umstrittene Rolle des Grafen und im Jahre 1900 gefürsteten Philipp zu Eulenburg beleuchtet wird, der als politischer Intimus des Kaisers im Zentrum der Macht stand und zu den Schlüsselfiguren der deutschen Politik in den Jahren 1886–1906 zählte. Durch John C. G. Röhls Veröffentlichung seiner Korrespondenz erscheint diese Rolle ohnehin schon in einem neuen Licht und kann noch vertieft werden.[19]

Überhaupt schienen die Nordlandfahrten des Kaisers vom Geist der Politik bestimmt zu sein: Liefert die Rolle, die die nordische Halbinsel in der europäischen Großmachtpolitik spielte, den Schlüssel für die Reisen Wilhelms II.?[20] Konkreter gefaßt, ist der Kampf um die Vorherrschaft in der Nord-, aber auch in der Ostsee, wo die Machtansprüche Englands, Rußlands und Deutschlands aufeinandertrafen, für die kaiserlichen Fahrten ausschlaggebend gewesen? Schließlich ist festzustellen, welche außenpolitische Bedeutung den Treffen Wilhelms II. mit den skandinavischen Monarchen zukommt: Nutzte er diese dazu, seinen Einfluß in der skandinavischen Politik geltend zu machen? Riefen nicht eher umgekehrt die skandinavischen Regenten den deutschen Kaiser um politische Hilfe an, speziell im schwedisch-norwegischen Unionskonflikt? Hatte Wilhelm II., als er Schweden den Beitritt zum deutsch-österreichisch-italienischen Dreibund von 1882 anbot, die Rückendeckung der deutschen Diplomatie? Hielt er Rücksprache mit dem Reichskanzler und dem Auswärtigen Amt, oder wurde er – wie so oft – auch hier von der Vorstellung geleitet, Außenpolitik werde aus-

---

[19] Philipp Eulenburgs politische Korrespondenz. Hrsg. v. John C. G. Röhl. 3 Bde. Boppard am Rhein 1976–1983.
[20] Verdienstvoll für die Erforschung der deutsch-skandinavischen Beziehungen um die Jahrhundertwende sind die im Literaturverzeichnis aufgeführten Arbeiten von Walther Hubatsch und in besonderem Maße von Folke Lindberg.

schließlich auf monarchischer Ebene betrieben? Mit anderen Worten: Stimmte die von Wilhelm II. auf seinen Fahrten vertretene Politik mit der offiziellen deutschen Außenpolitik überein? Wie vertrugen sich seine politischen Zielvorstellungen mit der Realität des ausgehenden 19. und beginnenden 20. Jahrhunderts? Wurde hier nicht das *»persönliche Regiment«* des Kaisers ad absurdum geführt? Aufschluß darüber geben vor allem die Gespräche des Kaisers mit dem schwedisch-norwegischen Königshaus 1895 in Tullgarn und 1905 in Gävle.

Von herausragender Bedeutung sind ferner die auf Wilhelms Impulsivität und Spontaneität zurückzuführende Zusammenkunft mit dem russischen Zaren 1905 bei Björkö sowie die Nordlandfahrt von 1914 – letztere speziell im Hinblick darauf, welche Informationen dem deutschen Monarchen über die Julikrise an Bord der HOHENZOLLERN zugingen. Die Gespräche, die Wilhelm II. vor Ausbruch des Ersten Weltkrieges auf der Yacht führte, sind Gegenstand eines »Tagebuchs«, das 1915 unter dem Pseudonym »Count Axel von Schwering« in England herausgegeben wurde.[21] Intention des »Tagebuchs«, das in der Forschung unbeachtet blieb, ist es, nachzuweisen, daß der deutsche Kaiser seit seinem Regierungsantritt danach trachtete, das Deutsche Reich mittels eines Krieges zur Weltmacht auszubauen. Handelt es sich hierbei aber um ein echtes »Tagebuch«? Läßt sich der Verfasser unter den Fahrtteilnehmern ermitteln?

Ist Wilhelms II. Fahrtmotivation tatsächlich – wie es auch das »Tagebuch« behauptet – auf politische Beweggründe zurückzuführen? Kommt nicht vielmehr seine Marinebegeisterung als Motiv in Betracht? Oder seine Nordlandschwärmerei, die ihm Eulenburg, der mehr oder weniger Initiator der Reisen war, bereits während seiner Jugendzeit zu vermitteln wußte?

Als Forschungsgegenstand erscheint diese Thematik besonders gewinnbringend, da Skandinavien als kulturgeographischer Begriff in den 1880er Jahren in Deutschland weitgehend unbekannt war. Vielmehr wandten sich die gebildeten Kreise Deutschlands – vorausgesetzt, man interessierte sich überhaupt für den nordeuropäischen Kulturraum – eher einem anderen Kulturkreis zu, nämlich Schottland, das neben Italien zu einem beliebten Ziel von Bildungsreisen wurde. Erst die Reisen des

---

[21] Schwering, The Berlin Court Under William II. London 1915.

Kaisers und deren bewußte journalistische Verbreitung durch den Fahrtteilnehmer Paul Güßfeldt, dessen Reiseschilderungen auf die deutsche Leserschaft bisweilen eine belehrende Funktion ausüben sollten, weckten das Interesse der Öffentlichkeit.

Skandinavien verkörperte für Wilhelm II. den Inbegriff der »Urheimat der Germanen«, und die Skandinavier galten ihm als Vertreter eines kraftvollen, »kernigen« Germanentums. Insofern drängt sich vom weiteren Gang der Dinge die Frage nach dem Germanen- und Skandinavienbild des Kaisers auf. Hierzu gibt es mehrere Zugänge: Handelt es sich dabei mitunter um eine Fortführung der patriotisch orientierten, historisierenden Germanentümelei im Stile Felix Dahns? Um ein Germanenbild, das dem Denken der Lebensreformer und eigentlichen Entdecker Skandinaviens, deren Blick vorwärtsgerichtet und zukunftsorientiert war, widersprach? Bestärkte ihn sein Freund Eulenburg, der ihn mit den rassetheoretischen Schriften Arthur Gobineaus, mit dem Richard-Wagner-Schwiegersohn Houston Stewart Chamberlain, mit dem Bayreuther-Kreis und mit populären Versionen nordischer Mythologie bekannt machte, in seiner Nordlandschwärmerei? Stand der Kaiser ganz im Bann der Imagination, oder war er auch für zeitgenössische skandinavische Kulturströmungen zu gewinnen? Welche Rolle spielte die Realitätserfahrung in seiner Skandinavienvorstellung? Nahm er den wirtschaftlichen Aufschwung der 1890er Jahre, die Stockholmer Industrie- und Kunstausstellung von 1897, die modernen Künstler und Literaten, die Gesellschaftskritiker Henrik Ibsen, August Strindberg, die Vertreter des in Skandinavien sogenannten »modernen Durchbruchs«, die Malerkolonie in Skagen überhaupt wahr? Anhand dieser Überlegungen wird es möglich sein, das Skandinavienbild des Kaisers gegen zeitgenössische Nordlandideologien abzugrenzen, ferner Betrachtungen dahingehend anzustellen, ob sich in Parallele zu den pangermanischen Ideen Wilhelms II. im Norden ein sogenannter »deutscher Gedanke« rein ideeller oder politischer Natur bildete.

Anknüpfend an diese Fragestellungen wird zu untersuchen sein, welche Wirkungen die Nordlandfahrten auf den gesellschaftlich-kulturellen Bereich ausübten, wie sie den Zeitgeist prägten und Grundsteine für spätere Entwicklungen legten. Da ist der mit den Kaiserfahrten einsetzende Skandinavien-Tourismus, der mit den »Kraft-durch-Freude«-Kreuzfahrten zunächst seinen vorläufigen Höhepunkt erreichte, da ist die unüberschaubare Flut von Reisebeschreibungen Skandinaviens, die das Nordland – diesen Begriff hatte Johann Gottfried Herder in Deutschland bekannt gemacht[22] – einer breiteren Öffentlichkeit näher brachte, und da ist das Kuriosum: die Gründung deutscher Walfanggesellschaften im Gefolge der deutschen Kaiserreisen. Schließlich sind da auch bilaterale Institutionen, die sich unter dem Eindruck der Nordlandfahrten Wilhelms II. konstituierten, etwa die deutsch-skandinavische Vereinigung, und Zeitschriftengründungen wie das »Nordland«. Fruchtbar ist es zu überprüfen, inwieweit deren Zielsetzungen mit der kaiserlichen Vorstellung einer pangermanischen Skandinavienpolitik konform gingen.

Auf einen Punkt gebracht: Dadurch daß der deutsche Regent Jahr für Jahr Skandinavien besuchte, wurden seine Fahrten – worauf schon der zeitgenössische norwegische Historiker Simon C. Hammer zu Recht hinwies – Teil eines »politischen und ökonomischen Systems«[23]: Die Fahrten waren – salopp gesprochen – ein Exportschlager für deutsches Kapital und deutsche Kultur.

---

[22] Zur Wortgeschichte: Jakob und Wilhelm Grimm, Deutsches Wörterbuch. Bearb. v. Matthias von Lexer. Nachdruck der Erstausgabe v. 1889. München 1984, Bd. 13, S. 893. Zur Diskussion des Begriffes »Nordland« s. demnächst Cecilia Lengefeld, Der Maler des glücklichen Heims. Zur Rezeption Carl Larssons in Deutschland 1888–1918. Diss. Frankfurt am Main 1991.
[23] Hammer, S. 85.

II. Der »Reisekaiser« und der Wille zur Moderne

1. Das kaiserliche »Reisekarussell«

»Wilhelm Immer Reisefertig« hieß es in Verballhornung des »Wilhelm I.R. (Imperator Rex)«, die Anfangsstrophe der Nationalhymne »Heil Dir im Siegerkranz« wurde in »Heil Dir im Sonderzug« umbenannt[1], und im Volksmund ulkte man über den »Reisekaiser«, der nach seinem Vater das Erbe seines Großvaters, des »greisen Kaisers«, angetreten hatte.[2]

Dergleichen wurde zu Schlagworten. Was für die Zeitgenossen zum Kalauer wurde, was sie damals spöttisch belächelten und vehement kritisierten, war – aus der Retrospektive betrachtet – der Tribut, den die Kaiserreisen der modernen Industriegesellschaft zollten. Wilhelm II. verstand es, der althergebrachten Art zu reisen[3] eine neue Dimension hinzuzufügen: Seine Reisen führten nicht nur eine fortschrittliche Lebensart, sondern vor allem auch einen in vielerlei Hinsicht »modernen Regierungsstil« vor. Mit Blick darauf verkörperte Wilhelm II. den Prototyp des »modernen Staatsmannes«: Er wurde »›erster Handlungsreisender‹ seiner Nation«.[4]

Nicht von ungefähr erschien 1905 in der schwedischen Zeitschrift »Puck« die Karikatur »Der Allgegenwärtige oder der ›Kaiser‹ in Fahrt« (Abb.2)[5], die Wilhelm II. in der Uniform des

---

[1] Vgl. de Jonge, S. 52.
[2] Vgl. Schoeps, S. 24.
[3] Zur Geschichte des Reisens: Beyrer, Die Postkutschenreise. Tübingen 1985; Griep/Jäger (Hrsg.), Reisen und soziale Realität am Ende des 18. Jahrhunderts. Heidelberg 1983; Krasnobaev/Robel/Zeman (Hrsg.), Reisen und Reisebeschreibungen im 18. und 19. Jahrhundert als Quellen der Kulturbeziehungsforschung. Berlin 1980; Maczak/Teuteberg (Hrsg.), Aufgaben und Möglichkeiten der historischen Reiseforschung. Wolfenbüttel 1982.
[4] Fischer, Weltmacht, S. 17. Dazu auch Balfour, S. 155.
[5] Den Allestädes närvarande eller »kaisern« i farten, in: Puck Nr. 29 v. 20.7.1905.

Obersten Kriegsherrn zeigte: Breitbeinig, in militärischer Haltung, zu seinen Füßen der europäische und afrikanische Erdteil, nahm er Depeschen und Meldungen entgegen und verteilte Orden. Er strahlte eine hektische Betriebsamkeit und Omnipräsenz aus und erschien in dieser Pose ganz als Vertreter seines an Neuerungen im sozialen, wirtschaftlichen und kulturellen Bereich so reichen Zeitalters. Mittels der umwälzenden technischen Errungenschaften des 19. Jahrhunderts – des Telefons und des Telegrafen – war er mit den wichtigsten Schaltstellen des politischen Lebens verbunden.

Im Bild veranschaulichte dies der Zeichner so: Wilhelms II. Kontakte reichten von Marokko, wo im März 1905 die erste Marokko-Krise ihren Lauf nahm, über Frankreich, wo Jean Jaurès, das Pendant zu August Bebel, im April desselben Jahres die Section Française de l'Internationale Ouvrière aus der Taufe hob, bis in das schwedische Gävle, wo 1905 die Zusammenkunft des Kaisers mit dem schwedisch-norwegischen Königshaus stattfand.

Man kann das, was der Karikaturist so treffend als Charaktereigenschaften Wilhelms II. und als »Allgegenwärtigkeit und Allebendigkeit des Kaisertums«[6] mit spitzer Feder festhielt, nicht besser ausdrücken als mit einer Formulierung, die einst Golo Mann gebrauchte: »Und so hätte er es gern bis ans Ende seiner Tage getrieben: ein ewiges, goldenes, militärisches, friedliches Schauspiel das öffentliche Leben, und er im Mittelpunkt.«[7]

Im Mittelpunkt zu stehen, allen seinen Handlungen den Stempel seiner Persönlichkeit aufzudrücken, dies verstand der deutsche Kaiser. Er wollte, »daß die Geschichte überall dort«, so sein Biograph Paul Liman, »wo sie Ereignisse von Gewicht und Bedeutung verzeichnet, den letzten Anstoß, die letzte Anregung auf ihn zurückführt.«[8] Davon zeugt Wilhelms rege Reisetätigkeit.

Laut einer Erhebung, die eine Berliner Tageszeitung anstellte und die eher den Extrem- als den Normalfall erfaßte, verbrachte der Kaiser im Jahr 1893 mehr als 200 Tage auf Reisen.[9] Sowohl

---

[6] Küntzel, S. 22.
[7] Mann, Deutsche Geschichte, S. 487.
[8] Liman, S. 69.
[9] Balfour, S. 154.

Reiseprogramm als auch Fahrtgesellschaft und -turnus blieben Jahr für Jahr annähernd die gleichen.

Da waren zunächst seine Reisen innerhalb des Deutschen Reiches, die zeitgenössische Historiker wie Karl Lamprecht für die Idee des Kaisertums als außerordentlich förderlich betrachteten, denn: »der Deutsche will seinen Herrscher tätig schauen von Angesicht zu Angesicht: keiner unserer großen Kaiser des Mittelalters, der nicht ein großer Reiser gewesen wäre.«[10] Gerade im Zeichen der grundlegenden strukturellen und dramatischen Veränderungen in Staat und Gesellschaft, der wachsenden Bedeutung der politischen Willensbildung und der Parteien, dienten seine Fahrten dem Kaisergedanken. Wilhelm II. begriff, daß er seine Daseinsberechtigung als Monarch gegenüber den neuen politischen Kräften, beispielsweise gegenüber dem Bürgertum, behaupten mußte und suchte daher folgerichtig auch auf seinen Reisen jenen Bestrebungen entgegenzuwirken, die ihn aufs Abstellgleis, in eine Statistenrolle mit ausschließlicher Repräsentationsfunktion, drängen wollten.

Wilhelm II. verbrachte lediglich die drei Wintermonate in Berlin und Potsdam.[11] Dann begab er sich – von seinen Auslandsreisen einmal abgesehen – nach Wilhelmshaven, wo die Marinerekruten vereidigt wurden, ins kaiserliche Jagdhaus Hubertusstock in die Mark Brandenburg, im Frühjahr nach Elsaß-Lothringen, nach Karlsruhe, anschließend zu den berühmten Wiesbadener Maifestspielen, zu seinen Freunden Emil Graf Schlitz gen. Görtz und Graf Dohna-Schlobitten und zur Frühjahrsparade nach Potsdam.[12] Danach folgten dichtgedrängt im Juli die Kieler Woche, im August ein Besuch auf Schloß Wilhelmshöhe, im September die Berliner Militärparade und im Oktober die offiziellen Jagdwochen.[13] Den Abschluß der zweiten Jahreshälfte bildeten Stippvisiten Wilhelms II. bei seinem Intimus Philipp Eulenburg und seinem Freund Max Egon Fürst zu Fürstenberg sowie kürzere Jagdausflüge nach Schlesien.[14] Danach ging es nach Potsdam, wo man alljährlich in derselben Ma-

---

[10] Lamprecht, S. 33f.
[11] Mann, Wilhelm II., S. 14.
[12] Hull, Entourage, S. 34f.
[13] Vgl. ebd., S. 35–38.
[14] Vgl. ebd., S. 40.

nier das Weihnachtsfest beging, bevor man nach Berlin zurückkehrte.[15] Hier begann sich das kaiserliche »Reisekarussell« von neuem zu drehen.

Da waren aber auch seine Reisen ins Ausland: seine Palästinareise 1898, seine Italienreisen 1893, 1894 und 1896, seine Mittelmeerfahrten 1904 und 1905 und seine Reisen nach Korfu 1908, 1909, 1911, 1912 und 1914, wo er 1907 das von der österreichischen Kaiserin Elisabeth erbaute Schloß Achilleion erwarb.[16] Eine besondere Stellung innerhalb dieses Spektrums nehmen des Kaisers Nordlandfahrten im Anschluß an die Kieler Woche ein, denn der Monarch bereiste insgesamt 26mal das sogenannte Nordland.

Nordland – das umfaßte nach dem Sprachgebrauch der Zeit zunächst alle skandinavischen Länder einschließlich Finnlands und auch Rußlands. Nordland – das meinte, so der Untertitel einer zeitgenössischen Reisebeschreibung, die Städte »Kristiania, Gothenburg, Wisby, Stockholm, Petersburg, Moskau, Kopenhagen.«[17] Wilhelm II. verstand den Begriff jedoch in einem engeren und in seinem ursprünglichen Sinne: Er subsumierte unter den Begriff vorwiegend Norwegen, obgleich ihn seine Fahrten 1893, 1895 und 1905 auch in schwedische Gewässer führten.[18]

Diese Auslandsreisen waren ebenso wie die Inlandsreisen per-

[15] Vgl. Hull, Entourage, S. 40.
[16] Zur Datierung der Auslands- aber auch Inlandsreisen s. BA-MA, RM 2/ 363–364, 366, 368, 377, 386, 388–391, 393 sowie RM 3/231–233. Dazu auch Hull, Entourage, S. 34 und für die Reisen auf der HOHENZOLLERN (II) s. Hildebrand/Röhr/Steinmetz, S. 89–91.
[17] Kaufmann, Eine Nordlandfahrt. Kristiania, Gothenburg, Wisby, Stockholm, Petersburg, Moskau, Kopenhagen. Cleveland o.J. (1903); ähnliches meinte der Untertitel einer italienischen Reiseschilderung: Kapp Salvini, Viaggi nordici colla »Hamburg-Amerika-Linie«. Le capitali del Nord. Scandinavia – Russia. Islanda – Capo Nord e le coste della Norvegia. Milano 1907. Zur Begriffsbestimmung vgl. oben S. 21, Anm. 22.
[18] Der Nordlandfahrtteilnehmer Paul Güßfeldt schied hingegen streng die Nordland- von den Ostseefahrten. Deshalb tauchen auch die Reisen von 1893, 1895 und 1905 nicht in seinen Fahrtroutenaufstellungen für die Nordlandreisen auf. SB PK, Nl. Paul Güßfeldt, K. 2., Heft »Nordlandreisen«, Heft »Ergänzungen zu meinen Tagebüchern betr. d. Kaiserl. Nordland- u. Ostsee-Nordsee-Reisen in d. J. 1890, 91, 92, 93, 94, 95, 97, 1905«. Zu den Routen der Nordlandfahrten s. auch BA-MA, RM 2/353.

manent der zeitgenössischen Kritik ausgesetzt.»Korfu – Bergen. Wilhelm der Grieche und Wilhelm der Wikinger begegnen einander auf der Durchreise in Berlin«, hieß es in einer Karikatur (Abb.3).[19] Was hier angegriffen wurde, war zum einen die zuweilen recht lang andauernde Absenz des Monarchen von der Reichshauptstadt, zum anderen aber auch Wilhelms Hang zum Dekorativen, zur Kostümierung, zum Gefallenwollen. Das hieß vor allem: Wilhelm II. vermochte es, die jubelnden Massen, die seinen Reiseweg säumten, zu faszinieren, denn in seiner Person bündelten sich nicht nur charismatische Züge, sondern er besaß zudem ein untrügliches Gespür dafür, was die Öffentlichkeit bewegte. Somit wurden seine Reisen der beste Ausdruck dessen, was Otto von Bismarck einmal pointiert als die »zweischneidige Wirkung des ›Dekorativen in der Politik‹« bezeichnet hatte.[20]

2. Die Anziehungskraft der »magischen Fäden«: Wilhelms II. Reisemotivation für die Nordlandfahrten

Bismarcks Formulierung von der »zweischneidigen Wirkung des ›Dekorativen in der Politik‹«[21] war vor allem bezeichnend für Wilhelms II. Palästinareise, die dieser 1898 antrat, um der Einweihung der Erlöserkirche in Jerusalem beizuwohnen.[22] Aufsehen erregte der pompöse Einritt des deutschen Kaisers durch das Jerusalemer Stadttor.

Niemals zuvor schlugen im Deutschen Reichstag – und nicht nur dort – die Wogen über eine kaiserliche Fahrt so hoch. Insbesondere Wilhelms zweideutiges Verhalten auf der Reise wurde angeprangert: Das von ihm in Jerusalem demonstrierte christliche Sendungsbewußtsein – immerhin hatte er 1889 die Evangelische-Jerusalem-Stiftung ins Leben gerufen – und seine ostenta-

---

[19] Ta tü – ta ta!, S. 95.
[20] Zit. nach Liman, S. 70.
[21] Ebd.
[22] Zur Palästinafahrt Wilhelms II.: Das deutsche Kaiserpaar im Heiligen Land im Herbst 1898. Berlin 1899; Frhr. v. Mirbach, Die Reise des Kaisers und der Kaiserin nach Palästina. Berlin 1899; Schneller, Die Kaiserfahrt durchs Heilige Land. 3. Aufl. Leipzig 1899; Treloar, With the Kaiser in the East, 1898. London 1915.

tiv zur Schau gestellte Freundschaft zum türkischen Sultan Abdul Hamid II. standen im krassen Widerspruch zueinander. In diesen Zusammenhang fügt sich der spektakuläre und folgenschwere Protest, den die für ihre Scharfzüngigkeit bekannte Zeitschrift »Simplicissimus« mit der Herausgabe einer Palästina-Nummer übte. Die Auflage wurde wegen Majestätsbeleidigung beschlagnahmt und hatte für den Verleger Albert Langen sowie für die Redaktionsmitglieder Thomas Theodor Heine und Frank Wedekind ein juristisches Nachspiel.[23]

Niemals zuvor äußerten aber auch so viele Zeitgenossen ihre Zustimmung zu einer Kaiserfahrt.[24] Im Zuge des zu Beginn des 19. Jahrhunderts einsetzenden Rufes nach einer »›Wiedergewinnung‹ des Heiligen Landes«[25], der in den Schriften der Kolonialpropagandisten fortlebte[26], nimmt dies nicht wunder.

Daß Wilhelms II. Reise politisch motiviert war, darüber bestand und besteht kein Zweifel. Der deutsche Kaiser war anfangs ganz beseelt von der Idee des Zionisten Theodor Herzl, dem Deutschen Reich das Protektorat über einen Judenstaat in Palästina zu übertragen.[27] Als der Monarch jedoch gewahr wurde, daß der türkische Sultan den Zionismus und eine unabhängige jüdische Staatsbildung ablehnte, kam auch er von dem Plan ab.[28] »So lag denn der eigentliche politische Ertrag der Palästinareise Wilhelms II. in der von vornherein intendierten Vertiefung der deutschen Beziehungen zum osmanischen Reich und der internationalen Aufwertung des ›roten Sultans‹«, wie Gründer zu Recht konstatierte.[29]

Auch daß die kaiserlichen Italienreisen politisch begründet waren und häufig entsprechende Nachspiele zur Folge hatten, zog niemand in Zweifel.[30] Wie verhielt es sich aber mit den Nordlandfahrten Wilhelms II.? Dienten auch sie einer Überhöhung seines noch jungen Kaisertums? Waren auch sie Ausdruck

---

[23] Ausführlich dazu Hepp, S. 43 ff.; van Kampen, S. 173 ff.
[24] Van Kampen, S. 139 f.
[25] Gründer, S. 362.
[26] Ebd., S. 366.
[27] Ebd., S. 376.
[28] Bülow, Denkwürdigkeiten, Bd. 1, S. 254.
[29] Gründer, S. 380.
[30] Dazu Meyer-Friese, Marinemalerei, S. 39 f.

seiner Vorstellung von deutscher Außenpolitik, waren sie tatsächlich der Vorwand für die Realisierung eines bestimmten politischen Sendungsbewußtseins?

»Wenn Ich dieses Land aufgesucht habe, so ist es nicht allein die Liebe und Freundschaft, welche Mich mit Eurer Majestät verbinden, sondern auch zugleich die Hinneigung zu dem kernigen Volke, welche Mich hierhergeführt hat. Es zieht mich mit magischen Fäden zu diesem Volke.«[31] Solchermaßen verlieh Kaiser Wilhelm II. am 2. Juli 1890 anläßlich seines Besuches in Christiania seiner romantischen Begeisterung für den europäischen Norden Ausdruck. Das auslösende Moment, die »fixe Idee« für seine Nordlandfahrten, so resümierte der deutsche Monarch in seinen Erinnerungen, war der Besuch einer Vernissage Berliner Künstler nach seinem Regierungsantritt. Ein dort ausgestelltes norwegisches Panorama, das von der Höhe des Digermul-Kollens auf den Lofoten Meer und Gebirge »in packender Größe« zeigte, habe ihn dazu angeregt, »dieses großartige Land« aufzusuchen.[32]

Freilich, dies war zunächst das konkret faßbare Ereignis, das zur Planung der kaiserlichen Nordlandfahrten führte. Diese Kunstausstellung war aber nicht im eigentlichen Sinne der Anlaß für Wilhelms alljährliche Reisen in den Norden. Sie war vielmehr das letzte Glied in einer langen Kette. Endlich fand der Kaiser Muße für Dinge, die ihn seit seiner Jugendzeit beschäftigten: die Marine und das Nordische.

Wilhelm, in seiner Jugend ein begeisterter Leser von William James' sechsbändiger Marinegeschichte[33], wollte das, was sein Großvater für die Armee geleistet hatte, für die Marine vollbringen. »Wenn Wilhelm I. die Einigung Deutschlands geglückt war, so wollte er deutsche Seegeltung und deutsche Weltstellung begründen«[34], schrieb Bernhard Fürst von Bülow in seinen Denkwürdigkeiten. Für die Marine entwickelte Wilhelm geradezu ein Faible. Er selbst übernahm den Oberbefehl über die Marine und

---

[31] Die Reden Kaiser Wilhelms II., Bd. 1, S. 119.
[32] Wilhelm II., Aus meinem Leben, S. 238f. Zum Berliner Nordland-Panorama: Planer, Beschreibung vom Nordland-Panorama in der Friedrichstadt. Berlin o.J. (1890); ders., Nordland-Panorama. Berlin o.J. (1890)
[33] Vgl. Lambi, S. 31.
[34] Bülow, Denkwürdigkeiten, Bd. 1, S. 173.

unterstellte sich den Admiralstab, das Marinekabinett und das Reichsmarineamt.[35] In Fragen des Flottenbaus – so der Diplomat Friedrich Rosen – habe der Kaiser nicht mit sich handeln lassen.[36] Seine vielzitierten Flottenskizzen sind das beste Beispiel für diese Vorliebe. Auch ein Wikingerschiff war unter seinen frühen Entwürfen.[37] Diese Motivwahl war kein Zufall, sondern sie zeugte vielmehr von der langjährigen Freundschaft zwischen Wilhelm und Philipp Graf zu Eulenburg. Eulenburg war nämlich derjenige, welcher den Monarchen bereits als Prinzen mit der nordischen Welt konfrontierte. Er, der mit Wilhelm »auf dem allerbesten Fuß«[38] stand, verstand es, den zukünftigen Kaiser für sein Germanenbild zu gewinnen. »Dass Ew. Königliche Hoheit an der nordischen Welt mit ihren kraftvollen Sagen Gefallen finden, empfinde ich voller Freude«, schrieb Eulenburg 1886 an den Prinzen und fuhr in einschmeichelnder Weise auf dem Hintergrund der humanistischen Germanen-Romanen-Antithese fort: »denn natürliches, energisches Wesen wird naturgemäss zu solcher Kost geführt, ebenso wie es sich naturgemäss von aller sentimentalen, weltschmerzlichen Kunst wendet, und den französischen haut gout verachtet, den uns Bühne und Presse ekelhaft aufdrängen«.[39] Regelmäßig sandte Eulenburg, der romantische Rosenlieder und Skaldengesänge verfaßte, von denen später noch ausführlich die Rede sein wird, Wilhelm seine nordischen Balladendichtungen, die bei dem Prinzen auf großes Interesse stießen.[40]

---

[35] Dazu Herwig, S. 29 f.
[36] Rosen, Bd. 1, S. 12.
[37] Heinsius, S. 207.
[38] Eulenburg an seine Frau, 4.5.1886, in: Eulenburgs Korrespondenz, Bd. 1, S. 163, Anm. 4.
[39] Ders. an Prinz Wilhelm, Herbst 1886. BA, Nl. Eulenburg, Nr. 1, S. 53.
[40] Gereimtes Telegramm des Prinzen Wilhelm an Eulenburg v. 8.6.1888:
»Dann ›Skaldengesänge‹,
An jeglichem Abend
Erfrischend und labend
Die schönsten Geschichten,
Die nur zu erdichten.
Wenn Phili auch fern,
Zitiert man ihn gern.«

Eulenburg, den Wilhelm II. als »Hauptperson«[41] der alljährlichen Nordlandfahrten ansah, gehörte auch zu den – so Admiral von Müller – »ersten Regisseuren«[42] dieser Reisen. Mit welcher Aufgabe er betraut wurde, bleibt allerdings im Dunkeln. Vermutlich war er für die Auswahl der Fahrtgenossen zuständig. Die Ausarbeitung der Fahrtrouten lag in den Händen des Geographen und Gelehrten Professor Paul Güßfeldt[43], der Wilhelm II. sozusagen »als norwegischer Baedeker dient(e)«.[44] Die Zeiteinteilung und die Angelegenheiten, die den Seedienst betrafen, oblagen dem Chef des Marinekabinetts (Abb. 4 und 5). Alle weiteren Vorbereitungen, von den Einladungen und der Bekanntgabe der Gäste (Abb. 6) bis zur Gestaltung einzelner Programmpunkte, traf das Ober-Hofmarschallamt.[45] Diese Reisen wurden allerdings nicht bis ins kleinste zeremonielle Detail genauestens inszeniert, es blieb immer noch genügend Freiraum, was Fahrtrouten- und Programmänderungen anging. Anfangs zeichneten sich die Fahrten durch ein hohes Variationsspektrum aus. Zuweilen wurden während einer Fahrt gar 21 Orte angelaufen.[46] Später vereinfachten sich die Reisen jedoch in zunehmendem Maße, so daß sie sich primär auf den Besuch von Bergen, Drontheim und Molde konzentrierten. Kaum ein Drittel so oft wurde in Bodö, Odde und Tromsö Station gemacht. Auch die ursprünglich beliebten Landpartien im Karriol entwickelten sich mehr und mehr zur Rarität.[47]

Überhaupt trat der Kaiser der norwegischen Bevölkerung, die ihn doch angeblich mit »magischen Fäden« anzog, bis auf einige wenige Ausnahmen im großen und ganzen eher distanziert ge-

---

In: Eulenburgs Korrespondenz, Bd. 1, Nr. 181, S. 291. S. auch Wilhelm II. an Eulenburg, Berlin, 28.8.1888, in: Ebd., Bd. 1, Nr. 194, S. 310.

[41] Eulenburg gab die Äußerung Wilhelms II. in einer Aufzeichnung v. 5.7.1899 wider. BA, Nl. Eulenburg, Nr. 53, S. 103.

[42] Von Müller, Der Kaiser..., S. 171.

[43] Güßfeldt, Wilhelm's II. Reisen 1889 bis 1892, S. 1.

[44] Die Nordlandsfahrt des Kaisers, in: Kölnische Zeitung v. 11.7.1889. PA AA, Preussen 1, Nr. 1, Nr. 4w, Bd. 1.

[45] Güßfeldt, Wilhelm's II. Reisen 1889 bis 1892, S. 2.

[46] Dazu die Itinerare aller 26 Nordlandfahrten Kaiser Wilhelms II. BA-MA, RM 2/353. S. auch NUD, G 2 C 1/06. Das Nordkap wurde 1889, 1891 und 1907 besucht.

[47] Von Müller, Der Kaiser..., S. 171.

genüber. In diesem Sinne beschrieb Ingeborg Dahl Bækkelund ihre Kindheitserlebnisse in Molde: »Wir freuten uns jeden Sommer auf das Kommen des Kaisers, aber es war niemals seine Person, an die wir dachten, sondern an all das Leben und den Trubel in der Stadt.«[48] An einen engeren Kontakt war auch seitens des Kaisers von vornherein nicht gedacht, denn er wollte auf seinen Fahrten inkognito reisen.[49] Was dies bedeutete, veranschaulichte die Karikatur »Vorbereitung für Nordlandfahrten hoher Gäste« von F. Jüttner, die 1892 in der Juni-Ausgabe des »Kladderadatsch« erschien (Abb. 7). Sie verdeutlichte, welch einen Kult die Norweger um die Ankunft des Kaisers trieben. Sicher mochte dies zutreffen, insbesondere für kleinere, von der Außenwelt weitgehend isolierte Gemeinden in den Fjordlandschaften. Insgesamt besehen, verhielten sich die Norweger jedoch zurückhaltend.[50]

Privatissime – das wurde als Charakteristikum für die Nordlandfahrten Kaiser Wilhelms II. geradezu bezeichnend. Im Unterschied zu Wilhelms Mittelmeerreisen, die auf den komfortablen, für Hunderte von Passagieren bestimmten Schiffen des Norddeutschen Lloyd und der Hamburg-Amerika Linie durchgeführt wurden[51], und auch zur kaiserlichen Palästinareise von 1898, die von Cooks-Reisebüro als »Pauschalarrangement« organisiert wurde[52], erfolgten die ersten fünf Nordlandfahrten auf einem veralteten, räumlich äußerst beengten Raddampfer, auf der kaiserlichen Yacht HOHENZOLLERN (I).[53] Diese Yacht wurde

---

[48] Dahl Bækkelund, S. 5.
[49] Telegramm Berchems an Gaertner, Berlin, 20.6.1889. PA AA, Preussen 1, Nr. 1, Nr. 4w, Bd. 1.
[50] Tagebucheintragung Admirals von Müller v. 25.7.1906. BA-MA, N 159/3, S. 315.
[51] Von Valentini, S. 67, 75. Zu den Mittelmeerfahrten Kaiser Wilhelms II.: Schiemann, Eine Fahrt, S. 303–311.
[52] Dazu und zur Reaktion in Frankreich, wo man es als ridikül empfand, daß ein gekröntes Haupt eine Reise der Cooks-Agentur buchte, van Kampen, S. 136, 403, Anm. 221.
[53] Zur Beschreibung der HOHENZOLLERN (I): Güßfeldt, Wilhelm's II. Reisen 1889 bis 1892, S. 5 f. Über die räumlichen Verhältnisse an Bord der HOHENZOLLERN (I) heißt es in einer Aufzeichnung von Gustav Frhr. von Senden-Bibran v. 11.7.1889: »die Herren mussten zum Teil mit Dienerkammern vorlieb nehmen. Die Kammern für Kammerjungfern be-

1894 durch den Aviso gleichen Namens, »einen in das Wasser gefallenen Omnibus«, wie Admiral von Knorr zu spotten beliebte[54], ersetzt und in KAISERADLER umbenannt. Auf der HOHENZOLLERN (II) (Abb.8), die eine Besatzung von 313 bis 354 Mann hatte, fanden alle weiteren Nordlandfahrten statt[55] – mit Ausnahme der Reise von 1906.[56] Dieses Schiff war das ehrgeizige Projekt des jungen, marinebegeisterten Monarchen, dessen Bau der Reichstag nach endlosen Debatten und einem Eklat – einige Abgeordnete kritisierten die Möglichkeit einer späteren militärischen Nutzung der Yacht – schließlich gebilligt hatte.[57] Damit lag der Kaiser im übrigen im Trend seiner Zeit, denn auch andere Nationen nutzten Dampf-Yachten als Repräsentationsschiffe, die sich im Mobilisierungsfalle leicht umrüsten ließen.[58]

Geopolitische Gründe waren, wenngleich man dies auch vermuten könnte, zumindest in den Anfangsjahren für die Wahl der norwegischen Fjorde als Reiseziel sicherlich nicht ausschlaggebend. Erst mit Zuspitzung des schwelenden schwedisch-norwegischen Unionskonfliktes 1895 begannen sie sowohl an Bedeutung als auch an Einfluß auf Fahrtrouten- und Programmgestaltung zu gewinnen.

Hingegen ist von Fahrtteilnehmern wiederholt auf die medizinische Notwendigkeit der Nordlandreisen für den Kaiser hingewiesen worden. Von einer »Erholungsreise«[59], die Wilhelms

    wohnen die Herren v. Bülow und v. Kiderlen, die für Lakaien Dr. Güssfeld, Maler Saltzmann u. a. Diese Kammern sind bis auf drei in ewiges Dunkel gehüllt.« BA-MA, N 160/1, S. 53.

[54] Hildebrand/Röhr/Steinmetz, S. 89.
[55] Zur HOHENZOLLERN (II): BA-MA, RM 2/228, 230–233.
[56] Für die Nordlandfahrt 1906 stellte die HAPAG dem Kaiser den Passagierdampfer HAMBURG zur Verfügung, da die HOHENZOLLERN generalüberholt wurde. Greve, Haakon VII., S. 120.
[57] Zur parlamentarischen Diskussion über den Bau der HOHENZOLLERN (II): Deist, Flottenpolitik, S. 21; zur Schiffsbiographie: Hildebrand/Röhr/Steinmetz, S. 89–91.
[58] Ebd. S. 89. Eine weitere, ebenfalls von der Werft A. G. Vulcan, Stettin, gebaute Yacht, die HOHENZOLLERN (III), wurde 1913 als Ersatz für Nr. II projektiert, blieb jedoch infolge des Kriegsausbruchs unvollendet. Beide Schiffe erlitten dasselbe Schicksal: Sie wurden nach 1923 auf den Deutschen Werken abgewrackt. Ebd. S. 91 f. Dazu auch BA-MA, RM 2/234, 235.
[59] Tagebuchnotiz Waldersees v. 18.7.1889, in: Waldersee, Bd. 2, S. 60.

Ohrenleiden und Nervosität lindern sollte, von einem »Kuraufenthalt« im weiteren Sinne, konnte aber keine Rede sein. Vielmehr traf das Gegenteil zu: Admiral Georg Alexander von Müller hatte ebensowenig wie Eulenburg den Eindruck gehabt, »daß der Kaiser erfrischt und innerlich befriedigt von der Nordlandreise heimgekehrt ist«.[60]

---

[60] Von Müller, Der Kaiser ..., S. 174. Ähnlich äußerte sich Eulenburg in einem Schreiben an Bülow v. 1.8.1889. BA, Nl. Eulenburg, Nr. 54, S. 196.

III. Die Nordlandfahrtgesellschaft

1. Das »Männerbündische« und der Mythos der Jugend: die personelle Zusammensetzung der Nordlandfahrtgesellschaft

»Es sind die fünfzehn Jahre Nordlandsreisen nicht spurlos an Körper und Geist vorübergegangen. Vieles ist geklärter, manches bitterer geworden. Der Widerspruch der Jahre zu der krampfhaften Heiterkeit verletzt mich am meisten. Die Fahrtgenossen sind ohne Ausnahme zu hohen Würden gestiegen: Fürsten, Exzellenzen, Geheime Räte und Professoren sind aus den Grafen, Majoren und Malern geworden. Und sie sind alle recht verbraucht«[1], notierte Philipp Fürst zu Eulenburg-Hertefeld während seiner letzten Nordlandfahrt 1903 in seinem Tagebuch. Wer waren die in jeder Hinsicht vom Geist des »Männerbündischen« bestimmten Fürsten, Exzellenzen, Geheimen Räte und Professoren, die den Kaiser auf seinen sogenannten »Herrenreisen« begleiteten (Abb. 9) und deren Anwesenheit an Bord Eulenburg schließlich nicht mehr ertragen konnte?[2]

Es waren jene, die die Ideen des »neuen Kurses« oder die »junge Generation«[3] der zwischen 1855 und 1865 Geborenen repräsentierten, der der Schriftsteller Hermann Conradi bereits 1889 eine »zeitpsychologische Betrachtung« gewidmet hatte. Es handelte sich um jene damals entdeckten »Übergangsmenschen«[4], auf die sich nach Wilhelms II. Regierungsantritt 1888 zunächst alle Hoffnungen richteten und die 26 Jahre später, beim Kriegsausbruch 1914, die wichtigsten politischen Schlüsselpositionen bekleideten.[5]

---

[1] Eulenburg, Mit dem Kaiser, Bd. 2, S. 352 f.
[2] Eine Teilnehmerstatistik befindet sich im dokumentarischen Anhang. Eine ausführliche Beschreibung der Nordlandfahrtgesellschaft liefert von Treutler, S. 101–111.
[3] Zur Definition »junge Generation«: Conradi, S. 316. Güßfeldt, Saltzmann und die Gebrüder Moltke – alle in den 1840ern geboren – gehörten damit schon zu den älteren Teilnehmern.
[4] Ebd.
[5] Vgl. Doerry, S. 9.

Es war das Zeitalter des Vitalismus und der Glorifizierung der Jugend. Nicht zufällig hieß in Deutschland der neue Stil, den man in Frankreich »Art Nouveau« nannte, »Jugendstil«. Namenspatin dieser Richtung war die weitverbreitete und auflagenstarke Zeitschrift »Jugend«.[6] Die Jugendbewegung verstand sich als »Gegenkultur« zur Gesellschaft.

Unter umgekehrtem Vorzeichen fand diese »Jugendrevolte« ihr Pendant in der Hochschätzung der Jugendlichkeit im wilhelminischen Deutschland. Jugend wurde hier zum Mythos, zum Ideal erhoben, Jugend wurde – wie Ulrich Linse jüngst ausführte – »zum Abbild des Selbstverständnisses der Gesellschaft des jungen Kaiserreiches im Sinne eines Fortschritt und Dynamik ausdrückenden Symbols«.[7] Dafür lieferte Houston Stewart Chamberlain, der vielgelesene Autor der »Grundlagen des 19. Jahrhunderts«, über den später noch zu handeln sein wird, die philosophische Fundamentierung. In einer Lobrede auf den »neuen Kurs« des jungen Kaisers, die 1900 in der Zeitschrift »Jugend« erschien, entwickelte er seine Reichsvorstellung anhand eines teleologisch angelegten Stufenmodells: Vom Vollender der »spezifisch ›preußische(n)‹ Mission des Hauses Hohenzollern«, Wilhelm I., über den Architekten und Vollender der Reichsgründung, Bismarck, führte dieses zu Wilhelm II., der im Vergleich zu seinen Vorgängern »überhaupt der erste deutsche Kaiser« sei und dessen Regierung der »eines aufgehenden Morgens« gleiche.[8] In diesem Zusammenhang fielen dann auch die Sätze »Alte Weltreiche vergehen und neue sind im Entstehen begriffen« und »Mein Vaterland muß größer sein!«[9], die das aufgriffen, was Bülow drei Jahre zuvor, am 6. Dezember 1897, in seiner berühmt gewordenen Reichstagsrede als das Streben nach dem »Platz an der Sonne« bezeichnet hatte.[10] Chamberlain sah in

---

[6] Vgl. Rüegg, S. 51. Eine Stichprobe Winfried Mogges in der Zeitschriftenkartei des Archivs der deutschen Jugendbewegung ergab für die Zeitspanne 1905–1933 mehr als hundert Titel, die sich aus Wortverbindungen mit »jung« und »Jugend« zusammensetzten. Mogge, S. 177.
[7] Linse, S. 125.
[8] Chamberlain, Kaiser Wilhelm II., S. 370a ff. Zu Chamberlains Reichsidee und Kaisergedanke s. v.a. Fehrenbach, Images, S. 280 sowie dies., Wandlungen, S. 178f.
[9] Chamberlain, Kaiser Wilhelm II., S. 370b.
[10] Bülows Rede vom 6.12.1897 schloß mit den Worten: »Wir wollen nie-

Wilhelms II. Juvenilität das Leitbild eines Führungsanspruches: der Kaiser sei ein Mann der Tat, der »in der Fülle der Jugend« die Regierung übernahm und dem es obliege, Deutschland binnen kurzem mit missionarischem und imperialistischem Impetus zu einer weitausgedehnten Weltmacht zu führen.[11] Dementsprechend schloß sein Aufsatz denn auch voller Zuversicht mit der Eröffnung einer weltpolitischen Zukunftsperspektive für die »Übergangsmenschen«: »Stets jedoch hat der Tag die Nacht, Siegfried den Wurm besiegt; auch bei uns soll es anders werden; und indessen sitzt schon auf dem neuen Throne des Reiches der Zukunft ein Mann, dessen Wesen in dem Spruche zusammengefaßt werden kann: ›Im Anfang war die That‹.«[12]

Das Bild des »jungen Kaisers« als Symbolfigur für den zukunftsorientierten, vorwärtsdrängenden Menschen begegnet uns auch in der Autobiographie des Hofpredigers und Nordlandfahrtteilnehmers Johannes Keßler, die den überaus charakteristischen Titel »Ich schwöre mir ewige Jugend« trägt und ein Bestseller ihrer Zeit war.[13] Im gleichen Sinne beschwor der Marinemaler Hans Bohrdt, der wiederholt als Gast zu den kaiserlichen Reisen eingeladen wurde, die Weltgeltung Deutschlands zur See: »Die Zukunft gehört der Jugend. Sie wird eingedenk des Kaiserwortes, den Bau eines auch zur See mächtigen Deutschlands auf dem heute gelegten Grundstein, so Gott will, vollenden.«[14]

Das Lebensgefühl der Jugend durchdrang die Nordlandfahrtteilnehmer. Da waren zunächst einmal die feinsinnigen, empfindsamen »Schöngeister«, die auf dem Gebiet der Kunst, Literatur und Musik mehr oder weniger dilettierten: Philipp Eulenburg, Georg von Hülsen und Emil Graf von Schlitz gen. Görtz. Schließlich der spätere Militärattaché in Wien und Kom-

---

mand in den Schatten stellen, aber wir verlangen auch unseren Platz an der Sonne.« In: Stenographische Berichte über die Verhandlungen des Reichstags. IX. Legislaturperiode. V. Session, 4. Sitzung, 1897/1898. Bd. 1. Berlin 1898, S. 60.
[11] Chamberlain, Kaiser Wilhelm II., S. 370b.
[12] Ebd., S. 371. Über die neue Phase der Weltpolitik, die Wilhelm II. inaugurierte, und den Artikel Chamberlains in der »Jugend« s. auch Spitzemberg, S. 399.
[13] Keßler, S. 160–172.
[14] Bohrdt, Deutsche Schiffahrt, S. 6.

mandant von Berlin, Cuno Graf von Moltke, der sich als Komponist nicht so recht in die militärische Umgebung des Kaisers integrieren konnte.[15] »Ein sehr feingebildeter, vornehm denkender Mann, mehr Künstler – Musiker – als Soldat und zu sensitiv gegenüber den Rauheiten des Lebens«[16], hieß es denn auch über ihn in Admiral von Müllers Erinnerungen. Wie der Musikus Cuno Moltke waren sie alle Angehörige der »Liebenberger Tafelrunde« und künstlerisch veranlagt.[17] Eulenburg verfaßte Balladen und Skaldengesänge, und Emil Görtz beteiligte sich als Bildhauer an den Arbeiten für die Berliner Siegesallee.[18] Georg von Hülsen, der 1908 nach dem Tode seines Bruders Dietrich den Grafentitel und den Namen »Haeseler« erhielt, trat in die Fußstapfen seines Vaters Botho, des einstigen Generalintendanten der Preußisch Königlichen Bühnen. Was den Ruhm des zunächst als Theaterintendanten in Wiesbaden, später als Intendanten der Berliner Hofbühnen und schließlich als Generalintendanten agierenden Georg von Hülsen begründete, waren die Wiesbadener Maifestspiele, die er 1896 aus der Taufe gehoben hatte.[19] Für Hülsen stellten die Nordlandfahrten mit dem Kaiser, der in Bezug auf die Spielplangestaltung als auch in Fragen der Regie seine Wünsche – oftmals zum Leidwesen Hülsens – mit Nachdruck äußerte, »einen Schatz von Anregungen«[20] dar: Er genoß sichtlich die Theateraufführungen und Orchesterabende – das Repertoire des Bordorchesters umfaßte immerhin 1000 Musikstücke[21] –, wenngleich sein Kunstgeschmack nicht immer mit dem des Kaisers übereinstimmte. Als Wilhelm II. die Aufführung von Henrik Ibsens »Peer Gynt« anregte – dies allerdings nur auf Bitten von Edvard Griegs Witwe –, stieß er damit bei Hülsen auf größtes Verständnis, denn jener war ein ausgesprochener Bewunderer Ibsens und stand dem zeitgenössischen Theater weitaus aufgeschlossener gegenüber als der Kaiser.[22]

---

[15] Hull, Entourage, S. 103f.
[16] Von Müller, Der Kaiser..., S. 189.
[17] Zur »Liebenberger Tafelrunde«: Hull, Kaiser Wilhelm II, S. 193–220.
[18] Dies., Entourage, S. 73.
[19] Zu Herkunft, Ausbildung und Werdegang Georg von Hülsens: Reichel, S. 1–7.
[20] Zit. nach ebd., S. 24.
[21] Güßfeldt, Die Nordlandreise des Deutschen Kaiserpaares, S. 362.
[22] Reichel, S. 24, 32.

Die Beziehungen dieser Künstlernaturen zu Wilhelm II. – und auch untereinander – reichten bis in deren frühe Kindheitstage zurück. Äußerst geschickt und auch erfolgreich zeigte sich der Prinzenerzieher Dr. Georg Hinzpeter, wenn es darum ging, diese frühkindlichen Beziehungsgeflechte zugunsten seines Zöglings Emil Görtz, der ein Jugendfreund Wilhelms II. war, zu aktivieren: Hinzpeter, der lieber Görtz als Eulenburg als Intimus an der Seite des Kaisers gesehen hätte, konnte es ebensowenig wie Görtz selber verwinden, daß nun gerade Eulenburg für die Nordlandfahrt 1889 eine Einladung erhalten hatte. Durch Hinzpeters emsige Bemühungen fand Görtz schließlich 1890 Einlaß in den erlesenen Kreis der Nordlandfahrtgesellschaft.[23]

Dieser engere Kreis innerhalb der Nordlandfahrtgesellschaft wurde von dem Selbstverständnis bestimmt, eine kulturelle Elite zu repräsentieren. Nur: Dieses Selbstverständnis wurde von der wilhelminischen, adligen Gesellschaft nicht akzeptiert. Im Gegenteil: Künstlerisches Talent und ein sensibles, ja feminines Gemüt machten diese Runde – vor allem durch die Verwicklung Eulenburgs und Moltkes und schließlich auch Hülsens in Homosexuellenprozesse – der Außenwelt eher suspekt.[24]

Unter der Künstlergesellschaft an Bord – und ebenso unter den Tagesgästen, zu denen der norwegische Maler Hans Dahl und der deutsche Bildhauer Prof. Eduard Unger zählten – waren auch zahlreiche Bürgerliche (Abb.10). Da war zunächst das »Dreigestirn der wilhelminischen Marinemalerei«[25]: Hans Bohrdt, Carl Saltzmann und Willy Stöwer. Wenngleich sich ihre Bilder in der thematischen Auffassung nicht gravierend unterschieden[26], war doch Saltzmann, das »Berliner Kind«[27], von dem Wilhelm 1884 Zeichenunterricht erteilt bekam, der bedeutendste der drei. Als kaiserliche Marinemaler glorifizierten sie die deutsche Kriegsflotte: »Jeweils aktuell schilderten sie Stapelläufe, Flottenparaden, kleine und große Scharmützel, Auslandsbesuche, Manöver etc. Und der Kaiser war immer zugegen,

---

[23] Hull, Entourage, S. 67.
[24] Vgl. ebd., S. 63.
[25] Plagemann (Hrsg.), S. 302.
[26] Meyer-Friese, Marinemalerei, S. 27.
[27] Wilhelm II., Aus meinem Leben, S. 271.

wenn auch nur als Zeichen, durch die Flagge.«[28] Ihr Œuvre spiegelte den maritimen Nationalismus wider, für den sich Wilhelm II. damals mit den Worten »Unsere Zukunft liegt auf dem Wasser«[29] verwandte.

Die »dräuende(n) Panzer«[30] – so formulierte es Stöwer, der 1901 in den Vorstand des Deutschen Flottenvereins gewählt wurde, in seinen Lebenserinnerungen – gelangten nicht nur zu Ausstellungen, sondern vor allem als Illustrationen in die Zeitschriften des Bildungsbürgertums: Stöwers Tuschzeichnungen erschienen in der »Gartenlaube«, der »Scherlschen Woche« und in der »Leipziger Illustrierten Zeitung«[31], und Bohrdt war für »Westermanns illustrierte deutsche Monats-Hefte« tätig, wo er auch die Schilderung seiner ersten Nordlandfahrt mit dem Kaiser publizierte.[32] Zeichnungen von Stöwer mit Texten von Admiralitätsrat Georg Wislicenus veröffentlichte zudem das Organ des Deutschen Flottenvereins, die Zeitschrift »Die Flotte«[33], die es 1906 immerhin zu einer Auflage von 355 000 Exemplaren brachte.[34] Diese Bilder unterstrichen abermals Stöwers Bemühungen um die Förderung des deutschen Flottenbaus, wie sie in seinen – ebenfalls mit Wislicenus – herausgegebenen marinehistorischen Prachtbänden zum Ausdruck kamen.[35]

Das Produkt einer ebenso erfolgreichen Zusammenarbeit war Paul Güßfeldts Werk »Kaiser Wilhelm's II. Reisen nach Norwegen in den Jahren 1889 bis 1892«[36], das Carl Saltzmann illustrierte. Der habilitierte Mathematiker Paul Güßfeldt - neben dem Oberhof- und Hausmarschall Maximilian Freiherr von

[28] Meyer-Friese, Marinemalerei, S. 27.
[29] Rede Wilhelms II. anläßlich der Eröffnung des neuen Hafens in Stettin, 23.9.1898, in: Reden des Kaisers, Nr. 26, S. 81.
[30] Stöwer, Zur See, S. 68.
[31] Ebd., S. 240.
[32] Bohrdt, Die Kaiserfahrt nach dem Nordland 1901, in: Westermanns illustrierte deutsche Monats-Hefte, Bd. 91, 1901–1902, S. 813–828.
[33] Wislicenus, Der Kaiser und die Flotte, in: Die Flotte, XVI, 6, 1913, S. 98f.
[34] Marienfeld, S. 83.
[35] Bestes Beispiel hierfür: Stöwer/Wislicenus, Kaiser Wilhelm und die Marine. Berlin 1912.
[36] Güßfeldt, Kaiser Wilhelm's II. Reisen nach Norwegen in den Jahren 1889 bis 1892. 2. Aufl. Berlin 1892.

Lyncker der einzige Gast, der allen 26 Nordlandfahrten beiwohnte – hatte als Forschungsreisender Westafrika und die Arabische Wüste besucht und war ein leidenschaftlicher Alpinist, dem 1893 zuerst die Besteigung des Mont Blanc über die Aiguille Blanche de Péteret gelang.[37] Insofern schien er dem Kaiser geradezu dafür prädestiniert zu sein, Fahrtrouten und Programme für die Nordlandfahrten auszuarbeiten.[38]

Ebenfalls dem Professorenstand gehörte der Berliner Historiker, Publizist und »Vorkämpfer des Deutschtums gegen slawische Überhebung«[39] Theodor Schiemann an. Er, einer der sogenannten »Flottenprofessoren«[40], war Verfasser der bekannten Mittwochs-Übersichten zur deutschen Außenpolitik in der Kreuzzeitung, die seit 1901 am Ende eines jeden Jahres in Buchform erschienen.[41] Den Balten traf wiederholt der Vorwurf, ein »Hof-Biograph«[42] beziehungsweise ein »Hof-Historiograph«[43] zu sein – und dies nicht erst, nachdem er in seiner Schrift »Deutschlands und Kaiser Wilhelms II. angebliche Schuld am Ausbruch des Weltkrieges«[44], die er als Entgegnung an den sozialistischen Theoretiker Karl Kautsky verfaßte, das Handeln des deutschen Monarchen in der Julikrise 1914 rechtfertigte.

Auf verwandtschaftlichen Banden beruhte die Teilnahme von Prinz Albert zu Schleswig-Holstein. Er war der Sohn Prinz Christians zu Schleswig-Holstein und Prinzessin Helenes von Großbritannien, einer Tochter Queen Victorias, und damit ein Vetter ersten Grades von Wilhelm II. Ein weiterer Vertreter des Hochadels an Bord war Prinz Otto zu Sayn-Wittgenstein.

---

[37] Zur Biographie Paul Güßfeldts: Neue Deutsche Biographie, Bd. 7. Hrsg. v. der Historischen Kommission der Bayerischen Akademie der Wissenschaften. Berlin 1966, S. 289f.
[38] Güßfeldt, Kaiser Wilhelm's II. Reisen 1889 bis 1892, S. 1.
[39] Wilhelm II., Ereignisse, S. 165.
[40] Eine Auflistung der »Flottenprofessoren« findet sich bei Marienfeld, S. 110–115.
[41] Schiemann, Deutschland und die große Politik anno 1901–1914. Berlin 1902–1915.
[42] So von Treutler über den an Bord äußerst unbeliebten Schiemann. Von Treutler, S. 107.
[43] Dazu Meyer, S. 58.
[44] Schiemann, Deutschlands und Kaiser Wilhelms II. angebliche Schuld am Ausbruch des Weltkrieges. Berlin 1921.

Ferner waren auf den Fahrten die offiziellen Vertreter des Auswärtigen Amtes zugegen[45]: Der Legationsrat, spätere Gesandte und 1910 zum Staatssekretär des Auswärtigen Amtes ernannte Alfred von Kiderlen-Wächter, dem zugleich die Berichterstattung über die Geschehnisse der Nordlandfahrten an die »Norddeutsche Allgemeine Zeitung«, die offiziöse »Kölnische Zeitung« und den »Hamburgischen Correspondenten« oblag[46], der Staatssekretär des Äußeren und deutsche Botschafter in Wien, Heinrich von Tschirschky und Bögendorff, und schließlich der Gesandte Karl Georg von Treutler als Nachfolger Kiderlens, Metternichs und des Gesandten zu Darmstadt, Jenisch.[47]

Sie alle bildeten die Gruppe der Zivilisten an Bord. Da waren aber auch die – durchaus als markig zu bezeichnenden - Militärs, die das verkörperten, was in der wilhelminischen Gesellschaft als das Männlichkeitsideal schlechthin angesehen wurde.

Das Militärkabinett wurde durch seinen Chef General Wilhelm von Hahnke und dessen Nachfolger, Graf Dietrich von Hülsen-Haeseler und Moritz Freiherr von Lyncker, vertreten, der Generalstab der Armee durch seinen Chef Helmuth Graf von Moltke, den Bruder Cuno Moltkes, sowie durch dessen Vorgänger Alfred Graf von Waldersee, das Marinekabinett durch seinen Chef Admiral Gustav Freiherr von Senden-Bibran und durch dessen Nachfolger Admiral Georg Alexander von Müller. Viele von ihnen begannen ihre Karrierelaufbahn im Range eines Majors oder Leutnants als Flügeladjutanten und versahen in dieser Funktion ihren aktiven Dienst auf den Nordlandfahrten. Aktiver Dienst hieß persönlicher Dienst. »Wissend aber unbewußt waren sie Hofleute im Hauptamt, Staatsverantwortliche im Nebenamt«, kritisierte Walther Rathenau einmal

---

[45] Dazu auch Hull, Entourage, S. 37.
[46] Kiderlen-Wächter, Bd. 1, S. 93. An seine Schwester schrieb Kiderlen-Wächter über die von ihm verfaßten Reiseberichte: »An der Länge derselben... könnt Ihr sehen, was es mir für Mühe macht. Aber der Kaiser drängelt immer danach, ich muß sie ihm vorlesen, er gibt dann auch noch seine Wünsche dazu und dann gehen Abschriften an die Kaiserin. Die Gegendbeschreibungen finde ich besonders langweilig, aber auf die hält gerade der Kaiser viel.« Zit. nach Cleinow, Mit dem Kaiser, S. 498. Dazu auch die Sammlung der von Kiderlen-Wächter für die Kölnische Zeitung verfaßten Artikel, in: PA AA, Preussen 1, Nr. 1, Nr. 4w, Bd. 1, 2.
[47] Von Treutler, S. 102.

die Militärs. Langweiligkeit und Unscheinbarkeit habe deren beruflichem Fortkommen mehr geschadet als Unfähigkeit.[48] Damit wird zugleich die Besonderheit der Flügeladjutanten deutlich, die ein Unikum des preußischen Hofes darstellten: Der Dienst als »Flügeladjutant«, der in anderen europäischen Nationen von zivilen Kammerherren verrichtet wurde, eröffnete, auf lange Sicht gesehen, ungeahnte Perspektiven und Aufstiegsmöglichkeiten zu den wichtigsten Ämtern der Armee. Beispielhaft für eine solche Karriere ist die von Major Friedrich von Scholl, der zusammen mit Hans von Böhn und Gustav von Kessel seinen Dienst während der Nordlandreisen auf der HOHENZOLLERN versah: Der 1889 zum Flügeladjutanten ernannte von Scholl stieg in der Hierarchie rasch zum Generaloberst und schließlich zum Generaladjutanten auf.[49] Dadurch, daß der Kaiser die Auswahl seiner Flügeladjutanten persönlich traf, war deren Bindung an den Monarchen besonders eng.[50] Alle zuvor Erwähnten sowie die Generaladjutanten von Plessen, von Loewenfeld, von Jacobi, Carl Graf von Wedel, die Generäle à la suite von Friedeburg, Oskar von Chelius und der Admiral à la suite von Usedom blieben ihm teilweise länger als zehn Jahre verbunden.[51]

Die Charaktere der Militärs waren grundverschieden von denen der künstlerisch Ambitionierten. Es handelte sich also um zwei Cliquen, die sich in ihrer Lebensführung völlig voneinander unterschieden und die miteinander im Kampf um die Gunst des Kaisers entbrannten. Pointiert faßte Eckart von Naso, der Neffe beider von Hülsen, diesen Gegensatz in seinen Lebenserinnerungen in Worte. Während Dietrich, der »Nur-Soldat«, »mit eisernem Besen« gefegt habe, sei Georg »ein Charmeur des Herzens und Geistes« gewesen.[52]

Schließlich gab es noch eine dritte Gruppe, nämlich die der dienstbaren Geister: Dr. Ilberg, seines Zeichens General und Leibarzt, Generalstabsarzt Prof. Dr. von Leuthold und Oberstabsarzt Dr. Niedner.

[48] Rathenau, S. 30.
[49] Vgl. Deist, Kaiser Wilhelm II, S. 182.
[50] Von Müller, Der Kaiser ..., S. 188. Zur Rolle der Flügeladjutanten: Deist, Kaiser Wilhelm II, S. 180–183.
[51] Deist, Kaiser Wilhelm II, S. 191, Anm. 57.
[52] Von Naso, S. 138 f.

Damit glich die Zusammensetzung der Nordlandfahrtgesellschaft weitgehend dem von den Mittelmeerreisen 1904 und 1905 her bekannten Personenkreis.[53] Es handelte sich vorwiegend um »Hofluft mit einem leisen Stich ins Seemännische«, wie der Vertreter des Zivilkabinetts, Rudolph von Valentini, meinte.[54] Im Gegensatz zu den Mittelmeerreisen war auf den Nordlandfahrten jedoch nie der Chef des Zivilkabinetts zugegen: Die Anwesenheit Hermann von Lucanus' auf der Teilstrecke Kiel-Christiania blieb die Ausnahme. Sie war allein auf die besondere Verknüpfung des offiziellen Staatsbesuchs in Christiania von 1890 mit der sich daran anschließenden Fjordfahrt zurückführen.[55]

Das geographische Fahrtziel hatte auf die Zusammensetzung der Reisegesellschaft keinerlei Auswirkungen. Beziehungen zum Norden wiesen unter den Teilnehmern immerhin vier auf: Philipp Eulenburg durch seine Attachétätigkeit 1878 in Stockholm sowie durch seine Heirat mit der schwedischen Gräfin Augusta Sandels[56], von Kiderlen-Wächter infolge seiner Tätigkeit an der Gesandtschaft zu Kopenhagen Ende der 1890er Jahre[57], Großadmiral Georg Alexander von Müller durch seine Kindheitserlebnisse in Schweden, wo sein Vater das erste schwedische Institut für Agrikulturchemie leitete[58], und schließlich Carl Graf von Wedel, der 1892 von Wilhelm II. als Gesandter nach Stockholm berufen wurde[59] und dort zwei Jahre später die

---

[53] Auf der Mittelmeerreise vom 11.-27.3.1904 waren die Vertreter der drei Kabinette (Hülsen, Senden, Valentini) und des Auswärtigen Amtes (Tschirschky, Rosen, Klehmet), die Flügeladjutanten Grumme und Senden, Leibarzt Dr. Ilberg, die Hofmarschälle a.D. Egloffstein, Reischach, Pückler und Hessenthal, Graf Hohenau, General Loewenfeld, Heintze, Redern, Admiral Hollmann, Mensing und der Maler Stöwer anwesend. Auf der Mittelmeerreise vom 22.3.-30.4.1905 handelte es sich in etwa um die gleiche Gesellschaft wie im Vorjahre, erweitert durch den Ministerialdirektor Althoff, Prof. Schiemann, General v. Scholl, Oberhofmarschall Graf Eulenburg, Admiral v. Seckendorf und den Gesandten v. Schoen. Von Valentini, S. 67, 75.
[54] Ebd., S. 67, Anm. 3.
[55] Güßfeldt, Kaiser Wilhelm's II. Reisen 1889 bis 1892, S. XXIIf.
[56] Röhls Einleitung zu Eulenburgs Korrespondenz, Bd. 1, S. 13.
[57] Kiderlen-Wächter, Bd. 1, S. 166.
[58] Görlitz' Einleitung zu von Müller, Regierte der Kaiser?, S. 14f.
[59] Wedel, S. 190.

schwedische Gräfin Stephanie Hamilton, eine verwitwete Gräfin Platen, ehelichte.[60] Des Norwegischen und auch des Dänischen mächtig war – sofern sich dafür Belege finden lassen – nur einer: Helmuth von Moltke.[61]

Ungleich stärker als die Beziehungen der Nordlandfahrtgesellschaft zum Norden und zur See war das Band des »Männerbündischen«, das sie vereinte. Die zeitweilige räumliche Distanz zu den offiziellen Institutionen der Sozialisation verlieh ihr das Bewußtsein, eine Elite zu repräsentieren. Äußeres Kennzeichen dieser Gruppengeistigkeit bildete der für alle – sowohl für das Gefolge als auch für die Gäste – einheitliche, gemeinschaftsstiftende dunkelblaue Marineanzug des Kaiserlichen Yacht-Clubs, der die hierarchischen Unterschiede zu nivellieren schien.[62]

Gleichwohl blieben diese natürlich gewahrt. Dafür sorgten schon die »Statuten der Nordlandfahrtgesellschaft«, die wohl einer Weinlaune der scherzhaft »Moselclub« genannten Bordgemeinschaft entsprangen.[63] An deren Spitze stand der »Allerdurchlauchtigste Fahrtenmeister« Kaiser Wilhelm II., unter ihm die in Oberfahrtgesellen und Vize-Oberfahrtgesellen eingruppierten Fahrtteilnehmer, u.a. der »Festbarde und Polarskalde« Eulenburg, der »Oberschlürfer« von Hahnke, der »Eisschnorrer 1. Klasse, Aeolus und Flaschenwart« von Kessel und der »Wiegenfestlotse« Kiderlen.[64]

Diese Satzung ist geradezu typisch für den Ton, der auf den Nordlandfahrten herrschte. Die »Bewegungsfreiheit im persönlichen Verkehr« und die Freiheit von Repräsentation, ja vom Zwang der Hofetikette, machte sich – so das Urteil Stöwers – auf den Nordlandfahrten im Gegensatz zu den Reisen gen Süden angenehm bemerkbar.[65] Der Kaiser wollte – wie es Güßfeldt ausdrückte – »sich selbst... leben«.[66] »Harmlose Heiterkeit war

---

[60] Wedel, S. 201.
[61] Von Treutler, obschon Gesandter in Norwegen, war bei Übersetzungen auf die Hilfe Moltkes angewiesen. Von Treutler, S. 106.
[62] Güßfeldt, Die diesjährige Nordlandreise, S. 27; Kiderlen-Wächter, Bd. 1, S. 94.
[63] Abdruck der »Statuten« bei Cleinow, Mit dem Kaiser, S. 76–79.
[64] Ebd., S. 76 ff.
[65] Stöwer, Zur See, S. 220.
[66] Güßfeldt, Kaiser Wilhelm's II. Reisen 1889 bis 1892, S. 3.

überhaupt Trumpf auf der Nordlandreise«[67] (Abb.11). Daß Emil Ludwig, einer der frühen Biographen Kaiser Wilhelms II., die Hohenzollern-Yacht als »eine Art ewigen, schwimmenden Kasinos«[68] charakterisierte, ist dafür exemplarisch. Bereits Eulenburg sprach vom »Fjord-Karneval« (Abb.12) und schrieb in einem Brief an Friedrich von Holstein: »Es ist tatsächlich die season S.M. – ohne Damenkonversation, wie er es liebt.«[69] Die Absenz von Frauen und damit zwangsläufig auch von Familie war ein Spezifikum des »männerbündischen« Gemeinschaftstyps.[70] Frau und Familie wurden durch die – wie Johannes Keßler berichtete – gemeinsame »Verbundenheit in der ›Nordlandsfahrt-Familie‹«[71] ersetzt.

Eulenburg war die Abwesenheit der Kaiserin hingegen vollkommen unverständlich: »Ich würde nun allerdings, wenn ich ein so schönes Schiff hätte«, hielt er in seinem Tagebuch fest, »mit Frau und Kindern fahren und gemeinsam genießen. Aber der Kaiser hat wohl in der Tat mehr Ruhe, wenn die Kaiserin, die nicht ohne Hofstaat fahren könnte und allerhand Rücksichten und Etiketten erfordert, abwesend ist.«[72] In dieser Hinsicht unterschieden sich die Nordlandfahrten grundlegend von den Fahrten nach Korfu, wo nicht nur Auguste Viktoria, sondern auch Prinzessin Viktoria Luise und Prinz August Wilhelm anwesend waren.[73] Die Kaiserin begleitete ihren Gemahl auf die Nordlandfahrten von 1893 und 1894, wobei sie 1894 nur eine Teilstrecke befuhr.[74] Diese Fahrten, auf denen

---

[67] Von Müller, Der Kaiser ..., S. 172. Zur heiteren, zwanglosen Atmosphäre auf den Nordlandfahrten: Röhl, Kaiser Wilhelm II., S. 18f.
[68] Ludwig, S. 161.
[69] Eulenburg an Holstein, 1.8.1890, in: Papiere Holsteins, Bd. 3, S. 316.
[70] Dazu Reulecke, Männerbund, S. 199–223.
[71] Keßler, S. 161.
[72] Eulenburg, Mit dem Kaiser, Bd. 2, S. 118f.
[73] Weitere Teilnehmer der Korfu-Fahrten waren die drei Kabinettschefs, Frhr. v. Rücker-Jenisch als Repräsentant des Auswärtigen Amtes, August Eulenburg, Hans von Plessen, zwei Flügeladjutanten und Wilhelms Leibarzt, ferner der Hofprediger Georg Göns, Max Egon Fürst zu Fürstenberg sowie die Marinemaler Willy Stöwer und Hans Bohrdt. vgl. Hull, Entourage, S. 34.
[74] Bei der Reise von 1893 handelte es sich im engeren Sinne nicht um eine Nordlandfahrt, sondern um ein einwöchiges Kreuzen in schwedischen

die »Hallelujah-Tante« Claire von Gersdorff, die Hofdame Gräfin von der Schulenburg, der Kammerherr und Kabinettssekretär der Kaiserin, Friedrich Wilhelm Graf von Keller, und der diensttuende Kammerherr Bodo von dem Knesebeck im Gefolge der Kaiserin standen, ließen die Befürchtungen des Kaisers wahr werden: Die Stimmung sank mit der Anwesenheit der Kaiserin.[75]

Das war mehr als bezeichnend für den Charakter der Herrengesellschaft in Reinkultur. Immer häufiger stieß das Phänomen des »Männerbündischen« in der wilhelminischen Gesellschaft auf Mißtrauen. Zunehmend artikulierte sich – wenn auch vielerorts hinter vorgehaltener Hand, so doch recht deutlich – gegen die Fahrtgenossen der Vorwurf der Homosexualität. Hier wurde das sichtbar, was Rathenau in bezug auf die kaiserlichen Berater so dezent, einfühlsam und zurückhaltend beschrieb: »nur stille Anbetung war weich und sorgsam genug, den Monarchen zu umgeben. Die sie leisten konnten, durften nicht Frauen sein, waren nicht immer Männer.«[76]

Daß das »Männerbündische« von den Zeitgenossen überhaupt mit Homosexualität in Korrelation gebracht und öffentlich diskutiert wurde, hängt mit einem damals äußerst aufsehenerregenden Ereignis zusammen: mit dem spektakulären Schauprozeß gegen Eulenburg und Moltke, der nicht so sehr eine Auseinandersetzung um Homosexualität, sondern, wie Nicolaus Sombart zu Recht bemerkte, eine »politische Intrige großen Stils«[77] war. Eine

---

Gewässern. Güßfeldt, Die Nordlandreise des Deutschen Kaiserpaares, S. 356. Von der Nordlandfahrt 1894 kehrte die Kaiserin bereits am 16. Juli von Trondheim mit der Bahn zurück, während die Nordlandfahrtgesellschaft erst vierzehn Tage später von Bergen die Heimreise antrat. Eulenburg, Mit dem Kaiser, Bd. 1, S. 294. Aus ungeklärten Gründen wurde die bereits geplante Teilnahme der Kaiserin an der Nordlandfahrt von 1895 aufgegeben und ihr Name von der Teilnehmerliste gestrichen. »Nachweisung der an der schwedischen Reise im Juli 1895 theilnehmenden Gäste und Gefolge Ihrer Kaiserlichen und Königlichen Majestäten.« BA-MA, RM 2/365.

[75] Vgl. Hull, Entourage, S. 20.
[76] Rathenau, S. 30.
[77] Sombart, Nachdenken, S. 116. Dazu auch Theweleits Hinweis, daß die Denunziation des abweichend Sexuellen insbesondere unter den Nationalsozialisten ein politisches »Hauptkampfmittel« darstellte. Theweleit,

ähnliche Breitenwirkung erzielte die Thematik – freilich erst einige Jahre später – durch die Schrift »Die Rolle der Erotik in der männlichen Gesellschaft«[78] des Wandervogelmitbegründers und -ideologen Hans Blüher. Blüher, der mit dem Kaiser, als dieser längst exiliert war, in freundschaftlicher Beziehung stand[79], propagierte das »Männerbündische« als gesellschaftlichen Eliteverband und das »Mann-Männliche« – den Begriff »Homosexualität« lehnte er kategorisch ab – zugleich als die angemessenste Form der Sexualität.

Damit erweiterte Blüher das »Männerbündische«, das der Ethnologe Heinrich Schurtz 1902 erstmals zum Gegenstand einer wissenschaftlichen Untersuchung wählte[80], um eine entscheidende Komponente, nämlich um das erotische Moment. Schurtz, dem es einzig und allein um die Darstellung allgemein menschlicher Verhältnisse ging, unterschied zwischen dem »Geselligkeitstrieb« des Mannes und dem »Geschlechtstrieb« der Frau.[81] Es handelte sich hierbei um das, was man mit Ibsens »Nora-Problem« umschreiben könnte: Die Konflikte, die sich daraus ergeben, daß die Frau im häuslichen Bereich wirkt, während der Mann in die Welt tritt, um am öffentlichen und politischen Leben teilzuhaben.

Die Parallelen, die zwischen der männerbündischen Organisation der im Jahre 1900 gegründeten Wandervogelbewegung und der Nordlandfahrtgesellschaft bestanden, sind nicht zu leugnen. Gemeinsam war ihnen das Ideal der ausgeprägten Mannen- und Gefolgschaftstreue, der Kameradschaftlichkeit und des

---

Bd. 2, S. 387f. Theweleit verschweigt jedoch, daß sich auch die Linke dieses Mittels bediente, um politische Gegner moralisch zu diskreditieren. In der Kampagne gegen den Industriellen Friedrich Alfred Krupp, den man der Päderastie bezichtigte, war nämlich gerade das Organ der Sozialdemokratie, der »Vorwärts«, federführend. Bevor den Beschuldigungen nachgegangen werden konnte, starb Krupp eines ungeklärten Todes. Vermutlich beging er Selbstmord. Zum Krupp-Skandal: Hull, Entourage, S. 169ff.

[78] Blüher, Die Rolle der Erotik in der männlichen Gesellschaft. Bd. 2: Familie und Männerbund. Jena 1917.
[79] Laqueur, S. 63.
[80] Dazu Reulecke, Das Jahr 1902, S. 3–6; von See, Männerbund-Ideologie, S. 93f.
[81] Schurtz, S. IVf.

freien Umgangs miteinander. Ferner stand in beiden Zusammenschlüssen eine charismatische, Menschen für sich einnehmende Persönlichkeit im Mittelpunkt.

Reflexionen über das »Männerbündische« der Nordlandfahrtgesellschaft sucht man in der Literatur vergebens. Da erweist sich, daß selbst Klaus Theweleits materialreiche, originelle, viel gepriesene, aber auch heftig umstrittene und leider sehr unsystematische Studie über »Männerphantasien«[82], die u. a. das »Männerbündische«, die psychische Struktur des soldatischen Mannes und dessen Verhältnis zur Frau anhand der Freikorpsliteratur analysiert, weniger brauchbar ist, als zunächst vermutet. Von den »männerbündischen« Zusammenschlüssen im Deutschen Kaiserreich erfährt der Leser wenig. Erstaunlicherweise verliert Theweleit selbst über die Struktur von Blühers Wandervogelbewegung nicht sonderlich viele Worte, obgleich ihm dessen Schriften zur Untermauerung seiner Thesen dienen, denn: »einen besseren Beweis«, so Theweleit, »wie die *Staatsvorstellung* unmittelbar aus der sexuellen Vorstellung hervorgeht, kann man sich kaum wünschen«.[83] Das »Männerbündische«, die Sexual- und Staatsvorstellung bedingen bei Theweleit ebenso wie bei Nicolaus Sombart einander.

In einer Studie über die wilhelminische Gesellschaft, Sexualität und Kultur stellt Sombart den Dualismus zwischen der durch patriarchalische, männliche und martialische Züge gekennzeichneten Sozialstruktur einerseits und der durch feminine Züge geprägten homosexuellen Sozialstruktur andererseits dar.[84] Die unterschiedlichen gesellschaftlichen Gefüge hätten auf politischer Ebene zur Ausbildung von zwei verschiedenen Prinzipien geführt: zum »Männerbundprinzip«, das seine Wurzeln in der griechischen Antike habe und als Regierungsstruktur die Oligarchie bevorzuge, und zum »patriarchalischen Prinzip«, das einer hierarchischen Regierungsform seine Präferenz gebe.[85] In der wilhelminischen Gesellschaft seien das »Männerbundprinzip«, verkörpert durch den Liebenberg-Kreis, und das »patriarchalische Prinzip«, symbolisiert durch die Bismarcklegende,

---

[82] Theweleit, Männerphantasien. 2 Bde. in einem. Basel 1986.
[83] Ebd., Bd. 2, S. 162.
[84] Sombart, The Kaiser, S. 303.
[85] Ebd., S. 306.

miteinander kollidiert.⁸⁶ Nach Sombart habe es sich hierbei um einen Kampf um die Art und Weise, auf welche das Vakuum an der Spitze der Macht im Reich gefüllt werden sollte, gehandelt.⁸⁷ Obgleich dieser in diplomatischen und politischen Termini geführt worden sei, sei er im Grunde genommen nichts anderes als eine Auseinandersetzung über Homosexualität gewesen.⁸⁸ Der Kaiser habe dabei im Zentrum der Differenzen gestanden.

Mag diese Interpretation auch einiges für sich haben, so trifft sie dennoch nicht den Kern der Sache, wenn sie das »Männerbündische« lediglich für den Liebenberg-Kreis reklamiert, denn ebenso hatte das »patriarchalische System« seine »Männerbünde«. Es ist daher nicht recht einsichtig, weshalb der Kadettenanstalten- und Studentenkorpsgeist, der Wilhelm in seiner Bonner Zeit umwehte, bei Sombart außen vor bleibt. Denn die »männerbündische« Vereinigung der Nordlandfahrtgesellschaft schloß neben den Liebenbergern gerade Militärs und Marineoffiziere ein, die Sombart in seiner Analyse ausgrenzt.

Daß die Fahrtgesellschaft in ihrer Gesamtheit aufgrund der Teilnahme einiger Liebenberger notwendigerweise einen Hort der Homosexualität darstellte, ist zu bezweifeln. Sicher konnte diese Formation ein Milieu schaffen, in dem sich diese entfalten konnte, doch ist dies hier nicht weiter von Belang. Es war letztlich etwas anderes, was die Nordlandfahrtgesellschaft zusammenschweißte.

Wiederholt war von den »Jungenstreichen« und Belustigungen an Bord, von einem Purzelbaum schlagenden Reichsgrafen⁸⁹, von Exzellenzen, die der Kaiser nachts durch die Gänge des Schiffes zu Bett jagte⁹⁰, und von dem Flügeladjutanten, dem Wilhelm II. bei der allmorgendlichen Gymnastik die Hosenträger mit einem Taschenmesser durchschnitt⁹¹, die Rede. Schließlich war da auch die Rede von Kiderlen-Wächter, der – zusam-

---

⁸⁶ Sombart, The Kaiser, S. 308.
⁸⁷ Ebd.
⁸⁸ Ebd.
⁸⁹ Eulenburg, Mit dem Kaiser, Bd. 1, S. 107.
⁹⁰ Eulenburgs Aufzeichnung v. 29.7.1903. BA, Nl. Eulenburg, Nr. 74, fol. 1, Zur Psyche und Politik Kaiser Wilhelms II., S. 12.
⁹¹ Tagebucheintragung Admiral von Müllers v. 6.7.1911. BA-MA, N 159/4.

men mit Güßfeldt durch eine Zervelatwurst verbunden – bei einer Darbietung seine »siamesischen Zwillinge« zum Besten gab.[92] Dies war es, was Ludwig Quidde in seiner Schrift »Caligula. Eine Studie über römischen Cäsarenwahnsinn«, die unter dem Deckmantel der historischen Darstellung nicht den römischen Kaiser Caligula, sondern den deutschen Kaiser Wilhelm II. meinte, als »Vermummungsspielerei« bezeichnete.[93]

Was aber niemand hinterfragte und was merkwürdigerweise auch niemanden ernsthaft zu interessieren schien, weil man es vielleicht nicht wahrhaben wollte, waren die Motive für diese Ausgelassenheit an Bord. Denn: War es nicht so, daß sich hier eine Art Gegenwelt zu formieren schien? Eine Welt, die durch gänzlich andere Werte und Ideale bestimmt wurde, als es die Realität verlangte? Eine talmihafte Welt, in der Kunst, Literatur und Musik in ihrer trivialen Form, Gefühligkeit und feminine Attitüden vorherrschten?

Als Theodor Wolff seinerzeit das Gebaren der Reisegesellschaft als »Kasernenfröhlichkeit«[94] charakterisierte, hatte er damit das Wesentlichste dieses Zusammenschlusses erfaßt. Wie Thomas Kohut unlängst in einer psychologischen Studie aufzeigte, habe sich Wilhelm II. schon früh mit älteren Offizieren, etwa mit General Graf Waldersee oder seinem Flügeladjutanten Adolf von Bülow umgeben, um so die preußische Militärtradition fortzusetzen und seinem Vater, der an den Kriegen von 1866 und 1870 teilnahm, nachzueifern.[95] Man führe sich nur die Anforderungen, die die wilhelminische Gesellschaft an den Kaiser stellte, vor Augen: Der Kaiser wurde ganz im Sinne der preußischen Militärtradition erzogen, man erwartete von ihm, daß er der Oberste Kriegsherr war, daß er seine Männlichkeit bewies. »Ein ausgeprägter Repräsentant des Militarismus«, »ein Mann voller Tatendrang«[96] – so sah man ihn im Ausland. Auf den Nordlandfahrten gelang es ihm, sich von dem Druck der Öffentlichkeit zu befreien. Die Erwartungshaltung der Gesellschaft, die nach wie vor der stets uniformtragende Bismarck als Vertre-

---

[92] Kiderlen-Wächter, Bd. 1, S. 95.
[93] Quidde, S. 12. Dazu auch Röhl, Kaiser Wilhelm II., S. 18 ff.
[94] Zit. nach Svanström, Kring Kejsaren, S. 146.
[95] Kohut, The Politicization, S. 95 f.
[96] Mindeblad, o. S.

ter des kraftvollen Deutschen Reiches symbolisierte, wich der Fröhlichkeit und Ungezwungenheit an Bord.

Welche politische Signifikanz der »männerbündische« Zusammenschluß der Fahrtgenossen gewann und welche Kontroversen er auf Regierungsebene heraufbeschwor, davon wird zunächst zu handeln sein.

2. Reisen und Regieren: die Nordlandfahrtgesellschaft, ein politisches Entscheidungsgremium?

»Während der Badezeit dürfen die Besucher nicht mit politischen Nachrichten vom Balkan belästigt werden!« – so lautet ein Hinweisschild in einem entlegenen norwegischen Fjord, in dem Wilhelm II. gerade ein Bad nimmt (Abb. 13).[97] Diese mit »Sommeridyll am Balestrand« untertitelte Karikatur von G. Brandt, die – sieben Tage bevor der zweite Balkankrieg durch den Frieden von Bukarest beendet wurde – im »Kladderadatsch« erschien, suggeriert, daß der Kaiser auf den Nordlandfahrten dem politischen Zeitgeschehen entfloh.

Doch trifft das Gegenteil zu: Wilhelm II. war auf seinen Reisen keineswegs von der heimischen und auswärtigen Politik abgeschnitten. Ein regelmäßiger Depeschen-[98] und Kurierverkehr[99] und das gut ausgebaute norwegische Telegraphennetz erlaubten den kontinuierlichen Fortgang der Regierungsgeschäfte. Die zwischen den einzelnen Telegraphenstationen bisweilen sehr großen Distanzen glichen schnelle Torpedoboote aus.[100] Mittels dieser Boote wurden auch die Feldjäger von den norwegischen Häfen zur HOHENZOLLERN befördert. Von den Nordlandreisen 1911 bis 1913 wissen wir, daß einmal in der Woche – sonnabends – ein Feldjäger vom Auswärtigen Amt expe-

---

[97] Sommeridyll am Balestrand. Zeichnung von G. Brandt, in: Kladderadatsch Nr. 31 v. 3.8.1913.
[98] Die HOHENZOLLERN wurde auf allen Nordlandfahrten stets von einem Depeschenboot und einem Kriegsschiff begleitet. Hildebrand/Röhr/Steinmetz, S. 89.
[99] Die Kuriere wählten die deutschen Konsuln in Norwegen aus. Schreiben Mohrs an Senden-Bibran v. 13.6.1889. BA-MA, RM 2/356, Bd. 2, S. 97f.
[100] Vgl. Güßfeldt, Die Nordlandreisen des Kaisers, S. 333.

diert wurde. Zudem wurde jeweils mittwochs ein Postkurier mit Hofhaltungssachen vom Oberhofmarschallamt entsandt. Diesem durften auf Anordnung Kiderlen-Wächters ab Mitte Juli 1911 allerdings keine Nachrichten des Auswärtigen Amtes mitgegeben werden.[101]

Die Kommunikation zwischen den Reisenden auf der HOHENZOLLERN und den Regierungsgremien war ausgesprochen rege. Das Auswärtige Amt beauftragte seinen an Bord befindlichen Vertreter, Abschriften seiner Telegramme auf dem schnellsten Wege dem Kabinett der Kaiserin und Königin, dem Reichspostamt, dem Reichsmarineamt, dem Admiralstab der Marine, dem Geheimen Zivilkabinett, dem Militärkabinett, dem Marinekabinett, dem Königlichen Oberhofmarschallamt, dem Königlichen Staatsministerium sowie der Reichskanzlei zuzustellen.[102] Eine Zusatzordre wies das Chiffrirbureau an, 25 metallographische Abschriften – anfangs waren es nur zehn – aller aus dem Kaiserlichen Hoflager in Norwegen eingehenden Telegramme herzustellen, wovon 20 zur Vorlage an den Reichskanzler, den Staatssekretär, den Unterstaatssekretär, die Ministerialdirektoren, die Vortragenden Räte der politischen Abteilung, diverse Geheime Legations-Räte und Wirkliche Legations-Räte sowie an die Geheime Registratur I^B bestimmt waren.[103]

Diese Abschriften – und vor allem die Berichte der Vertreter der drei Kabinette und des Auswärtigen Amtes – schienen sich durch ihren Wahrheitsgehalt jedoch nicht allzusehr auszuzeichnen: »Ich hatte aber mehr als einmal konstatieren müssen, daß diese Herren, mochten sie nun Tschirschky oder Schön heißen, bei der Redaktion ihrer Berichte mehr darauf bedacht waren, sich persönlich à tout jamais gegenüber dem Kaiser zu sichern, als mich wahrheitsgetreu zu informieren«[104], schrieb der damalige Staatssekretär des Auswärtigen Amtes und spätere Reichskanzler, Bernhard Fürst von Bülow, in seinen »Denkwürdigkeiten«, die posthum erschienen.[105] Um sich über die »Stimmungen

---

[101] Anlage zu Ch. B. 494. PA AA, Bureau-Akten Nr. 4, Bd. 28.
[102] Tschirschky an den Staatssekretär des Reichs-Postamts, Abschrift, Berlin, 24.6.1907. PA AA, Bureau-Akten Nr. 4, Bd. 21.
[103] Von Schwartzkoppen an das Centralbureau und Chiffrirbureau. Ebd.
[104] Bülow, Denkwürdigkeiten, Bd. 1, S. 348.
[105] Die Wirklichkeitstreue der »Denkwürdigkeiten« des Fürsten von Bü-

Wilhelms II.« und die »Einflüsse, die sich an ihn gerade während längerer Trennungen von seinen verantwortlichen Beratern herandrängten«, zu unterrichten, bat er Philipp Eulenburg, ihn über die politischen Diskussionen an Bord auf dem Laufenden zu halten.[106]

Bülow sprach damit das an, was die Zeitgenossen beunruhigte, nämlich die Furcht, daß der Kaiser vom »Tabakskollegium«[107] – so Friedrich von Holstein – in die Politik hineingreifen könne. Aus der Sicht eines scharfen Kritikers urteilte auch Maximilian Harden, der es spöttisch als »ganz natürlich« bezeichnete, daß »der reisende Monarch die politischen Gespräche mit seiner Umgebung bespricht, die ihm als soziale Gruppe verwandt ist, und daß in solchem Verkehr Intimitäten entstehen, die ministeriellen Wünschen nicht immer bequem sind«.[108] Professor Theodor Schiemann berichtete von seiner Teilnahme an der Nordlandfahrt 1906 an Friedrich von Bernhardi, daß er von einer »Kamarilla« nichts bemerkt habe. Im gleichen Atemzug räumte Schiemann, der mit Kiderlen-Wächter und Holstein verkehrte und insofern sehr enge Beziehungen zum Auswärtigen Amt unterhielt[109], freilich ein: es werde »eher zu wenig als zu viel Einfluß ausgeübt und gar nicht geschmeichelt. Es würde nur vielleicht zu oft geschwiegen. Es fehlte eben der Umgebung des Kaisers der moralische Mut.«[110] Wer so argumentierte, desavouierte sich selbst, denn nolens volens sah sich Schiemann ge-

---

low muß ihrerseits in Zweifel gezogen werden. Dazu: Frhr. Hiller von Gaertringen, Fürst Bülows Denkwürdigkeiten. Tübingen 1956; Herre, Fürst Bülow und seine Denkwürdigkeiten, in: Berliner Monatshefte 8, 1930, S. 1024–1042; 9, 1931, S. 123–143 u. 358–372; von Schmidt-Pauli, Fürst Bülows Denk-Unwürdigkeiten. Berlin 1931; Thimme (Hrsg.), Front wider Bülow. München 1931.

[106] Bülow, Denkwürdigkeiten, Bd. 1, S. 348.
[107] Holstein an Eulenburg, Berlin, 21.12.1895, in: Holstein, Lebensbekenntnis, S. 176.
[108] Harden, Kamarilla, S. 246.
[109] Meyer, S. 147. Zum Einfluß Holsteins auf Schiemanns Mittwochs-Übersichten in der Kreuzzeitung: Holstein, Lebensbekenntnis, S. XLV, 224. Dazu auch Rogge, S. 2, 64f.
[110] Von Bernhardi, S. 281. Zur Rolle Schiemanns und der politischen Professoren im Kaiserreich: Wile, S. 116; Herwig, S. 209, Anm. 25; Marienfeld, Wissenschaft und Schlachtflottenbau in Deutschland 1897–1906. Berlin 1957.

zwungen, zuzugeben, daß eine Einflußnahme auf den Kaiser stattfand[111] - wenngleich in seinen Augen in zu geringem Maße. Wilhelm II. bekannte denn auch freimütig in seinen Memoiren, daß er Schiemann, dem sein »besonderes Vertrauen« gehöre, in rebus politicis zu Rate gezogen habe und ihm manche Orientierung, speziell in der Ostpolitik, verdankt habe.[112] Diese Einflußnahme versuchten Heinrich von Tschirschky und Bögendorff und Bernhard von Bülow vergeblich zu verhindern.[113] Als Schiemann 1906 dem Kaiser empfahl, den Balten mit deutschen Kriegsschiffen beizustehen, schaltete sich Bülow ein. »Ich bitte Dich«, schrieb er im darauffolgenden Jahr an Tschirschky, »sehr ernst mit Schiemann zu sprechen und ihm zu sagen, als Patriot und anständiger Mensch habe er die Pflicht, sich seine Worte wohl zu überlegen. Eine schwere Verantwortlichkeit lastet auf ihm.«[114]

Erwartungsgemäß war die Nordlandfahrtgesellschaft sehr darauf bedacht, den Schein des Unpolitischen zu wahren. Dies zeigt eine Niederschrift Schiemanns vom 13. August 1906, in der er vermerkte, daß er seit fünf Wochen kein Tagebuch mehr geführt habe »infolge eines Gespräches in größerem Kreise, in welchem es geradezu als Illoyalität bezeichnet wurde, Aufzeichnungen über die (Gespräche) mit S.M. zu machen«.[115] Zwar habe er

---

[111] Dazu heißt es auch in Kiderlens Brief an Holstein vom 31.7.1891: »Übrigens hat sich S.M. – und das bedaure ich – von Phil's [Philipp Eulenburgs, Anm. d. Vf.in] Einfluß mehr emanzipiert, als das im vorigen Jahre der Fall war; ich merke das aus vielen Kleinigkeiten. Hahnkes Einfluß ist vollständig erschüttert, was aber S.M. nicht hindern wird, wenn es Ihm einmal paßt, Hahnke z. B. in der Frage der zweijährigen Dienstzeit oder Ähnlichem für sich auszuspielen.« Holstein, Lebensbekenntnis, S. 158.
[112] Wilhelm II., Ereignisse, S. 165 f.
[113] Tschirschky an Bülow, an Bord der HAMBURG, 7.7.1906. PA AA, Nl. Tschirschky, 1906–1907.
[114] Bülow an Tschirschky, Norderney, 16.7.1907. Ebd.
[115] Zit. nach Meyer, S. 143, Anm. 413. Schiemann, der 1918 zum Kurator der livländischen Universität Dorpat ernannt wurde, verwickelte den Kaiser insbesondere in Gespräche über baltische Fragen und war dabei stets bemüht, den Kaiser in seinen Ansichten zu stützen und zu bestärken. Ebd., S. 252, 270. In einem Artikel der Täglichen Rundschau vom 14.7.1926 hieß es: Bülow habe darauf geachtet, »daß zu weit gehende Ansprüche, die unser Verhältnis zu Rußland stören konnten, abgewehrt

widersprochen, aber das Eintragen habe man ihm dann doch verleidet.[116] Diese Notiz ist zugleich bezeichnend für die Gruppenstruktur und vor allem für die Hierarchie, in der die Teilnehmer standen. Schiemann, dem die meisten Fahrtteilnehmer ohnehin keine große Sympathie entgegenbrachten, schien auf der untersten Ebene zu rangieren.

Als Wilhelm II. 1889 erstmals den Plan entwickelte, seinem 1888 erfolgten Antrittsbesuch an den skandinavischen Höfen »Vergnügungsfahrten« nach Norwegen folgen zu lassen, stieß er besonders bei Otto Fürst von Bismarck auf erheblichen Widerstand. Bismarck, stets bestrebt, fürstliche und fremde, insbesondere ausländische Einflüsse auf den Monarchen abzuwehren, fürchtete, die Reisen könnten »die Durchführung politischer Aufgaben stören und zwar um so leichter, als die Kürze der Regierung Friedrichs des Dritten den jungen Kaiser gehindert hat, sich bereits allseitig gründlich für seinen erhabenen und verantwortungsvollen Beruf vorzubereiten«.[117] Herbert von Bismarck berichtete gar, daß sein Vater nichts unversucht gelassen habe, die Reise im letzten Augenblick zu verhindern: Der Reichskanzler habe schließlich alle seine Hoffnungen auf den Leibarzt des Kaisers gesetzt. Dieser sollte den Monarchen zu einem Aufenthalt in einem deutschen Kurbad überreden.[118] Bismarcks Bemühungen waren jedoch vergeblich. Unbeschadet der Einwände begab sich der Kaiser auf seine erste Nordlandfahrt. Angesichts der Umstände, unter welchen die Reise angetreten wurde, ist Bismarcks Haltung nur allzu verständlich: Der Zeitpunkt der Abreise markierte nichts geringeres als eine Kanzlerkrise, deren Ursache die Auseinandersetzung zwischen Kaiser und Kanzler im Bergarbeiterstreik vom Mai 1889 war.[119]

Überhaupt trat der Kaiser seine Nordlandfahrten häufiger in politisch äußerst prekären Situationen an. Der Ernst der Welt-

---

wurden. Als Schiemann einmal diese Grenzen überschritt, mußte er auf Anordnung Bülows, um zu einer Nordlandreise mit dem Kaiser zugelassen zu werden, eine Verpflichtung unterschreiben, während der Reise dem Monarchen keine baltischen Wünsche vorzutragen.« Zit. nach Meyer, S. 145, Anm. 420.
[116] Ebd., S. 143, Anm. 413.
[117] Cleinow, Mit dem Kaiser, S. 496.
[118] Ebd.
[119] Zum Bergarbeiterstreik: Born, S. 167.

lage, so resümierte Helmuth von Moltke 1908, habe sich auch an Bord unbewußt geltend gemacht.[120]

Für den Monarchen bedeuteten die Reisen eine Rekreationsphase, in der er die politischen Tagesereignisse in Ruhe und im vertrauten Kreis überdenken und bilanzieren konnte: »Bei Meinen Reisen... habe Ich nicht allein den Zweck verfolgt, fremde Länder und Staatseinrichtungen kennenzulernen und mit den Herrschern benachbarter Reiche freundschaftliche Beziehungen zu pflegen; sondern diese Reisen, die ja vielfach Mißdeutungen ausgesetzt waren, haben für Mich den hohen Wert gehabt, daß Ich, entrückt dem Parteigetriebe des Tages, die heimischen Verhältnisse aus der Ferne beobachten und in Ruhe einer Prüfung unterziehen konnte«, denn – so Wilhelm II. in einer Tischrede im Brandenburgischen Provinziallandtag – »da kann man geheilt werden von Selbstüberschätzung und das thut uns allen not«.[121]

Die heimischen Verhältnisse mit den Mitreisenden zu besprechen – das barg aber auch Gefahren in sich. In diesem Sinne schrieb Eulenburg von der Skandinavienreise 1899 an seinen Freund Bernhard von Bülow: »wir steuern einer Zeit entgegen, wo eine Entscheidung kommen wird, ob die Epoche oder der Kaiser stärker sein wird. Ich fürchte, daß Er unterliegt, denn Seine Kraft ruht momentan schon mehr in der Geschicklichkeit seiner Ratgeber.«[122] In einer Bordatmosphäre, die nicht frei von Spannungen war und die – wie Paul Güßfeldt sich ausdrückte – »Geist und Seele so mürbe wie das Fleisch in den Conservenbüchsen«[123] werden ließ, bemächtigte sich der Teilnehmer zunehmend das Gefühl, »Dienst am Vaterland«[124] zu leisten. Die Fahrtteilnahme wurde für viele der Gäste zur reinen Pflichterfüllung. Helmuth von Moltke, der ohnehin die Welt durch eine schwarze Brille sah, war der »aufgezwungene Müßig-

---

[120] Tagebucheintragung Moltkes, Odde, 14.7.1908, in: Moltke, S. 349.
[121] Tischrede Wilhelms II. anläßlich des Festmahls des Brandenburgischen Provinziallandtages v. 5.3.1890, in: Reden des Kaisers, Nr. 5, S. 48f.
[122] Eulenburg an Bülow, 20.7.1899, in: Eulenburgs Korrespondenz, Bd. 3, Nr. 1399, S. 1957.
[123] Tagebuchnotiz Güßfeldts, 6.8.1904. SB PK, Nl. Güßfeldt, K. 4., Heft »Tagebuch der Nordlandreisen 1904, 1905, 1906«, S. 54.
[124] Aufzeichnung Moltkes v. 1.7.1907, in: Moltke, S. 346. Dazu auch seine Notiz v. 17.7.1907, in: Ebd., S. 347f.

gang«[125] und der Lokalton, der an Bord herrschte, zuwider. Er empfand seine Anwesenheit schlicht als Pönitenz.[126] Dementsprechend sah er seine Aufgabe vor allem darin, »den Kaiser von unmilitärischen Unnatürlichkeiten abzuhalten«, um damit nicht nur der Armee, sondern auch dem Kaiser selbst einen Dienst zu erweisen.[127]

Wie er empfanden und dachten freilich viele. Dies erklärt auch, weshalb sich fast niemand von den alljährlichen, zeitraubenden Nordlandfahrten mit dem Kaiser dispensieren ließ. Die Intention, die die Fahrtgenossen dabei verfolgten, entsprang den verschiedensten Motiven: In einem konkreten Sinne achtete Kiderlen-Wächter darauf, daß sich der Einfluß der Marineoffiziere auf Wilhelm II. auf ein Minimum begrenzte[128]; in einem allgemeinen Sinne versuchte Eulenburg - wie die Veröffentlichung seiner politischen Korrespondenz zeigt – zumindest beschwichtigend auf den Kaiser zu wirken, wovon später noch ausführlicher die Rede sein wird.

Mit Eulenburg und Kiderlen-Wächter sind zugleich die beiden Schlüsselfiguren benannt, die an Bord der HOHENZOLLERN dem Kaiser als »Entscheidungshelfer« assistierten. Kiderlen-Wächters Einfluß auf politische Entscheidungsprozesse gründete sich darauf, daß sämtliche Depescheneinund -ausgänge durch seine Hände liefen, da ihm der Vortrag der Akten des Auswärtigen Amtes oblag (Abb.14). Dabei machte er sich insbesondere seine von den Zeitgenossen oft gerühmte »Überredungsgabe«[129] zunutze, mittels derer er, günstige Gelegenheiten und Stimmungen des Regenten abwartend, die Entschlüsse des Kaisers sowohl zu verhindern als auch zu veranlassen suchte.[130]

Zur Kombination Eulenburg/Kiderlen-Wächter gesellte sich die »graue Eminenz« und Zentralfigur der deutschen Außenpolitik, der wirkliche Geheime und Vortragende Rat im Ministe-

---

[125] Aufzeichnung Moltkes v. 25.7.1904, in: Moltke, S. 297.
[126] Aufzeichnung dess. v. 1.7.1907, in: Ebd., S. 345. S. auch seine Notiz v. 7.7.1907, in: Ebd., S. 347.
[127] Aufzeichnung dess. v. 10.7.1905, in: Ebd., S. 324.
[128] Kiderlen-Wächter an Holstein, Christiansand, 7.7.1890, in: Papiere Holsteins, Bd. 3, Nr. 321, S. 308; ders. an dens., Storfjord, 19.7.1890, in: Ebd., Bd. 3, Nr. 324, S. 310.
[129] Kiderlen-Wächter, Bd. 1, S. 90.
[130] Ebd.

rium des Äußeren, Friedrich von Holstein, der – seiner Mentalität entsprechend – selbstverständlich an keiner der Nordlandfahrten teilnahm. Vielmehr korrespondierte er mit Eulenburg, der ihm politische Informationen durch »Notizen – in ganz formloser Art«[131] – zukommen ließ. Dieser Informationsfluß war jedoch nicht einseitig: Umgekehrt profitierte nämlich auch Eulenburg von dieser Verbindung, die seit Juni 1886 bestand und die für seine politischen Ambitionen recht nützlich war.[132]

Welches Ausmaß die Kooperation zwischen Eulenburg und Holstein bereits drei Jahre später, also zum Zeitpunkt der ersten Nordlandfahrt, angenommen hatte, geht aus einem Briefwechsel der beiden hervor. Beherrschendes Thema der Korrespondenz – und auch der Bordgespräche – war die Kanzlerkrise, die ihrem Höhepunkt zutrieb. »Hat Seine Majestät sich während der Reise auch mit politischen Fragen beschäftigt, oder war er ganz bei Jagd, Fischfang und Landschaft? Kiderlen hat mir nur im Anfang geschrieben, woraus ich schliesse, dass er sich sehr hoch fühlt und einen persönlichen Erfolg erzielt zu haben glaubt. Was spielte eigentlich Wedel für eine Rolle? Wohl keine bedeutende? und Bülow?«[133], erkundigte sich Holstein bei seinem Informanten. Detailliert gab Eulenburg Auskunft: Graf Waldersee habe – entgegen der allgemeinen Erwartung – die Reise nicht zu politischen Vorträgen benutzt, ja bis zu einem gewissen Grade selbst Wedel entwaffnet, ferner sei der Kaiser »*durchdrungen* von der Notwendigkeit ..., den Kanzler zu halten«, kurzum, er sei geneigt, weder ihn noch Waldersee fallen zu lassen.[134]

Wie der Informationsaustausch zeigt, stand Holstein noch mit einem Dritten im Bunde, mit Kiderlen-Wächter. Dadurch wurde jenes Trio komplettiert, das erstmals im Dezember 1893 in die Schlagzeilen der Presse geriet. Damals hatte der bismarcktreue »Kladderadatsch« in einem mit »Der vierte Mann im Skat« überschriebenen Artikel eine Kampagne eingeleitet, die das »Kleeblatt« – »Graf Troubadour« (Eulenburg), »Geheimrat von

---

[131] Eulenburg an Holstein, Odde, 5.7.1896, in: Papiere Holsteins, Bd. 3, Nr. 554, S. 554.
[132] Vgl. Röhls Einleitung zu Eulenburgs Korrespondenz, Bd. 1, S. 17.
[133] Holstein an Eulenburg, Tarasp (Engadin), 2.8.1889. BA, Nl. Eulenburg, Nr. 6, S. 123f.
[134] Eulenburg an Holstein, Wangeroog, 6.8.1889. Ebd., Nr. 6, S. 125.

Austernfreund« (Holstein) und »Geheimrat von Spätzle« (Kiderlen-Wächter) – des politischen Machtmißbrauchs verdächtigte.[135]

Nicht nur Holstein trachtete danach, seine zu den Nordlandfahrtteilnehmern geknüpften Freundschaftbande auszunutzen. Ähnliches galt auch für viele andere: Gewiefte, geschäftstüchtige Zeitgenossen versuchten, durch Einflußnahme auf die mit dem Kaiser auf räumlich engstem Raum verkehrende Nordlandfahrtgesellschaft Kapital für sich herauszuschlagen. Die zunehmende Verzahnung von Politik und Wirtschaftsinteressen war auch hier zu spüren. Stöwer berichtete, ihm hätten Bittsteller »Brückenbaukonzepte, Schankkonzessionssachen, Skizzen, optische Instrumente und sogar Marmorplatten-Pröbchen«[136] auf die Hohenzollern-Yacht nachgesandt. Diese Beeinflussungsversuche Außenstehender erwiesen sich – zumindest was politische Inhalte anbelangte – in jeder Hinsicht als überaus erfolgreich.

Die Kontakte zur Nordlandfahrtgesellschaft verliefen zuweilen über Dritte. Als Eulenburg nach seiner letzten Nordlandfahrt 1903 als Informant für Holstein ausfiel, mußte sich dieser nach einem anderen Mittelsmann umsehen. Dies hatte einen dringlichen Grund: Holstein wünschte im Sommer 1904 eine Audienz bei Wilhelm II. Deshalb bat er den Diplomaten Rosen, hinter dem Rücken des Reichskanzlers ein Gespräch mit dem Monarchen zu vermitteln.[137] Rosen gab Holstein deutlich zu verstehen, daß er mit keinem der Herren im Kaiserlichen Gefolge korrespondiere. Um den »ungestümen Dränger« hinzuhalten, verfiel er auf die Idee, an Professor Güßfeldt zu schreiben, der gerade den Kaiser auf die Nordlandfahrt begleitete.[138] Daß der Brief ohne Folgen blieb, hing damit zusammen, daß Rosen in einem zweiten Schreiben Güßfeldt seinen ungewöhnlichen Schritt erklärte und auf sein richtiges Maß zurückführte.[139]

---

[135] Mit dem »vierten Mann im Skat« war Baron Varnbüler, vormals Württembergischer Gesandter in Wien und 1893 zum Nachfolger des Gesandten von Messer in Berlin bestimmt, gemeint. Eulenburg warf man vor, Varnbüler protegiert zu haben. Der vierte Mann im Skat, in: Kladderadatsch Nr. 52 v. 24.12.1893, S. 206.
[136] Stöwer, Zur See, S. 240.
[137] Rosen, Bd. 1, S. 85.
[138] Ebd., Bd. 1, S. 86.
[139] Ebd.

Die Nordlandfahrten schienen sich immer mehr zu dem zu entwickeln, was vormals der Kieler Woche[140] und deutschen Kurorten wie Bad Ems und Bad Kissingen – aber auch Badgastein im Salzburger Land – als Charakteristikum anhaftete: Hier wurden politisch folgenreiche Beschlüsse gefaßt.

Beispielhaft dafür sind die Diskussionen, die über die Kanzlerkrise 1889 auf der HOHENZOLLERN geführt wurden. Einige der Nordlandfahrtteilnehmer waren mehr oder weniger in diese involviert. Hier zeigte sich nicht nur der Interessenkonflikt der Fahrtgemeinschaft, sondern auch und vor allem, wie wirksam Eulenburg als Vermittler zwischen Holstein und Wilhelm II., dem gemäß der Reichsverfassung die Ernennung und Entlassung des Reichskanzlers zustand[141], arbeitete.

Für wie wichtig Bismarcks Sohn Herbert, der damalige Staatssekretär des Auswärtigen Amtes, dieses System erachtete, zeigte sich bereits im Vorfeld der Reiseplanungen. Zwei Monate vor Fahrtantritt schrieb er an Eulenburg: »Was die Reise Seiner Majestät an die norwegische Küste betrifft, so freue ich mich sehr, wenn Sie mitgehen und sehe nicht recht, worauf Ihre Zweifel sich gründen. Ihr Einfluss auf Seine Majestät ist ein vortrefflicher und mir auch sachlich ein sehr lieber, Sie können in den Wochen der Muse [sic!] viel Gutes wirken, und es ist mir eine Beruhigung, dass Sie mitgehen.«[142] Eulenburg, der später ebenso wie Kiderlen-Wächter in das Lager der Anti-Bismarckianer überwechselte[143] und die Ernennung des neuen Staatssekretärs Mar-

---

[140] In den »Kieler Neuesten Nachrichten« vom 25.6.1914 hieß es: »In früheren Jahren hat die ›Kieler Woche‹ sehr häufig die Entscheidung in wichtigen innenpolitischen Fragen gebracht. Manche Neubesetzungen in höchsten Reichs- und Staatsämtern sind in Kiel beschlossen worden. Die frische Kieler Seeluft hat sich für ministerielle Existenzen wiederholt verhängnisvoll erwiesen. Die Zeit vor dem Beginn der Nordlandreise ist ja die beste Gelegenheit, eine Bilanz zu machen und Inventur aufzustellen.« Zit. nach Sievert, S. 51.
[141] Zur Stellung des Reichskanzlers in der Reichsregierung: Von Pezold, S. 54–58.
[142] Herbert Bismarck an Eulenburg, Berlin, 15.5.1889. BA, Nl. Eulenburg, Nr. 5, S. 88 f.
[143] Hull, Entourage, S. 80. Zur Rolle des Holstein-Kreises und Eulenburgs bei Bismarcks Entlassung s. Reuss, S. 41–44, der betont, daß der Erfolg von Holstein und dem Rechtsexperten Dr. Paul Kayser auf Eulenburgs

schall von Bieberstein beim Kaiser durchsetzte[144], hatte sich auf der Fahrt ebenso wie Kiderlen-Wächter »redlich für die Bismarcks abgeschunden«.[145] Waldersee beurteilte Kiderlens Rolle auf der Nordlandfahrt 1889 jedoch anders: »Ich bin überzeugt, daß schon damals Kiderlen ein doppeltes Spiel gespielt hat, um es weder mit dem Kaiser noch mit dem Hause Bismarck zu verderben.«[146] Eulenburg hielt es für seine »*heiligste Pflicht*«, dem Kaiser »die *notwendigsten* und *wichtigsten* Diener« zu erhalten und versprach, mit aller Kraft für die Bismarcks zu kämpfen.[147] Zugleich riet er dem Kaiser, zwei Tage bevor er mit diesem in See stach, in der Kabinettsfrage nicht zu energisch aufzutreten, denn das wäre »ein *nationales Unglück*«.[148]

Die Haltung der Nordlandfahrtgesellschaft in dieser Angelegenheit war keineswegs einmütig. Schon damals bezog General Graf von Waldersee, der nur an dieser ersten Nordlandfahrt teilnahm, Position gegen Bismarck. Vehement lehnten er und der Kaiser aus Furcht vor einem Wahlverlust für die Kartellparteien Bismarcks Ansinnen ab, in Deutschland wieder den Redemptoristenorden zuzulassen. Über diese zwischen Kaiser und Kanzler bestehende Differenz notierte Waldersee: »Der Kaiser ist Gott sei Dank fest, und soll hier auf der ›Hohenzollern‹ auch nicht in anderem Sinne beeinflußt werden; hoffentlich machen sich später nicht andere Strömungen geltend, an Versuchen wird

---

Beziehung zum Kaiser beruhte. Eulenburg habe sozusagen eine Vermittlerrolle eingenommen. Zwar habe der Holstein-Kreis anfänglich zwischen Kaiser und Kanzler eine Versöhnung herbeiführen wollen, sich dann aber, »dem Instinkt eines guten preußischen Bürokraten« folgend, auf die Seite des Kaisers geschlagen. Dazu auch Röhl, Staatsstreichplan, S. 620, der ähnlich wie Reuss argumentiert, daß die kaiserliche Beraterclique keineswegs nur nach einem Anlaß suchte, den Kanzler zu stürzen, sondern bis zuletzt die Hoffnung hatte, Bismarck würde einsichtig werden.

[144] Vgl. Röhls Einleitung zu Eulenburgs Korrespondenz, Bd. 1, S. 10.
[145] So charakterisierte Kiderlen-Wächter die Situation aus der Retrospektive. Zit. nach Cleinow, Mit dem Kaiser, S. 497.
[146] Waldersee, Bd. 2, S. 59.
[147] Eulenburg an Holstein, Wangeroog, 21.6.1889. BA, Nl. Eulenburg, Nr. 6, S. 108f.
[148] Eulenburg an den Kaiser, Liebenberg, 29.6.1889. Ebd., Nr. 6, S. 111. Zum Verhältnis Eulenburg/Bismarck im Frühsommer 1889: Reuss, S. 33.

es nicht fehlen.«[149] Schließlich beteuerte er, entgegen den Befürchtungen des Grafen Wedel, den er in seinen Denkwürdigkeiten mißgünstig ein »Geschöpf Bismarcks«[150] nennt, und des Flügeladjutanten von Bülow, die Chance nicht genutzt zu haben, den Kaiser vertraulich in ein Gespräch zu ziehen, um dem Kanzler in irgendeiner Weise zu schaden.[151]

Um das Problem Bismarck kreisten bis zu dessen Tod 1898 die Gespräche der Nordlandfahrtgesellschaft.[152] Eine in der englischen satirischen Zeitschrift »Punch« erschienene Karikatur (Abb. 15) verlieh dem pointiert Ausdruck: »Da bläst er! Der Kaiser ist in den Nordmeeren auf Walfang gegangen«, verkündete die Überschrift. Die bildliche Darstellung zeigte einen mächtigen, durch das Meer wütenden Walfisch in der Gestalt des alten Bismarck, der den jungen Kaiser das Fürchten hätte lehren können. Speiend schleuderte der Wal eine Fontäne hinaus, die den Schriftzug der »Hamburger Nachrichten« trug. Mit Hilfe dieses Presseorgans und vor allem mit Hilfe von dessen politischem Redakteur Hermann Hofmann hatte es Bismarck nach seiner Entlassung glänzend verstanden, ein »Propagandanetz«[153] aufzubauen, das es ihm erlaubte, seine politischen Ansichten der breiten Öffentlichkeit kundzutun.

Den aktuellen Anlaß dieses Spottbildes lieferte Bismarcks Reise zur Hochzeit seines Sohnes Herbert nach Wien Ende Juni 1892, die er mit Besuchen an den Höfen von Wien, Dresden und München verknüpfte. Er wollte es auf dieser Fahrt noch einmal ganz genau wissen, wollte wissen, wie es um seine Sympathien im Volk bestellt war. Und tatsächlich, seine Reise wurde zu einer einzigen Manifestation der Kritik am Kaiser und seiner Regierung.[154]

Das Bild, das der Karikaturist hier gezeichnet hatte, nahm sich harmlos aus im Vergleich zu den Artikeln, die Jahre später mit

---

[149] Aufzeichnung Waldersees v. 9.7.1889, in: Waldersee, Bd. 2, S. 60. Zu Bismarcks Verhältnis zu den Kartellparteien: Röhl, Staatsstreichplan, S. 610–624; ders., Disintegration, S. 60–89.
[150] Aufzeichnung Waldersees v. 17.11.1889, in: Waldersee, Bd. 2, S. 78. Dazu auch Wedel, S. 11.
[151] Aufzeichnung Waldersees v. 18.7.1889, in: Ebd., Bd. 2, S. 60.
[152] Eulenburg, Aus fünfzig Jahren, S. 270–273.
[153] Gall, Bismarck, S. 711.
[154] Ebd., S. 713.

Bezug auf die Nordlandfahrten erscheinen sollten. In der öffentlichen Diskussion wurde die Kritik an den Nordlandfahrten noch einmal deutlich, als sich die Regierungskrise von 1896 anbahnte. In einem Artikel der Zeitschrift »Die Zukunft«, dem Sprachrohr der Gegner Wilhelms II., hieß es: »Während Onkel Chlodwig und der Biebersteiner« – gemeint sind der damalige Reichskanzler von Hohenlohe-Schillingsfürst und der Staatssekretär des Äußeren Adolf Freiherr Marschall von Bieberstein – »gemächlich der Reden pflegen und die deutsche Politik, so weit sie nicht hundstäglich verkampfert ist, in dem hoch und höchst geschätzten Herrn von Holstein den würdigsten Leiter gefunden hat, *kommt die Erleuchtung allein von Norden* und das *Kanzlerrathen* wird durch die Neugier komplizirt, welche Kandidaten Phili und der Anekdotenschwabe« – also Philipp Graf zu Eulenburg und der schwäbische Diplomat von Kiderlen-Wächter – »wohl mit an Bord gebracht haben mögen«.[155]

Freilich konnte dieser Artikel nur auf reiner Spekulation beruhen. Er kam dabei aber der Wahrheit gefährlich nahe. Denn: Die Krise von 1896, die exemplarisch für die vielen Krisen stand, die das Deutsche Reich erschütterten, wurde zum besten Beispiel dafür, wie eminent bedeutsame politische Entscheidungen bis zu den Wochen der Nordlandfahrten vertagt, dort beratschlagt und nach der Rückkehr in Form ausgefeilter Konzepte realisiert wurden.

Ohne die diesen Plänen vorausgegangenen Vorgänge nun en détail schildern zu wollen, scheint hier dennoch zunächst ein kurzer Abriß der in diese Krise mündenden Entwicklung angebracht.

Die Regierungskrise von 1896 ist eng mit der Person Eulenburgs und seinen seit 1894 verfolgten Zielen verknüpft. Sie ist Ausdruck seiner Bestrebungen, einerseits den Konflikt zu schlichten, andererseits die Macht des damaligen Reichskanzlers Caprivi und des späteren Reichskanzlers Hohenlohe zu unterminieren. Gleichzeitig zeichnete sich hier über die Meisterung der Situation hinaus Eulenburgs anvisiertes Fernziel ab: die Ernennung seines Freundes Bernhard von Bülow zum Reichskanzler im Jahre 1900. Der erste Schritt in diese Richtung war die

[155] Harden, Ferien, S. 96.

erfolgreiche Etablierung des »Systems Bülow« im Sommer 1897.[156] Kurz gesagt: Die Krise von 1896/97 spiegelte die von Eulenburg konsequent verfolgte Umgestaltung der deutschen Regierung seit 1894 wider, wobei die Ersetzung des Staatssekretärs des Auswärtigen Amtes, Marschall von Bieberstein, durch Bülow für ihn vorrangig war.[157] Für den Fall, daß Holstein sich diesen Veränderungen widersetzen sollte, traf Eulenburg Vorkehrungen: Notfalls müsse man diesen ebenfalls entlassen.[158] Zugleich hegte Eulenburg die Hoffnung, Bülow könnte in seiner Funktion als Staatssekretär des Auswärtigen Amtes Herbert Bismarck zum Botschafter in London berufen und damit eine Versöhnung mit dem Hause Bismarck einleiten.[159] Zudem sah er die Absetzung des Reichskanzlers Caprivi vor. An dessen Stelle sollte sein Vetter Botho Eulenburg treten.[160]

Das konkret faßbare Ergebnis seiner Überlegungen war zunächst der Sturz Caprivis 1894, den Holstein und Marschall nicht verhindern konnten. Die Ernennung Botho Eulenburgs wußten sie jedoch zu vereiteln.[161] Nachfolger Caprivis wurde – auf Vorschlag Philipp Eulenburgs[162] – Fürst Chlodwig zu Hohenlohe-Schillingsfürst.

Damit ging für Eulenburg ein Teil seiner Wünsche in Erfüllung. Durch die Ereignisse der Köller-Krise Ende 1895 – die preußischen Staatsminister hatten unter Beteiligung Marschalls und des Kriegsministers Bronsart die Entlassung des beim Kaiser in besonderer Gunst stehenden preußischen Innenministers Köller erzwungen – sah sich Eulenburg genötigt, seinen Zielvorstellungen möglichst bald Taten folgen zu lassen.[163] Unter dem Eindruck der Geschehnisse faßte er den Entschluß, den betagten Hohenlohe bis zu seinem Tode im Amt zu belassen, um so all-

---

[156] Zur Zusammenarbeit zwischen Eulenburg und Bülow sowie zur Regierungskrise 1896: Röhl, Kaiser, Hof und Staat, S. 52–53, 55–59.
[157] Zu Eulenburgs Umgestaltungsplan: Aufzeichnung Eulenburgs für Kaiser Wilhelm II., 20.3.1894, in: Eulenburgs Korrespondenz, Bd. 2, Nr. 933, S. 1257–1262.
[158] Röhl, Kaiser, Hof und Staat, S. 55.
[159] Ebd.
[160] Ebd.
[161] Ebd.
[162] Haller, S. 154, 158.
[163] Röhl, Kaiser, Hof und Staat, S. 57.

mählich den Aufstieg Bülows zum Reichskanzler vorzubereiten.[164]

Eulenburgs Entwurf wurde jedoch im März 1896 dadurch gefährdet, daß Holstein, Marschall und Bronsart die von Hohenlohe – trotz der Widerstände des Kaisers und seiner militärischen Umgebung – engagiert vertretene populäre Militärstrafgerichtsreform dazu benutzen wollten, den Reichskanzler zur Solidarität mit den Staatsministern und gegen den Kaiser zu gewinnen.[165] Eine sofortige Entlassung Marschalls hätte damals weitreichende Folgen nach sich ziehen können, und daher mußte Bülows Ernennung zum Staatssekretär des Auswärtigen Amtes unter Hohenlohe oder direkt zum Reichskanzler bis auf weiteres verschoben werden.[166]

Der Kaiser wollte die Frage der Militärstrafprozeßordnung zur Erledigung der »lästigen Personalfragen«[167] verwenden. Die Nordlandfahrt 1896 kam ihm dabei äußerst gelegen, denn hier konnte er zusammen mit Eulenburg ein sehr detailliertes Konzept entwerfen, das eine endgültige Überwindung der Regierungskrise herbeiführen sollte.[168] Intention der Beratungen war es, die durch die Köller-Krise ins Wanken geratene Autorität des Kaisers wiederherzustellen und seine Stellung gegenüber der Regierung, der künftig eine mehr administrative Funktion zukommen sollte, ostentativ herauszustellen.[169] In diesem Sinne versprach Bernhard von Bülow, daß er sich als Werkzeug des Kaisers verstehe und daß mit ihm ein »persönliches Regiment« im guten Sinne beginnen werde.[170]

Die Sache drängte zu einem raschen Entschluß, da die Nordlandfahrt mit Rücksicht auf ein Ohrenleiden des Kaisers abgebrochen wurde.[171] Unbeantwortet blieb die Frage, ob die von Eulenburg angestrebten Veränderungen in der Regierung in

---

[164] Röhl, Kaiser, Hof und Staat, S. 7.
[165] Ebd.
[166] Ebd.
[167] Eulenburg an Bülow, Merok, Gejrangerfjord, 23.7.1896, in: Eulenburgs Korrespondenz, Bd. 3, Nr. 1246, S. 1715.
[168] Röhl, Kaiser, Hof und Staat, S. 58. Dazu auch Svanström, En bok, S. 55.
[169] Vgl. Röhl, Germany, S. 194.
[170] Bülow an Eulenburg, 23.7.1896. BA, Nl. Eulenburg, Nr. 42, S. 521 ff.
[171] Eulenburg an Bülow, Merok, Gejrangerfjord, 24.7.1896, in: Eulenburgs Korrespondenz, Bd. 3, Nr. 1246, S. 1719.

friedlicher Weise verlaufen würden, in einen Verfassungskonflikt eskalieren würden, einen Bürgerkrieg oder gar eine Intervention einer auswärtigen Macht zur Folge hätten.[172] »Kommt man heil an? Kentert man? Geht man unter? Rettet man sich in Not?«[173], so verglich Eulenburg äußerst plakativ in einem Brief an Holstein seine Situation mit der eines im Strom treibenden Schiffes, das zu einer Reise nach Westindien aufbricht. Das jetzt bestehende System sah er – salopp gesprochen – zumindest als »fertig« an.[174]

Die Lösungsfindung sah vor, Bülow zum Staatssekretär des Auswärtigen Amtes zu ernennen und Hohenlohe zu zwingen, die Entlassungen Bronsarts, Boettichers und Marschalls zu akzeptieren.[175]

Erkläre sich hingegen Hohenlohe mit den Dreien solidarisch, indem er an der Militärstrafprozeßordnung festhalte, sei die Zeit für grundlegende Veränderungen gekommen: Botho Eulenburg sei zum Reichskanzler und Bülow zum Staatssekretär im Auswärtigen Amt sowie zum Vizepräsidenten des preußischen Staatsministeriums zu ernennen.[176]

Schließlich erwog Eulenburg als letzte Möglichkeit den Staatsstreich, der entweder Bronsart oder Waldersee als Reichskanzler vorsehe. In diesem Falle solle sich Bülow zunächst bedeckt halten und erst in Erscheinung treten, nachdem die Turbulenzen des Staatsstreiches ausgestanden seien.[177]

Zufrieden zog Eulenburg Bilanz: Er habe wenigstens das Seine auf der Nordlandfahrt dazu beigetragen, »um nicht wieder eine ganz Europa erregende ›Sensation‹ zu erleben«.[178] Das aide mémoire, das er dem Kaiser gab, habe eine sehr nachhaltige Wirkung auf dessen Urteil gehabt, denn »er sieht seitdem durch diese Brille und wird jeden Entschluß unter diesem Gesichts-

---

[172] Röhl, Germany, S. 198.
[173] Eulenburg an Holstein, Aalesund, 26.7.1896. PA AA, Nl. Holstein, Bd. 39.
[174] Eulenburg an Holstein, Mariefjord, 12.7.1896, in: Papiere Holsteins, Bd. 3, Nr. 558, S. 559.
[175] Röhl, Germany, S. 196.
[176] Ebd., S 196 f.
[177] Ebd., S. 197.
[178] Eulenburg, Mit dem Kaiser, Bd. 1, S. 371.

winkel fassen«.¹⁷⁹ Eulenburg war jedoch darauf bedacht, seine mit dem Kaiser ausgearbeitete Problemlösung nicht sofort nach der Rückkehr verlauten zu lassen, was er Holstein gegenüber mit folgenden Worten begründete: »Schon aus dem Grunde, weil ich S.M. vorstellte, daß das Gerede über eine ›Verschwörung auf der Nordlandreise‹ auf Ihn selbst und die Abhängigkeit, in der Er erschiene, das sonderbarste Licht werfen müsse. Es ist demnach die Entlassung des Kriegsministers vertagt. Für aufgegeben kann ich sie nicht halten.«¹⁸⁰ Andererseits verlangte aber die Krise eine Entscheidung vor der Wiederversammlung des Reichstages im Herbst.¹⁸¹ Im Sommer 1896 nahm Hohenlohe schließlich den Rücktritt Bronsarts hin.¹⁸² Ebenso beugte er sich der Entfernung Marschalls und Boettichers aus ihren Ämtern im darauffolgenden Jahr.¹⁸³ Hohenlohe selbst blieb noch bis Oktober 1900 im Amt, und mit der Berufung Bülows im selben Jahr hatte Eulenburg, der sich – wie er an Holstein schrieb – auf der Nordlandfahrt von 1896 redlich »abgezappelt«¹⁸⁴ hatte, endgültig sein Ziel erreicht.

3. Der Skalde und politische Intimus Wilhelms II.: Philipp Fürst zu Eulenburg-Hertefeld

»Die geistige Welt des Kaisers hatte uns einst zusammengeführt und bildete das Band, das uns zu Freunden machte. Seine persönliche Macht, als er Kaiser geworden war, hatte mich jedoch an seinen Reichswagen gespannt... Rein menschlich empfunden

---

[179] Eulenburg an Holstein, 26.7.1896, in: Papiere Holsteins, Bd. 3, Nr. 570, S. 568.
[180] Eulenburg an Holstein, Trondheim, 19.7.1896, in: Ebd., Bd. 3, Nr. 565, S. 565. Dazu auch das Schreiben Eulenburgs an Bülow, Merok, Gejrangerfjord, 23.7.1896, in: Eulenburgs Korrespondenz, Bd. 3, Nr. 1246, S. 1716, sowie das Schreiben Eulenburgs an Holstein, Mariefjord, 12.7.1896, in: Papiere Holsteins, Bd. 3, Nr. 558, S. 559.
[181] Röhl, Germany, S. 193.
[182] Wilke, S. 179; Hohenlohe-Schillingsfürst, Denkwürdigkeiten des Fürsten, Bd. 2, S. 526.
[183] Röhl, Kaiser, Hof und Staat, S. 58 f.
[184] Eulenburg an Holstein, 26.7.1896, in: Papiere Holsteins, Bd. 3, Nr. 570, S. 568.

wurde jedoch meine Künstlernatur in eine Art Knechtschaft gezwungen –, ein seelisches Leiden, das mit der Zunahme körperlicher Erschöpfung sich häufig zu unerträglichen Formen steigerte. Immer blieb mir die Pflicht, dem Kaiser dennoch geistig und künstlerisch ›etwas zu sein‹. War es meine Musik und mein dichterisches Können gewesen, solange nicht die politische Arbeit sich wie ein Mehltau auf diese Blumenwelt langsam niedersenkte, so war es später doch stets mein Bestreben, dem mehr und mehr mit einer Art explosiver Leidenschaft sich den persönlichen Machtfragen zuwendenden Kaiser seine geistigen Ideale zu erhalten.«[185] So gab Philipp Fürst zu Eulenburg-Hertefeld im Oktober 1901 seine innersten Empfindungen preis. Treffender könnte man ihn als »Dichterdiplomaten«[186], in dessen Brust zwei Herzen – das eine für den Staatsdienst, das andere für die Kunst – schlugen, wohl kaum charakterisieren.

Daß Eulenburg, der als Gesandter in Stockholm, Dresden, Paris und München und als Botschafter in Wien seinen Dienst versah, eine weit über den Rahmen seiner diplomatischen Tätigkeit hinausragende Rolle spielte[187], zeigte sich auf der Nordlandfahrt von 1896. Wenngleich die Zeitgenossen davon nicht immer überzeugt waren, machte Eulenburg von seinem Einfluß auf Kaiser Wilhelm II., von dessen Intimberater er allmählich zum Entscheidungshelfer und »Krisenmanager auf höchster Ebene, Kanzlerstürzer und Kanzlermacher« avancierte[188], jedoch – sieht man einmal von seinen Staatsstreichplänen im Sommer 1896 ab – in einem guten Sinne Gebrauch. Er wirkte mäßigend und beruhigend auf »Wilhelm den Plötzlichen«, dessen von Impulsivität und Spontaneität bestimmtes Leben Eulenburg in einem Brief an Bernhard von Bülow einmal mit einer Wolke verglich, »die bald weiß, bald grau, bald schwarz ist und Regen, Hagel, Sturm – und besonders viel Elektrizität enthält«.[189]

Eulenburg war es auch, der den Kaiser auf den Nordlandfahr-

---

[185] Zit. nach Haller, S. 260.
[186] Rogge, S. 47.
[187] Vgl. Bußmanns Geleitwort zu der von Röhl besorgten Edition von Eulenburgs Korrespondenz, Bd. 1, S. VII.
[188] Glaser, S. 154. Dazu auch Haffner, S. 1093.
[189] Eulenburg an Bülow, an Bord S.M.Y. HOHENZOLLERN vor Trondhjem, 20.7.1899, in: Eulenburgs Korrespondenz, Bd. 3, Nr. 1399, S. 1952.

ten davon zu überzeugen suchte, in gewissen Staatsangelegenheiten Vorsicht walten zu lassen. Dies galt für Wilhelms Ausfälle gegenüber dem »Bismarckismus«[190], der als Kraft auch noch nach dem Tode des Reichskanzlers im Deutschen Reich lebendig war, dies galt aber auch – und vor allem – für Wilhelms oftmals unbedachte Äußerungen, die im Volk gleich den Eindruck eines absoluten Königtums entstehen ließen.[191] Deshalb bereitete es Eulenburg auch Sorge, daß der Kaiser auf seinen Skandinavienreisen völlig unberechenbar Telegramme in alle Welt sandte, ohne zuvor Rücksprache mit jemandem getroffen, geschweige denn über die eingegangenen Antworten das Auswärtige Amt benachrichtigt zu haben.[192] Eine weitere Gefahrenquelle stellte Prinz Albert von Schleswig-Holstein dar, den Eulenburg despektierlich einen »Quasselpeter«[193] nannte. Er trat insofern als zwielichtige Person in Erscheinung, als er die auf den Nordlandfahrten vertraulich getätigten Mitteilungen gleich einem Schwamm aufsog und an den englischen Königshof weiterleitete, mit dem er familiär verbunden war.[194]

Trotz seiner Bemühungen vermochte es Eulenburg nicht, den Kaiser zu besänftigen, wenn dieser an Bord »in masslosen Ausfällen gegen allerhand Windmühlen« kämpfte.[195] Voller Besorgnis nahm Eulenburg die Veränderung im Wesen seines Freundes

---

[190] Haller, S. 253.
[191] Ebd., S. 255 f.
[192] Ebd., S. 258.
[193] Eulenburg an Bülow, an Bord der HOHENZOLLERN, 11.7.1898, in: Eulenburgs Korrespondenz, Bd. 3, Nr. 1378, S. 1905.
[194] Dazu ders. an dens., an Bord S.M.Y. HOHENZOLLERN, auf dem Weg nach Molde, 11.7.1898, in: Ebd., Bd. 3, Nr. 1378, S. 1904. Dazu auch die Aufzeichnung Eulenburgs bezüglich der Diskussion an Bord über die am 23.7.1903 im Londoner Unterhaus debattierte deutsch-kanadische Zollfrage: »Unmittelbar nach dem aufregenden Eindruck der Berichte über England hatte S.M. den ganzen Strom seines Grimmes dem Vetter Albert Holstein enthüllt, und diesen beauftragt (!) das Missfallen und die Indignation des Kaisers nach London mitzuteilen… Prinz Abby schüttete mir, ganz ausser sich, sein Herz aus. Ich… gab ihm den Rat vorläufig nicht zu schreiben – aber, das dürfte wohl schwerlich helfen, ›der Fall ist zu interessant‹.« Aufzeichnung Eulenburgs, Molde, Ranenfjord, 28.7.1903. BA, Nl. Eulenburg, Nr. 74, fol. 1, Zur Psyche und Politik Kaiser Wilhelms II., S. 10.
[195] Eulenburg an Bülow, an Bord der HOHENZOLLERN, Molde, 21.7.1903.

wahr, der wie »in einer Traumwelt einherwandelt(e) und sein Ich zu einem immer größeren Phantom entwickelt(e)«.[196] »Wochenlang, von früh bis zum Abend, *nur* durch eine Schlafpause nachmittags unterbrochen, mit dem lieben Herrn in Contakt zu sein, öffnet ja auch dem weniger eingeweihten die Augen – und auch dieser erschreckt über die immer mehr in Erscheinung tretende Tatsache, dass S.M. *alle* Dinge und *alle* Menschen lediglich von seinem persönlichen Standpunkt betrachtet und beurteilt. Die Objektivität ist völlig verloren, die Subjektivität reitet auf einem beissenden und stampfenden Rosse – der Widerspruch in seinen eigenen Auslassungen feiert täglich Triumphe... ich kann nicht sagen, wie ich mich nach der Heimkehr sehne!«[197], schrieb Eulenburg von seiner letzten Nordlandfahrt 1903.

Unter der Bordatmosphäre litt die gesamte Nordlandfahrtgesellschaft.[198] Mit Schmerz sprach Eulenburg von einem Alp, der auf dem Schiff ruhe und nicht weichen wolle[199], und verzweifelt vertraute er seinem Tagebuch an: »Eine tiefe *Trauer* erfüllt mich. Ich kann kaum die Stunde der Befreiung aus diesem königlichen Gefängnis erwarten.«[200] Für Eulenburg war es geradezu eine Erleichterung, nach 1903 aufgrund seines sich verschlechternden Gesundheitszustandes nicht mehr an den Nordlandfahrten des Kaisers teilnehmen zu müssen, die für ihn mehr und mehr zu einer alljährlichen lästigen Pflichtübung wurden.

Was Eulenburg vor allem die Lust an den Reisen verleidete, war der »preußische Soldaten-Schnitt«, der sich den Unterhaltungen an Bord bemächtigte und der – wie Eulenburg an Bülow schrieb – die »feiner gebildeten Elemente« zurücktre-

---

BA, Nl. Eulenburg, Nr. 74, fol. 1, Zur Psyche und Politik Kaiser Wilhelms II., S. 4.
[196] Ebd.
[197] Eulenburg an Bülow, an Bord der HOHENZOLLERN, Molde, 26.7.1903. Ebd., S. 7.
[198] Dazu Eulenburgs Brief an Bülow v. 9.8.1903, in dem er schrieb: »Diejenigen, die gezwungen sind, dienstliche Dinge zu berühren – (wie ich Gottlob nicht mehr!) – ... sind völlig fertig.« Ebd., S. 15. Zur Stimmung an Bord: Topham, Memories of the Fatherland, S. 144.
[199] Eulenburg an Bülow, an Bord der HOHENZOLLERN, Molde, 26.7.1903. BA, Nl. Eulenburg, Nr. 74, fol. 1, Zur Psyche und Politik Kaiser Wilhelms II., S. 7.
[200] Aufzeichnung Eulenburgs, Molde, Ranenfjord, v. 28.7.1903. Ebd., S. 12.

ten ließ.[201] Im Unterschied zu dieser »spezies«, die von Bismarcks militärischem Ethos durchdrungen war, fühlte sich Eulenburg eher »einer fremden Rasse« als der preußischen angehörig, für deren Ton der Kaiser ein »merkwürdig intensives Potsdamer Empfinden« habe.[202] Jenseits dieser Verbitterung war es gerade Eulenburgs künstlerisches Naturell und sein Interesse an der alten Wikingerwelt, das ihn mit dem Kaiser verband. Das trat am unmittelbarsten in Wilhelms Wertschätzung für Eulenburgs nordische Balladen zutage.

1892 publizierte Eulenburg eine Auswahl dieser Balladen, die auch auf den Nordlandfahrten zum musikalischen Repertoire zählten[203], als »Goldschnittlyrik«[204] in einem Prachtband (Abb.16). Dabei handelte es sich um sentimentale Ritterromanzen mit Anklängen an die englisch-schottischen und nordischen Balladen von Walter Scott, Thomas Percy, Theodor Fontane und Carl Loewe.[205] Eulenburgs Dichtung war – salopp gesprochen – en vogue und repräsentierte den wie auch immer definierten Zeitgeist. Ebenso wie die neu aufgekommene Begeisterung für Schottland und die schottische Kultur zu einer Mode wurde – Ossian, Walter Scott und Schloß Balmoral waren damals durchaus geläufige Begriffe[206] –, drangen die skandinavischen Länder verstärkt in das Bewußtsein des deutschen Bildungsbürgertums. Von der Vermittlung nordischen Gedankenguts in Deutschland um die Jahrhundertwende zeugen Eulenburgs Balladen »Atlantis«, »Gorm«, »Nordischer Streitgesang«, »Alf und Ulf«, »Metgesänge« und »Hokans Wacht«. Das Interesse am Nordischen blieb dabei jedoch nur allzuoft auf bloße Lautmalerei beschränkt – man denke etwa an Fontanes »Hakon Borkenbart« oder »Swend Gabelbart«. Vielfach hatte das Nordische lediglich die Funktion, eine dekorative Hülle für den rührseligen Stoff zu liefern.

---

[201] Eulenburg an Bülow, S.M.Y. HOHENZOLLERN, 4.7.1898, in: Eulenburgs Korrespondenz, Bd. 3, Nr. 1377, S. 1901 f.
[202] Ebd., Bd. 3, Nr. 1377, S. 1902. Dazu auch Hughes, S. 138.
[203] Eulenburg, Mit dem Kaiser, Bd. 1, S. 34, 36, 47, 49, 55, 138, 217, 292, Bd. 2, S. 106, 195.
[204] Von See, Germanenbilder, S. 87.
[205] Zu Fontanes nordischen Balladen: Reuschel, S. 335–349.
[206] Von See, Germanenbilder, S. 85.

Als Wilhelm noch nicht in Amt und Würden stand, war er bereits ein glühender Anhänger von Eulenburgs Dichtungen.[207] Immer und immer wieder mußte ihm Eulenburg seine Romanzen vorsingen, und die Begeisterung des Kaisers für »alles Nordische« schien grenzenlos zu sein.[208] Exemplarisch hierfür ist ein Telegramm, das er nur wenige Wochen nach seinem Regierungsantritt von seinem Staatsbesuch in Stockholm an Eulenburg schickte: »Herzlichen Dank für freundliche Nachricht sende ich Ihnen aus dem Lande der Skaldengesänge, der schönen Frauen und des Meereskönigs. Aus dem Lande der nordische Urwala, von den Schären, tönt mein Gruß an meinen Freund den Skalden.«[209] Daß er dieses Telegramm obendrein mit »›Hokan‹ Wilhelm I.R.«[210] unterzeichnete, war dann schlechthin das Tüpfelchen auf dem i. Wilhelms Titulierung kam nicht von ungefähr. Der Kaiser, der sich ein Jahr später unter dem Pseudonym »Graf Hokan« auf seine erste Nordlandfahrt begab[211], bezog sich dabei auf die Gestalt des Hokan in Eulenburgs Dichtung »Wie sie Freunde wurden«.[212] Der Gesang, der die Freundschaft zwischen Hokan und Harald, die gefühlsmäßige Bindung des Volkes an seinen Monarchen, thematisiert, endet in dem Bild eines gegenseitigen Treuebundes:

»Es floß zusammen das Blut im Kreise,
Das war des Bundes ehrfeste Weise!
Und als sie lustig zu Walde ritten,
Da ritt die Treue just in der Mitten
Zwischen Hokan und Harald.«[213]

---

[207] Dazu Wilhelm II., Aus meinem Leben, S. 227. Ausführlich dazu Kracke, S. 48 f.
[208] Dazu Eulenburgs Korrespondenz, Bd. 1, S. 163, Anm. 4.
[209] Telegramm Kaiser Wilhelms II. an Eulenburg v. 28.7.1888, in: Ebd., Bd. 1, Nr. 187, S. 303.
[210] Ebd.
[211] Göteborgs Posten Nr. 157 v. 10.7.1889 berichtete: »Der Kaiser reist unter dem Namen ›Graf Hokan‹.«
[212] Zum Balladentext: Eulenburg, Skaldengesänge, S. 97 f.
[213] Ebd., S. 98.

Die Figur des Königs Hokan durchzieht Eulenburgs Balladen. Obgleich er in seinen Skaldengesängen eine Gegenwelt aufbaut, drängt sich in seiner Ballade »König und Skalde« (Abb.17) ein Vergleich zur Realität auf. Wiederum steht Hokan – wie schon in Eulenburgs Gedicht »König Hokan« von 1888 – im Mittelpunkt des Geschehens.[214] Die Ballade handelt von dem Regierungsantritt des neuen Herrschers Hokan nach dem Ableben des vormaligen Regenten Anund. Den neuen Herrn begleiten allseits die besten Wünsche für erfolgreiche Expansionsbestrebungen, lediglich der Skalde schweigt. Darob befragt, antwortet dieser im Versmaß von Fontanes Balladen:

»Ich bin der Treuste in deinem Reich!
Dein Goldreif nur und der Purpur rot,
Die brachten dem Skaldenherzen Not!«[215],

woraufhin der Herr seinen Purpur zur Seite schlägt und ihm entgegnet:

»›Leg an die Brust mir die Hände beid'!
Da schlägt das Herz noch wie zuvor
Im Eichenwald von Dunafjor,
Und singen sollst du mir, mein Skald,
Von Frauenehr und Freundschaftsgewalt,
Bis Walhallas ewiger Sonnenschein
Bricht glühend in unsern Tag hinein!‹«[216]

Die Antithese von Zeremoniell und Gefühl beherrscht die Szene. Unschwer sind hier autobiographische Bezüge zu erkennen. Daß mit dem altnordischen Personal Anund und Hokan der verstorbene Kaiser Friedrich III. und sein Sohn Wilhelm gemeint sind und sich hinter dem Skalden der Verfasser der Ballade verbirgt, ist ein offenes Geheimnis.

Ein Beispiel für Wilhelms Internalisierung der Eulenburg-

---

[214] Vermutlich handelt es sich bei »König und Skalde« um eine spätere Bearbeitung der Ballade »König Hokan«.
[215] Eulenburg, Skaldengesänge, S. 52.
[216] Ebd., S. 53.

schen Balladen sind seine Illustrationen zu »Walpurg« und zu »König Hokan und Helge« (Abb. 18).[217]

Ob Eulenburg mit seinen »Skaldengesängen« reüssierte, ist schwierig zu beantworten. Die Auflagenstärke dürfte wohl kaum den Verbreitungsgrad seiner viel bedeutenderen »Rosenlieder« übertroffen haben, von denen bis 1926 immerhin eine halbe Million gedruckt wurden.[218] Und doch: Seine Balladen erfreuten sich allgemeiner Beliebtheit, und gelegentlich wurden sie ebenso wie seine Theaterstücke aufgeführt, u. a. in Berlin.[219] »Es wird wohl übertrieben sein«, meinte Eulenburg selbstkritisch und ironisch nach einem Vortrag seiner Balladen im Rahmen der Gewandhauskonzerte in Leipzig 1890, daß »ganz Leipzig... seitdem Lieder von mir singen« soll.[220]

Kritik – und zwar auf sehr hämische Weise – meldete sich aus dem Lager um Maximilian Harden: »Wieder sind in Wien Lieder des deutschen Botschafters Fürsten Philipp Eulenburg gesungen worden. Die in Oesterreich lebenden Bürger des Deutschen Reiches haben beschlossen, in einer Petition den Reichstag zu bitten, den Chefs deutscher Missionen mögen von Reichs wegen untersagt werden, durch private Bethätigungen im Ausland das Ansehen der Staaten, von denen sie beglaubigt sind, zu schädigen«, hieß es am 23. Februar 1901 in einer satirischen Notiz der Zeitschrift »Die Zukunft«.[221]

Eulenburg zählte beileibe nicht zu den literarischen Größen seiner Zeit. Das heißt jedoch nicht, daß sein Wirken deshalb geringer einzuschätzen ist, denn gerade zweit- und drittklassige Künstler vermögen zuweilen ihre Epoche stärker zu prägen und zu spiegeln als solche ersten Ranges. Zur neuen Kunst, die ohne das Reich entstand[222], d. h. die sich von ihren Auftraggebern und den politischen Bindungen löste, und auf einem hohen kritischen Niveau erblühte, und zu den künstlerisch Oppositionellen

---

[217] Dazu Eulenburg, Mit dem Kaiser, Bd. 2, S. 106.
[218] Burmeister, S. 20.
[219] Ebd.
[220] Notiz Eulenburgs, Oldenburg, 30.1.1890. BA, Nl. Eulenburg, Nr. 8, S. 74.
[221] Die Zukunft Nr. 21 v. 23.2.1901, S. 354.
[222] Vgl. dazu und zur Sezessionsbewegung, die 1892 von München ausging: Frhr. von Löhneysen, S. 112 f.

– 1899 gründete Max Liebermann zusammen mit Max Slevogt die Berliner Sezession – unterhielt er freilich keine Kontakte, gleichwohl aber zu den Protegés des Kaisers. Nur vor diesem Hintergrund ist seine eigentliche Bedeutung für den aktuellen Kunst-, Literatur- und Musikbetrieb jener Jahre und vor allem für die kaiserliche Kulturpolitik zu verstehen. Er verkehrte in den Berliner Salons von Marie »Mimi« Gräfin von Schleinitz und von Gustav Richter mit den Malern Adolf von Menzel, Franz von Lenbach, Paul Myerheim, mit dem »illustrierenden Historiker des neuen Reiches«[223], Anton von Werner, mit dem Bildhauer Reinhold Begas, mit dem Architekten und Archäologen George Niemann und mit dem berühmten russischen Pianisten Anton Rubinstein.[224] In Philipp Eulenburg hatten diese nicht nur einen Repräsentanten des politischen Lebens für ihren Interessenkreis gewonnen, sondern vor allem auch einen engen Vertrauten Kaiser Wilhelms II., der ihnen, wenn einmal Not am Mann sein sollte, Tür und Tor öffnen konnte. So hatte wohl auch Hans Paul Freiherr von Wolzogen, der Herausgeber der von Richard Wagner begründeten »Bayreuther Blätter«, große Hoffnungen auf Eulenburgs Mittlerrolle gesetzt. Enttäuscht mußte er jedoch feststellen, daß dieser für den Bayreuther-Kreis keine große Hilfe war.[225] Ähnlich verbittert reagierte man auch in der Gobineau-Vereinigung, wo Eulenburg – so Ludwig Schemann – als Vorstandsmitglied nicht über ein »Statistendasein« hinauskam.[226] Die Inaktivität, die man Eulenburg hier nachsagte, traf freilich nur mit Einschränkungen zu. Immerhin war er es, der Cosima Wagner in ihren Bemühungen unterstützte, den Kaiser für die Übernahme der Schirmherrschaft der Bayreuther Festspiele zu gewinnen.[227]

Damit sind zugleich die Zirkel genannt, die für Eulenburgs politisch-weltanschauliches Denken prägend wurden und die ihn in seinen nordisch-mystischen Interessen bestärkten: die Gobineau-Vereinigung, deren Gründungskomitee 1894 neben Eulenburg der Rassetheoretiker und Schwiegersohn Richard

---

[223] Zit. nach vom Bruch, S. 338.
[224] Burmeister, S. 20.
[225] Schüler, S. 141.
[226] So Ludwig Schemann in einem Brief v. 5.3.1905. Zit. nach ebd.
[227] Röhl, Kaiser, Hof und Staat, S. 211, Anm. 21.

Wagners, Houston Stewart Chamberlain, Cosima Wagner, der spätere Gobineau-Biograph Ludwig Schemann und die Witwe des Kulturkritikers Paul de Lagarde angehörten[228], und der Bayreuther-Kreis. Beide Kreise waren insofern aufs engste miteinander verknüpft, als Bayreuth zum eigentlichen »Geburtshelfer« des Gobineauschen Gedankens wurde.[229] In den »Bayreuther Blättern« rührte man auf Betreiben von Cosima Wagner und Hans von Wolzogen – modern ausgedrückt – die Werbetrommel für Gobineaus berühmten 1853–1855 erschienenen »Essai sur l'inégalité des races humaines«. Bezeichnend ist, daß das Buch in Deutschland erst zu Beginn der Regierungszeit Wilhelms II. durchschlagenden Erfolg hatte.[230]

Gobineau lieferte zum einen eine Erklärung für das Problem der Degeneration, indem er es auf die Vermischung der Arier mit anderen Rassen zurückführte, zum anderen hob er das Germanentum als letztes »Kraftreservoir« der Geschichte hervor, das letztlich aber auch durch einen wiedererstarkenden Romanismus im Niedergang begriffen sei.[231] Damit bot er jenen, die den Primat der germanischen Rasse postulierten und zugleich das hereinbrechende Unheil im Juden- und Romanentum erblickten, eine willkommene Argumentationshilfe.

Eulenburg empfahl sich der Interessengemeinschaft aufgrund seiner freundschaftlichen Verbindung zu Gobineau, dessen Bekanntschaft er während seiner Gesandtenzeit in Stockholm machte.[232] Von Eulenburg erschien 1886 ein Aufsatz über den französischen Diplomaten in den »Bayreuther Blättern«. Dieser wurde auf Drängen Schemanns, der als eigentlicher Popularisator Gobineaus in Deutschland galt[233], 1906 als selbständige

---

[228] Ebd., S. 156.
[229] Zur Rezeption Gobineaus durch den Bayreuther-Kreis: Schüler, S. 235–252; s. dazu auch Deschner, S. 133.
[230] Von See, Deutsche Germanen-Ideologie, S. 56.
[231] Vgl. dazu Schüler, S. 237 ff; von See, Deutsche Germanen-Ideologie, S. 56 f.
[232] Eulenburg, Eine Erinnerung, S. 7. Lohnend und wünschenswert zugleich wäre eine wissenschaftliche Untersuchung über Graf Gobineaus Stockholm-Aufenthalt als Vertreter der französischen Republik in der schwedischen Monarchie.
[233] S. dazu bes. Schemanns Darstellung »Gobineau. Eine Biographie. 2 Bde. Straßburg 1913–1916.«

Schrift unter dem Titel »Eine Erinnerung an Graf Arthur Gobineau« veröffentlicht.[234]

Ungleich größer als der Durchbruch, den Gobineaus Schrift erzielen konnte, war die Breitenwirkung von Chamberlains 1899 erschienenem Werk »Die Grundlagen des 19. Jahrhunderts«. Es lag 1912 bereits in zehnter Auflage vor.[235] »Das Germanentum in seiner Herrlichkeit ist dem erstaunten deutschen Volk erst durch Chamberlain klar gemacht und gepredigt worden«, so erinnerte sich Wilhelm II. in seinem niederländischen Exil in Dankbarkeit an Houston Stewart Chamberlain.[236] Eulenburg hatte im Oktober 1901 erfolgreich eine Begegnung zwischen Wilhelm II. und Chamberlain in die Wege geleitet, der sich ein Briefwechsel anschloß. Eulenburg hat es verstanden, »die Funken« des kaiserlichen Interesses an der Person Chamberlains »zu einer brennenden Flamme zu schüren«.[237] Fortan stand der Kaiser vollkommen unter »dem Zauber dieser Persönlickeit«[238] und auf der Nordlandfahrt von 1903 ganz »unter dem Banne der Chamberlainschen Gedanken«.[239]

Worauf beruhte diese Wertschätzung für Chamberlains Werk, das nach Julius Langbehns »Rembrandtbuch«[240] der kulturkritische Bestseller der wilhelminischen Epoche schlechthin wurde? Waren Chamberlains Gedanken, die den Pessimismus der Gobineauschen Kulturanthropologie in eine optimistische Lebenslehre und in ein rassenbiologisches Programm auf »naturwissenschaftlichem« Fundament kehrten, für Wilhelms Idee des »neuen Kurses« förderlich? Wurde Chamberlains Germanenmetapher zum »Leitbild eines nordischen Führungsanspruches«[241], eines deutschen Sendungsbewußtseins? Wilhelm II. sah in Chamberlain, der sich dem Kampf gegen die rote, graue und schwarze Internationale, d. h. gegen den Sozialismus, das Großstadtleben und die katholische Kirche, verschrieben hatte,

---

[234] Vgl. Schemanns Vorwort, in: Eulenburg, Eine Erinnerung, S. 6.
[235] Vgl. Fischer, Krieg, S. 66.
[236] Wilhelm II., Ereignisse, S. 154.
[237] Aufzeichnung Eulenburgs vom Oktober 1901, in: Eulenburg, Erlebnisse, Bd. 2, S. 322.
[238] Aufzeichnung dess. v. 29.10.1901, in: Ebd., Bd. 2, S. 335.
[239] Ders., Mit dem Kaiser, Bd. 2, S. 364.
[240] Langbehn, Rembrandt als Erzieher. 33. Aufl. Leipzig 1891.
[241] Hermand, S. 44.

einen Geistesverwandten, einen »Streitkumpan und Bundesgenossen im Kampf für Germanen gegen Rom, Jerusalem usw.«[242] Chamberlain sei – so Wilhelm II. – ein »Kämpfer für deutsches Wesen, an dem einmal soll die Welt genesen«.[243] Pathetisch schrieb der Kaiser in seinem ersten Brief an Chamberlain, er habe das »Urarisch-Germanische«, das in ihm »mächtig geschichtet schlief«, geweckt und ihm eine Erklärung für lange »dunkel Geahntes« geboten.[244] Indem der Rassetheoretiker, der sich selbst als »Nordländer« bezeichnete[245], dem »levantinischen Rassenchaos des Mittelmeerraumes die jugendfrischen Völker des Nordens entgegenstellte«[246], propagierte er überaus wirksam eine Mission im »Dienste des Deutschtums«.[247] Rasse wurde hierbei nicht nur zum beherrschenden, sondern zugleich auch zum dynamischen Prinzip der Geschichte.

Chamberlain glaubte, daß Deutschland dazu berufen sei, innerhalb zweier Jahrhunderte »die gesamte Erdkugel (teils unmittelbar politisch, teils mittelbar, durch Sprache, Kultur, Methoden) zu beherrschen, wenn es nur gelingt, beizeiten den ›neuen Kurs‹ einzuschlagen, und das heißt, die Nation zum endgültigen Bruch mit den anglo-amerikanischen Regierungsidealen zu bringen«.[248] Der Angelpunkt der Welt zu sein, das deutsche Volk zur Weltherrschaft zu führen, »le pivot central« zu sein, von dem »das moralische und geistige Heil der Menschheit« abhängt, das war Chamberlains große Vision von der historischen Sendung der deutschen Nation.[249] Jetzt heiße es: »To make or to mar«[250], schrieb Chamberlain im November 1901 an Wilhelm II.

Diese Worte und der von Chamberlain entwickelte elitäre

---

[242] Wilhelm II. an Chamberlain, Neues Palais, 31.12.1901, in: Chamberlain, Briefe, Bd. 2, S. 143.
[243] Telegramm dess. an dens. v. 24.4.1915, in: Ebd., Bd. 2, S. 246.
[244] Ders. an dens., Neues Palais, 31.12.1901, in: Ebd., Bd. 2, S. 142.
[245] Chamberlain an Eulenburg, Wien, 21.10.1904, in: Eulenburgs Korrespondenz, Bd. 3, S. 2103.
[246] Von See, Germanenbilder, S. 87.
[247] Dazu Chamberlain an Wilhelm II., Wien, 15.11.1901, in: Chamberlain, Briefe, Bd. 2, S. 139.
[248] Ders. an dens., 20.2.1907, in: Ebd., Bd. 2, S. 160.
[249] Ders. an dens., Wien, 15.11.1901, in: Ebd., Bd. 2, S. 137.
[250] Ders. an dens., Wien, 15.11.1901, in: Ebd., Bd. 2, S. 139.

Rassegedanke verfehlten ihre Wirkung auf den Monarchen nicht, zumal sein Bewunderer ihm suggerierte, daß ein mächtiger Alleinherrscher dem Lande Segen brächte, viele Herrscher dagegen nur Unheil stifteten.[251] Der Wahldeutsche Chamberlain bestärkte Wilhelm in seiner Vorstellung vom »persönlichen Regiment« und lieferte ihm zugleich eine historische Legitimation für das neue Selbstwertgefühl des Kaiserreiches. Wie Wilhelm I. seine Herrschaft von Preußen auf das neugeschaffene Reich ausgedehnt hatte, strebte Wilhelm II. in dem Bemühen, es seinem Großvater gleichzutun, eine Machtexpansion an, die das Deutsche Reich an die Spitze aller Völker stellen sollte.[252] Nicht von ungefähr lautete der Schlußparagraph der Statuten der Nordlandfahrtgesellschaft:

> »Wir wissen, was wir sind!
> Wir bleiben, was wir waren!
> Das erste Volk der Welt!
> Der Schrecken der Barbaren!«[253]

Da Chamberlain zudem über die nationalen Schranken hinaus die organische Einheit des Slavokeltogermanentums und mithin das »lebendige Gefühl der großen nordischen Brüderschaft«[254] beschwor, verwundert es nicht, daß auf den Nordlandreisen eine Art Kultus mit seiner Person und seinem Werk getrieben wurde.[255]

---

[251] Chamberlain an Wilhelm II., Wien, 15.11.1901, in: Chamberlain, Briefe, Bd. 2, S. 132.
[252] Dazu jetzt: Schöllgen, Die Großmacht als Weltmacht, in: Historische Zeitschrift 248, 1989, S. 79–100.
[253] Cleinow, Mit dem Kaiser, S. 79.
[254] Chamberlain, Die Grundlagen, Bd. 1, S. 484. Der Gedanke einer nordischen Brüderschaft habe – wie Thomas A. Kohut jüngst in einer psychoanalytisch angelegten Studie darlegte – bei Wilhelm II. insofern Anklang gefunden, als er es ihm ermöglichte, sein deutsches und englisches Erbe zu vereinigen und damit die Spaltung in seiner Psyche zu überwinden. Kohut, Kaiser Wilhelm II, S. 86.
[255] Eulenburg an Chamberlain, Liebenberg, 17.10.1901, in: Eulenburgs Korrespondenz, Bd. 3, S. 2039; ders., Mit dem Kaiser, Bd. 2, S. 273, 278, 288.

IV. Die Nordlandromantik Wilhelms II.

1. Ein »kerniges« Volk: das Germanenbild Wilhelms II.

»Es ist das Volk, welches sich im steten Kampfe mit den Elementen aus eigener Kraft durchgearbeitet hat, das Volk, welches in seinen Sagen und seiner Götterlehre stets die schönsten Tugenden, die Mannentreue und die Königstreue, zum Ausdruck gebracht hat. Diese Tugenden sind in hohem Maße den Germanen eigen, welche als schönste Eigenschaften die Treue der Mannen gegen den König und des Königs gegen die Mannen hochhielten. Das norwegische Volk hat in seiner Litteratur und Kunst alle diese Tugenden gefeiert, die eine Zierde der Germanen bildeten«[1], erwiderte Wilhelm II. am 2. Juli 1890 anläßlich seines Besuches in Christiania auf den Trinkspruch König Oscars II.

Diese Rede ist in zweierlei Hinsicht von Bedeutung: zum einen liefert sie ein Beispiel für die wilhelminische Lust am Pathos, zum anderen ist sie der beste Ausdruck dessen, was man als des Kaisers »Germanentümelei« bezeichnet hat. Der Kaiser propagierte eine Rückbesinnung auf die germanischen Tugenden – oder präziser formuliert – auf die Gefolgschaftstreue, indem er die aus der Tacitus-Lektüre vertraute Mannen- und Königstreue aktualisierte.[2] Damit bewegte er sich in den Bahnen der humanistischen, bürgerlichen Bildungstradition. Obgleich Wilhelms Interesse an Richard Wagners Musik nach der Thronbesteigung erheblich sank – mit Vorliebe ließ er an den Königlichen Theatern von Berlin und Wiesbaden künftig Werke von Albert Lortzing und ähnlichen Komponisten aufführen[3] –, scheint der Einfluß Bayreuths auf des Kaisers Germanenbild doch groß gewe-

---

[1] Die Reden Kaiser Wilhelms II., Bd. 1, S. 119f.
[2] Tacitus, Germania. Übers., erläutert u. mit einem Nachwort hrsg. v. Manfred Fuhrmann. Stuttgart 1972, Kap. 14, S. 22: »principes pro victoria pugnant, comites pro principes.«
[3] Vgl. Balfour, S. 86. S. auch Bülow, Denkwürdigkeiten, Bd. 1, S. 149. Zu Wilhelms Einflußnahme auf Repertoire, Regie und Bühnenausstattung der Königlichen Theater: Reichel, S. 31 ff.

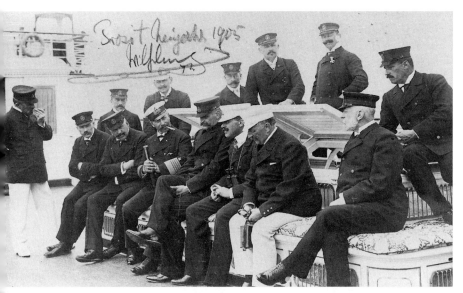

Abb. 1. Wilhelm II. in Begleitung seiner Reisegesellschaft auf der Nordlandfahrt 1905. Diese Karte wurde – versehen mit dem Glückwunsch des Kaisers zum Jahreswechsel 1905/06 – an Maximilian Egon II. Fürst zu Fürstenberg geschickt. Auf dem Foto ist Wilhelm II. – erkennbar an seiner Zigarrenspitze – inmitten der Herrenrunde zu sehen. (Aus: Fürstlich Fürstenbergisches Archiv, Donaueschingen.)

Abb. 2. Der Allgegenwärtige oder der »Kaiser« in Fahrt.
(Aus: Puck Nr. 29 vom 20. Juli 1905. Zeichnung von Edvard Forsström.)

(Korfu — Bergen.)
Wilhelm der Grieche und **Wilhelm der Wikinger**
begegnen einander auf der Durchreise in Berlin.

Abb. 3. Karikatur von F. Jüttner.
(Aus: Ta tü – ta ta! 100 heitere Bilder von S. M. Berlin 1913, S. 95.)

Nordlandsreise

Seiner Majestät des Kaisers und Königs 1896.

Nr.		Stationen.	Entfernung sm.	Ankunft.	Abgang.	
		Kiel			Dienstag 30/6. Morgens.	
		Wilhelmshaven	430	Dienstag 30/6. Abends.	Mittwoch 1/7. 5h p. m.	
	Hardanger-Fjord.	Sundal (Maurangar Fjord.)		Donnerstag 2/7. 10h p. m.	Sonnabend 4/7. Nachm.	Bondhusbrae. Jarobammersaeter.
	Hardanger-Fjord.	Odde (Sör Fjord.)	60	4/7. Abends.	Dienstag 7/7. Vormittags.	Lötefos Horre.
	Hardanger-Fjord.	Vik (Eid Fjord.)	36	7/7. Mittags.	Mittwoch 8/7. Morgens.	Saebö Vöringfos.
			240			Stahlheim.
6.	Sogne Fjord.	Gudvangen (Naerö Fjord.)		Hohenzollern kohlt eventl. in Bergen.	Freitag 10/7. Nachm.	
7	Sogne Fjord.	Laerdalsoeren (Laerdals Fjord.)	30	10/7. Abends.	Montag 13/7. 10h a. m.	Justedal.
8.	Sogne Fjord.	Marifjaeren (Lauprne Fjord.)	20	13/7. Mittags.	Donnerstag 16/7. 10h a. m.	Nygaardbrae. Hillestad.
			375			
9		Drontheim		Freitag 17/7. 11h a. m.	Montag 20/7. 10h a. m.	Kohlen nehmen.
			145			
10.	Molde Fjord.	Molde (Molde Fjord.)		20/7. 8h p. m.	Dienstag 21/7. 3h p. m.	Eikesdalsvand.
11.	Molde Fjord.	Roeste (Ejris Fjord.)	30	21/7. 5h p. m.	Donnerstag 23/7. 10h a. m.	
12	Molde Fjord.	Klove (Fane Fjord.)	40	Donnerstag 23/7.		
13.	Molde Fjord.	Naes (Romsdal Fjord.)	30	23/7. Nachm.	Freitag 24/7. Abends.	Romsdal.
14	Molde Fjord.	Sylte (Fres Fjord.)	25	24/7. Abends.	Sonnabend 25/7. Abends.	Kariolfahrt.
			28			
15		Aalesund		25/7. Abends.	Montag 27/7. Nachm.	
			30			
16	Stor u. Nord Fjord.	Oie (Norang Fjord.)		27/7. Abends.	Dienstag 28/7. Nachm.	Kariolfahrt nach Hellesylt.
17.	Stor u. Nord Fjord.	Hellesylt (Sunelf Fjord.)	55	28/7. Abends.	28/7. Abends.	
18.	Stor u. Nord Fjord.	Merok (Geiranger Fjord.)	11	28/7. Abends.	Donnerstag 30/7. Morgens.	Kariolfahrt nach Grotlid und eventl. Visnaes.
19.	Stor u. Nord Fjord.	Visnaes (Invik Fjord.)	150	Freitag 31/7. Nachm.	Sonnabend 1/8. Abends.	Loenvand Kjendalbrae.
20	Stor u. Nord Fjord.	Olden (do.)	5	1/8. Abends.	Montag 3/8. 6h a. m.	
21		Bergen	180	Montag 3/8. 6h p. m.	Dienstag 4/8. Abends.	Kohlen nehmen.
22		Wilhelmshaven	450	Donnerstag 6/8. Vorm.		

Anmerkung:

Die Route steht nur bis einschließlich des Besuches von Stahlheim fest; für die Weiterreise haben Seine Majestät Allerhöchstsich Aenderungen vorbehalten. –

Abb. 4. Stationenverzeichnis für die Nordlandfahrt 1896.
(Aus: PA AA, Buero-Akten Nr. 4, Bd. 8.)

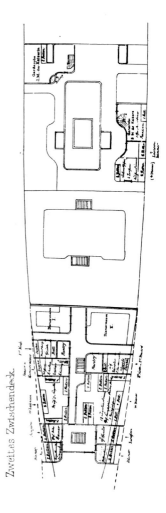

Abb. 5. Belegplan für die Nordlandfahrt 1896 auf der kaiserlichen Yacht Hohenzollern (II). (Aus: BA-MA, RM 2/366.)

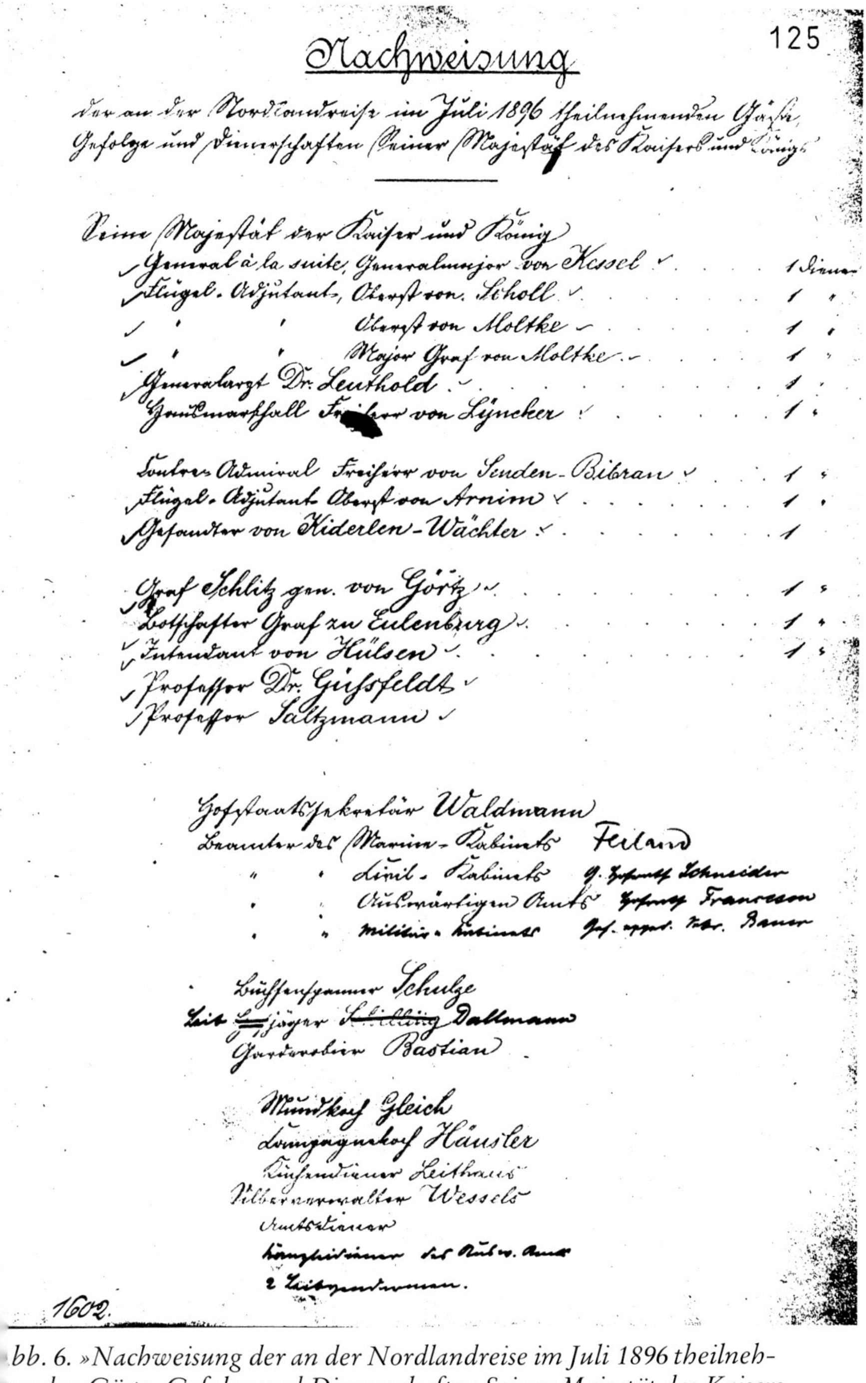

Nachweisung

der an der Nordlandreise im Juli 1896 theilnehmenden Gäste,
Gefolge und Dienerschaften Seiner Majestät des Kaisers und Königs.

Seine Majestät der Kaiser und König)
 General à la suite, Generalmajor von Kessel . . . . . . 1 Diener
 Flügel-Adjutant, Oberst von Scholl . . . . 1 "
         "   Oberst von Moltke . . . . 1 "
                  Major Graf von Moltke . . . . 1 "
 Generalarzt Dr. Leuthold . . . . 1 "
 Hausmarschall Freiherr von Lyncker . . . . 1 "

 Contre-Admiral Freiherr von Senden-Bibran . . . . 1 "
 Flügel-Adjutant Oberst von Arnim . . . . 1 "
 Gesandter von Kiderlen-Wächter 1

 Graf Schlitz gen. von Görtz . . . . 1 "
 Hofschaftsrat Graf zu Eulenburg . . . . 1 "
 Intendant von Hülsen . . . . 1 "
 Professor Dr. Gießfeldt
 Professor Saltzmann

        Hofstaatssekretär Waldmann
        Beamter des Marine-Kabinets Ferland
              "   "   Civil-Kabinets G. Schnell Schneider
              "   "   Auswärtigen Amts Geh. Francesco
              "   "   Militär-Kabinets Geh. expd. Rat Bauer

        Büchsenspanner Schulze
    Leib-Jäger Schilling Dallmann
        Garderobier Bastian

        Mundkoch Gleich
        Leibzahnarzt Häusler
        Küchendiener Leithaus
        Silberverwalter Wessels
        Unterdiener
        Lampistern des Civ.-u. Amts
        2 Leibgendarmen

1602.

Abb. 6. »Nachweisung der an der Nordlandreise im Juli 1896 theilnehmenden Gäste, Gefolge und Dienerschaften Seiner Majestät des Kaisers
und Königs.« (Aus: BA-MA, RM 2/366.)

Abb. 7. »Vorbereitung für Nordlandfahrten hoher Gäste.« Karikatur von F. Jüttner. (Aus: Beiblatt zum Kladderadatsch vom 19. Juni 1892.)

Abb. 8. Die kaiserliche Yacht HOHENZOLLERN (II).
(Aus: SSHM, Fotoarkiv, Fo. 94181A, Samling Zetterberg.)

Abb. 9. Die Nordlandfahrtgesellschaft 1906 auf dem Svartisen-Gletscher.
(Aus: BA-MA, Nachlaß Admiral Georg Alexander von Müller N 159/3, S. 314.)

Abb. 10. Der Kaiser in der Gesellschaft von Künstlern. Das vermutlich auf der Nordlandfahrt 1910 aufgenommene Photo zeigt Wilhelm II. mit dem Marinemaler Prof. Willy Stöwer, dem norwegischen Maler Hans Dahl und dem Bildhauer Prof. Eduard Unger. (Aus: The Kaiser as He is, in: The Strand Magazine vom März 1912. PA AA, Preussen I, Nr. 1d, Bd. 22.)

Fürst Eulenburg	G. v. Kessel	Der Kaiser	Graf v. Moltke	v. Lippe	v. Leuthold, Leibarzt
Frh. v. Lyncker	v. Scholl	Prinz Wittgenstein		v. Plüskow
v. Senden-Bibran	v. Heintze	v. Tschiersky
		C. Salzmann, Maler

Polarkreistaufe 1903

Abb. 11. Polarkreistaufe, 1903.
(Aus: Philipp Fürst zu Eulenburg-Hertefeld, Mit dem Kaiser als Staatsmann und Freund auf Nordlandsreisen. Bd. 2. Dresden 1931, o. S.)

Abb. 12. Bordfest der Matrosen der HOHENZOLLERN, 1901.
(Aus: StAD, Abt. R 4, Aktennr. 15 985.)

Abb. 13. »Sommeridyll am Balestrand«. Karikatur von O. Brandt.
(Aus: Kladderadatsch vom 3. August 1913.)

Abb. 14. Der Kaiser, Vorträge entgegennehmend. Zeichnung von Carl Saltzmann, 1890. (Aus: GStA PK, BPH, Rep. 53 Nr. 327 Material Carl Saltzmann, S. 28, Nr. 71.)

Abb. 15. »There He Blows!« (Aus: Punch, or the London Charivari vom 23. Juli 1892.)

"THERE HE BLOWS!"
(*The German Emperor has gone Whaling in the North Seas.*)

"THERE he blows! There he goes!" Like a Titan in throes,
 With his walloping tail, and his wave-churning nose,
  The spouting Cetacean Colossus!
 Eh? Harpoon that Monster! The thought makes one pale,
 With one thundering thwack of that thumping big tail,
  To the skies in small splinters he'd toss us!

Rolling in foaming wild billows, ice-laden
 He goes, like the "boisterous sea" (*vide* HADYN!)
  "Upheaved from the deep," swift, tremendous,
 Leviathan sports on the far-foaming wave.
 If *he* runs athwart us, what power shall save,
  From the doom to which promptly he'd send us?

His "soundings," or "diggings," are many and deep;
 But would that his "three-hundred fathoms" he'd keep,
  Below in the ocean's cold quiet.
 But no, not at all; he's not *that* sort of whale!
 He must breathe, he must blow, he must roar, till the gale
  Is charged with the sound of his riot.

Leviathan loves the wild turmoil of strife,
 And lashing the billows to him is true life;
  Behold how he buffets and scourges them!
 Chase him? The Captain (though also a Kaiser),
 Might think that his course to avoid him were wiser,
  Until sheer necessity urges them.

And yet whales *are* beaten—by narwhals and men,
 And other mere pigmies. 'Tis said, now and then,
  E'en sword-fish can compass their ruin,
 By stabbing together—in *Cassius*'s way
 With *Cæsar*. Leviathan, dead, is a prey
  To dog-fish, and sea-birds, or Bruin.

There he blows! There he goes! Would an amateur Whaler,
 Like WILHELM, that fine blend of Statesman and Sailor,
  Incline to the chase and the capture
 Of such a huge, wandering, walloping whale,
 To whom "Troubling the waters" with blow-holes and tail
  Seems a source of such riotous rapture?

Abb. 16. Skaldengesänge. Dichtungen von Philipp Graf zu Eulenburg. Braunschweig 1892.

Abb. 17. Philipp Graf zu Eulenburgs Ballade »König und Skalde«. (Aus: Skaldengesänge. Dichtungen von Philipp Graf zu Eulenburg. Braunschweig 1892, S. 52f.)

Abb. 18. *Entwurf Kaiser Wilhelms II. zu einer Zeichnung von Eulenburgs Ballade »König Hokan und Helge«, September 1891. (Aus: BA, Nachlaß Philipp Fürst zu Eulenburg-Hertefeld, Nr. 69, Bd. 1.)*

Abb. 19. *Eduard Unger in seinem Atelier bei den Arbeiten an der Fridtjov-Statue. (Aus: Bildarchiv Preußischer Kulturbesitz, Berlin.)*

Abb. 20. Modelle des von Emil Graf von Schlitz gen. Görtz geschaffenen König-Bele-Standbildes in Balestrand. (Aus: StAD, Abt. R 4, Aktennr. 5243/2 [20.a], StAD, Abt. R 4, Aktennr. 5254 ÜF [20.b].)

Abb. 21. Einweihung der Fridtjov-Statue über Vangsnes am Sognefjord durch Wilhelm II. am 31. Juli 1913. Der deutsche Kaiser führt zusammen mit König Haakon VII. den Festzug an. Eine von Matrosen gebildete Ehrenwache, das Bordorchester der HOHENZOLLERN und zahlreiche Zuschauer säumen den Weg. (Aus: DSM, Archiv.)

Abb. 22. »Den Norwegern – Kaiser Wilhelm – 1913.« Der deutsche Kaiser links unten grüßend vor der Fridtjov-Statue, deren Sockelinschrift »Fridtjov« dem alt nordischen Runenalphabet nachempfunden ist. Das Denkmal hat eine Höhe vo 12 m und steht auf einem 14 m hohen Granitsockel. (Aus: DSM, Archiv.)

Abb. 23. Kaiserliche Kirche »Rominten«, gezeichnet von Holger Sinding-Larsen, dem Architekten am Stadtbauamt in Christiania und späteren Verantwortlichen für die Restaurationsarbeiten der Akerhus-Festung, entworfen von Holm Munthe. (Aus: Lorentz Dietrichson / Heinrich Munthe, Die Holzbaukunst Norwegens in Vergangenheit und Gegenwart. Berlin 1893, Tafel V.)

Abb. 24. Ansichtskarte von Wilhelms II. Jagdhaus »Rominten«. Admiral Georg Alexander von Müller notierte darauf die Namen von Gästen, die im September 1907 zu einem Aufenthalt in Rominten eingeladen waren.
(Aus: BA-MA, Nachlaß Admiral Georg Alexander von Müller N 159/3, S. 341.)

Abb. 25. Stabkirche und Jagdhaus Wilhelms II. in Rominten/Ostpreußen.
(Aus: Herzogin Viktoria Luise von Braunschweig, Bilder der Kaiserzeit. 2. Aufl. Göttingen 1970, Abb. 100.)

sen zu sein. Immerhin stand der 1884 gegründete Wagner-Zweigverein Berlin-Potsdam unter dem Protektorat Wilhelms.[4] Hier wie dort zeichnete sich ab, daß des Kaisers Interesse an den skandinavischen Völkern vorwiegend antiquarischer Natur war.

Das war keineswegs erstaunlich, stellte keineswegs ein Novum dar. Mußte ihn die skandinavische Vergangenheit nicht ebenso faszinieren, wie ihn die Assyriologie, die Aktivitäten der Deutschen Orient-Gesellschaft, deren Vorsitz er innehatte, die Vorträge des Gelehrten Delitzsch, die Ausgrabungen auf Korfu[5] und die Restauration des Saalburgkastells zu fesseln vermochten? Bestimmte nicht primär die »Feststellung der Wurzeln«[6] – wie er rückblickend die Motive für seine Beschäftigung mit den Altertumswissenschaften charakterisierte – seine Anteilnahme an nordischer Kultur und Historie?

Für sein Interesse an den mediterranen Staaten war dies zweifelsfrei zutreffend: »Ich war völlig überwältigt von dem Zauber der klassischen Antike«[7], bekannte Wilhelm II. von seinem Griechenlandaufenthalt 1905, und über seine erste Italienreise schrieb er: »Wundervolle Eindrücke empfing ich von dem Lande, dessen... klassische Erinnerungen auch ich von Jugend auf ›mit der Seele gesucht‹ habe.«[8]

Der geschichtsträchtige, »klassische Boden« – das war es, was Wilhelm unabhängig von geographischen Räumen bewegte. Diese Vorstellung fand ihren Ausdruck in einer Überbetonung des lebendigen Traditions- und Geschichtsbewußtseins der Skandinavier. Sein Respekt vor der ruhmreichen Vergangenheit Skandinaviens zeigte sich beispielsweise in seiner Bewunderung für die Bautasteine, die man in Erinnerung an Tote – an »gefallene Helden« und »glorreiche Begebenheiten«, wie es in einer Stilisierung Güßfeldts hieß – errichtete.[9] Ferner äußerte er sich – angesichts der damals aufkommenden nationalen Flotten- und Marinebegeisterung nicht weiter verwunderlich – auch in seiner Begeisterung für die germanische See, »die Wiege des deutschen

---

[4] Schüler, S. 140.
[5] Wilhelm II., Ereignisse, S. 168 ff.
[6] Ebd., S. 168.
[7] Wilhelm II., Erinnerungen, S. 7.
[8] Ders., Aus meinem Leben, S. 183.
[9] Güßfeldt, Kaiser Wilhelm's II. Reisen 1889 bis 1892, S. 54.

Seewesens«.[10] Sie habe für die norwegische Geschichte die Rolle des »klassischen Bodens« gespielt, denn hier habe Harald Haarfager im Jahre 872 den Seesieg errungen, der ihn zum Alleinherrscher über Norwegen erhob.[11]

Skandinavische Realität nahm der Kaiser hingegen – wenn überhaupt – nur partiell wahr. Er verschloß sich dadurch den Blick auf die existierenden gesellschaftlichen Zustände: Geflissentlich übersah er nicht nur die schwedische Auswanderungswelle, die just in diesen Jahren ihren Zenit erreichte[12], sondern auch den wirtschaftlichen Aufschwung der 1890er Jahre und die Stockholmer Industrie- und Kunstausstellung von 1897, die zur Manifestation des schwedischen Selbstbewußtseins wurde.[13]

Das Idealbild der Gesellschaft suchte er in einer bereits vergangenen Geschichtsepoche, genauer gesagt, in der Wikingerzeit. Seinem anachronistischen Gesellschaftsbild entsprechend, pflegte er sich mit der Aura der Vergangenheit zu umgeben. »Mir ist das ganze Stockholm wie ein Traum erschienen«, berichtete er von seinem Antrittsbesuch 1888 in Stockholm an seinen Freund Eulenburg, »denn ich lebte derweilen in der Zeit von Erik, Hokan und Fritjof und vergaß darob fast der Lebenden.«[14] Selbst sein Gardekorps schloß er in seinen germanischen Heroenkult mit ein: »Welch ein Gefühl das ist, diese Truppen meine zu nennen! König Erik oder Hokan könnten keinen stolzeren Heeresbann zusammenbringen.«[15] Wilhelm folgerte gar aus dem Umstand, daß der König von Schweden ihm anläßlich seines Besuches der Berliner Militärparade im September 1888 seine Marine vorgestellt hatte, er sei »nun auch ein Stück schwedisch und rücke dem alten Yarl- und Wickinger-Lande noch näher«.[16]

Die Vorliebe für den »klassischen Boden« gipfelte in Wilhelms Begeisterung für Esaias Tegnérs 1825 erschienene »*Frithiofs saga*«: Er glaubte, die Schauplätze der Romanze identifiziert zu

---

[10] Adler, o.S.
[11] Gußfeldt, Kaiser Wilhelm's II. Reisen 1889 bis 1892, S. 43.
[12] Brønsted (Hrsg.), Bd. 2, S. 169.
[13] Ebd.
[14] Wilhelm II. an Eulenburg, Berlin, 28.8.1888, in: Eulenburgs Korrespondenz, Bd. 1, Nr. 194, S. 310.
[15] Ebd., Bd. 1, Nr. 194, S. 311.
[16] Ebd.

haben. In Balestrand meinte er, das Reich König Beles zu erkennen und in Vangsnes den Wohnort Frithiofs.[17]

Welche Geschichtskonzeption, welches Germanenbild lag Wilhelms Beschäftigung mit Tegnérs »*Frithiofs saga*« zugrunde? Was machte die »romanzenhafte Bewässerung der alten Wickingersage«[18] aus dem 14. Jahrhundert, wie es der »Deutsche Generalanzeiger« überspitzt formulierte, so populär?

Die sentimentale »*Frithiofs saga*« des Schweden Tegnér spielt in einer idealisierten Frühzeit und hat die Standesschranken überwindende Liebesgeschichte zwischen dem Großbauernsohn Frithiof und der Königstochter Ingeborg zum Gegenstand. Damit war sie einerseits progressiv in der Intention, andererseits aber konservativ in der Wirkung. In Deutschland zuerst von der Nichte Charlotte von Steins, Amalie von Helvig, vorgestellt[19], entwickelte sie sich durch die Übersetzung des Stralsunder Schulrats Gottlieb Mohnike 1826 rasch zum »Gemeingut des deutschen Volkes«.[20] Das ihre zur Beliebtheit der Saga trug in besonderem Maße die ungekünstelte Diktion Mohnikes bei: Sie vermochte es, den kraftvollen Nordgermanen, den markigen Heroen von einst, lebendig zu gestalten und damit die Erwartungshaltung der Leserschaft zu erfüllen. Es entstand eine förmliche Gegenwelt, an der sich der Leser delektieren konnte. Hierbei wurde die Wikingerwelt jedoch nur als dekoratives Element im Sinne des Historismus am Ende des 19. Jahrhunderts wahrgenommen.

Der rührselige Stoff der Saga beeindruckte den Kaiser so nachhaltig, daß er im Sommer 1910 beschloß, dem Titelhelden Frithiof ein Denkmal auf norwegischem Boden zu setzten.[21] Ebenso schien er dem in der Saga dargestellten Verhältnis König Beles zu dessen treuem Vasallen Torsten Vikingsson, der Thematisierung von Königs- und Mannentreue, Bewunderung zu zollen. Der zweite Gesang der Dichtung »König Bele und Thor-

---

[17] Güßfeldt, Kaiser Wilhelm's II. Reisen 1889 bis 1892, S. 146.
[18] Frithjof, in: Deutscher Generalanzeiger, Berlin, Nr. 64 v. 10.8.1913. NUD, P 12 C 1/11.
[19] Brennecke, S. 93.
[20] Zit. nach ebd., S. 91.
[21] Tagebucheintragung Admiral von Müllers vom 4.7.1910. BA-MA, N 159/3, S. 463.

sten Wikingsson« war ihm so vertraut, »wie eine Richtschnur, die er sich gezogen«.²² Den Vers

»Und habt ihr so in Frieden des Reiches acht,
Dann trotzt ihr jedes Feindes und Drängers Macht;
Denn Hoheit im Vereine mit Kraft und Milde,
Die gleicht dem blauen Stahlring im goldenen Schilde«²³

machte er sich zu eigen, als sei er sein Wahlspruch.²⁴ Deshalb sollte ein zweites Standbild zum Gedenken an König Bele errichtet werden.

Die Denkmalsstiftungen führten schon im Vorfelde der Planung zu erheblicher Kritik. Von den Nordlandfahrtteilnehmern wagte mit Ausnahme von Admiral Georg Alexander von Müller niemand, dem Unternehmen zu widersprechen. Von Müller gab zu bedenken – diese Meinung teilte übrigens auch General von Moltke –, daß es recht unpassend sei, solch große Ausgaben in einem Moment zu tätigen, in welchem in der Heimat über die Erhöhung der Civilliste beraten werde. Ferner sei die gegenwärtig allgemein unfreundliche Haltung der norwegischen Presse in die Entscheidung miteinzubeziehen.²⁵ Damit zielte er einerseits auf die seit 1911 an Vehemenz zunehmende Agitation der Presse gegen deutsche Flottenbesuche und andererseits auf die unzähligen Zeitungsartikel über die Nordschleswigsche Frage, die eindeutig den dänischen Standpunkt vertraten.²⁶

Admiral von Müllers Warnungen hinsichtlich der beiden »gänzlich überflüssigen Denkmäler«²⁷ blieben jedoch erfolglos. Prof. Eduard Unger und Emil Graf von Schlitz gen. Görtz, der auch die Markgraf-Ludwig-Statue für die Siegesallee in Berlin entwarf²⁸, wurden mit den Vorbereitungen für die Standbilder betraut (Abb.19, 20a, 20b). Als Konsulent wurde der norwegi-

---

[22] Eulenburg, Mit dem Kaiser, Bd. 1, S. 55.
[23] Zit. nach ebd. Vgl. hierzu Tegnér, S. 14.
[24] Eulenburg, Mit dem Kaiser, Bd. 1, S. 55 f.
[25] Tagebucheintragung Admiral von Müllers vom 15.7.1910. BA-MA, N 159/3, S. 461.
[26] Ditten an Irgens, Berlin, 14.8.1911. NUD, P 12 C 1/11.
[27] Tagebucheintragung Admiral von Müllers vom 12.7.1913. BA-MA, N 159/4, S. 199.
[28] Hull, Entourage, S. 73.

sche, des Sommers in Balestrand lebende Landschafts- und Genremaler Hans Dahl hinzugezogen. Dahl, der die Kunstakademien in Karlsruhe und Dresden besucht hatte, wurde in norwegischen Kunstkreisen nicht sonderlich geschätzt, dafür um so mehr im Ausland und – in besonderem Maße – von Wilhelm II.[29] Auf Veranlassung des Kaisers wurde er gar zum Honorarprofessor in Berlin ernannt.[30]

Bereits 1911 wurde ein sogenanntes »Probephantom« der Bele-Skulptur aufgestellt[31], ein Jahr später das von Görtz ausgeführte Original. Am 31. Juli 1913 – im Jahr der 25. kaiserlichen Nordlandfahrt – wurde Ungers Fridtjov-Statue eingeweiht (Abb. 21). Sie ist das Abbild eines jugendlichen, schwerttragenden, unerschrockenen Heroen. In der Darstellung gleicht sie – obwohl bei Fridtjov ähnlich wie bei der Germania des Niederwalddenkmals das Schwert friedlich zur Ruhe gestellt ist – dem Hermannsdenkmal Ernst von Bandels, das den Cheruskerfürsten Arminius herausfordernd mit gen Himmel gerichtetem Schwert zeigt.[32] Ähnlichkeiten bestehen vor allem in der Wahl des Standortes: Das Hermannsdenkmal ist in erhöhter Lage eingebunden in den Teutoburger Wald, das Fridtjov-Denkmal steht in exponierter Lage über dem Sognefjord. Zugleich können beide für sich beanspruchen, typisch »germanische Denkmäler« zu sein: Das Hermannsdenkmal aufgrund seiner Einbindung in die Waldlandschaft – der Wald ist seit jeher eng mit der germanischen Mythologie verknüpft[33]–, die Fridtjov-Statue aufgrund ihres Granitsockels, der germanischen Hügelgräbern gleicht.

Frappierend ist zudem die Ähnlichkeit der Fridtjov-Statue (Abb. 22) mit dem Standbild des auf einen Speer gestützten *»siegenden Achill«*, das der Kaiser auf seinem Korfuer Anwesen Achilleion, dem ehemaligen Besitz der österreichisch-ungari-

---

[29] Gaustad, S. 436.
[30] Knagenhjelm, S. 371.
[31] Wilhelm II. an Görtz, Balestrand, 18.7.1911. StAD, Abt. F 23 A, Nr. 387/5.
[32] Zum Hermannsdenkmal und zu seiner Bedeutung als Nationaldenkmal: Nipperdey, S. 567–573.
[33] Tittel, S. 92. Zur Mythisierung des Waldes und zur Orientierung des Nationalbewußtseins an der germanischen Frühgeschichte: Nipperdey, S. 570f.

schen Kaiserin Elisabeth, errichten ließ. Die erzene Monumentalstatue des in volle Waffenrüstung gekleideten trotzigen Peliden – des Repräsentanten für Jugend und Manneskraft – ersetzte das Sinnbild für die Schwermut Kaiserin Elisabeths, den weniger großdimensionierten »*sterbenden Achill*« aus weißem Marmor.[34] Ebenso wie die jüngere Achill-Statue sollte die Fridtjov-Statue ein Symbol für die glorreiche Historie des Landes sein: Die dem altnordischen Runenalphabet nachempfundene Sockelinschrift sollte Reminiszenzen an die Wikingerzeit wecken.

Bei der Denkmalsenthüllung trat Wilhelm II. nach Auffassung der »Nya Dagligt Allehanda« eher als »Prophet und Skalde« denn als »trockener und berechnender Tagespolitiker« auf[35], als er seine Idee eines pangermanischen Bundes proklamierte: Das Denkmal, von Wilhelm aus Dank an die ihm gewährte »altgermanische Gastlichkeit« errichtet, »soll ein Wahrzeichen für Skandinavier, Deutsche, Angelsachsen und alle diejenigen Stämme sein, die mit Stolz sich zu der gewaltigen Gruppe der indogermanischen Völker zählen! Wie er so dasteht, schwertfroh und schwertgewohnt auf die vornehmste und Lieblingswaffe der Germanen, auf sein gutes Schwert ›Angurwadel‹ gestützt, ›das stets Böses schlug, litt Unrecht nie‹: In männlicher Zuversicht und unerschrockenem Selbstgefühl, so soll er alle Indogermanen daran erinnern, daß sie eines Stammes, eines Blutes sind, daß ihnen durch Gottes Gnaden vergönnt gewesen ist, in der Vergangenheit Großes für die Entwicklung der Welt und ihrer Kultur zu leisten, und daß sie treu und fest zusammenhalten sollen, um auch in Zukunft die großen Aufgaben, die Gott ihnen stellen wird, zum Segen der ganzen Menschheit gemeinsam zu lösen.«[36] Obschon diese Worte – Wilhelm II. sprach, wohl in Anlehnung an Houston Stewart Chamberlain, von den Indogermanen statt von den Germanen[37] – die ihnen einst innewoh-

---

[34] Wilhelm II., Erinnerungen, S. 27f. S. auch Svanström, En bok, S. 204.
[35] Kejsarorden om germanisk samling, in: Nya Dagligt Allehanda v. 2.8.1913. RA, UD:s tidningsklippsamling, serie 1, Vol. 3. Dazu auch: Oberndorff an Bethmann Hollweg, Kristiania, 7.8.1913. PA AA, Preussen 1, Nr. 1, Nr. 4w, Bd. 13.
[36] Schulthess' Europäischer Geschichtskalender NF 29. Jg., 1913, S. 608f. S. ebenso Hubatsch, Die Deutschen, S. 120f.
[37] Fridthjof-Talen, in: Nationaltidende v. 4.8.1913. RA, UD:s tidningsklippsamling, serie 1, Vol. 36.

nende Idee längst eingebüßt hatten[38], glaubte Wilhelm, seine Rede markiere einen Wendepunkt in der Geschichte.[39] Er, der sich – nach einer Behauptung Svanströms – selbst in einer an der Achilles-Statue angebrachten Tafel als »Größten der Germanen« bezeichnete[40], sah den Tag der Denkmalseinweihung bereits als norwegischen Nationalfeiertag und Vangsnes als Austragungsort für patriotisch gesinnte Festlichkeiten.[41]

Wilhelms Rede wurde sowohl in Norwegen als auch in Schweden als Beweis seiner Friedensliebe gesehen.[42] Geschätzt wurde es in erster Linie – so auch vom damaligen norwegischen Außenminister –, daß sich der Kaiser keineswegs in alldeutscher Manier ausgesprochen und die Angelsachsen in sein Modell miteinbezogen hatte.[43] Verwundert zeigte man sich in der schwedischen Botschaft zu Christiania allerdings darüber, daß die norwegische Presse der Wortwahl des Kaisers keine Beachtung schenkte.[44] Dieser hatte den Norwegern die Statue – wohl versehentlich – mit den Worten »in Huld und Gnade« übergeben, die man gemeinhin nur gegenüber Untertanen gebrauchte. Eigentümlich ist nicht zuletzt auch, daß die deutschen Zeitungen nur die Worte »in Gnade« wiedergaben.[45]

Während die Resonanz auf die Rede zum Teil mehr als zufriedenstellend war, erntete die Denkmalsstiftung an sich größtenteils negative Kritik.[46] »Wir wünschen keine deutsche Siegesallee in den norwegischen Fjorden«[47], hieß es in einem Drontheimer Blatt. Man verübelte dem deutschen Kaiser nicht nur das 26 m

---

[38] Vgl. Gerhardt/Hubatsch, S. 403.
[39] Tagebucheintragung Admiral von Müllers vom 31.7.1913. BA-MA, N 159/4, S. 201.
[40] Die Inschrift sei heute nicht mehr lesbar. Svanström, En bok, S. 204.
[41] Ebd., S. 201.
[42] Schweden. Die neuen Kaiserworte und ihr Eindruck in Skandinavien, in: Kölnische Zeitung v. 4.8.1913.
[43] Falkenberg an Staaff, Kristiania, 6.8.1913. RA, UD:s arkiv, 1902 års dossiersystem, Vol. 107.
[44] Ebd.
[45] Ebd.
[46] Frithjof, in: Die Zeit Nr. 32 v. 11.8.1913. S. auch das Schreiben Dittens an Irgens, Berlin, 3.1.1913. NUD, P 12 C 1/11.
[47] Norwegische Stimmung, in: Münchner Neueste Nachrichten, Morgenblatt, Nr. 405 v. 9.8.1913.

hohe Monumentalbild, das »Seezeichen im Sognefjord«[48], sondern vor allem, daß er den Standort der Statue selbst bestimmte, anstatt dies den lokalen Verantwortlichen überlassen zu haben.[49] Insofern wird man sagen können, daß die Ausführungen des »Stavanger Aftenblads« für die Haltung der norwegischen Bevölkerung als äußerst repräsentativ gelten. Denenzufolge habe die Begegnung zwischen Wilhelm II. und dem norwegischen König anläßlich der Einweihungsfeier vor der Außenwelt einen denkbar ungünstigen Eindruck hinterlassen, der durch die deutsche Flottendemonstration im Sognefjord noch gesteigert wurde. So lautete denn auch das wenig erfreuliche Fazit: Es schien, als sei König Haakon Gast in seinem eigenen Lande gewesen.[50]

2. »Rein nordisch«: Das Kunst- und Literaturverständnis Wilhelms II.

Wilhelm II. war nicht nur in vielerlei Hinsicht ein Kind seiner Zeit, sondern er besaß vor allen Dingen ein richtiges Gespür für den Geschmack der breiten Masse. Bezeichnend hierfür ist auch sein Verhältnis zur norwegischen Kunst. Diese wurde – nicht zuletzt im Gefolge der norwegischen Separatismusbewegung – durch eine nationale Rückbesinnung auf die kulturellen Leistungen der Vergangenheit bestimmt. »Veien hjem«, der Weg nach

---

[48] Dahl Bækkelund, S. 31.
[49] Falkenberg an Staaff, Kristiania, 6.8.1913. RA, UD:s arkiv, 1902 års dossiersystem, Vol. 107.
[50] Norwegische Freundlichkeiten, in: Kölnische Zeitung v. 9.8.1913, Beilage zu einem Schreiben Holms an den schwedischen Staatsminister, Berlin, 11.8.1913. RA, UD:s arkiv, 1902 års dossiersystem, Vol. 5. Dieser in seinem Grundtenor norwegenfeindlich gestimmte Artikel richtete sich vor allem gegen die Angriffe der norwegischen Presse auf die deutsche Marineverwaltung. Die norwegischen Blätter verdächtigten die deutschen Kriegsschiffe, die den Kaiser auf seiner Nordlandfahrt zur Einweihung der Fridtjov-Statue begleiteten, der Spionage in ihren Gewässern. Die »Kölnische Zeitung« widersprach dem vehement, insbesondere der Behauptung, daß im Kriegsfalle mit England die deutschen Marineeinheiten auf norwegischem Territorium eine Basis errichten würden. Vgl. im einzelnen hierzu unten S. 166ff.

Hause, oder vielmehr die Suche nach den Ursprüngen, kennzeichnete jene Stilrichtung, die den Zuspruch des Kaisers fand.
Welche norwegischen Kunstwerke weckten sein Interesse? Anders gewendet: Existierte ein geistiger Mentor, der seine Kunstauffassung beeinflußte?
Es scheint, daß der deutsche Konsul in Bergen, Conrad Mohr, neben Philipp Fürst zu Eulenburg die Rolle des Spiritus rector übernahm. Der Kornhändler, in dessen Hause Wilhelm II. ein gern gesehener Gast war, betätigte sich als Kunstmäzen. Er förderte nicht nur die Errichtung des Bergener Theaters mit großzügigen Spenden[51], sondern er finanzierte auch Projekte, die der Erhaltung von Geschichtsdenkmälern dienten, wie z. B. die Restauration der aus dem 13. Jahrhundert stammenden Håkonshalle. Mohrs kulturelles Engagement stellte keineswegs einen Einzelfall dar, sondern es war vielmehr Ausdruck einer ganzen Bewegung, für die die »Vereinigung zur Bewahrung norwegischer Vergangenheitszeugnisse« beispielgebend war.[52] Ihr Kampf um die Instandsetzung von Stabkirchen diente damals vielen als Vorbild: König Oscar II. erwarb 1881 die Stabkirche von Gol, die er auf der Halbinsel Bygdøy bei Oslo wiederaufbauen ließ, Konsul Gade rettete drei Jahre später die Fortun-Stabkirche und versetzte sie nach Fantoft bei Bergen.[53] Die Funde der Wikingerschiffe, des Tuneschiffes 1867, des Gokstadschiffes 1880 und des Osebergschiffes 1904[54], trugen ein Übriges zur Vorzeitbegeisterung der norwegischen Bevölkerung und – in besonderem Maße – auch Wilhems II. bei.
Mit den Schifffunden kam der Kaiser auf seiner zweiten Nordlandfahrt ebenso erstmals in Berührung wie mit den aus ganz Norwegen zusammengetragenen Bauwerken, die Oscar II. auf Bygdøy ansiedeln ließ.[55] Diese bildeten später den Grundstock für das Norsk Folkemuseum, das 1894 von Hans Aall als Pendant zum ersten Freilichtmuseum der Welt, dem zwei Jahre älteren schwedischen Skansen in Stockholm, errichtet wurde.

---

[51] Shetelig, S. 301.
[52] Tschudi-Madsen, S. 67.
[53] Ebd.
[54] Sjøvold, S. 5 f.
[55] Eulenburg, Mit dem Kaiser, Bd. 1, S. 74. S. auch Kejsarbesöket i Norge, Lördag, den 5. juli 1890. BFA, Konung Oscar II:s arkiv, Vol. 124.

Vor allem der durch die mittelalterliche Stabkirchenarchitektur inspirierte Drachenstil faszinierte Wilhelm II. Immer wieder äußerste er sich bewundernd über die im altnorwegischen Stil erbaute Villa Grillstad des deutschen Konsuls Jensen[56] und über das mit Bildern aus der altnordischen Vorzeit geschmückte Eßzimmer Konsul Mohrs.[57] Neben Thrap-Meyer und Lange gilt der in Hannover ausgebildete norwegische Staatsarchitekt Holm Munthe[58] als Hauptvertreter dieser Richtung. Seine Anfang der 1890er Jahre auf dem Holmenkollen und Frognersæteren in Oslo entstandenen Gebäude – das Holmenkollen-Touristenhotel und das Frognersæteren-Restaurant – wurden schulbildend.[59] Der Architekt hatte es schließlich Wilhelm II. zu verdanken, daß sein Schaffen über die Grenzen Norwegens hinaus bekannt wurde. Nachdem der Kaiser 1890 die nach Munthes Entwürfen ausgeführte Anlage auf dem Holmenkollen besichtigt hatte, betraute er ihn mit der Planung verschiedener Bauten.[60] Die 1891 sichtbaren Ergebnisse waren eine im ostpreußischen Rominten bei Theerbude errichtete Stabkirche (Abb.23) und ein gleichfalls dort stehendes Jagdhaus (Abb.24), das zu Munthes besten Arbeiten gezählt wird. Zufrieden bemerkte Wilhelm in einem Brief an seinen Freund Eulenburg, »den Skalden«, sein Heim (Abb.25) sei nun »absolut rein nordisch«[61], und er lud ihn stabreimend in sein mit allen Attributen einer norwegischen Rogstue ausgestattetes Jagdhaus ein: »Ein mit Drachen- und Königsköpfen geschnitztes Klavier harrt der kundigen Hand, es einzuweihen.«[62] Und in der Tat, selbst die Deckenkonstruktion des Speisezimmers glich dadurch, daß das Gebälk einen freien Himmel vortäuschte, einer mittelalterlichen norwegischen Königshalle.[63] Ferner zeichnete Munthe verantwortlich für ein zwei Jahre später ebenfalls vom

[56] Eulenburg, Mit dem Kaiser, Bd. 1, S. 194f.
[57] Ebd., Bd. 2, S. 63.
[58] Zu Munthes Biographie s. Todtenschau, S. 279.
[59] Mykleby, S. 1017f.
[60] Ebd., S. 1018.
[61] Telegramm Wilhelms II. an Eulenburg, Theerbude, 23.9.1891, in: Eulenburgs Korrespondenz, Bd. 1, Nr. 537.
[62] Ebd.
[63] Eine Abbildung des Speisezimmers findet sich bei Topham, Memories of the Kaiser's Court, S. 223.

Kaiser in Auftrag gegebenes Bade- und Matrosenhaus am Jungfernsee bei Potsdam.[64]

Eine Breitenwirkung blieb den Drachenstilbauten jedoch versagt: Das Interesse an nordischer Holzbaukunst wurde in Deutschland durch Wilhelms Baulichkeiten nur punktuell geweckt. Diesem Umstand konnten selbst wissenschaftlich verdienstvolle und damals recht populäre Publikationen wie Lorentz Dietrichsons und Heinrich Munthes 1893 erschienenes Standardwerk über »Die Holzbaukunst Norwegens in Vergangenheit und Gegenwart« keine Abhilfe schaffen.[65] Die gerade in Mode gekommene Sommerhauskultur mit ihren reich verzierten, geschnitzten Verandabauten nahm ebensowenig wie die Fachwerkbauten des Historismus, die sich an deutschen Vorbildern aus dem 16. und 17. Jahrhundert orientierten[66], Stilelemente aus der norwegischen Architektur auf.

Mit einer weitaus größeren Anteilnahme innerhalb des deutschen Bildungsbürgertums konnte Wilhelm II. rechnen, wenn es darum ging, seine Vorstellung von nordischer Mythologie zu vermitteln. Bestes Zeugnis dafür liefert der – angeblich vom Kaiser selbst verfaßte – »*Sang an Ägir*« (Abb. 26):

»O Ägir, Herr der Fluten,
dem Nix und Neck sich beugt,
in Morgensonnengluten
die Heldenschar sich neigt,
in grimmer Fehd wir fahren
hin an den fernen Strand,
durch Sturm, durch Fels und Klippen
für uns in Feindesland!

Will uns der Neck bedräuen,
versagt uns unser Schild,
so wehr dein flammend Auge,
dem Ansturm noch so wild.

---

[64] Mykleby, S. 1018. Eine Abbildung der Matrosenstation bei Potsdam findet sich bei Büxenstein (Hrsg.), S. 283.
[65] Von Lützow, S. 265.
[66] Brönner, S. 130f.

Wie Fridthjof auf Ellida
getrost durchfuhr dein Meer,
so schirm auf diesem Drachen
uns, deiner Söhne Heer!

Wenn in dem wilden Harste
sich Brünn auf Brünne drängt,
den Feind, vom Stahl getroffen,
die Schildesmaid umfängt:
dann töne hin zum Meere
mit Schwert- und Schildesklang,
Dir hoher Gott, zur Ehre
wie Sturmwind unser Sang!«[67]

Das Werk – am 9. Juni 1894 bei einem Hofkonzert in Potsdam uraufgeführt[68] – avancierte rasch zum vieldiskutierten Gegenstand des öffentlichen Interesses. Manch einer wollte von Eulenburgs Verfasserschaft wissen[69], andere wiederum sprachen von Graf Görtzens »Machwerk«, da der Sang zuerst auf Schloß Schlitz, dem Stammsitz der Grafen Görtz, von dem königlichen Musikdirektor Kluhs intoniert wurde.[70] Eine dritte Version sah sogar in Cuno Graf von Moltke den Dichter des Liedes.[71] Unbeantwortet blieb auch die Frage nach dem Komponisten. Nur in einer Hinsicht herrschte weitgehende Einigkeit, nämlich darin, Wilhelm II. die Autorschaft für die nordische Romanze, zu der ihn angeblich der Hannoversche Männergesangsverein inspiriert haben soll[72], abzusprechen. Aber wie dem auch sei, im Grunde genommen ist es eher nebensächlich, ob Wilhelm II. die Ballade selbst verfaßte oder diese lediglich anregte, wie zuvor das Gemälde »Völker Europas wahret Eure heiligsten Güter« von Hermann Knackfuß. Entscheidend sind andere Fragestellungen: Welche Intention verfolgte der Kaiser mit dem Sang, der zum

---

[67] Tesch, S. 6.
[68] Kotowski, S. 48.
[69] The German Emperor as a Composer, in: The Daily Telegraph v. 22.5.1894. PA AA, Preussen 1, Nr. 1d *secr.*, Bd. 1.
[70] Ebd.
[71] Fischer (Hrsg.), The Private Lives, S. 104.
[72] Schröder, Ein Tagebuch, S. 192.

Ärgernis Maximilian Hardens, des Herausgebers der »Zukunft«, eben nicht wie die Werke Friedrichs des Großen im donjon du château, sondern öffentlich vor zahlendem Publikum aufgeführt wurde? Welche sprachlichen Elemente trafen den wilhelminischen Publikumsgeschmack? Aus welchen literarischen Vorbildern schöpfte das Opus, das von seinen Kritikern als »dekadente Epigonenromantik« bezeichnet wurde?

Das Anliegen Wilhelms II. war es, ein nordisches Stimmungsbild zu entwerfen. Ebenso wie es Theodor Fontane mit seinen schottischen Balladen verstand, das Geheimnisvolle, Nebulöse Nordbritanniens lebendig werden zu lassen, beschwor der »*Sang an Ägir*« die Nordlandsehnsucht und die ruhmvolle germanische Vergangenheit. Dazu trug maßgeblich die Verwendung einer für das Publikum keineswegs geläufigen, sondern eher fremdartig anmutenden Diktion bei: Die Begriffe »Harst«, »Brünne«, »Schildesmaid«, »Schwert- und Schildesklang« verliehen der Romanze das Kolorit längst vergangener Jahrhunderte voll Waffenschall. Überdies erwies sich die Wahl der modernisierten Nibelungenstrophen, auch Uhlandstrophen genannt, des Stabreims, des ältesten Formprinzips des germanischen Verses, sowie der zuweilen grobschlächtigen Ausdrucksweise für die Identifikation des Publikums mit dem in der Ballade thematisierten nationalen Selbstbewußtsein als besonders geeignet.

Es zeigte sich deutlich, daß Wilhelms Interesse an dem Sang primär der patriotischen Stoffwahl und dem Heldisch-Germanischen, dem kriegerischen Impetus, galt. Eo ipso spielte es daher überhaupt keine Rolle, daß das Personal der Ballade – beispielsweise die Märchenfiguren Nix und Neck – nicht der genuin nordischen Mythologie entlehnt wurde, sondern ein Konglomerat verschiedenster Provenienz war.

Die Kritik blieb natürlich nicht aus: Das ganze Volk habe sich über den »*Sang an Ägir*« »kopfschüttelnd« gezeigt und darin keine »neue geistvolle Wendung« entdeckt[73], schrieb Bruno Wagener in einer Broschüre, die im Oktober 1896 durch Beschluß des Königlichen Amtsgerichtes zu Breslau beschlagnahmt wurde.[74] Und eine ebenfalls wegen Majestätsbeleidigung konfis-

---

[73] Dem deutschen Volke ein Volkskaiser, S. 6.
[74] Schreiben von der Reckes an Hohenlohe-Schillingsfürst, Berlin, 1.10.1896. PA AA, Preussen 1, Nr. 1d, Bd. 7.

zierte Publikation einer »Dame von Titel und Rang«[75] berichtete von der Aufführung des Werkes in der Königlichen Oper am 24. Oktober 1894, daß die Theaterbesucher, unter ihnen auch der Prinz und die Prinzessin zu Wied, in »seniler Schmeichelei« der Farce applaudierten.[76]

Gelobt wurde – und dies scheint die Meinung der Mehrheit im Deutschen Reich widerzuspiegeln – der »volkstümliche Ton« und die »kraftvolle Entschiedenheit«, die aus dem Werk spreche.[77] Gleichfalls in diesem Sinne urteilte der einflußreiche Kritiker der »Dresdner Zeitung«, Ludwig Hartmann, im November 1894 über eine ausverkaufte Vorstellung im Altstädter Hoftheater: Der Sang zeige die »unbefangene Frische und klare Initiative, die als Haupteigenschaften das ganze Thun des hochbegabten jungen Monarchen kennzeichnen«.[78]

Wie hat man sich eine Inszenierung des dreistrophigen Liedes vorzustellen? Mit welchen Requisiten arbeitete man, um die Nordlandstimmung des Sanges zu vermitteln?

Vielfach handelte es sich um konzertante Vorstellungen im Rahmen militärmusikalischer Darbietungen[79] oder um Solistenvorträge auf Liederabenden. Opernhausaufführungen waren hingegen seltener. Die Aufführungspraxis entsprach dabei dem damaligen Zeitgeschmack: »Lautes Pathos, ›historische Treue‹, Schwertergerassel, Pomp«[80] – so ein zeitgenössischer Feuilletonist – charakterisierten die aufwendigen Inszenierungen des Sanges. Häufig war es nur der Mangel an pekuniären Mitteln, der die Realisierung solcher Vorhaben vereitelte. Bestes Beispiel für diese den Wilhelminern eigene Dekorationslust ist eine Aufführung des Altstädter Hoftheaters in Dresden. Obschon der Traum aufgegeben wurde, eine Strandlandschaft mit einem Wikingerschiff im Hintergrund als Bühnenbild zu zeigen und die Ensemblemitglieder als Wikinger zu kostümieren, führte man

---

[75] Vor Gericht. Majestätsbeleidigungen, in: Das kleine Journal v. 17.3.1905. PA AA, Preussen 1, Nr. 1d, Bd. 15.
[76] Fischer (Hrsg.), The Private Lives, S. 103.
[77] Schreiben Dönhoffs an Hohenlohe-Schillingsfürst, Dresden, 10.11.1894. PA AA, Preussen 1, Nr. 1d, Bd. 7.
[78] Ebd.
[79] Aufzeichnung Gabriels, Berlin, 4.6.1894. PA AA, Preussen 1, Nr. 1d *secr.*, Bd. 1.
[80] Von Hülsen, S. 593 f.

das Werk immerhin noch mit 50 Mitgliedern des Königlichen Konservatoriums auf.[81]

Überhaupt schien der »*Sang an Ägir*«, der kurioserweise Anklänge an die Marseillaise enthält[82], recht populär zu sein: Der Berliner Musikalienverlag Ed. Bote & G. Bock besorgte dreizehn verschiedene Ausgaben, u. a. auch Arrangements für Kavallerie-, Jäger-, Pionier- und Infanterie-Musik.[83] Die in mehrere Sprachen übersetzte Ballade wurde insbesondere für den pädagogischen Bereich empfohlen, durch »ministeriellen Uebereifer«, wie Maximilian Harden meinte.[84] Für die schulunterrichtliche Behandlung des Sanges wurde eigens eine mit Wort- und Sacherläuterungen versehene Handreichung verfaßt.[85] Der Verkauf von Interpretationshilfen war häufig mit Spenden für einen wohltätigen Zweck verbunden. Entsprechend der heroischen Stoffwahl der Ballade wurde der Reinertrag beispielsweise aber auch zur Errichtung des Aussichtsturmes auf dem Schlachtfeld von Gravelotte bestimmt.[86] Die Vereinnahmung des mythologischen Stoffes, die hier schon auf- und vorscheint, war harmlos im Vergleich zur späteren politischen Indienstnahme des nordischen Meeresgottes. 1918 – als der Stern des wilhelminischen Reiches im Sinken begriffen war – drehte man einen Werbefilm mit dem Titel »*Ägir*« für die Zeichnung von Kriegsanleihen zur raschen, siegreichen Beendigung des Ersten Weltkrieges.[87]

Die Zeitgenossen sahen in Wilhelms Beschäftigung mit der nordischen Mythologie denn auch primär die Passion eines Romantikers. Allerdings wurde diese häufig mit Spott bedacht: So zeigten zahlreiche Postkarten und Karikaturen den Kaiser in den Posen nordischer Gottheiten (Abb. 27).[88]

---

[81] Schreiben Dönhoffs an Hohenlohe-Schillingsfürst v. 11.11.1894. PA AA, Preussen 1, Nr. 1d, Bd. 7.
[82] Aufzeichnung Gabriels, Berlin, 4.6.1894. PA AA, Preussen 1, Nr. 1d *secr.*, Bd. 1.
[83] Wilhelm II., Sang an Aegir, o. S.
[84] Harden, Kaiserliche Kunst, S. 297.
[85] Tschauder, Präparation zur unterrichtlichen Behandlung Sr. Maj. Kaiser Wilhelms II. »Sang an Ägir«. Breslau 1895.
[86] Tesch, o. S.
[87] Wochenschauen und Dokumentarfilme 1895–1950 im Bundesarchiv-Filmarchiv, S. 337.
[88] Grand-Carteret, S. 250. Morré, S. 51.

Dem Kaiser diente die nordische Mythologie als reine Dekoration. Dafür ist Wilhelms Ausruf »Walhall!«[89] bei einem Wetterleuchten über Molde – es klingt wie Lottes empfindsamer Ausruf »Klopstock!« in Goethes »Werther« – bezeichnend. Nicht nur die skandinavische Natur, sondern auch die Bevölkerung wurde in Beziehung zur nordischen Mythologie gesetzt: Aus Stockholmerinnen wurden Walküren[90], aus einer Schlechtwetterfront eine Verschwörung der nordischen Götter.[91]

Des Kaisers Vorliebe für die nordische Mythologie spiegelte sich auch in der Namensgebung seiner Schiffe SLEIPNIR[92], GEFION[93] und RAN[94] wider. Pate standen hierbei Odins achtfüßiges Roß, die Göttin der Jungfrauen und die Gemahlin Ägirs. Damit begründete Wilhelm II. in Deutschland eine seemännische Tradition, die bis in die Gegenwart hinein gepflegt wird. Für das Panzerschiff U wählte er am 27. Juni 1892 in Kiel einen Namen »aus der Urgeschichte unserer Vorväter im Norden«: »Du sollst den Namen erhalten des Gottes« – heißt es in der Taufrede –, »dem als Hauptaufgabe die Abwehr übertragen war, desjenigen, dem es oblag, die goldenen Thore Walhallas vor jedem bösen Eindringling zu beschützen und zu bewahren. Wie jener durch sein goldenes Horn weithinschallend, wenn Gefahr im Anzuge, die Götter herbeirief zum Streit in der Götterdämmerung und durch sein Horn Verwirrung und Verderben in die Reihe seiner Feinde brachte, so sei es auch mit dir!... Trage in Ehren den Namen Heimdall!«[95]

Wilhelms II. vielfach dokumentierte Bindung an die nordische Mythologie, gepaart mit seiner Begeisterung für die Marine und den deutschen Flottenbau, veranlaßte die deutschen Bundesfürsten und Senate der freien Städte, dem Kaiser anläßlich seines 25jährigen Regierungsjubiläums am 15. Juni 1913 ein Ge-

---

[89] Eulenburg, Mit dem Kaiser, Bd. 1, S. 114.
[90] Wilhelm II. an Eulenburg, Berlin, 28.8.1888, in: Eulenburgs Korrespondenz, Bd. 1, Nr. 194, S. 310.
[91] Eulenburg, Mit dem Kaiser, Bd. 2, S. 165.
[92] Ebd., Bd. 2, S. 177.
[93] Ebd., Bd. 1, S. 381.
[94] Ebd., Bd. 1, S. 190.
[95] Die Reden Kaiser Wilhelms II., Bd. 1, S. 217f.

schenk besonderer Art zu stiften: ein 1914 von Fritz von Miller ausgeführtes und 1927 überreichtes silbernes, teilweise vergoldetes Wikingerschiff (Abb.28).[96] Das Geschenk für den Kaiser, der von sich selbst sagte, ihm sei nach Bismarcks Entlassung »das Amt des wachhabenden Offiziers auf dem Staatsschiff... zugefallen«[97], war mit einer seit jeher und speziell dem 19. Jahrhundert geläufigen Allegorie besetzt: dem glückhaften Staatsschiff. Die deutsche Kaiserkrone auf dem Adlerkopf des Heckteils und das Reichswappen nebst den 25 Wappenschilden der Bundesstaaten, die über den Profilen der 22 Bundesfürsten und den figurumrandeten Inschriften stehen, versinnbildlichen die dem Kunstwerk übergeordnete Idee des Staates.[98] Die den zehn männlichen und weiblichen hermenartigen Figuren des Mittelstücks zugeordneten Inschriften »Politik«, »Wissenschaft«, »Kunst«, »Handel« und »Volkswohlfahrt« symbolisieren die geistigen und ökonomischen Voraussetzungen für das Wohlergehen des Staates.

Weshalb wählte man als allegorische Darstellung gerade ein Wikingerschiff? Hätte im Jahr der Zentenarfeier der Völkerschlacht bei Leipzig nicht eine völlig andere Symbolik zur Verfügung gestanden? Sicherlich, aber was hätte sich besser zur Darstellung einer gesellschaftlichen Utopie, des schichtenübergreifenden Gemeinsinns des deutschen Volkes geeignet? Was hätte das kaiserliche Homogenisierungskonzept, den Willen zur Einheit und Harmonie des deutschen Volkes, eindringlicher demonstriert? Vater des Gedankens war hier der Glaube, mittels einer Rückbesinnung auf die Wikingerzeit, in der man das Ideal einer auf gegenseitigen Treueschwur gegründeten Gesellschaft sah, sei eine Überwindung aller gegenwärtigen Partikularinteressen möglich.

Zugleich wurde hier der germanisierende Stil der wilhelminischen Kunst sichtbar, wie er aus Hermann Prells Kunstwerk »Saga mit Hymirs Haupt« im Palazzo Caffarelli und aus den Bildern G. E. Doeplers, Fritz Erlers und Hermann Knackfuß' spricht. Kunst bedeutete die »Pflege der Ideale« – so hatte es der Kaiser 1901 in seiner berühmt gewordenen Rede bei der Einwei-

---

[96] Schadt u.a., S. 128.
[97] Schröder (Hrsg.), Regiment, S. 92.
[98] Schadt u.a., S. 131.

hung der Siegesallee in Berlin formuliert.[99] Sie müsse dem Gesetz »der Schönheit und Harmonie, der Ästhetik«[100] folgen. Und drastisch fügte er hinzu: »Eine Kunst, die sich über die von Mir bezeichneten Gesetze und Schranken hinwegsetzt, ist keine Kunst mehr.«[101]

Dementsprechend bevorzugte er die Musik Edvard Griegs, dem es eine große Ehre war, seine Musikstücke zusammen mit dem Bordorchester der HOHENZOLLERN vor dem Kaiser intonieren zu dürfen.[102] Skandinavische Künstler, die den historisierenden Stil verwarfen und sich den zukunftsweisenden Strömungen verschrieben, rückten erst gar nicht in sein Blickfeld: Die Gesellschaftskritiker Henrik Ibsen und August Strindberg, deren Theaterstücke damals in Berlin ihre ersten Erfolge feierten, nahm er ebensowenig zur Kenntnis wie Ellen Keys Buch »Das Jahrhundert des Kindes«, in dem die Verfasserin als »Repräsentant des Kulturoptimismus des neuen Jahrhunderts«[103] für eine antiautoritäre Kindererziehung eintrat. Die Vertreter des in Skandinavien sogenannten modernen Durchbruchs, die es sich zur Aufgabe machten, »Probleme zur Debatte zu stellen« – so forderte es der Kopf dieser Literaturrichtung, Georg Brandes, in der Einleitung zu seiner Vorlesungsreihe »Hauptströmungen der Literatur des 19. Jahrhunderts«[104] –, ignorierte er einfach. In der Literaturpolitik eine gewisse Liberalität walten zu lassen – wie etwa der schwedische König Oscar II., der zeitlebens mit Ibsen freundschaftlich verkehrte[105] und der bei Ernennungen in

---

[99] Rede Kaiser Wilhelms II. am 18.12. 1901 an die Künstler, die bei den Ausführungen der Siegesallee beschäftigt waren, in: Die Reden Kaiser Wilhelms II., Bd. 3, S. 60.
[100] Ebd.
[101] Ebd., Bd. 3, S. 61. S. dazu auch die Diskussion über Kunst und Literatur an Bord der HOHENZOLLERN, in: Eulenburg, Mit dem Kaiser, Bd. 1, S. 88, 323.
[102] Brief Griegs an Röntgen, Bergen, 12.9.1904, in: Grieg, S. 132. S. auch Benestad/Schjelderup-Ebbe, S. 306. Dazu auch das Schreiben Tschirschkys an das Auswärtige Amt, an Bord der HOHENZOLLERN, 12.7.1904, Abschrift. PA AA, Preussen 1, Nr. 1, Nr. 4w, Bd. 8.
[103] Brønsted (Hrsg.), Bd. 2, S. 165.
[104] Ebd., Bd. 2, S. 107.
[105] Vgl. von See (Hrsg.), Die Strindberg-Fehde, S. 24.

die Schwedische Akademie Zurückhaltung übte –, das entsprach nicht dem Wesen Wilhelms II.

Auf dem Gebiet der bildenden Kunst verhielt es sich ähnlich: Der Kaiser, der kraft seines Amtes befugt war, den Kultusminister zu ernennen, Berufungen in die Königliche Akademie der Künste auszusprechen und Preise auf der Großen Berliner Kunstausstellung auszuloben[106], stand in engem Kontakt zu Anton von Werner und ließ sich von diesem in Kunstdingen beraten. Als der Verein Berliner Künstler, dem von Werner vorstand, 1892 auf Empfehlung von Fritz von Uhde den damals noch nicht so arrivierten Edvard Munch um eine Ausstellung seiner Bilder bat, forderten einige Vereinsmitglieder, die auf der Vernissage erstmals die Exponate sahen, deren sofortige Schließung.[107] Anton von Werner, der Maler der Kaiserproklamation von 1871, war – vermutlich mit Zustimmung Wilhelms II., den er zuvor über die Differenzen unter den Berliner Künstlern informiert hatte[108] – »die treibende Kraft in der Debatte um die Schließung der Ausstellung«.[109] Die Plein-air-Maler – zu diesen zählten auch die in Paris oder in der Künstlerkolonie Grèz-sur-Loing ansässigen skandinavischen Maler, die im regen Austausch mit der Kolonie in Skagen standen und den Begriff »Licht des Nordens« weltweit bekannt machten – bekämpfte der Kaiser. »Ich werde sie unter meiner Rute halten«, heißt es in einer Weisung, die er nach den Münchener und Berliner Sezessionen erteilte.[110] Insofern dürfte er, der Maler wie Anton von Werner und Porträtisten wie Max Koner und Hermann Prell schätzte, der Käthe Kollwitz 1898 auf der Berliner Kunstausstellung die Große Goldene Medaille vorenthielt – obgleich das Preisgericht sie bereits zur Nominierung vorgeschlagen hatte[111] –, der mit Vorliebe Walter Scotts Dichtungen und Ernst von Wildenbruchs historische Dramen las, der als Lektüre an Bord der HOHENZOLLERN Tegnérs »Frit-

---

[106] Vgl. Bartmann, S. 176; Paret, S. 20. Zur wilhelminischen Kunstpolitik s. bes. Mai u. a. (Hrsg.), Ideengeschichte und Kunstwissenschaft. Berlin 1983.
[107] Zur Munch-Affäre: Bartmann, S. 187–193; Paret, S. 50–54; Selber, S. 1296–1300.
[108] Paret, S. 52.
[109] Bartmann, S. 191; Düwell, S. 26.
[110] Zit. nach Schwerte, S. 127.
[111] Bartmann, S. 179.

hiofs saga«[112] und Goethes »Iphigenie auf Tauris«[113] bevorzugte, auch die moderne skandinavische Kunst und Literatur lediglich als »Rinnsteinkunst«[114] bezeichnet haben.

3. Lebensreformbewegung, Großstadtfeindschaft und Agrarromantik: Parallelen zu Wilhelms II. Nordlandideologie?

Wilhelms Germanenbild war weitgehend antiquarischer Natur und orientierte sich dabei mitunter an Vorstellungen, wie sie etwa durch Felix Dahns historischen Roman »Ein Kampf um Rom« genährt wurden. Dieses vergangenheitsorientierte Germanenbild des Kaisers widersprach dem Denken der Lebensreformer und »eigentlichen Entdecker Skandinaviens«[115], deren Blick vorwärtsgerichtet war.

Man wird sich deshalb davor hüten müssen, die Denkanschauung Wilhelms II. mit den Kategorien der zeitgenössischen Kulturkritik und der großen Reformbewegungen, die zu einem Sammelbecken der über die wachsende Urbanisierung besorgten Großstadtmenschen wurden[116], in Verbindung zu bringen oder gar gleichsetzen zu wollen. Sie ist klar gegen die zivilisationskritisch eingestellte Lebensreformbewegung abzugrenzen, die neben einer gesunden Ernährungsweise – die Gründung der Reformhäuser setzte hier ein - eine Reform der Kleidung und vor allem eine Reform in der Gesundheitspflege und Körperkultur propagierte und meinte, ihr Ideal des natürlichen, einfachen Menschen im Skandinavier entdeckt zu haben.

Eines war beiden jedoch gemeinsam: Hier wie dort entstand eine förmliche Gegenwelt. Was die Nordlandfahrtgesellschaft beherrschte, war ein gewisser Eskapismus, der sich als Flucht vor dem Hofzeremoniell verstand und zum Teil sogar bürger-

---

[112] Eulenburg, Mit dem Kaiser, Bd. 1, S. 55 f.
[113] Ebd., Bd. 2, S. 234. Eine Auflistung der von Wilhelm II. geschätzten Literatur findet sich bei Balfour, S. 169.
[114] Rede Wilhelms II. am 18.12.1901 an die Künstler, die bei den Ausführungen der Siegesallee beteiligt waren, in: Die Reden Kaiser Wilhelms II., Bd. 3, S. 61 f.
[115] Von See, Germanenbilder, S. 87.
[116] Vgl. Höfele, S. 44.

liche Attitüden pflegte. Charakeristisch dafür ist die Morgengymnastik auf der HOHENZOLLERN (Abb.29), der die älteren Fahrtteilnehmer nur mit Unbehagen gedachten. Um es zu verdeutlichen: Dieser Frühsport entsprach eben nicht der von der Lebensreformbewegung befürworteten körperlichen Ertüchtigung, sondern war allenfalls Ausdruck der Vorstellung von bürgerlicher Sommerfrische und gründete wohl auf dem Turnunterricht, den der militärische Instrukteur und spätere Leiter der Central-Turnanstalt, Hauptmann von Dresky, dem Kaiser in seiner Jugend erteilt hatte.[117]

Das damals aufgekommene Modewort der »Sommerfrische« bedeutete für die Nordlandfahrtgesellschaft aber nicht zwangsläufig eine verstärkte Hinwendung zu den Naturschönheiten der norwegischen Fjordlandschaften. Mit einer Flucht vor der zunehmenden Verstädterung in die Idylle des Landlebens – bäuerliche Dichtung und Heimatkunst erfreuten sich in jenen Jahren zunehmender Beliebtheit[118] –, mit einer rückwärts gewandten Utopie, die ihr Heil in der vergangenen Scheinwirklichkeit der Agrargesellschaft suchte[119], wie sie Julius Langbehn den Deutschen durch eine »Verbauerung« anempfahl[120], und der Paul de Lagarde unter Lobpreisung des gesunden, kraftvollen Bauerntums das Wort redete[121], hatte dies nichts zu tun. Das Ganze trug eher den Charakter eines Picknicks von Großstädtern im Grünen. Die Landschaft war für Wilhelm II. und seine Reisegefährten vielfach nur bloße Kulisse, Staffage für das Erlebnis des gemeinsamen, wochenlangen Beisammenseins an Bord.

---

[117] Büxenstein (Hrsg.), S. 10.
[118] Sengle, S. 620; Bergmann, S. 103.
[119] Dazu Bergmann, S. 84.
[120] Vgl. von See, Deutsche Germanen-Ideologie, S. 65.
[121] Ebd., S. 85.

V. Die politische Dimension der Nordlandfahrten

1. Skandinaviens Bedeutung für die europäische Großmachtpolitik unter besonderer Berücksichtigung der deutschen Interessen

Skandinavien existierte in der Vorstellungswelt des wilhelminischen Deutschlands in den 80er Jahren des 19. Jahrhunderts – wenn überhaupt – nur in historischen und literarischen Verflechtungen.[1] Entsprechend gering nahm sich deshalb auch das Interesse an der skandinavischen Politik aus. Das galt – freilich mit gewissen Einschränkungen – auch noch für das Jahr 1914. Als der deutsche Diplomat Richard von Kühlmann damals mit einem Sonderauftrag an die Stockholmer Gesandtschaft geschickt wurde, wußte er – wie er einräumte – »wenig von Schweden und den dortigen Verhältnissen und beschloß, zunächst einmal zum schwedischen Gesandten zu fahren, ... und zu versuchen, von ihm Näheres über die politischen Zustände in Stockholm zu erfahren«.[2] Geradezu bezeichnend hierfür ist auch, daß die deutsche Skandinavienpolitik jener Jahre keinen Eingang in heutige historische Überblicksdarstellungen findet.[3] Das ist nicht so erstaunlich, denn selbst die führenden Köpfe der wilhelminischen Politik wie Friedrich von Holstein und Bernhard Fürst von Bülow ignorierten in ihren Memoiren die skandinavischen Verhältnisse entweder gänzlich oder stellten sie in unangemessenem Umfang dar.[4]

In dieses Bild fügt sich, daß die Gesandtenstellen in Schweden und Norwegen wegen ihrer geringen politischen Bedeutung nicht sonderlich geschätzt wurden. Eine Berufung an eine der

---

[1] Vgl. Hubatsch, Das deutsch-skandinavische Verhältnis, S. 86.
[2] Von Kühlmann, S. 423.
[3] Ein Beispiel hierfür liefert u. a. Hildebrands Darstellung »Deutsche Außenpolitik 1871–1918. München 1989.« Das galt auch schon für Valentins Monographie »Deutschlands Außenpolitik von Bismarcks Abgang bis zum Ende des Weltkrieges. Berlin 1921.«
[4] Vgl. Hubatsch, Nordeuropa-Politik, S. 594f.

dortigen Vertretungen war für viele Diplomaten mehr oder weniger gleichbedeutend mit einem Karrierestopp, denn damit sank die Aussicht auf Versetzung an eine der großen europäischen Botschaften.[5] Der deutsche Gesandte in Stockholm von 1892 bis 1894, Carl Graf von Wedel, der aufgrund seiner Meriten eher für den Botschafterposten in St. Petersburg prädestiniert schien, bildete in dieser Hinsicht eine Ausnahme. Er verhalf der deutschen Gesandtschaft in Stockholm kurzfristig zu politischem Profil und schaffte mithin den »Sprung nach oben«: 1899 bis 1902 war er als Botschafter in Rom akkreditiert und in derselben Funktion 1902 bis 1907 in Wien tätig.[6]

Skandinavien – das wurde zum Synonym für Johann Hartwig Graf von Bernstorffs geflügeltes Wort von der »Ruhe des Nordens«.[7] Davon war 1892 auch der schwedisch-norwegische Außenminister Carl Lewenhaupt überzeugt, der die Meinung vertrat, »dass es Schweden nicht zukomme, eine active politische Rolle zu spielen«.[8] Kaiser Wilhelms II. darauf bezogener Kommentar »wenn Gustaf Adolf und Karl XII. das hörten!«[9] sprach das aus, was damals viele dachten: Die Zeiten, als der Norden für Deutschland eine politische Bedeutung besaß, schienen längst vergangen. Jetzt, im Zeitalter des Imperialismus, bestimmten andere Interessen die deutsche Außenpolitik. Es galt, die Gründung überseeischer Imperien voranzutreiben, sich Einflußsphären in der außereuropäischen Welt zu sichern. Nord- und Ostsee – und auch Skandinavien – wurden dabei zu Nebenschauplätzen des Weltgeschehens. Wie trügerisch diese skandinavische Ruhe war[10] und welche Entwicklung sie neh-

---

[5] Cecil, The German Diplomatic Service, S. 14 f. Anders verhielt es sich mit dem Gesandtenposten in Kopenhagen. Obgleich er – wie Krieger es bezeichnet – »nur Durchgangsstation« war, war er für die diplomatische Laufbahn von Bedeutung, wovon die späteren Karrieren Brockdorffs, Kiderlen-Wächters und Schoens zeugen. Vgl. Krieger, S. 19.
[6] Cecil, The German Diplomatic Service, S. 14 f.
[7] Der Begriff stammt aus der Zeit des Nordischen Krieges. Politisch instrumentalisiert wurde er durch den dänischen Minister Bernstorff. Grundlegend dazu: Brandt, Das Problem der »Ruhe des Nordens« im 18. Jahrhundert, in: Historische Zeitschrift 140, 1929, S. 550–564.
[8] Busch an Caprivi, Stockholm, 20.2.1892. PA AA, Schweden 42, Bd. 16.
[9] Marginalie Wilhelms II. zu dem in Anm. 8 erwähnten Schreiben. Ebd.
[10] Allgemein hierzu Hubatsch, Unruhe des Nordens. Göttingen 1956.

men konnte, verdeutlicht eine Karikatur Edvard Forsströms von 1915 (Abb.30): Sie zeigt, wie der schwedische Löwe von der englischen Bulldogge, dem deutschen Adler und dem russischen Bären attackiert wird.

Diese Entwicklung hatte Wilhelm II. nicht nur erahnt, sondern in ihren Anfängen erkannt. Als er 1904 den schwedisch-norwegischen Gesandten Arvid Taube wissen ließ, er sei »sehr nordisch gesinnt«[11], war dies sicherlich nicht nur Ausdruck seines kulturellen Interesses an Skandinavien, sondern zugleich ein politisches Bekenntnis. Wie läßt es sich anders erklären, daß der Kaiser seine privaten Nordlandfahrten während des schwedisch-norwegischen Unionskonfliktes 1890, 1893, 1895, 1896, 1897 und 1905 zu politischen Unterredungen mit dem Unionskönigshaus nutzte, daß er auf den Skandinavienreisen 1906, 1908, 1909 und schließlich 1913 mit dem norwegischen König Haakon VII. zusammentraf und daß er auf den Nordlandfahrten 1890, 1905 und 1907 dem dänischen Königshaus Besuche abstattete?

Wilhelms Reisen in den 1890er Jahren bildeten den Auftakt zu einer intensiveren Beschäftigung der deutschen Außenpolitik mit Skandinavien. Dies hängt teils aber auch mit der damaligen Situation der nordeuropäischen Halbinsel zusammen. Norwegen strebte eine Aufhebung der schwedisch-norwegischen Union an, die nach dem Kieler Frieden 1814 die beiden Reiche in Real- und Personalunion unter dem schwedischen Königshaus miteinander vereinigte. Obschon jeder Unionspartner seine eigene Volksvertretung, seine eigenen Minister und seine eigenen Streitkräfte besaß, wurde Norwegen eine eigene Außenpolitik vorenthalten. Statt dessen hatte es mit Schweden zusammen ein gemeinsames Konsulatswesen, eine gemeinsame Außenpolitik und einen gemeinsamen Außenminister.[12] Auf Dauer konnte das schwedisch-norwegische Verhältnis davon nicht unberührt bleiben. Der Streit um die Einführung eines norwegischen, von Schweden völlig unabhängigen Konsulatswesens führte schließlich in die Unionskrise.[13] Da sich in der Nord-, aber auch in der

---

[11] Taube an Lagerheim, Berlin, 6.2.1904. RA, UD:s arkiv, 1902 års dossiersystem, Vol. 2.
[12] Vgl. bes. Hubatsch, Das deutsch-skandinavische Verhältnis, S. 17.
[13] Grundlegend dazu: Boberg, Realitet och politisk argumentering i kon-

Ostsee die Einflußbereiche Englands, Rußlands und Deutschlands kreuzten, lag es naturgemäß im Interesse der offiziellen deutschen Politik, die Union aufrechtzuerhalten. Damit hielt das Auswärtige Amt an der schon von Bismarck vorgezeichneten Politik fest.[14] Zu deren zentralen Leitgedanken zählte die Nichteinmischung Deutschlands in den schwedisch-norwegischen Unionskonflikt.

Die erhöhte Aufmerksamkeit, die das Deutsche Reich angesichts dieser Lage den skandinavischen Staaten zuteil werden ließ, äußerte sich u. a. darin, daß man in Deutschland die Schaffung der Stelle eines Militär-Attachés für die nordischen Reiche erwog, da in Schweden, Norwegen und Dänemark umfassende Armee-Reformen vorbereitet wurden[15], daß der deutsche Marine-Attaché für die nordischen Reiche seinen Wohnsitz in Stockholm statt wie bisher in St. Petersburg wählte[16], daß mit Carl Graf von Wedel seit 1878 erstmals wieder ein ehemaliger Angehöriger des Militärs auf einen Gesandtschaftsposten in die schwedische Hauptstadt berufen wurde[17], daß man 1910 mit dem Ziel einer deutsch-schwedischen Militärkonvention Generalstabsverhandlungen mit Schweden einleitete.[18] Handelspolitische Abkommen wie die Verträge 1906 und 1911 zwischen Schweden und dem Deutschen Reich unterstrichen die zunehmende Beachtung, die die nordischen Staaten in der deutschen Außenpolitik fanden.[19] 1909 wurde eine Fährverbindung zwi-

---

sulatsfrågan 1890–1891, in: Scandia 34, 1968, S. 24–65; Weibull, Inför unionsupplösningen 1905. Stockholm 1962.

[14] Vgl. bes. Lindberg, Kunglig utrikespolitik. Studier och essayer, S. 142; ders., Utrikespolitikens historia, S. 95.

[15] Bestrebungen zur Schaffung der Stelle eines deutschen Militär-Attachés für die nordischen Reiche gab es seit 1908. Damals schien die Belastung des Heeresetats eine solche nicht zu rechtfertigen. Hülsen an Bülow, Berlin, 10.6.1908. PA AA, Deutschland 135, Nr. 18, Bd. 1. Aufgrund der Reorganisation des Heereswesens in Schweden und Norwegen wurde schließlich ein entsprechender Posten für den Etat von 1911 angefordert. Lyncker an Bethmann Hollweg, Berlin, 10.2.1910. Ebd.

[16] Baron von Schimmelmann war von 1901 bis 1903 als deutscher Marine-Attaché in Stockholm tätig. RA, UD:s arkiv, 1902 års dossiersystem, Vol. 1000, 16 P 19.

[17] Cecil, The German Diplomatic Service, S. 139f.

[18] Vgl. unten S. 164.

[19] Vgl. unten S. 214f.

schen Trelleborg und Saßnitz eingerichtet.[20] Und es war gewiß kein Zufall, daß der Präsident der Kaiser-Wilhelm-Gesellschaft, Adolf von Harnack, zum Ersten Vorsitzenden und ein Politiker wie Ernst Bassermann zum Zweiten Vorsitzenden der deutsch-schwedischen Vereinigung gewählt wurden.[21]

Welche politische und vor allem militärische Bedeutung hatten also die Unionskönigreiche und Dänemark für das Deutsche Reich und andere europäische Anrainerstaaten? Weshalb wandte sich die deutsche Außenpolitik überhaupt den skandinavischen Kleinstaaten zu? Daß Wilhelms II. neuer, auf die See gerichteter Kurs Nord- und Ostsee wieder in den Blickpunkt der deutschen Außenpolitik rücken ließ, hängt mit der Nichterneuerung des 1887 für drei Jahre geschlossenen Rückversicherungsvertrages zwischen dem Deutschen Reich und Rußland zusammen.[22] Dessen Aufkündigung im Juni 1890 ließ ein gespanntes Verhältnis zu Rußland erwarten. Zugleich befürchtete man, die französisch-russische Allianz könne Dänemark, das für Deutschland die Flankendeckung in der Nordsee bildete[23], ob seiner sundbeherrschenden Stellung zum Beitritt auffordern.[24] Genährt wurden diese Vorstellungen zum ersten durch die ablehnende Haltung Dänemarks gegenüber dem Kaiserreich – hier machte sich die Zurückweisung der dänischen Revisionsforderungen in der Nordschleswigschen Frage bemerkbar –, zum zweiten durch den begeisterten Empfang, den die Dänen einem französischen Panzergeschwader 1891 in Kopenhagen bereiteten[25], und zum dritten durch die häufigen Reisen des Zaren Alexander III. nach Kopenhagen.[26] Letztere wurden jedoch nicht ausschließlich, wie die Deutschen argwöhnten, zum Vehikel der russischen Skandinavienpolitik, sondern sie hatten in er-

---

[20] Vgl. unten S. 214.
[21] Vgl. im einzelnen unten S. 208.
[22] Zur Nichterneuerung des Rückversicherungsvertrages: Born, S. 189 bis 192.
[23] Herre, Die kleinen Staaten Europas, S. 107.
[24] Diese Besorgnis äußerte Reichskanzler von Caprivi vor der Militärkommission des Reichstages. Gerhardt/Hubatsch, S. 371.
[25] Als ein Jahr später ein französisches Flottengeschwader unter Admiral Gervais Kronstadt anlief, schlugen diesem ebenfalls Wellen der Sympathie entgegen. Thorsøe, S. 47.
[26] Gerhardt/Hubatsch, S. 371.

ster Linie familiäre Gründe: Alexanders Gemahlin Dagmar war eine Tochter des dänischen Königs Christian IX., des »Schwiegervaters Europas«.[27]

Kurzum, das Deutsche Reich befürchtete, Kopenhagen könne sich zum »Mittelpunkt aller jener Bestrebungen, die der deutschen Machtstellung in der Nord- und Ostsee entgegenwirkten«[28], entwickeln. Seestrategisch prekär wurde die Situation für Deutschland vor allem dadurch, daß die deutsche Marine vor Fertigstellung des Kaiser-Wilhelm-Kanals 1895 hinsichtlich Schiffsverschiebungen auf die Belte und den Sund angewiesen war.[29] Dies hätte sich für das Deutsche Reich im Falle eines Krieges gegen Frankreich und Rußland empfindlich bemerkbar gemacht, denn dann hätte man zwischen einer Flottenverteidigung in der Nord- oder Ostsee wählen müssen.[30] Mit dem Staatssekretär des Reichsmarineamtes, Alfred von Tirpitz, äußerte sich einer der bekanntesten Repräsentanten deutscher Großmachtpolitik über die deutsch-dänischen Beziehungen: »Seepolitisch war ein engeres Verhältnis zu Dänemark vom größten Nutzen, in dieser Richtung wichtiger z. B. als das Bündnis mit Österreich und ich wäre bereit gewesen, für eine See- und Wirtschaftsabmachung mit diesem germanischen Vetternvolk Gebietsopfer zu bringen, welche die dänischen Empfindungen uns gegenüber wieder freundschaftlich gestalten konnten.«[31] Aber auch für das Heer gewann Dänemark zunehmend als mögliche Basis für feindliche Truppenstützpunkte an Interesse.[32] Insofern mußte Deutschlands Außenpolitik an einem guten Einvernehmen mit Dänemark, dem »Portier der deutschen Thür zur Ostsee«[33], gelegen sein.[34]

Als sehr willkommen erwies sich daher der von dem 1901 an

---

[27] Eine weitere Tochter König Christians IX., Prinzessin Alexandra, hatte den englischen König Edward VII. geehelicht.
[28] Herre, Die kleinen Staaten Europas, S. 107.
[29] Gerhardt/Hubatsch, S. 371.
[30] Fink, Ustabil balance, S. 45.
[31] Von Tirpitz, S. 155 f.
[32] Vgl. Krieger, S. 17.
[33] Marginalie Wilhelms II. zu einem Bericht Schoens an Bülow, Kopenhagen, 20.5.1904. PA AA, Daenemark 37 secr., Bd. 5.
[34] Zu den Kardinalpunkten der deutschen Dänemarkpolitik jener Jahre: Krieger, S. 16–21.

die Macht gekommenen liberalen Kabinett Deuntzer eingeschlagene Kurs einer dänischen Neutralitätspolitik.[35] Eine nicht zu unterschätzende Rolle für die Wende in den deutsch-dänischen Beziehungen spielte des Kaisers Dänemarkfahrt vom 2. bis 5. April 1903[36], die in der deutschen Presse als »Beginn einer neuen Ära in den Beziehungen nicht nur zwischen den beiden Höfen zu Berlin und Kopenhagen, sondern auch der beiden stammverwandten Nachbarvölker untereinander« bezeichnet wurde.[37] Um seine Freundschaft zu Dänemark zu demonstrieren, bezeichnete sich Kaiser Wilhelm II. in einem Dankschreiben an den dänischen König Christian IX. gar als »Sohn des Hauses« (Abb. 31).[38]

Bereits vor seinem Kopenhagenbesuch erwog Wilhelm den Plan eines Abkommens zwischen Dänemark, Rußland und Deutschland.[39] Zweck dieser Vereinbarung sollte die gemeinsame Garantie der dänischen Neutralität sein. Freilich sollte diese damit verbunden sein, daß sich Deutschland und Rußland im Verteidigungsfalle auf dänische militärische Einrichtungen stützen konnten.[40] Vom Standpunkt der Seekriegführung hatte Deutschland keinerlei Interesse an einer allgemein anerkannten Neutralität Dänemarks und der dänischen Gewässer.[41] Eine solche hätte den Vorteil der deutschen Verteidigungsstellung aufgehoben[42], denn durch den Bau des Kaiser-Wilhelm-Kanals konnte die deutsche Marine Einheiten in die Nord- und Ostsee

[35] Gerhardt/Hubatsch, S. 372. Herre, Die kleinen Staaten Europas, S. 108.
[36] Einen Überblick über die deutsch-dänischen Besuche 1888–1902 gibt das Verzeichnis »Besuchsaustausch zwischen den Höfen von Berlin und Kopenhagen seit 1888«. PA AA, Preussen 1, Nr. 1, Nr. 4d, Bd. 1.
[37] Kaiser Wilhelm in Kopenhagen, in: Illustrirte Zeitung Nr. 3119 v. 9.4.1903, S. 537. Dazu auch Moeller, Der Kopenhagener Besuch, S. 226 sowie Krieger, S. 52f.
[38] Wilhelm II. an Christian IX., 6.4.1903, Abschrift. PA AA, Preussen 1, Nr. 1, Nr. 3x, Bd. 1.
[39] Dazu die Aufzeichnung A.S. 10 v. 3.1.1904. PA AA, Daenemark 37 *secr.*, Bd. 4.
[40] Krieger, S. 296.
[41] Für die Jahre 1906–1914 vgl. v.a. Köhler, Deutschland und das dänische Neutralitätsproblem von 1906 bis zum 8. August 1914. Diss. phil. Kiel 1958.
[42] Anlage zu einem Schreiben Büchsels an Richthofen, Februar 1904. PA AA, Daenemark 37 *secr.*, Bd. 4.

entsenden, während der Feind zur Teilung seiner Flotte auf zwei separat begrenzte Operationsgebiete gezwungen war. Obgleich Christian IX. im Dezember 1903 von Wilhelm II. und dem Zaren für den Plan gewonnen werden konnte, sollte es aus mehreren Gründen, die Dänemark betrafen, allerdings nie zu dem beabsichtigten Vertragsschluß kommen. Erstens äußerte man Bedenken, einer deutsch-russischen Verbindung beizutreten, die gegen England gerichtet war, zweitens verärgerte es die dänische Regierung, daß in der Nordschleswigschen Frage immer noch keine Änderung herbeigeführt wurde, und drittens überschattete der sich abzeichnende ostasiatische Krieg die Ereignisse.[43] Die Gefahr, daß dänische Gewässer zum Kriegsgebiet würden, veranlaßte Dänemark, erneut über seine Position in einem bewaffneten Konflikt, besonders über die Behandlung seiner Wasserstraßen, nachzudenken. Weder die Sondierungen bei den anderen skandinavischen Staaten noch bei England und Frankreich führten zu Ergebnissen, die die dänischen Neutralitätswünsche zu realisieren vermochten.[44] In der Entscheidung über die Freigabe der Ostseezugänge blieb Dänemark auf sich allein gestellt. Es verständigte sich Ende April 1904 aber mit den skandinavischen Staaten über gemeinsame Regeln zur Beobachtung der Neutralität.[45] Die eigentliche Gretchenfrage blieb jedoch unberührt: Wieweit war Dänemark imstande, seine Neutralität aus eigener Kraft aufrechtzuerhalten?[46]

Im ganzen gesehen, erfuhren die deutsch-dänischen Beziehungen um die Jahrhundertwende eine grundlegende Verbesserung. Mit dem Jahr 1900 trat eine deutliche Wende im deutsch-dänischen Verhältnis ein: Der für seine antidänische Haltung bekannte deutsche Gesandte von Kiderlen-Wächter wurde durch von Schoen abgelöst[47], und der in Dänemark beliebte Bernhard von Bülow wurde zum Reichskanzler ernannt.[48]

Wie gestaltete sich das Verhältnis Deutschlands zu den in Personalunion miteinander verbundenen Königreichen Schweden

---

[43] Vgl. Krieger, S. 110.
[44] Vgl. ebd., S. 111.
[45] Vgl. ebd.
[46] Vgl. ebd., S. 112.
[47] Ebd., S. 45.
[48] Ebd., S. 296.

und Norwegen? Vor Ausbruch des Ersten Weltkrieges gab es viele Beispiele für Schwedens Deutschlandorientierung.[49] Da wurde für die Gardeinfanterie in Stockholm nach deutschem Vorbild die Pickelhaube eingeführt[50], und da wurde nach dem Muster der deutschen Flottenvereine 1906 die Vereinigung »Sveriges flotta« gegründet, die unter der Schutzherrschaft der deutschstämmigen Kronprinzessin Victoria stand.[51] Da sprach der schwedisch-norwegische König Oscar II. von Deutschland als der Macht, »die unser natürlichster Freund«[52] ist und äußerte den Wunsch, »dass unsere Heere immer inniger verbundene Waffenbrüder werden möchten«.[53] Die politische Rechte nahm sich Deutschland zum Vorbild. Die schwedischen Konservativen sympathisierten, die heimische Sozialdemokratie als Schreckgespenst vor Augen, mit Bismarcks Sozialistengesetzen.[54]

Aber auch auf kulturellem Gebiet war der Einfluß Deutschlands groß. Das Deutsche Reich wurde zum unbestrittenen »Musterland sowohl für Forschung als auch Unterricht«.[55] Dies wurde auch im schwedischen Schulwesen sichtbar. Im Zuge der Schulreform von 1873 wurde Deutsch als einzige grundlegende moderne Fremdsprache in den unteren Klassen unterrichtet und 1878 sogar in das Lehrprogramm der höheren Lehranstalten, de-

---

[49] Exemplarisch hierfür ist die Schilderung des Kronprinzen Wilhelm. Als dieser 1931 in Breslau am Stahlhelmtag die Bekanntschaft eines schwedischen Herrn machte, überreichte ihm jener eine Denkschrift. Sie begann mit den Worten: »Die engen Zusammenhänge zwischen der schwedischen und der deutschen Politik sind eine Tatsache, an der man nicht vorbeikommen kann. Bei mehr als einer Gelegenheit sind in der jüngsten Geschichte Beweise dafür erbracht worden. So z. B. 1914, als die nationale und wehrfreundliche Richtung in Schweden auf ihrem Höhepunkt stand.« Kronprinz Wilhelm an Gustaf V., Potsdam, Cecilienhof, 17.7.1931. BFA, Gustaf V:s arkiv, Vol. 46.
[50] Eine Abbildung König Oscars II. mit Pickelhaube findet sich bei Hadenius (Hrsg.), o.S.
[51] Olsson, S. 60.
[52] Oscar II. an Lagerheim, Stockholm, 30.1.1889. RA, Lagerheims samling, Vol. 3.
[53] Die deutsch-schwedische Allianz, in: Nationaltidende v. 10.3.1889. Anlage zu A 3805. PA AA, Deutschland 136, Bd. 1.
[54] Jacobson, S. 93.
[55] Lindberg, Skandinavien, S. 173.

nen bis dahin ausschließlich das Lateinstudium vorbehalten war, aufgenommen.[56] Literarisch wurden Gustaf Fröding, Per Hallström und Viktor Rydberg von deutschen Schriftstellern beeinflußt.[57] All das nahm bereits das vorweg, was Jahre später Stockholms Dagblad so schlagkräftig mit »Der Kontinent – das bedeutet für Schweden Deutschland« meinte.[58]

Hier zeigte sich, daß das Verhältnis Schwedens zu Deutschland im Gegensatz zu den deutsch-dänischen Beziehungen nicht von jüngsten historischen Auseinandersetzungen belastet war.[59] »Mein Blut ist französisch, mein Herz ist schwedisch, mein Verstand ist deutsch«[60], hatte Oscar II. einmal gesagt, als man ihn auf die französische Herkunft seines Geschlechtes ansprach. Dies nimmt nicht wunder, denn seine familiären Beziehungen wiesen nach Deutschland: Seine Gemahlin war eine geborene Prinzessin von Nassau, seine Schwiegertochter eine geborene Prinzessin von Baden, die – wie Eulenburg es ausdrückte – alles durch die »*urdeutsche* Brille« sah.[61] Auch die kulturellen und literarischen Interessen des Unionskönigs waren nach Deutschland ausgerichtet, wovon seine – damals vielbeachteten – Übersetzungen von Herders »Cid« und Goethes »Torquato Tasso« zeugen.[62] Oscar II. war – wie Eulenburg schrieb – eine »weichliche, enthusiastische Natur, die durch den Idealismus in dem kräftigen Wesen des Kaisers magnetisch angezogen« wurde.[63] Der König pries vor allem Wilhelms »Noblesse, Jugendfeuer, Kraft«.[64]

Mit Oscars Regierungsantritt wurde der Grundstein für ein freundschaftliches Einvernehmen zwischen Deutschland und

---

[56] Lindberg, Skandinavien, S. 172.
[57] Jacobson, S. 93.
[58] Stockholms Dagblad v. 1.8.1908. PA AA, Preussen 1, Nr. 1, Nr. 4f, Bd. 2.
[59] Um die Nordschleswigsche Frage, die man in Schweden anfangs ebenso vehement wie in Dänemark diskutierte, wurde es in Schweden in den 1890er Jahren still. Vgl. Jacobson, S. 94.
[60] Zit. nach Wig, S. 124.
[61] Eulenburg an Holstein, Budapest, 17.6.1896. PA AA, Nl. Holstein, Bd. 39.
[62] Kürschner, S. 866.
[63] Eulenburg, Mit dem Kaiser, Bd. 1, S. 71.
[64] Oscar II. an Lagerheim, Stockholm, 16.3.1891. RA, Lagerheims samling, Vol. 3.

den beiden in Union miteinander verbundenen Staaten Schweden und Norwegen gelegt.[65] Oscar gab die bis dato unter Karl XV. unbestritten deutschfeindliche Haltung – noch im Deutsch-Französischen Krieg 1870/71 hegten die Schweden infolge der Auseinandersetzungen um Schleswig-Holstein große Sympathien für Frankreich[66] – auf. Da das republikanische Frankreich König Oscar II. nur als Unruheherd galt, das in der nordischen Politik ohnehin nicht mehr von Bedeutung sein würde[67], schien ihm eine Annäherung an Deutschland angebracht. »Die Macht Deutschlands ist nun groß. Weder wage ich, noch will ich jetzt mit ihr brechen. Wie sollte dann unter *bestimmten gegebenen* Eventualitäten (*keine dänischen*) der Ersatz für Meine Völker gefunden werden, der benötigt wird, seit jetzt der Novembertraktat, nach Aufhebung des Pariser Friedens, *faktisch 0 ist?!*«[68], – das war 1873 die Grundüberlegung Oscars II. Eine Friedensgarantie erblickte Oscar darin, daß eine mögliche Vereinigung der deutschen und der schwedischen Flotte im Ernstfalle die Ostsee beherrschen könnte.[69]

Das hieß: Zu den »grossen Umwälzungen« der schwedischen Politik gehörte – so der deutsche Gesandte Graf von Leyden 1904 – »die Bekehrung Schwedens zum Germanismus«.[70] Ana-

---

[65] Vgl. Gerhardt/Hubatsch, S. 372.
[66] Die französische Republik bemühte sich, die Sympathien der schwedischen Monarchie zu gewinnen. Die Berufung des Grafen Arthur Gobineau 1872 auf den französischen Gesandtenposten in Stockholm erwies sich dabei als äußerst geschickter Schachzug, zumal sich dieser obendrein auf seine Abkunft von einem nordischen Wikingerfürsten berief. Von See (Hrsg.), Die Strindberg-Fehde, S. 17.
[67] Vgl. Lindberg, Oskar II och utrikespolitiken, in: Historisk Tidskrift, Stockholm, 69, 1949, S. 114.
[68] So Oscar II. in einem Brief an Alexander Wilde v. 21.9.1873. Zit. nach ebd., S. 109.
[69] Busch an Caprivi, Stockholm, 30.10.1890. PA AA, Schweden 45, Bd. 1.
[70] Leyden an Bülow, Stockholm, 8.2.1906. PA AA, Schweden 42, Bd. 17. Grundlegend zur Wende der schwedischen Außenpolitik von einer profranzösischen zu einer prodeutschen Einstellung: Hedin, Sverige-Norges utrikespolitik i början av Oskar II:s regering, in: Historisk Tidskrift, Stockholm, 3, 1946, S. 229–260; Jacobson, Svensk opinion om Frankrike och Tyskland efter 1870, in: Svensk tidskrift, Uppsala, 19, 1929, S. 79–96; Lindberg, Oskar II och utrikespolitiken, in: Historisk Tidskrift, Stockholm, 69, 1949, S. 105–141; ders., Skandinavien und das

log zu Wilhelms II. Vorstellungen eines pangermanischen Bundes, wovon später noch zu handeln sein wird, unterstrich auch Oscar II., der russische Expansionsgelüste fürchtete, nachdrücklich die Zusammengehörigkeit seiner Völker mit dem Germanischen.[71] Das Bekenntnis zum Protestantismus vertiefte diese Bande: »Gemeinsames Glaubensbekenntnis ist ein starkes Band zwischen uns, das empfinde ich recht lebhaft in diesem Augenblick«[72], hieß es in einem Telegramm, das der Unionskönig zum 300. Geburtstag Gustaf Adolfs im Dezember 1894 an Kaiser Wilhelm II. sandte.

Diese Ansicht kam nicht von ungefähr, sondern hatte historische Wurzeln: Sie fußte auf der Begeisterung der schwedischen konservativen Kreise für Bismarcks Kulturkampf.[73] Gedanken dieser Art hatte Bischof Lars Landgren bereits 1875 in der Zeitung »Väktaren« formuliert. Er ergriff vehement Partei für den preußischen Kampf gegen die katholische Kirche, was für ihn nicht nur gleichbedeutend war mit dem Schutz des protestantischen Glaubens, sondern mit der »Freiheit der Forschung und politische(n) Unabhängigkeit gegenüber der großen ›politischen Liga‹, die die ›Papstpartei‹ ausmacht«.[74] Das wirkte aber zugleich auch als Frontstellung gegen das Slawische und das Romanische, die durch den Unwillen Oscars gegenüber dem französischen Radikalismus noch verschärft wurde und in einer prinzipiellen Ablehnung der gesamten romanischen Rasse gipfelte.[75]

Dabei blieb es nicht aus, daß sich eine Gegenrichtung formierte, die Oscars II. Deutschlandorientierung verurteilte. Diese war freilich nur auf eine Minorität, auf gewisse Stockholmer Kreise, begrenzt.[76] Insbesondere die schwedische Presse stand 1888 noch in der Tradition Karls XV., als sie eine an Frank-

---

Deutsche Reich, in: Europa und die Einheit Deutschlands. Hrsg. v. Walther Hofer. Köln 1970, S. 159–179; Waller, Oskar (II.), Preußen och Tyskland, in: Historisk Tidskrift, Stockholm, 1, 1959, S. 1–35.
[71] Lindberg, Kunglig utrikespolitik. Studier i svensk utrikespolitik, S. 31.
[72] Telegramm Oscars II. an Wilhelm II., Stockholm, 9.12.1894, Abschrift. PA AA, Preussen 1, Nr. 1, Nr. 3w, Bd. 1.
[73] Jacobson, S. 92.
[74] Ebd.
[75] Lindberg, Kunglig utrikespolitik. Studier i svensk utrikespolitik, S. 31.
[76] Hubatsch, Das deutsch-skandinavische Verhältnis, S. 91.

reich angelehnte Außenpolitik befürwortete.[77] Wenngleich König Oscar die Rolle der Presse in Schweden als eine untergeordnete bezeichnete, die es nicht erlaube, Rückschlüsse irgendwelcher Art auf die herrschende Meinung im Lande zu ziehen[78], beunruhigten ihn diese Strömungen doch sehr.

Einen Kulminationspunkt erreichte die Kontroverse im Jahr des hundertjährigen Jubiläums der Französischen Revolution. Die Frage um die Teilnahme der Unionskönigreiche Schweden und Norwegen an der Weltausstellung in Paris spaltete die Bevölkerung in zwei Lager: in ein konservatives, das befürchtete, die Ausstellung könne die revolutionsspezifisch antimonarchischen Tendenzen verherrlichen, und in ein demokratisches Lager. Die Debatte nahm an Intensität zu, als die schwedische Regierung aus monarchischer Solidarität auf eine Teilnahme verzichten wollte, es Norwegen jedoch freistellte, auf privater Basis teilzunehmen.[79] Die politische Anlehnung an Deutschland[80] – das wurde zum Grundsatz der oscarianischen Politik. Diese Einstellung fand jedoch keinen ungeteilten Beifall. Selbst in Oscars engster Umgebung stieß sie auf Widerspruch. Geradezu exemplarisch hierfür war die antideutsche Haltung des Diplomaten und Kammerherrn Oscars II., Carl Fleetwoods. Als 1891 der Besuch eines französischen Flottengeschwaders in Stockholm die frühere Frankreichbegeisterung der Schweden noch einmal aufflammen ließ, sah Fleetwood darin einen Beweis dafür, daß der Gedanke, sich politisch an Deutschland zu binden, in Schweden äußerst unpopulär sei.[81]

---

[77] Dazu Pfuel an Bismarck, Stockholm, 9.4.1888. PA AA, Deutschland 136, Bd. 1.
[78] Ebd.
[79] Nach anfänglichem Zögern beschickte Schweden schließlich doch die Pariser Ausstellung. Zur Debatte um die Teilnahme Schwedens und Norwegens an der Pariser Weltausstellung 1889: Lindberg, Kunglig utrikespolitik. Studier i svensk utrikespolitik, S. 62–79.
[80] Pfuel an Bismarck, Stockholm, 9.4.1888. PA AA, Deutschland 136, Bd. 1.
[81] Fleetwood, Bd. 2, S. 1392. Ein Jahr zuvor schrieb der englische Gesandte Sir Francis Plunkett an Salisbury, daß die Deutschen in Stockholm nicht populär seien. Die Schweden liebten keine Fremden, insbesondere nicht die deutschen Juden, deren Anteil am Stockholmer Geschäftsleben stets wachse. Knaplund (Hrsg.), S. 158.

Fleetwoods Parteinahme für Frankreich mochte noch Ausdruck der ehemals profranzösischen Politik Schwedens während des Deutsch-Französischen Krieges 1870/71 gewesen sein. Bei der jungen Generation verhielt es sich aber ganz anders. Deren latente Frankreichbewunderung wurde weitgehend von zeitgenössischen literarischen Strömungen bestimmt. Der Naturalismus der 1880er Jahre hatte erheblich zur Verbreitung der Ideen des politischen französischen Radikalismus beigetragen: Comte, Maupassant, Taine und Zola stand die Zeitschrift »Ur dagens krönika« als literarisches Forum zur Verfügung.[82] Bei Lichte besehen, blieben diese profranzösischen Bekundungen allerdings ohne jegliche politische Bedeutung[83], was der deutschen Außenpolitik sehr gelegen kam.

Grundprinzip der deutschen Skandinavienpolitik jener Jahre war es – wie bereits erwähnt –, das Gleichgewicht der Ostseestaaten aufrechtzuerhalten, den Status quo zu bewahren. Eine Gefahr für diese Politik bedeutete der schwedisch-norwegische Unionskonflikt. In den Vereinigten Königreichen Schweden und Norwegen artikulierten sich Befürchtungen, die ein Karikaturist 1895 in seiner Zeichnung »Europas Ojne er fæstede paa os!« (Abb.32) – »Europas Augen sind auf uns gerichtet!« – thematisierte: das Aufeinanderprallen der Machtansprüche Deutschlands, Englands und Rußlands im Nord- und Ostseeraum. Diese Konstellation gewann durch den schwedisch-norwegischen Unionskonflikt an Brisanz, zumal sich dieser nicht nur zwischen den beiden skandinavischen Staaten um die Selbständigkeitsbestrebungen Norwegens entspann, sondern weil internationale Verträge davon berührt wurden, die nach der Unionsauflösung einer Neuregelung bedurften.

---

[82] Jacobson, S. 90.
[83] Vgl. Hubatsch, Das deutsch-skandinavische Verhältnis, S. 17.

2. Wilhelms II. Haltung im schwedisch-norwegischen Unionskonflikt und seine Idee eines pangermanischen Bundes

Im Zuge der norwegischen Selbständigkeitsbestrebungen, die im Herbst 1895 schärfere Formen annahmen, bat das Unionskönigshaus den deutschen Kaiser, sich durch einen Vertrag zu verpflichten, Schweden im Falle eines Einmarsches russischer Truppen in Norwegen militärischen Beistand zu leisten. Wilhelm II. lehnte dies zwar entschieden ab, versicherte dem schwedisch-norwegischen Kronprinzen Gustaf jedoch: »Auf die *natürliche Bundesgenossenschaft Deutschlands... kann sich die schwedische Politik sicher aufbauen.«[84] Als sich die schwedische Königsfamilie ein Dezennium später erneut in Fragen des Unionskonfliktes an den Kaiser wandte, erklärte Wilhelm enttäuscht und resigniert zugleich, daß er sich in den Streitigkeiten neutral verhalten wolle, »einmal habe er einen Rat erteilt – ›die (schwedischen) Truppen nach Christiania marschieren zu lassen‹ – aber dieses sei nicht befolgt worden«.[85] Das war die desillusionierende Bilanz, die Wilhelm nach seinen langjährigen Bemühungen um die Beilegung des Unionskonfliktes zog.

Als die Auseinandersetzung in der Konsulatsfrage – Norwegen wünschte sich ein von Schweden unabhängiges Konsulatswesen unter der Leitung eines norwegischen Außenministers – ihrem Höhepunkt zutrieb, tat sie dies freilich, ohne daß ihr im Auswärtigen Amt anfangs eine besondere Bedeutung beigemessen wurde.[86] Der schwedisch-norwegische Unionskonflikt spielte in der offiziellen deutschen Außenpolitik der 90er Jahre eine untergeordnete Rolle. Um so größer war in Skandinavien das Interesse an der Haltung Wilhelms im Zwist.

Der programmatisch formulierte Satz »det land vi venter

---

[84] Wilhelm II. an Gustaf, Jagdschloß Rominten, 27.9.1895. RA, Kabinettet för utrikes brevväxling (UD), F I, Vol. 191.
[85] Taube an Gyldenstolpe, Berlin, 2.3.1905. RA, UD:s handarkiv, serie 2, Vol. 3.
[86] Dazu die Aufzeichnung Eulenburgs »Meine Aufzeichnung über die politische Lage Skandinaviens nach einer Unterhaltung mit dem Kronprinzen Gustav 15. Dezember 1894 im Schloss zu Baden-Baden«. BA, Nl. Eulenburg, Nr. 32, S. 777.

hjælp af« – »das Land, von dem wir Hilfe erwarten«[87] – markierte die Hoffnungen, die sich Norwegen für die Unterstützung seiner Ziele durch das Deutsche Reich machte. Daß der Kaiser ähnliche Sympathien für die norwegische Bewegung empfinde wie für die belgische, die 1831 die Loslösung von den Niederlanden erlangte und jetzt ihre 75-Jahrfeier beging[88], vermutete ein Artikel des Blattes »Verdens Gang«, das mit 12 000 Exemplaren die auflagenstärkste norwegische Zeitung war.[89] Die Formulierung »det land vi venter hjælp af« bezeichnete nicht nur die Erwartungen der vorwärtsdrängenden norwegischen Separatistenbewegung, sondern auch die Wünsche der Schweden und – in besonderem Maße – natürlich der Unionsdynastie.

Während das Auswärtige Amt in der Auseinandersetzung Zurückhaltung übte, machte der Kaiser aus seiner Gesinnung von Anfang an keinen Hehl. 1892 versprach er Gustaf, »daß Deutschland nie billigen werde, daß Norwegen Versuche zur Lösung des Unionspacts mache, da das dem monarchischen Prinzip Eintrag thue«.[90] Zugleich beschwor Wilhelm König Oscar, daß er in dieser Frage »fest bleiben und *nicht nachgeben möchte*«, denn die Radikalen müßten sich »trotz ihres Geschreies... abwirtschaften«.[91]

Im Nachhinein mochte man dies in Norwegen oftmals nicht mehr wahrhaben und verklärte die Dinge. So reklamierte 1918 Herman Harris Aall den deutschen Kaiser als den ersten Regenten Europas, der die politische Selbstbestimmung Norwegens anerkannte, und zwar nicht erst 1905, sondern schon im Jahre

---

[87] So der Titel von Bergs Studie, die das Verhältnis Norwegens zu den Großmächten während des Zeitraums 1905–1908 beschreibt.
[88] Der deutsche Kaiser nahm an den Feierlichkeiten in Belgien mit einer Abordnung von Kriegsschiffen teil. Kaiser Wilhelm og Belgiens Selvstændighedsfest, in: Verdens Gang v. 16.7.1905. Olssøn, o.S.
[89] Vgl. im einzelnen ein vom Auswärtigen Amt angefertigtes Verzeichnis schwedischer und norwegischer Presseorgane. PA AA, Schweden 47, Bd. 1.
[90] Wilhelm II. an Gustaf, Gudvangen, 22.7.1892. BFA, Gustaf V:s arkiv, Vol. 46. Im gleichen Sinne äußerte sich Eulenburg gegenüber König Oscar im Anschluß an die Nordlandfahrt 1892. Aufzeichnung Eulenburgs, Stockholm, 2.8.1892. PA AA, Schweden 53, Nr. 1 *secr.*, Bd. 1.
[91] Wilhelm II. an Gustaf, Gudvangen, 22.7.1892. BFA, Gustaf V:s arkiv, Vol. 46.

1890, als er dem »norwegischen König« in der norwegischen Hauptstadt zusammen mit dem Staatssekretär des Auswärtigen Amtes, Marschall von Bieberstein, einen Besuch abstattete.[92] Die Aufmerksamkeit, die der Kaiser Norwegen erwies, habe daraufhingewirkt, daß auch die übrige Welt Notiz von Norwegens Kampf um Autonomie genommen habe, und somit auch dazu beigetragen, die Anerkennung von 1905 vorzubereiten.[93] Das traf – wohl unbestritten – den Kern der Sache: Das Nationalgefühl der Norweger wurde durch die Kaiserbesuche wesentlich gesteigert.[94]

Den Christiania-Besuch des Kaisers 1890 überging die schwedische Presse mehr oder weniger. Überhaupt mißtraute man in Schweden den alljährlichen Besuchen Wilhelms in Norwegen.[95] Nie seien ihm die Unterschiede, die zwischen den beiden Brudervölkern existierten, so zu Bewußtsein gekommen wie in dieser Angelegenheit, berichtete der deutsche Gesandte Gaertner aus Stockholm dem Reichskanzler.[96] Bedenken über den Norwegenbesuch Wilhelms herrschten auch im schwedisch-norwegischen Königshaus, obgleich der Kaiser auf seinem Christiania-Besuch demonstrativ die schwedische Admiralsuniform trug[97] und sich dadurch zum schwedischen Unionspartner bekannte. Im Zusammenhang mit seinen Betrachtungen über die norwegischen Verhältnisse bemerkte König Oscar, daß er großen Wert darauf lege, daß die Kaiserbesuche bei den Norwegern

[92] Aall, S. 168. In einem ähnlichen Sinne kommentierten 1890 vor allem die »radikalen«, profranzösischen, norwegischen Zeitungen den Besuch Kaiser Wilhelms II. Gaertner an Caprivi, Stockholm, 7.7.1890. PA AA, Preussen 1, Nr. 1, Nr. 4w, Bd. 2.
[93] Aall, S. 168.
[94] Oertzen an Caprivi, Christiania, 10.7.1891. PA AA, Schweden 42, Bd. 15. Zur Reaktion der Norweger auf den Kaiserbesuch 1890 s. Nissen, S. 308.
[95] Vgl. hierzu im einzelnen die Ansichten Carl Georgsson Fleetwoods, des Kammerherrn König Oscars II. Fleetwood, S. 1030. S. auch die Aufzeichnung Eulenburgs v. 11.7.1892, in: Eulenburgs Korrespondenz, Bd. 2, Nr. 912, S. 913.
[96] Gaertner an Caprivi, Stockholm, 7.7.1890. PA AA, Preussen 1, Nr. 1, Nr. 4w, Bd. 2.
[97] König Oscar II. fürchtete, der Kaiser könne in Christiania die norwegische Admiralsuniform tragen. Oscar II. an Lagerheim, Stockholm, 19.5.1890. RA, Lagerheims samling, Vol. 3.

nicht die Vorstellung entstehen lassen, »als ob ihr Land für sich allein bestehen könne oder etwas bedeute«.[98] Der König wünschte, Wilhelm II., der »norwegischer als ›notwendig‹« sei[99], möge solchen Vorstellungen entschieden entgegentreten.[100] Die Besorgnis, Deutschland könne die Unabhängigkeitsbewegung Norwegens protegieren, war in Schweden groß. Exemplarisch dafür ist die Haltung des schwedischen Gesandten in Berlin. Als Wilhelm II. 1899 während seiner Nordlandfahrt ein Telegramm an »Seine Majestät den König von Norwegen und Schweden« adressierte – anstatt den korrekten Titel »von Schweden und Norwegen« zu gebrauchen –, legte er beim Staatssekretär des Auswärtigen Amtes sogleich eine Beschwerde ein.[101] Die Medaille hatte aber auch ihre Kehrseite. Oscar II. mußte zugeben, daß die Kaiserbesuche für die Unionsfrage unter Umständen auch von Vorteil sein konnten, da sie immerhin für die monarchische Staatsform warben.[102]

1893 bezeichnete das Jahr, in dem Wilhelm II. auf die Bitte Oscars II. hin erstmals auf ein Kreuzen in den norwegischen Gewässern verzichtete.[103] Das paßte dem Kaiser durchaus in sein Konzept. Im Frühjahr hatte Wilhelm bereits in einer Art auf die norwegischen Forderungen reagiert, die ihm nicht zustand: Er hatte dem norwegischen Diplomaten Wedel Jarlsberg gegenüber mit Nachdruck zu erkennen gegeben, daß er weder zwei Außenminister für die Union noch die Bildung einer norwegischen Republik dulde.[104] Unter diesen Um-

---

[98] Busch an Caprivi, Stockholm, 10.3.1891, Abschrift. PA AA, Preussen 1, Nr. 1, Nr. 4w, Bd. 2.
[99] Oscar II., Majestät, S. 85f.
[100] Wedel, S. 154.
[101] Notiz Richthofens, Berlin, 22.8.1899. PA AA, Schweden 50, Nr. 1, Bd. 8.
[102] Oscar II., Mina memoarer, Bd. 2, S. 221.
[103] Oscar II. bat Wilhelm II. 1893, seine Fahrt nach Norwegen aufzugeben, da dies dort als eine »Ermunterung zum Widerstande« aufgefaßt werden könne und »zur Vermehrung der Unruhe im Lande beitrage«. Aufzeichnung Marschalls von Bieberstein, Berlin, 27.6.1893. PA AA, Preussen 1, Nr. 1, Nr. 4w, Bd. 4. Zum Verzicht Wilhelms: Telegramm Wilhelms II. an den Gesandten in Stockholm, Neues Palais, 2.7.1893. Ebd.
[104] Aufzeichnung Lewenhaupts v. 19.3.1893. RA, Lewenhaupts anteckningar, H. 1.

ständen war es – von seinem Standpunkt aus gesehen – folgerichtig, daß ihn seine Nordlandreise diesmal nach Schweden führte, wo er im Juli auf Schloß Tullgarn zu politischen Gesprächen mit dem Kronprinzen – offensichtlich durch Eulenburgs Vermittlung – zusammentraf.[105] Der Inhalt der Gespräche bleibt weitgehend im Dunkeln. Im großen ganzen werden sich die Themen nicht wesentlich von denen unterschieden haben, die zwei Jahre später bei einer erneuten Zusammenkunft auf Tullgarn die Diskussion beherrschten.[106]

Im Mai 1895, als der schwedisch-norwegische Unionsstreit seinen vorläufigen Höhepunkt erreichte, wurden erste Schritte zu diesem zweiten Tullgarn-Treffen von König Oscar II. eingeleitet.[107] Neben Wilhelm II. nahm selbstverständlich auch sein politischer Intimus Philipp Eulenburg an den Gesprächen während der Nordlandfahrt teil.[108] Eulenburg, der intime Kenner des schwedisch-norwegischen Königshauses[109], hatte bereits im Anschluß an die Nordlandfahrt 1892 als »Postillon d'amour« Kontakte zum Unionskönigshaus aufgenommen und diesem wiederholt der Sympathien des deutschen Kaisers für die Sache der Union versichert.[110] Obgleich der Besuch einen privaten Cha-

---

[105] Dazu Kronprinzessin Victoria von Schweden und Norwegen an Eulenburg, Tullgarn, 23.7.1893, in: Eulenburg, Mit dem Kaiser, Bd. 1, S. 267.
[106] Zur Nordlandfahrt 1895 und zu den Gesprächen auf Schloß Drottningholm, Tullgarn und Gripsholm: Ebd., Bd. 2, S. 322–352. Einen detaillierten Einblick in die Gespräche liefert eine Aufzeichnung Richthofens v. 10.2.1903. PA AA, Schweden 53, Nr. 1 *secr.*, Bd. 1.
[107] Vgl. Lindberg, Kunglig utrikespolitik. Studier i svensk utrikespolitik, S. 116.
[108] Eulenburg wurde am schwedisch-norwegischen Königshof sehr geschätzt, was ein Brief des Kronprinzen Gustaf vom September 1895 belegt. Darin bat Gustaf den Kaiser, ein vertraulich an ihn gerichtetes Schreiben König Oscars auch Philipp Eulenburg zum Lesen zu geben. Konzept zu einem Brief Gustafs an Kaiser Wilhelm II., Stockholm, 8.9.1895. BFA, Gustaf V:s arkiv, Vol. 1.
[109] Dazu Eulenburg an Holstein, Hernösund, 21.7.1895. PA AA, Nl. Holstein, Bd. 38.
[110] Eulenburg, Mit dem Kaiser, Bd. 1, S. 247. Zu den Gesprächsinhalten: Promemoria Eulenburgs v. 31.7.1892 und v. 2.8.1892. PA AA, Schweden 53, Nr. 1 *secr.*, Bd. 1 bzw. BA, Nl. Eulenburg, Nr. 21, S. 542–549.

rakter tragen sollte, ließ sich ein offizieller Anstrich nicht vermeiden.[111] Wenn man mit Bezug darauf von einem »deutschen Eingreifen in die nordische Krise des Jahres 1895«[112] spricht, wie Folke Lindberg es tat, wird man der Sache allerdings – wenn überhaupt – nur zum Teil gerecht. Denn: zum einen kam die Aufforderung, »in allen Tonarten zur Energie zu rathen und den König zu bewegen jeden Kompromiss abzulehnen«[113], von keinem geringeren als dem Kronprinzen selbst, der es damals auf einen Bruch mit Norwegen ankommen lassen wollte, und zum anderen handelte es sich hierbei nicht um ein »deutsches Eingreifen«, sondern allenfalls um die Erteilung von persönlichen Ratschlägen des Kaisers.

Wie sollte man dem schwedisch-norwegischen Unionskonflikt begegnen? Diese Frage bildete im Sommer 1895 den Kern der Diskussion. Ein aus Mitgliedern des schwedischen Reichstags zusammenberufener geheimer Ausschuß wollte die Union notfalls sogar mit Waffengewalt aufrecht erhalten.[114] Das Königshaus sah bei der Zusammenkunft mit Wilhelm II. andere Alternativen: König Oscar, der anfangs noch geneigt war, den Konflikt allein zu lösen, tendierte schließlich dahin, einen europäischen Kongreß einzuberufen, der über die Sache befinden sollte.[115] Verantwortlich für diesen Sinneswandel war Königin Sofia. Oscar, dem Wilhelm ein weiches Gemüt bescheinigte[116],

---

[111] Oscar II. sprach darüber in einem Brief an Lagerheim v. 24.6.1895 sein Bedauern aus. RA, Lagerheims samling, Vol. 3.

[112] Lindberg, Kunglig utrikespolitik. Studier i svensk utrikespolitik, S. 130. Als vehementer Gegner dieser Interpretation erwies sich Hubatsch. S. dazu seine Rezension zu: Lindberg, Kunglig utrikespolitik. Studier och essayer från Oskar II:s tid. Stockholm 1950, in: Historische Zeitschrift 173, 1952, S. 585–589.

[113] Promemoria Eulenburgs v. 22.7.1895. PA AA, Schweden 53, Nr. 1 *secr.*, Bd. 1.

[114] Ebd. 1893 sprachen sich die meisten Mitglieder der Ersten Kammer des schwedischen Reichstages für eine Aufrechterhaltung der Union durch Waffengewalt aus. Aufzeichnung Wieselgrens v. 18.1.1901. KB, Wieselgrens papper, I v 26 B:I:1, Politiska anteckningar från riksdagen.

[115] Promemoria Eulenburgs v. 22.7.1895. PA AA, Schweden 53, Nr. 1 *secr.*, Bd. 1.

[116] Wilhelm II. an Gustaf, an Bord S.M.Y. HOHENZOLLERN, 25.7.1895. RA, Kabinettet för utrikes brevväxling (UD), F I, Vol. 191.

war – so eine Charakterisierung Eulenburgs – »kein König mit einem Willen und mit einem Schwert«.[117] Eulenburg hätte sogar eine Abdankung des Königs begrüßt, »wenn die leiseste Tendenz bemerkbar wäre, dass er sich mit dem norwegischen Radikalismus zu verständigen wünschte«.[118] Die Kronprinzessin sagte einmal zu Eulenburg, daß »der König keinen privaten oder offiziellen Beschluss ohne die Königin fasse«, die Entwicklung Skandinaviens deshalb wesentlich in ihren Händen liege.[119] Der König wurde zur Marionette der Königin.

Wilhelm II. hingegen lehnte die Einberufung eines europäischen Kongresses strikt ab, auf welchem die europäischen Nachbarn sich »für ihre Mühewaltung bezahlen lassen«.[120] Immer wieder bedrängte er Oscar II., die Streitigkeiten selbst zu beheben und empfahl das, was er Jahre später einmal bildlich mit den Worten »Stampfen Sie nur einmal ordentlich mit den Füssen« umschrieb.[121] Die Möglichkeit einer polnischen Teilung schwebte wie ein Damoklesschwert über der Gesprächsrunde.[122] Der Kaiser wurde dabei von der Furcht geleitet, daß bei einer Auflösung der Union Rußland Nordnorwegen und England Bergen besetzen könne. Deutschland könne zur Wahrung seiner Interessen genötigt sein, den Süden Norwegens zu annektieren.[123] »Um diese Deutschland durchaus lästige Eventualität zu vermeiden«, forderte Wilhelm, müsse Skandinavien selbst Ord-

---

[117] Eulenburg, Mit dem Kaiser, Bd. 1, S. 345.
[118] Dazu Eulenburgs Aufzeichnung »Meine Aufzeichnung über die politische Lage Skandinaviens nach meiner Unterhaltung mit dem Kronprinzen Gustav 15. Dezember 1894 im Schloss zu Baden-Baden«. BA, Nl. Eulenburg, Nr. 32, S. 779. Im gleichen Sinne schrieb Wilhelm II. über die Regierungsweise Oscars II. an den Rand eines Briefes Leydens an Bülow v. 21.3.1903: »der soll es doch lassen!« Leyden an Bülow, Stockholm, 21.3.1903. PA AA, Schweden 50, Nr. 1, Bd. 9.
[119] Promemoria Eulenburgs v. 22.7.1895. PA AA, Schweden 53, Nr. 1 *secr.*, Bd. 1.
[120] Ebd.
[121] Taube an Lagerheim, Berlin, 29.1.1903. RA, UD:s handarkiv, serie 2, Vol. 3.
[122] Eine polnische Teilung befürchtete auch der englische Gesandte in Stockholm, Sir Rennell Rodd. Løvland, Erindringer, o.S.
[123] »Falls ich besetzen muß, werde ich Kristiansund und Kristianiafjord nehmen«, hieß es in einer Marginalie Wilhelms II. zu einer Aufzeichnung Bülows v. 29.1.1903. PA AA, Schweden 53, Nr. 1 *secr.*, Bd. 1.

nung schaffen, »und zwar in energischer Weise«.[124] Hier zeichnete sich der längst vorprogrammierte Konflikt zwischen dem Kaiser und Königin Sofia ab. Die Königin legte keinen Wert auf Wilhelms Ratschläge, da sie ihm jegliche Kompetenz in der Sache absprach. Eine Parteibildung innerhalb der Königsfamilie war die Folge: Die Königin und Prinz Eugen standen auf der einen Seite, der Kronprinz und Prinz Carl auf der anderen, »während der König unsicher herumschwankte«[125] und schließlich ins Lager der Königin überwechselte.

Obgleich Wilhelm II. anfangs die Genugtuung hatte, »durch sein Schwergewicht und seine Klugheit vielleicht entscheidend in die politische Entwicklung Skandinaviens eingegriffen zu haben«[126], mußte er erkennen, daß er sich getäuscht hatte: die mit dem schwedisch-norwegischen Königshaus geführten Gespräche blieben ohne praktische Folgen.[127] Es blieb bei dem unverbindlichen Rat, den er dem Unionskönig erteilt hatte. Dennoch gab Kaiser Wilhelm II. die Hoffnung auf eine Beeinflussung König Oscars nicht auf. Dies zeigt die Korrespondenz, die sich dem Treffen anschloß. In einem Brief an den Kronprinzen Gustaf, den nachmaligen Gustaf V., schrieb er am 25.7.1895: »Mein ganzes Dichten und Trachten und meine ganzen Gedanken in der Politik sind darauf gerichtet, die germanischen Stämme auf der Welt – speziell in Europa, fester zusammen zu schließen und zu führen um uns so sicherer gegen slavisch-czechische Invasion zu decken, welche uns Alle im höchsten Maße bedroht.«[128] Dies war nicht ein allgemeinverbindlicher Ratschlag, sondern zugleich eine Argumentation pro domo, denn, so fuhr Wilhelm II. fort, »Schweden-Norwegen ist einer der Hauptfaktoren in diesem Bund germanischer Völker. Was soll nun daraus werden, wenn dieses große nordische Staatengebilde mit einem Male ausfällt und womöglich von den Slaven (Russen) absorbirt wird? Der

---

[124] Promemoria Eulenburgs v. 22.7.1895. Ebd.
[125] Ebd.
[126] Eulenburg, Mit dem Kaiser, Bd. 1, S. 344.
[127] »Leider scheint unser Gespräch in Drottningholm, welches zuerst scheinbar einen so guten Effekt auf des Königs Entschlüsse ausgeübt hatte durch andere Einflüsse zu verblassen zu drohen«, schrieb Wilhelm II. am 25.7.1895 an Gustaf. RA, Kabinettet för utrikes brevväxling (UD), F I, Vol. 191.
[128] Ebd.

ganze europäische germanische Norden bildet in dieser Hinsicht die linke Flanke für Deutschland bzw. Europa, ist mithin für unsere Sicherheit von großer Wichtigkeit.«[129]

Die Furcht vor der »russischen Gefahr«, der später die Schweden Sven Hedin[130], Pontus Fahlbeck[131] und Rudolf Kjellén in ihren Schriften so beredten Ausdruck verleihen sollten[132], beherrschte Wilhelms Argumentation. Rußland - das bedeutete für Wilhelm den Nachbarstaat, der als erster zur Stelle sein wird, »um die Finger in das Spiel zu stecken«.[133] Im letzten hatte Wilhelm die Sorge, daß der russische »Koloß« Schweden nach Preisgabe der Union umklammern, ja absorbieren würde.[134] Das entscheidende Fundament, auf welchem diese Vorstellung beruhte, waren die russischen Aspirationen auf einen eisfreien Hafen in Nordnorwegen. England wollte, wie aus einer Unterredung Wilhelms II. mit dem britischen Premierminister Lord Salisbury hervorgeht, die russische Erwerbung eines eisfreien Hafens nicht zulassen, es sei denn unter der Bedingung, selbst Fuß an der norwegischen Küste zu fassen.[135] Davon war bereits 1855, wie Informationen des britischen Außenministeriums belegen, die Rede.[136] Genährt wurde diese Ansicht jetzt, 40 Jahre später, durch die kursierenden Gerüchte über einen russisch-norwegischen Gebietsaustausch im norwegischen Lappland.[137] Dieses Streben und die eventuelle Einmischung Englands in den Konflikt kommentierte Wilhelm mit den Worten: »Ich kann mir unter keinen Umständen gefallen lassen, daß in der germanischen Nordsee Slaven und Britten sich die Herrschaft teilen, ohne mich

---

[129] Ebd.
[130] Hedin, Ett varningsord. Stockholm 1912.
[131] Fahlbeck, Svensk och Nordisk urtikespolitik. 2. Aufl. Stockholm 1912.
[132] »Die Furcht vor Rußland ist auf dem ganzen Gebiete der auswärtigen Politik wohl das einzige Moment, das heut zu Tage im Stande ist, die schwedische Nation in Bewegung zu setzen«, hieß es in einem Schreiben Buschs an Caprivi v. 18.2.1892. PA AA, Schweden 50, Nr. 1, Bd. 4.
[133] Wilhelm II. an Gustaf, an Bord S.M.Y. HOHENZOLLERN, 25.7.1895. RA, Kabinettet för utrikes brevväxling (UD), F I, Vol. 191.
[134] Ebd.
[135] Marschall von Bieberstein an den deutschen Botschafter in London, Berlin, 1.3.1895. PA AA, Schweden 45, Bd. 2.
[136] Schröder, Die diplomatischen Beziehungen, S. 275.
[137] Gerhardt/Hubatsch, S. 375.

zu fragen oder ohne meine Erlaubniß.«[138] Ferner ließ er – indem er seine bereits in den Tullgarner Gesprächen geäußerte Ansicht nochmals wiederholte – das Königshaus wissen, daß er sich zur Sicherung seines Handels und seiner Küsten gezwungen sähe, den südlichen Teil Norwegens zu besetzen.[139] So drastisch diese Formulierung auch klingen mochte, mit Annexionsgelüsten hatte dies nichts zu tun.[140] Die Aufrechterhaltung des Status quo, der Union, und die Herstellung dauerhafter Zustände in Norwegen: das war das eigentliche Anliegen, das der deutsche Kaiser hier so forciert und energisch als Exponent des monarchischen Prinzips betrieb. »Das Königthum kann nicht mit der Revolution paktiren. So wenig wie Wasser mit Feuer.«[141] Dafür schien ihm jedes Mittel recht zu sein. Er riet zur Einsetzung der schwedischen Machtmittel, um die Union aufrechtzuerhalten.[142]

Bereits 1893, als schwedischerseits vage Operationspläne gegen Norwegen vorlagen[143], faßte er in einem Telegramm an Reichskanzler von Caprivi den Entschluß, im Falle einer Eskalation der Unionsverhältnisse Oscar II. in Form der Entsendung seiner Marine Hilfe zu leisten.[144] Der hier formulierte Gedanke, »es sei Pflicht, überall wo Monarchien ins Wanken zu kommen

---

[138] Wilhelm II. an Gustaf, an Bord S.M.Y. HOHENZOLLERN, 25.7.1895. RA, Kabinettet för utrikes brevväxling (UD), F I, Vol. 191.

[139] Ebd.

[140] Ähnlich beurteilte auch Hubatsch die Haltung Wilhelms II. Hubatsch, Das deutsch-skandinavische Verhältnis, S. 26.

[141] Wilhelm II. an Gustaf, Jagdschloß Rominten, 27.9.1895. RA, Kabinettet för utrikes brevväxling (UD), F I, Vol. 191. Dazu auch Wilhelms Brief v. 28.1.1896 an Gustaf. BFA, Oscar II:s arkiv, Vol. 47.

[142] Aufzeichnung Richthofens v. 10.2.1903. PA AA, Schweden 53, Nr. 1 secr., Bd. 1 sowie Lindberg, Kunglig utrikespolitik. Studier i svensk utrikespolitik, S. 120.

[143] Zu den schwedischen Operationsplänen 1893: Meister, S. 160. Bereits 1892 rechnete man mit einer »schwedische(n) Execution als eine(r) sich bald ergebenden Nothwendigkeit«. Promemoria Eulenburgs, Stockholm, 2.8.1892. PA AA, Schweden 53, Nr. 1 secr., Bd. 1.

[144] Telegramm Wilhelms II. an Caprivi, Neues Palais, 12.7.1893. PA AA, Schweden 53, Nr. 1 secr., Bd. 1. Mit Blick darauf sind Wilhelms spätere Äußerungen wenig glaubwürdig. Er behauptete nämlich, daß er einen Überfall Schwedens auf Norwegen nie zugelassen und zur Verteidigung Norwegens gegebenenfalls selbst zu den Waffen gegriffen hätte. Wall, S. 52.

drohen, denselben beizuspringen und sie zu stützen«[145], gelangte jedoch nicht zur Kenntnis Oscars II., da das Auswärtige Amt eine Nichtweiterbeförderung des Telegramms aus Vorsicht verfügte.[146] Das war insofern von größter politischer Tragweite, als der Kaiser aufgrund der Verfassungsrealität für diese Entscheidung nicht der Gegenzeichnung des Reichskanzlers bedurft hätte. In diesem Falle hätte dem Kaiser die alleinige Befehlsgewalt oblegen.[147] Von einem Konsens zwischen Kaiser und Auswärtigem Amt schien in dieser Frage keine Rede zu sein.

Die Frage einer militärischen Unterstützung Schwedens durch das Deutsche Reich drängte sich im Spätsommer nach Abschluß der Tullgarner Gespräche auf. Nun geschah dies aber unter umgekehrten Vorzeichen, denn Oscar II. war derjenige, der das Thema berührte. Er hoffte, das Deutsche Reich würde Schweden im Falle einer russischen Invasion in Norwegen beistehen.[148] Seine Erwartungen wurden jedoch nicht erfüllt. Kaiser Wilhelm II. lehnte jegliche Hilfeleistung ab, da dies das deutsch-russische Verhältnis entscheidend beeinträchtigen würde.[149] Dennoch zeigte Wilhelm Entgegenkommen und wagte schließlich die Probe aufs Exempel. Er bot König Oscar – allerdings erfolglos – zunächst die Aufnahme Schwedens in eine Zollunion mit dem Deutschen Reich[150] und später in den deutsch-österreichisch-italienischen Dreibund an.[151] Damit wollte Wilhelm II. zwei Fliegen mit einer Klappe schlagen. Zum einen würde dies König Oscar das Fortbestehen seines Reiches und seiner Dynastie – wenngleich auch nach dem Verlust Norwegens – garantieren, und zum anderen würde Schwedens Anlehnung an Deutsch-

---

[145] Telegramm Wilhelms II. an Caprivi, Neues Palais, 12.7.1893. PA AA, Schweden 53, Nr. 1 *secr.*, Bd. 1.
[146] Vgl. Lindberg, Skandinavien, S. 168.
[147] Von Pezold, S. 66.
[148] Oscar II. an Gustaf, Stockholm, 3.9.1895. Übers. v. Ludvig Douglas. RA, Kabinettet för utrikes brevväxling (UD), F I, Vol. 191. Vgl. auch Hohenlohe-Schillingsfürst, Denkwürdigkeiten der Reichskanzlerzeit, S. 105–108.
[149] Wilhelm II. an Gustaf, Jagdschloß Rominten, 27.9.1895. RA, Kabinettet för utrikes brevväxling (UD), F I, Vol. 191.
[150] Ders. an dens., an Bord S.M.Y. HOHENZOLLERN, 25.7.1895. Ebd.
[151] Ders. an dens., Jagdschloß Rominten, 27.9.1895. Ebd.

land der russischen Politik eine Warnung erteilen.[152] Ob Wilhelm II., der diese Sache, worauf Karl Hildebrand zu Recht hinwies, nicht mit der ihm sonst eigenen Intensität betrieb, eine derartige politische Bindung tatsächlich ernsthaft wünschte, muß dahingestellt bleiben.[153] Immerhin versah er noch 1902 ein Schreiben des deutschen Gesandten in Stockholm an den Reichskanzler mit der Randbemerkung: »Es muss ein Zollverein geschaffen werden, und es (Schweden) so zum Bundesstaat herübergezogen werden!«[154]

Ein solcher Schritt wäre politisch nur sinnvoll gewesen, wenn er die Unterstützung der offiziellen deutschen Politik gefunden hätte. Doch traf das Gegenteil zu: Wilhelms temperamentvollen und spontanen Auslassungen fehlte die Realisierung. Sie führten zu keiner tatsächlichen Änderung der deutschen Skandinavienpolitik. Ebenso wie Wilhelm II. verkannte Eulenburg die Situation, als er dem damaligen Reichskanzler Fürst zu Hohenlohe-Schillingsfürst schrieb, daß sich der schwedische Reichstag ohnehin nicht auf ein solches Angebot einlassen würde.[155] Hier überschätzte Eulenburg einerseits den Einfluß der kaiserlichen Politik, andererseits erkannte er nicht, daß Oscar II. keineswegs frei in seinen Entscheidungen, sondern an den Staatsrat gebunden war.[156] Mit Blick darauf ist es nicht verwunderlich, daß sich weder in den ministeriellen noch in den Reichstags- und Staatsratsprotokollen Belege für eine öffentliche Diskussion des kaiserlichen Angebots finden lassen.[157] Hier wurden die Grenzen der persönlichen Politik Wilhelms II. deutlich.

Überhaupt schien hier die Rechte nicht zu wissen, was die Linke tat, denn das Auswärtige Amt erfuhr von diesen Vorschlägen erst im nachhinein. Freilich gab es später wiederholt Versuche der deutschen offiziellen Außenpolitik, Schweden an das Deutsche Reich zu binden, etwa durch Schaffung einer deutsch-

[152] Ebd.
[153] Hildebrand, Gustaf V, S. 121.
[154] Leyden an Bülow, Stockholm, 2.2.1902. PA AA, Schweden 45, Bd. 3.
[155] Hohenlohe-Schillingsfürst, Denkwürdigkeiten der Reichskanzlerzeit, S. 108, Anm. 1.
[156] Vgl. Lindberg, Kunglig utrikespolitik. Studier och essayer, S. 111.
[157] Diarier över ministeriella protokoll, diarier över statsrådsprotokoll. RA, Kabinettet för utrikes brevväxling (UD), Vol. 132–134, 140–143; Andra kammarens diarier 1895. RA, Riksdagens arkiv.

schwedischen Militärkonvention[158], aber zum damaligen Zeitpunkt vertrug sich eine solche Politik in keiner Weise mit den Richtlinien des Auswärtigen Amtes.[159] Wilhelms Angebot sprach zudem jedem modernen Verfassungsdenken Hohn. Ein noch tieferer Widerspruch ergab sich aus der Haltung der deutschen Diplomaten in Skandinavien. Der Gesandte Graf Wallwitz bekannte dem Reichskanzler, daß seine allzu große Nachgiebigkeit gegen Norwegen 1895 beim Kaiser auf Widerspruch gestoßen sei.[160] Ein Zeichen des Bedauerns war dieses Eingeständnis freilich nicht. Vielmehr war es Zeichen eines siegesgewissen Auftrumpfens, denn Wallwitz war sich sicher, daß ihm die Geschichte eines Tages recht geben werde, daß er Norwegen damals »das denkbar grösste Entgegenkommen« gezeigt habe.[161] Er verstieg sich in den Augen mancher gar zu der Äußerung, daß nunmehr nicht mehr der leiseste Zweifel bestehen könne, daß sich Recht und Moral auf seiner Seite befänden und Europa nicht umhin könne, dies anzuerkennen.[162] Welche unüberbrückbaren Gräben zwischen der Meinung des Gesandten und der Wilhelms II. lagen, verdeutlichten des Kaisers Marginalien, die Anstoß an Wallwitzens vermeintlicher Naivität in der Frage nahmen. »Wenn aber dabei das Reich zu Grunde geht?«, hieß es da, und in bezug auf die europäischen Nachbarstaaten, die Wallwitz als »Bundesgenossen« betrachtete, »die werden doch nichts ohne Gegenleistung thun!«[163]

Welche Haltung nahm das Dreibund-Mitglied Österreich in

---

[158] Vgl. unten S. 164.
[159] Ungeachtet dessen kursierten Gerüchte darüber, daß man in der deutschen Diplomatie bereits 1892 mit einem solchen Gedanken gespielt habe. Als im September 1892 das französische Sensationsblatt »Le Petit Parisien« im Zuge von Graf Wedels Ernennung zum deutschen Gesandten in Stockholm schrieb, der Diplomat habe den offiziellen Auftrag, die Unionskönigreiche zu einem Dreibundbeitritt zu veranlassen, bereitete dies vor allem dem Führer der norwegischen Linken, Johannes Steen, großes Kopfzerbrechen. Dazu ein undatiertes, vermutlich am 20.10.1892 verfaßtes Schreiben Steens an Blehr, in: Blehr (Hrsg.), S. 170.
[160] Wallwitz an Hohenlohe-Schillingsfürst, Stockholm, 17.10.1897. PA AA, Schweden 53, Nr. 1 secr., Bd. 1.
[161] Ebd.
[162] Ebd.
[163] Ebd.

der Unionsfrage ein? In einem Gespräch Eulenburgs, der damals als deutscher Botschafter in Wien akkreditiert war, mit Kaiser Franz Joseph in Ischl wurde offenbar, daß der norwegisch-schwedische Unionskonflikt den Kaiser nicht sonderlich interessierte. Er wünschte, daß Oscar den Zwist selbst regeln möge und daß kein europäischer Kongreß als Schiedsrichter zu Rate gezogen werden möge.[164]

Das war die Situation, mit der sich Oscar II. 1895 konfrontiert sah. Im Verlauf der Beratungen zwischen Wilhelm II. und Gustaf wurde das deutlich, was sich bereits in den Tullgarner Gesprächen abzeichnete: die schwindende Hoffnung, in einem offen ausgetragenen Konflikt mit Norwegen vom Deutschen Reich effektive Hilfe erwarten zu können. Auch die Nordlandfahrten 1896 und 1897 nutzten die beiden Monarchen zu Begegnungen.[165] Allerdings schien des Kaisers Interesse an der Unionskrise merklich nachgelassen zu haben. »Der Besuch war sehr kurz und über Politik wurde wenig gesprochen. Die brennenden Fragen ruhten ja augenblicklich«, hieß es denn auch 1897 kurz und prägnant in den Aufzeichnungen Oscars II.[166]

Dies sollte sich zwei Jahre später entscheidend ändern, denn der Unionskonflikt hatte eine neue Dimension erreicht. »Wird mir Deutschland ein verläßlicher Freund sein, wenn ich auf dem Recht und Wohl der Union bestehe?«[167], sorgte sich 1898 Oscar II. Ein Jahr später fühlte dann der schwedisch-norwegische Außenminister Graf Ludvig Douglas – mit Wissen Oscars II. – bei den Gesandten des Deutschen Reichs und Österreichs vor, inwiefern eine Bereitschaft vorhanden war, im Unionskonflikt Sanktionen gegenüber Norwegen zu verhängen.[168] Die deutsche

---

[164] Eulenburg an Gustaf, Wien, 15.8.1895, Abschrift. RA, Kabinettet för utrikes brevväxling (UD), F I, Vol. 191 bzw. BA, Nl. Eulenburg, Nr. 37, S. 557ff.
[165] Zum Treffen Oscars II. mit Wilhelm II. auf der Nordlandfahrt 1896: Oscar II. an Lagerheim, an Bord der DROTT, Marstrand, 30.7.1896. RA, Lagerheims samling, Vol. 3. Tidningsurklipp från den 28 juli 1896. BFA, Oscar II:s arkiv, Vol. 122.
[166] Oscar II., Mina memoarer, Bd. 2, S. 440.
[167] Ders. an Lagerheim, Stockholm, 2.1.1898. RA, Lagerheims samling, Vol. 3.
[168] Vgl. Carlgren/Lindberg, S. 258. Dazu auch Lindberg, Kunglig utrikespolitik. Studier i svensk utrikespolitik, S. 137ff.

offizielle Politik hielt sich strikt an ihren Grundsatz, sich nicht in den Konflikt einzumischen und den Status quo zu bewahren.

Bei seinen Sondierungen wandte sich Douglas zunächst an die Nation, die er zehn Jahre zuvor in seiner anonym erschienenen politischen Utopie »Hur vi förlorade Norrland« – »Wie wir Norrland verloren« – als den Heilsbringer für Schweden und Norwegen betrachtet hatte. Die Broschüre erwies sich als außerordentlich erfolgreich.[169] Aus einer überaus pessimistischen Weltanschauung heraus thematisierte sie den Ausbruch eines europäischen Krieges, in dem Schweden und Norwegen als Kriegsverlierer Gebietsabtretungen an Rußland leisten müssen, da sie ein gegen Rußland gerichtetes Bündnisangebot Deutschlands ablehnt hatten.

Das hier offen zu Tage tretende Bekenntnis von Douglas zum Pangermanismus spiegelte sich auch 1899 in seiner Anfrage an Österreich wider. Auch hier erhielt Douglas eine abschlägige Antwort. In Österreich machte man es sich sehr einfach und schob dem Deutschen Reich den schwarzen Peter zu. »Ist überhaupt Etwas vom Eingreifen der europäischen Mächte in dieser Hinsicht zu erhoffen, so wäre vielmehr Deutschland berufen die Sache in die Hand zu nehmen, wobei wir gewiss nicht ermangeln würden, jeder diesfalls von den näher interessirten Mächten geleiteten Action unsere vollste moralische Unterstützung zu gewähren«[170], lautete diplomatisch die unverbindliche Stellungnahme.

1903 – im selben Jahr als Schweden wohlwollend seinen Rechtsverzicht auf die dem Deutschen Reich eingegliederte Stadt Wismar sowie die Ämter Pol und Neukloster erklärte[171] – setzte Gustaf den von Douglas 1899 eingeschlagenen Kurs fort. Er wollte wissen, inwieweit er auf Deutschlands Unterstützung

---

[169] Zur russischen Reaktion auf die Broschüre: Der schwedisch-norwegische Gesandte in St. Petersburg an Douglas, St. Petersburg, 26./14.6.1895. RA, UD:s arkiv, 1902 års dossiersystem, Vol. 210.
[170] Promemoria Goluchowskis v. 4.5.1899. Abgedruckt in: Carlgren/Lindberg, S. 266 f.
[171] Schweden hatte 1803 Stadt und Ämter an Mecklenburg-Schwerin verpfändet. 100 Jahre später sollten diese nach Erstattung der Pfandsumme wieder dem schwedischen Rechtsanspruch unterliegen. Hubatsch, Das deutsch-skandinavische Verhältnis, S. 37 f. Dazu auch Traktaten angående Wismar. BFA, Oscar II:s arkiv, Vol. 123, S. 56.

hoffen könne, falls der Unionskonflikt auf einem europäischen Kongreß behandelt werden würde.[172] Auch diesmal fiel für Schweden die Antwort ungünstig aus: Kaiser Wilhelm II. hatte sich - durchaus im Einvernehmen mit Reichskanzler von Bülow - gegen ein isoliertes Vorgehen Deutschlands in der Sache entschieden, um einer Verschlechterung des deutsch-russischen Verhältnisses vorzubeugen.

Auf das deutsch-norwegische Verhältnis schienen sich die schwedischen Sondierungen nicht nachteilig auszuwirken. Im Gegenteil: Als Ernst Weizsäcker im Jahre 1900 als Marineoffizier auf dem Schulschiff CHARLOTTE die norwegische Küste anlief, schrieb er über das Grüßen der deutschen Reichskriegsflagge in sein Tagebuch: Sie »darf überhaupt nur salutiert werden, wenn man sicher ist, daß erwidert wird. Hier hatte es damit keine Not, die Deutschen sind hier obenan.«[173] Die Mannschaft der CHARLOTTE sei vor dem Landgang instruiert worden, »den Namen Schweden nicht in den Mund zu nehmen«, und abends habe sie in einem norwegischen Gasthaus die deutsche und norwegische Nationalhymne abwechselnd intoniert.[174]

Das Jahr 1904 bezeichnete dann einen Höhepunkt in den deutsch-norwegischen Beziehungen. Dem deutschen Kaiser schlugen niemals zuvor in Norwegen die Wellen der Sympathie so hoch entgegen. Dies hing allerdings mit einem tragischen Ereignis zusammen.

In der Nacht zum 23. Januar 1904 brannte die Fischereistadt Ålesund an der norwegischen Westküste bis auf die Grundmauern nieder. 12 000 Menschen wurden obdachlos und mußten bei eisiger Kälte rasch versorgt werden. Noch am selben Tag bot Wilhelm II. spontan seine Hilfe an: Er wies Geldmittel an und gab dem Marinekabinett Order, eine Kreuzerdivision nach Ålesund zu entsenden.[175] Diesem Beispiel folgten andere: In Hamburg bildete sich ein Hilfskomitee für Ålesund, und Dampfer der Hamburg-Amerika Linie sowie des Norddeutschen Lloyd sta-

---

[172] Vgl. Lindberg, Skandinavien, S. 169.
[173] Tagebucheintragung Weizsäckers v. 26.8.1900, in: Die Weizsäcker-Papiere, S. 61.
[174] Ebd.
[175] Telegramm Wilhelms II. an das Marinekabinett, Berlin, 23.1.1904. BA-MA, RM 2/1454.

chen mit Hilfsgütern am 24. Januar in See.[176] Die Hilfsarbeiten leitete der Nordlandfahrtteilnehmer und Flügeladjutant des Kaisers, Kapitän von Grumme.[177]

Wilhelms Initiative bezeichnete die größte der ausländischen Hilfsaktionen.[178] Selbst die heimischen Hilfeleistungen durch König Oscar II., durch die Stadt- und Landkommunen wurden in den Schatten gestellt.[179] Für seinen Einsatz wurde der Kaiser mit dem von dem Unionskönig neu gestifteten norwegischen Löwenorden ausgezeichnet.[180] Diese Dankbarkeitsbezeugung hatte ein politisches Nachspiel: Für die radikale Linke im Storting, die das Ordenswesen mit demokratischen Prinzipien für unvereinbar hielt, war dies willkommener Anlaß, gegen das auffallende kaiserliche Interesse zu demonstrieren.[181]

Die deutsche Unterstützung wurde später in der Physiognomie der wiederaufgebauten Stadt sichtbar. Für das vorwiegend aus Holz errichtete Ålesund – das Verhältnis von Holz- zu Steinbauten betrug im Jahr 1902 in Versicherungssummen 10.410.630 : 203.800 Reichstaler[182] – wurde nun Granitstein zum bestimmenden Bauelement. 1907 war Ålesund die modernste Stadt Norwegens.[183] Man hatte die einmalige Chance, eine neue Stadt nach dem zeitgenössischen Architekturgeschmack zu gestalten. Der deutsch-österreichische Jugendstil prägte das Straßenbild. Vergleiche mit der Mathildenhöhe in Darmstadt, aber auch mit der Avenue Louise in Brüssel drängen sich auf.[184] Unbeschadet dessen machte damals in Ålesund nicht einmal der Leiter der Wiederaufbauarbeiten Nissen Gebrauch von der Be-

---

[176] Der Brand von Ålesund, in: Illustrirte Zeitung Nr. 3161 v. 28.1.1904. BA-MA, RM 2/1454.
[177] Faber du Faur an Bülow, Christiania, 3.2.1904. Ebd.
[178] Thorson, Bd. 2, S. 10.
[179] Oscar II. soll sich über die spontane Hilfsaktion Wilhelms mit Mißmut geäußert haben. Wall, S. 27. Dies gründete wohl darauf, daß Wilhelms II. Hilfeleistung schneller erfolgte als die der heimischen Regierung. Holmberg, S. 96.
[180] Hubatsch, Das deutsch-skandinavische Verhältnis, S. 39.
[181] Vgl. ebd.
[182] Thorson, Bd. 1, S. 435.
[183] Ebd., Bd. 2, S. 30.
[184] Tvinnereim, S. 191.

zeichnung »Jugendstil«[185], denn zugleich griffen Architekten wie Schytte-Berg auf alte norwegische Traditionen zurück.[186] Mit anderen Worten: In der Stadtarchitektur Ålesunds wurde das deutlich, was sich ein Jahr später in Norwegen politisch Bahn brechen sollte: die nationale Selbständigkeitsbewegung.

1905 markierte das Jahr, in dem der schwedisch-norwegische Unionskonflikt kulminierte: Das Veto Oscars II. gegen das vom norwegischen Storting eingebrachte Gesetz, das den Aufbau eines unabhängigen norwegischen Konsulatswesens vorsah, war der Tropfen, der das Faß zum Überlaufen brachte. Am 7. Juni konstituierte sich in Norwegen eine provisorische Regierung, die die Union für aufgelöst erklärte.[187] Jetzt galt es, sich zu behaupten, »gesellschaftsfähig« zu werden, als selbständiger Staat anerkannt zu werden.

Ein Zeugnis dafür liefert die Karikatur »Nach dem Revolutionsrausch oder die politische ›Katerstimmung‹« von Edvard Forsström, die damals in dem schwedischen Witzblatt »Puck« erschien (Abb. 33).[188] Sie zeigt, wie die politischen »Kupferschmiede«, der norwegische Staatsminister Christian Michelsen und der Dichter Bjørnstjerne Bjørnson, an den Folgen übermäßigen Alkoholkonsums leiden, nachdem sie zuvor ihren Kummer über das königliche Veto in norwegischem Aquavit und Landwein ertränkt haben, wie Kaiser Wilhelm II. auf seiner HOHENZOLLERN nach Schweden dampft und wie die Repräsentanten des »neuen Norwegens« in Deutschland eher zaghaft und in England mit Brachialgewalt an die Tür klopfen.

Sich eine neue politische Existenz aufzubauen, diplomatische Beziehungen zu den Großmächten einzuleiten, lautete das Gebot der Stunde.[189] Eine Aktivität in dieser Richtung ging – wenn-

---

[185] Tvinnereim, S. 187.
[186] Ebd., S. 108, 189.
[187] Zur Entscheidung des Stortings und zur Adresse des Stortings an König Oscar II. v. 7.6.1905: Affaires de Norvège, S. 68–70.
[188] Efter revolutionsruset eller de politiska »kopparslagarne«, in: Puck Nr. 24 v. 15.6.1905. Der Karikaturist spielte hier mit der Mehrdeutigkeit des Wortes »kopparslagare«. Schwed. »kopparslagare«: 1. Kupferschmied, 2. Katzenjammer, Katerstimmung, 3. Kopfschmerz.
[189] Zur Forschungsgeschichte der schwedisch-norwegischen Unionsauflösung 1905: Fuglum, 1905. En forskningsoversikt, in: Historisk Tidsskrift, Oslo, 59, 1980, S. 125–139.

gleich auch mit recht unkonventionellen Mitteln, so doch in offiziellem Auftrag – von dem deutschen Konsul in Bergen, Conrad Mohr, aus.[190] Mohr hatte als eifriger Befürworter der Unionsauflösung Michelsen bereits zwei Tage vor Einsetzung der norwegischen provisorischen Regierung seine Dienste angeboten.[191] Mitte Juni sollte Mohr, der sich in der Öffentlichkeit eher zurückhaltend gab[192], seine Zusicherung unter Beweis stellen können, sollte er dem deutschen Kaiser die norwegischen Vorgänge der jüngsten Zeit erklären. Geschickt setzte hier die provisorische Regierung auf die freundschaftliche Beziehung, die Wilhelm II. und Mohr seit der Nordlandfahrt 1897 miteinander verband. Anfangs schien Mohrs Unterfangen nicht gerade von Erfolg gekrönt zu sein. Ihm wurde in Berlin zunächst eine Audienz bei Wilhelm II. verweigert, da der Kaiser dem schwedisch-norwegischen König versichert hatte, keine norwegische Delegation zu empfangen. An Bord der in Hamburg ankernden und zur Nordlandfahrt bereiten HOHENZOLLERN glückte Mohrs Mission. Er konnte dem Kaiser immerhin die Garantie abtrotzen, daß sich Deutschland in den Streitigkeiten neutral verhalten werde.[193]

Ebenso unkonventionell und informell im Stil, aber ohne offizielle Legitimation, war die spontane Vorgehensweise des norwegischen Diplomaten Fredrik Wedel Jarlsberg. Am 11. Juni, also vier Tage nach der »Wende«, nahm Wedel Jarlsberg Kontakt zu seinem Schwager auf, der seinen Dienst als kaiserlicher Oberhofmarschallmeister versah.[194] Dieser sollte Wilhelm II. für die Kandidatur eines Prinzen norwegischer Wahl gewinnen, nachdem die Kandidatur eines Bernadotte ohnehin nicht mehr zur Debatte stand.[195]

Damit setzte Wedel Jarlsberg das fort, was Fridtjof Nansen mit seinem Berlinbesuch im März 1905 eingeleitet hatte[196]: eine

---

[190] Mohr, S. 81.
[191] Ebd.
[192] Shetelig, S. 300.
[193] Mohr, S. 81. Zu Mohrs Hamburgbesuch s. auch Michael, S. 49.
[194] Berg, S. 10.
[195] Wedel Jarlsberg, S. 23.
[196] Greve, Fridtjof Nansen, S. 5; zu Nansens Berlinbesuch s. auch Michael, S. 29f.

von Privatinitiative getragene Auslandsarbeit, um sich die Sympathien der europäischen Großmächte für Norwegens Sache zu sichern. Nansens Vorstoß, der das Ziel hatte, dem Kaiser die damals noch aktuelle Thronkandidatur eines Bernadotte zu erklären[197], verlief ebenso erfolglos wie Wedel Jarlsbergs. Daß Nansen keine Audienz beim Kaiser erhielt, war vorauszusehen: Die Marokko-Frage und der bevorstehende Besuch in Tanger nahmen Wilhelm ganz in Beschlag.[198]

Deutlich und unmittelbar trat in den norwegischen Aktionen das persönliche Moment der Politik zutage. Das hieß: Man hoffte, indem man der Mentalität Wilhelms II. entgegenkam, eigene Vorteile für sich zu erhandeln. Auf diplomatischer Ebene wurden die Gespräche vermutlich gerade deshalb erst relativ spät eingeleitet und dies auch nur, weil man mit großen Erwartungen, aber auch mit gemischten Gefühlen und Mißtrauen der Begegnung Kaiser Wilhelms II. mit Oscar II. auf der Nordlandfahrt 1905 im schwedischen Gävle entgegensah.

Das Gävle-Treffen vom 13. und 14. Juli 1905 sollte für das »neue Norwegen« ganz außerordentliche Zukunftsperspektiven eröffnen. Der deutsche Gesandte in Kopenhagen, von Schoen, sollte Wilhelm II. im Auftrag der norwegischen Regierung bitten, Oscar II. für die norwegische Sache einzunehmen.[199] Von offizieller Seite verlautete daraufhin, der Kaiser werde sich im Konflikt neutral verhalten.[200] Deshalb spielte es auch anfangs keine bedeutende Rolle, daß der Kaiser auf Wunsch König Oscars und aus »Rücksichten... der Dynastischen Kollegialität« ebenso wie 1893 und 1895 mit der Tradition brach und auf seiner diesjährigen Nordlandreise in der Ostsee statt in norwegischen Fjorden kreuzte.[201] Im Gegenteil, man hielt es Wilhelm sogar zugute, daß er statt der vorgesehenen acht schwedischen Häfen nur einen anlief und auf einen

[197] Worm-Müller, S. 614.
[198] Wig, S. 119.
[199] Berg, S. 10f.
[200] Ebd., S. 11. In einem Telegramm Faber du Faurs an das Auswärtige Amt v. 7.6.1905 hieß es: »Auctoritatis wird gemeldet, daß die Sympathien des Kaisers für Norwegen und die Norweger durchaus unverändert sind.« PA AA, Preussen 1, Nr. 1, Nr. 4w, Bd. 9.
[201] Bülow an den deutschen Generalkonsul in Christiania, Berlin, 18.6.1905, Abschrift. PA AA, Preussen 1, Nr. 1, Nr. 4w, Bd. 9.

Besuch der Hauptstadt verzichtete.[202] Dennoch: Ein Akt der Freundschaftsbezeugung gegenüber Norwegen war die Fahrtroutenänderung des Kaisers nicht. Das war auch den Norwegern bewußt. Viele empfanden daher die Entscheidung des Kaisers als Affront. Da erwiesen sich selbst Bülows Beteuerungen, daß das Treffen nicht gegen Norwegen gerichtet sei, als wenig überzeugend.[203]

Für Wilhelm II. gestaltete sich der Unionskonflikt mehr und mehr zu einer Gratwanderung. Auf der einen Seite habe er in Norwegen um keinen Preis seine Popularität verlieren wollen, aber auf der anderen Seite sei er »Mitglied des Gewerkschaftsverbandes der Herrscher von Gottes Gnaden« gewesen, so erfaßte Nansen pointiert die Situation.[204] Von der Janusköpfigkeit Wilhelms II. schien man auch in Schweden überzeugt. »Eure Majestät sollen nicht glauben, daß Könige und Kaiser anders als andere sind, sie haben zwei Zungen im Mund, eine für Eure Majestät und eine für die norwegische Regierung«, warnte das Reichstagsmitglied Sigfrid Wieselgren den schwedischen König im Juni 1905.[205] Deutlicher als auf dem Monarchentreffen in Gävle konnte der Kaiser seine Parteinahme für den schwedischen Unionspartner nicht demonstrieren. Bestes Zeugnis dafür ist das imponierende Geschwader, das ihn nach Gävle begleitete.[206] Was aus norwegischer Sicht dem Faß schließlich den Boden ausschlug, war die Ernennung Oscars II. zum Admiral à la Suite der Kaiserlichen Marine. Da Wilhelm II. dem schwedischen Monarchen bereits 1888 die Admiralswürde verliehen hatte[207], war es unvermeidlich, daß die Norweger dies als Provokation auffaßten.

Diese Haltung Wilhelms wurde in Deutschland – falls überhaupt – nur mit Einschränkungen geteilt. Hier machten sich vor allem in der Presse – aber auch in der Regierung – zunehmend Sympathien für Norwegen geltend, wie der schwedische Gesandte in Berlin, Arvid Taube, mit Befremden konstatieren

---

[202] Wedel Jarlsberg, S. 79.
[203] Berg, S. 11.
[204] Zit. nach Wig, S. 126.
[205] Oscar II., Majestät, S. 147.
[206] Hasselgren, S. 455.
[207] Svärdström, S. 55.

mußte.[208] Dieser Umschwung kam nicht von ungefähr, sondern war Ausdruck der Enttäuschung über Schwedens Unvermögen, entweder die Union aufrechtzuerhalten oder in irgendeiner Form zu einer endgültigen Lösung des Konfliktes zu kommen.[209] Was noch zehn Jahre zuvor undenkbar schien, wurde nun gutgeheißen. Das hieß, diejenigen, die man zuvor als Radikale oder Revolutionäre verdammte, wurden plötzlich zu Kämpfern für das Recht auf Selbstbestimmung stilisiert. Bewunderung zollte man vor allem dem Geschick, das die Norweger an den Tag legten, wenn es darum ging, in der Weltpresse ihre Unabhängigkeitsbestrebungen zu propagieren. Da erwog selbst Taube, der darüber mehr als verwundert war, »daß man in einem monarchischen Rechtsstaat wie Deutschland für Aufruhr gegen den rechtmäßigen Herrscher und offenbare Rechtsverletzung mildernde Umstände finden könne«[210], die Anwendung derselben journalistischen Methoden, um die Stimmung im Ausland – und vor allem in Deutschland – zugunsten Schwedens zu bearbeiten.[211] Als gemeinhin vorherrschende Stimmung in Deutschland bezeichnete Taube die Bereitschaft, aus Eigennutz dem neuen Staat Norwegen Entgegenkommen zu zeigen.[212] Dafür war man selbst bereit, alte Grundsätze über Bord zu werfen. Geradezu typisch dafür ist es, daß der Staatssekretär des Auswärtigen Amtes in bezug auf die Konsulatsfrage dem schwedisch-norwegischen Gesandten gegenüber äußerte, »de jure« sei er zwar Norwegens offizieller Repräsentant, aber schwerlich »de facto«.[213] Dementsprechend riet die deutsche Regierung 1905 Schweden, sich in die gegebenen Umstände einzufinden, d.h. der Auflösung der Union im guten Einvernehmen mit Norwegen zu begegnen und der Entstehung einer Republik vorzubeugen.

Der Besuch Wilhelms II. in Gävle barg Zündstoff für weitere Diskussionen. Obgleich die Reaktionen auf den Kaiserbesuch in

---

[208] Taube an Gyldenstolpe, Berlin, 15.7.1905. RA, UD:s arkiv, 1902 års dossiersystem, Vol. 233.
[209] Ders. an dens., Berlin, 8.7.1905. Ebd.
[210] Ders. an dens., Berlin, 16.6.1905. Ebd.
[211] Ders. an dens., Berlin, 8.7.1905. Ebd.
[212] Ders. an dens., Berlin, 16.6.1905. Ebd.
[213] Ebd.

Schweden insgesamt positiv waren[214], erzeugte die Wahl des Begegnungsortes Mißtrauen, da Gävle den einzigen Hafen von militärischer Bedeutung für Schweden darstellte.[215] Hierüber waren jedoch die Meinungen geteilt. Das Flottengeschwader, das Wilhelm nach Gävle begleitete[216], rief in einer Zeit, in der Schweden erneut einen Operationsplan unter dem Oberbefehl des Kronprinzen gegen Norwegen ins Auge gefaßt hatte[217], bei vielen auch ein Gefühl der Sicherheit hervor. »Daß der deutsche Kaiser seine Flotte vor unseren Küsten paradieren läßt, ist nach geltendem Usus eine weitere Höflichkeitsbescheinigung, die selbst von denen, die nicht... von einem Verbund mit Deutschland schwärmen, sondern meinen, daß es gefährlich sei, mit den Großen Kirschen zu essen, geschätzt wird.«[218] So charakterisierte ein Leitartikel der Zeitung »Dagens Nyheter« vom 16. Juli 1905 die Stimmung in Schweden (Abb. 34). Aber auch hier schwang ein gewisses Mißtrauen gegen den Kaiserbesuch mit. Mit Blick auf die Schlagzeile »Sonne mit Wolke« hieß es im weiteren Textverlauf: »Daß Deutschland ebenso wie andere Mächte aus reinem Egoismus schnellstmöglich geordnete Verhältnisse auf der skandinavischen Halbinsel wünscht, das bleibt uns nicht verborgen, und wir haben vor langer Zeit die Illusion fallengelassen, daß irgendein fremder Staat seine Interessen im Handelsverkehr mit Norwegen um unserer gerechten Sache willen außer acht lassen würde... Der deutsche Gastbesuch ist eitel Sonnenschein gewesen.«[219] Dennoch sei eine Wolke am Himmel aufgezogen, denn: Schweden und Norwegen hätten erkennen müssen, daß sie mit ihrem Streit und ihrer Auseinandersetzung nicht allein auf der Welt sind. Die Sache spreche nicht für Aufschub

---

[214] Bezeichnend hierfür ist der Kommentar in »Stockholms Dagblad«: »War Kaiser Wilhelms Persönlichkeit schon früher bei uns geachtet und geschätzt, so wird das nunmehr in noch weit höherem Grade der Fall sein, nachdem der Kaiser in einer für unser Land traurigen und ernsten Zeit uns seine Sympathie bewiesen hat.« Müller an Bülow, Stockholm, 21.7.1905. PA AA, Preussen 1, Nr. 1, Nr. 4f, Bd. 1.
[215] Det tyske Besøg, in: Morgenbladet v. 14.7.1905.
[216] Zur Auslandsreise des deutschen Flottengeschwaders nach Schweden und Dänemark 1905: BA-MA, RM 2/1740, S. 15, 18f.
[217] Meister, S. 160f.
[218] Zit. nach Svärdström, S. 62.
[219] Ebd.

und deshalb habe der vorbeieilende Schatten des Kaisers die Vertreter einer Aufschubpolitik erschreckt.[220]
Und in der Tat, das Interesse, mit welchem Wilhelm II. den Unionskonflikt verfolgte, war keineswegs uneigennützig. Der Kaiser wurde auch hier von dem Gefühl geleitet, persönliche Politik betreiben zu können, ebenso wie er glaubte, die ökonomischen Bedürfnisse von hundert Millionen Menschen dadurch entscheidend verbessern zu können, daß er während seiner Nordlandfahrten Finanzgrößen wie Vanderbilt, Drexel und Goelette auf die HOHENZOLLERN einlud.[221]
Bevorzugter Gesprächs- und Korrespondenzpartner des Kaisers wurde Kronprinz Gustaf. Dies hängt zum einen damit zusammen, daß der Kaiser mentalitätsmäßig den willensstarken, energischen Gustaf dem schwedischen König vorzog. Zum anderen hatte dies aber auch ganz pragmatische Gründe: Gustaf, der ohnehin der einflußreichste Vertreter der Unionsdynastie war, übernahm vom 8. Februar bis zum 26. Mai 1905 aufgrund des allgemein schlechten Gesundheitszustandes seines Vaters die Regierungsgeschäfte.[222] Aber auch nach Oscars II. Genesung war es meistens der Kronprinz, der die Verhandlungen führte[223], denn ein Passus der schwedischen Verfassung besagte, daß bedeutende Abwicklungen, die in anderen Nationen durch ministerielle Ressorts erledigt wurden, nach königlicher Sanktion verlangten. Dies führte soweit, daß selbst bei Reisen des Königs in entlegene Teile des Landes ein Regentschaftsrat eingesetzt werden mußte.[224]
Gustaf war es auch, der Anfang Juni 1905 nach Berlin reiste und in einer Unterredung mit dem Kaiser, Reichskanzler von Bülow und Staatssekretär von Richthofen bat, daß Deutschland Norwegen nicht als souveränen Staat anerkennen möge, bevor

---

[220] Svärdström, S. 62.
[221] Aufzeichnung Moltkes v. 25.7.1904, in: Moltke, S. 297.
[222] Weibull, Kronprins Gustaf, S. 172.
[223] Dazu die Mitteilungen Müllers aus Stockholm an das Auswärtige Amt v. 8.8.1905 und 4.10.1905. PA AA, Schweden 50, Nr. 1, Bd. 10. Vgl. v.a. die offizielle Erklärung Oscars II. zur Regierungsübernahme durch seinen Sohn Gustaf v. 23.1.1899 in der Anlage zu Bericht Nr. 8 v. 24.1.1899. Ebd., Bd. 8.
[224] Busch an Caprivi, Stockholm, 28.12.1891. PA AA, Schweden 50, Nr. 1, Bd. 4.

alle Angelegenheiten mit Schweden geklärt seien.[225] Dies sicherte man ihm auch zu.[226] Zudem besprach er – da ein Unionsbruch nicht mehr abwendbar war – die Neuregelung des 1855 zwischen Schweden-Norwegen, England und Frankreich geschlossenen Novembertraktates, worin von den Westmächten das Territorium der Unionskönigreiche gegen russische Expansionsgelüste garantiert wurde. Gustaf räumte Deutschland die Möglichkeit ein, diesem Vertrag beizutreten.[227] Mit einem Wort: Der Kronprinz wünschte »engste Fühlung mit Deutschland«.[228] Als Gustaf den Reichskanzler vertraulich fragte, ob der Kaiser im Falle eines russischen Vorgehens in Norwegen ebenfalls militärische Maßnahmen ergreifen werde, antwortete von Bülow, daß er schwerlich glaube, daß Deutschland in dieser Politik dem Willen des Kaisers folgen werde.[229]

Ganz im Sinne des Reichskanzlers riet Wilhelm II. auf der Nordlandfahrt desselben Jahres, wie einem Bericht von Tschirschkys[230] zu entnehmen ist, Schweden zu einer schnellen und vor allem friedlichen Vereinbarung mit Norwegen.[231] Die Kardinalfrage der Zusammenkunft im schwedischen Gävle bildete die norwegische Thronfolge.[232] Damit wurde eine Diskussion aufgegriffen, die seit dem Beginn der Unionswirren die Gemüter erhitzte. Die Frage lautete: Monarchie oder Republik?[233] Schon früh zeichnete sich dabei ab, daß man einem nationalen

---

[225] Wåhlstrand, S. 389. Dazu auch die Aufzeichnung Trolles, Berlin, 3.6.1905. RA, UD:s arkiv, 1902 års dossiersystem, Vol. 50, I.
[226] Taube an Gyldenstolpe, Berlin, 8.6.1905. RA, UD:s arkiv, 1902 års dossiersystem, Vol. 233.
[227] Lindberg, Kunglig utrikespolitik. Studier i svensk utrikespolitik, S. 148f. S. auch Gustafs Promemoria, Berlin, 6.6.1905. RA, UD:s arkiv, 1902 års dossiersystem, Vol. 50, I.
[228] Bülow an Richthofen und Holstein, 6.6.1905. PA AA, Schweden 56 *secr.*, Bd. 1.
[229] Aufzeichnung Trolles, Berlin, 3.6.1905. RA, UD:s arkiv, 1902 års dossiersystem, Vol. 50, I.
[230] Bericht Tschirschkys v. 14.7.1905. PA AA, Norwegen 1, Bd. 1.
[231] Taube an Gyldenstolpe, Berlin, 22.7.1905. RA, UD:s arkiv, 1902 års dossiersystem, Vol. 233.
[232] Grundlegend zur Diskussion über die norwegische Thronfolgefrage: Lindberg, Scandinavia, S. 16–37.
[233] Dazu Gjelsvik, Skal det norske folket indføre republiken eller skal det indføre en prins? Kristiania 1905.

Königreich die Präferenz vor der Einführung einer Republik geben würde. Dies war insofern taktisch klug, als man sich der Ablehnung einer Republik durch das monarchische Europa gewiß sein konnte.[234]

Welche Stellung bezogen Rußland und England im schwedisch-norwegischen Unionskonflikt? Wie beurteilte man das Handeln Wilhelms II. und des Deutschen Reiches in den Zwistigkeiten? Rußland betrachtete das deutsche Vorgehen mit Mißtrauen. Dazu trugen maßgeblich Gerüchte über einen zwischen Deutschland und Schweden bestehenden Geheimvertrag bei, die sich bei Lichte besehen als haltlos erwiesen. Das Eintreten des Abgeordneten Alfred Bexell 1889 im schwedischen Reichstag für eine Interpellation an den Außenminister, die klären sollte, inwieweit eine solche Übereinkunft bestand, war Wasser auf die Mühlen der russischen Außenpolitik.[235] Der Außenministerwechsel desselben Jahres – Carl Lewenhaupt wurde Albert Ehrensvärds Nachfolger – wurde in Rußland ebenfalls als Annäherung an Deutschland interpretiert.[236] Der offizielle Besuch Kaiser Wilhelms II. 1890 in Christiania, an dem neben einer Reihe deutscher Politiker auch zahlreiche Minister aus Stockholm teilnahmen, trug ein übriges dazu bei, daß man in Rußland – aber auch in Frankreich – von einem zwischen den Vereinigten Königreichen Schweden-Norwegen und dem Deutschen Reich geschlossenen Bündnisvertrag sprach.[237] In der Deutschland-Orientierung der schwedisch-norwegischen Außenpolitik glaubte man in Rußland schließlich den Grund für das norwegische Aufbegehren gegen Schweden zu erkennen.[238] Folglich sei die Union eine gegen Rußland gerichtete Koalition gewesen.[239] Quellenbelege dafür, daß Rußland den Konflikt in irgendeiner Weise für seine Zwecke ausnutzen wollte, gibt es, wie die Studien Sune Jungars gezeigt haben, nicht.[240] »Dass der ›reisende

---

[234] Vedung, S. 345.
[235] Jungar, S. 52 f.
[236] Ebd., S. 54.
[237] Zur französischen Beurteilung des Kaiserbesuches 1890 in Christiania: Har Kejserbesøget nogen politisk Betydning?, in: Dagbladet v. 11.7.1890. RA, UD:s arkiv, 1902 års dossiersystem, Vol. 187.
[238] Jungar, S. 54.
[239] Vgl. ebd., S. 63.
[240] Vgl. ebd., S. 62.

Rubel‹ in Norwegen eine Rolle spielt«, glaubte weder der Kronprinz, noch meinte der deutsche Gesandte in Stockholm, Graf Wedel, von einer »nennenswerthen russische(n) Agitation« sprechen zu können.[241]

England zeigte ein größeres Interesse an den Vorgängen auf der nordeuropäischen Halbinsel als Rußland.[242] Die englische Politik bildete einen Gegenpol zu den kaiserlichen Vorstößen. Offen bezog die englische Regierung Partei für die norwegische Separatistenbewegung.[243] Sieht man genauer hin, so gilt dies nur für die Anfangsjahre des Konfliktes. Aber auch hier war die Stimmung nicht eindeutig: Sir Francis Plunkett, der englische Gesandte in Stockholm von 1888 bis 1893, sympathisierte beispielsweise ebenso wie sein Vorgänger, Sir Horace Rumbold, mit der schwedischen Sehweise der Krise.[244] Doch auch hier vollzog sich eine Änderung: Mehr und mehr wurde die englische Haltung von einer Neutralitätspolitik geprägt.[245] Letztlich ging es England – und auch den anderen europäischen Nationen – um die Aufrechterhaltung des Status quo.[246] Freilich handelte es sich hierbei zuweilen auch um eine gewisse Gleichgültigkeit. Dies mochte damit zusammenhängen, daß die englische Regierung viel zu sehr mit ihr näher liegenden Fragestellungen beschäftigt war, »um sich über eventuelle Möglichkeiten, die vielleicht erst eintreten, wenn sie nicht mehr am Ruder ist, den Kopf zu zerbrechen«.[247] König Edward VII. hingegen tendierte – in den Augen seiner Gegner allzu sehr – dahin, das Entstehen einer norwegischen Republik zu verhindern und seinen Schwiegersohn als norwegischen Thronprätendenten einzusetzen.[248] Sein Handeln

---

[241] Wedel an Caprivi, Stockholm, 22.3.1893. PA AA, Schweden 45, Bd. 2.
[242] Grundlegend zur englischen Haltung im Unionskonflikt: Knaplund (Hrsg.), British Views on Norwegian-Swedish Problems 1880–1895. Oslo 1952.
[243] Vgl. Lindberg, Englands nordiska politik, S. 306.
[244] Knaplund (Hrsg.), S. xii.
[245] Lee, S. 316.
[246] Status quo vil Europa opretholde, in: Dagbladet v. 13.2.1905.
[247] Hatzfeldt an Hohenlohe-Schillingsfürst, London, 20.3.1895. PA AA, Schweden 45, Bd. 2.
[248] Lindberg, Englands nordiska politik, S. 304. Dazu auch das Schreiben Edwards VII. an Gustaf, Buckingham Palace, 13.8.1905. BFA, Gustaf V:s arkiv, Vol. 76.

wurde hier ebenso wie das des deutschen Monarchen von der Wirkung der persönlichen Politik bestimmt.

Wilhelm II. hatte seinerzeit unter den europäischen Monarchen eine, wenn nicht gar die führende Rolle im norwegischen Thronfolgestreit. Gerüchte wollten von einer Kandidatur der Herzöge Ernst Günther oder Friedrich Ferdinand von Schleswig-Holstein-Sonderburg-Augustenburg wissen.[249] Dies gründete sich vermutlich darauf, daß es sich bei den Herzögen um Schwäger Kaiser Wilhelms handelte und daß das Haus im Gotha als »héritier de Norvège« aufgeführt wurde.[250] Eine solche Kandidatur wurde von offizieller Seite stets dementiert. Der norwegische Legationsrat Michael Lie berichtete, daß ihm bei seinem Antrittsbesuch als chargé d'affaires im November 1905 der deutsche Reichskanzler versicherte, daß man nie ernsthaft an eine deutsche Kandidatur gedacht habe, da diese einen Konflikt mit anderen Nationen – speziell mit England – heraufbeschworen hätte.[251] Unbestritten zog man eine solche Kandidatur jedoch zeitweilig in Erwägung. Kurioserweise kam der Vorschlag hierzu aus Schweden, genauer gesagt von dem schwedisch-norwegischen Gesandten Taube. Dieser riet, von der Vision einer Annäherung zwischen Deutschland und Schweden-Norwegen geleitet, freilich inoffiziell, Staatssekretär von Richthofen, einen der Söhne Kaiser Wilhelms als Thronkandidaten ins Gespräch zu bringen.[252]

Als Graf Raben-Lewetzau 1908 mit dem Fall des Christensen-Ministeriums als dänischer Außenminister seinen Abschied nahm, erschien in »Stockholms Dagblad« ein aufsehenerregendes Interview. Darin zitierte man Raben, der angeblich behauptet hatte, daß die deutsche Außenpolitik 1905 eindeutig die Kandidatur eines deutschen Prinzen für den norwegischen Thron

---

[249] Ditten an Christophersen, Berlin, 19.10.1908. NUD, P 12 A 3/08. Wedel Jarlsberg berichtete in einem Gespräch von Schoen, daß eine bedeutende deutsche Persönlichkeit in einem Brief an den Präsidenten des Stortings gar Prinz Albert zu Schleswig-Holstein als König von Norwegen vorgeschlagen habe. Wedel Jarlsberg, S. 81.
[250] Ditten an Christophersen, Berlin, 19.10.1908. NUD, P 12 A 3/08.
[251] Ebd.
[252] Vgl. Lindberg, Kunglig utrikespolitik. Studier i svensk utrikespolitik, S. 151. In Norwegen gab es einige Stimmen, die sich für die Wahl von Wilhelms Zweitältestem, Prinz Eitel Friedrich, aussprachen. Koht, S. 3.

begünstigt, später aber aus Furcht vor großpolitischen Verwicklungen aufgegeben habe.[253] Wie später eine Richtigstellung ergab, hatte Raben lediglich davon gesprochen, daß es natürlich gewesen wäre, wenn der Blick in Deutschland auf die Herzöge von Augustenburg oder Glücksburg gefallen wäre.[254] Rabens Äußerungen maß man damals insofern eine große Bedeutung zu, als er im Herbst 1905 in einem an die Öffentlichkeit gelangten Privatgespräch die Möglichkeit der Herausgabe eines »Blaubuches« erwog, das Dänemarks Haltung in der Unionskrise beleuchten sollte.[255] Als Raben im Oktober 1905 in einer Reichstagsrede die Stellung Dänemarks im besagten Konflikt dokumentierte und somit das Erscheinen des »Blaubuches« überflüssig wurde, glaubte man, daß Raben bewußt einiges verschwiegen habe.[256] Deshalb war man nun besonders aufmerksam, als Raben in dem Interview behauptete, daß die Wahl des Prinzen Carl von Dänemark auf Vorschlag der deutschen Regierung erfolgt sei.[257]

Dem war aber keineswegs so. Denn: Kaiser Wilhelm II. wollte – diesmal durchaus im Einklang mit der deutschen Außenpolitik – um jeden Preis eine Kandidatur des dänischen Prinzen, der mit Prinzessin Maud von Großbritannien verheiratet war, verhindern. Dies war keine Überraschung. Im Gegenteil, denn Wilhelm II. fürchtete auch hier – wie so oft zuvor – eine Zunahme des englischen Einflusses in Norwegen.[258] Deshalb versuchte er bei den Gesprächen in Gävle, das schwedische Kö-

---

[253] The Norwegian Throne, in: Times v. 24.10.1908. NUD, P 12 A 3/08.
[254] Vgl. Koht, S. 9.
[255] Blaabogen om 1905, in: Politiken v. 27.10.1908. NUD, P 12 A 3/08.
[256] Ebd.
[257] Ebd. Zu den Behauptungen Rabens hieß es im »Christiania Morgenblad«: »Die ausländischen Königskandidaturen haben 1905 in der norwegischen Politik überhaupt keine Rolle gespielt. Die norwegische Regierung hat vom Auslande keinerlei Winke über die Besetzung des Thrones erhalten und hat die aus norwegischer Initiative herangezogenen Kandidaturen des schwedischen und des dänischen Prinzen behandelt. Die Entscheidung erfolgte durch die norwegische Volksabstimmung, und nicht an den ausländischen Höfen.« Zit. nach Hamburger Fremdenblatt Nr. 245 v. 14.10.1908. NUD, P 12 A 3/08.
[258] Vgl. Lindberg, Kunglig utrikespolitik. Studier i svensk utrikespolitik, S. 152. Diese Meinung teilte auch das Gefolge des Kaisers. Vgl. im einzelnen hierzu die Aufzeichnungen des damaligen Regierungsbezirkspräsidenten Hugo Hamilton. Hamilton, S. 313.

nigshaus von der Kandidatur eines Bernadotte zu überzeugen. Genauer gesagt: Die Wahl Wilhelms II. und ebenso der deutschen Regierung[259] fiel auf den dritten Sohn Oscars II., auf den Prinzen Carl von Schweden (Abb.35).[260] Während der Kronprinz, Oscar II. und der schwedisch-norwegische Außenminister Graf Gyldenstolpe ein solches Ansinnen strikt ablehnten, fand Wilhelm Unterstützung bei Kronprinzessin Victoria, der Tochter des Großherzogs Friedrich von Baden[261] und Enkelin Kaiser Wilhelms I. Der Kronprinz befürwortete hingegen im Einvernehmen mit der norwegischen provisorischen Regierung die Kandidatur des dänischen Prinzen Carl[262] und glaubte nicht, daß sie eine Einmischung europäischer Mächte in Norwegen zur Folge habe. Graf Gyldenstolpe bezweifelte gar, daß Norwegen jemals eine Außenpolitik großen Ausmaßes betreiben könne.[263] Selbst der möglichen Etablierung einer norwegischen Republik sah man gelassen entgegen, denn man spekulierte darauf, daß dies zu inneren Kontroversen führen würde, die über kurz oder lang auf eine Rückkehr zur Union hinauslaufen würden.[264]

Diese Erkenntnis war für Wilhelm II. und auch für von Tschirschky bitter, der als offizieller Vertreter des Auswärtigen Amtes den Kaiser auf der Nordlandreise begleitete. Strikte Neutralität bestimmte von nun an die Haltung Wilhelms und der deutschen Regierung, nachdem auch Bülows Depesche an die norwegische Regierung, in der er sich gegen den »dänisch-britischen« Thronprätendenten Prinz Carl ausgesprochen hatte, ergebnislos blieb.[265] Als Alternative empfahl der Reichskanzler den dänischen Prinzen Valdemar, der ebenso wie Prinz Carl von Schweden in der Gunst des Kaisers stand.[266] Dabei zeigte sich, daß man von den Prinzipien der norwegischen Politik nicht all-

---

[259] Der Staatssekretär des Auswärtigen Amtes zog die Kandidatur eines Bernadotte der Entstehung einer Republik vor. Taube an Gyldenstolpe, Berlin, 16.6.1905. RA, UD:s arkiv, 1902 års dossiersystem, Vol. 233.
[260] Zur Diskussion der Kandidatur eines Bernadotte: Vedung, S. 345–363.
[261] Lindberg, Scandinavia, S. 32.
[262] S. dazu auch das Konzept zu einem Antwortschreiben Gustafs an König Edward, Stockholm, 17.8.1905. BFA, Gustaf V:s arkiv, Vol. 76.
[263] Bericht Tschirschkys v. 14.7.1905. PA AA, Norwegen 1, Bd. 1.
[264] Ebd.
[265] Berg, S. 12.
[266] Koht, S. 11; Bull, S. 97.

zuviel verstand, denn das norwegische Grundgesetz schloß eine Königin katholischer Konfession aus, und die Gemahlin Valdemars, Prinzessin Marie, war eine strenggläubige Katholikin.[267]

Enttäuscht zog der Kaiser in einem Telegramm an Bülow ein Resümee des Treffens: »Im übrigen herrscht völlige Gleichgültigkeit über das Schicksal Norwegens und man scheint bereits mit der dänischen Kandidatur fest zu rechnen. Mit dem englischen Schwiegersohn auf dem norwegischen Thron ist die Wahrscheinlichkeit, dass England seine Hand auf das Land legt, sehr in den Vordergrund gerückt.«[268] Mit diesem Telegramm nahm Wilhelm die weitere Entwicklung bereits vorweg. Denn: Bei dieser Sachlage schien ihm »die Erlangung eines engeren Verhältnisses zu Dänemark in erster Linie erstrebenswert«.[269]

3. Wilhelms II. Entrevue mit Zar Nikolaus II. bei Björkö

»Wir suchen diesmal nicht die Stille der Gletscherwelt und der hellen Nächte. Wir fahren umher und drehen das Seil der Politik«[270], notierte Helmuth von Moltke am 26. Juli 1905 – drei Tage nach der Begegnung zwischen Kaiser Wilhelm II. und Zar Nikolaus II. bei Björkö – in sein Tagebuch. Und in der Tat, als Wilhelm von Gävle aus seine Nordlandfahrt in die finnischen Gewässer fortsetzte, wurde daraus ein Politikum, das zugleich die letzte Geste der kaiserlichen Privatpolitik bezeichnete.

Dafür war schon das Zustandekommen des Treffens charakteristisch. »Ich werde bald auf meiner Rückreise sein und kann den Eingang ins finnische Meer nicht passieren, ohne Dir herzliche Grüße und Wünsche zu senden. Sollte es Dir Vergnügen machen, mich zu sehen – entweder an der Küste oder auf Deiner Yacht – so bin ich natürlich zu Deiner Verfügung. Ich werde als einfacher Tourist kommen ohne Festlichkeit«[271], telegrafierte

---

[267] Bull, S. 98.
[268] Telegramm Wilhelms II. an Bülow, 14.7.1905. PA AA, Norwegen 1, Bd. 1.
[269] Ebd.
[270] Moltke, S. 330.
[271] Wilhelm II. an Nikolaus II., Juli 1905, in: Briefe und Telegramme Wil-

der Kaiser, seinem impulsiven Naturell entsprechend, an den Zaren, der in einem Antwortschreiben Björkesund bei Viborg als Ankerplatz für die kaiserlichen Yachten vorschlug.[272] Dieses Intermezzo sollte, so der Kaiser, strikter Geheimhaltung unterliegen.[273]

Nicht einmal die Nordlandfahrtgesellschaft ahnte etwas von der bevorstehenden Zusammenkunft. Als der Kaiser dieser in jovialem Ton mitteilte: »Nun, Kinder, macht euren Paradeanzug in Ordnung, in zwei Stunden steht ihr vor dem Kaiser von Rußland«[274], herrschte zunächst betretenes Schweigen. »Keiner von uns ahnte die Motive dieses plötzlichen und so geheimnisvoll eingeleiteten Besuchs, wir alle aber empfanden die ungeheure politische Wichtigkeit der kommenden Stunden, deren Folgen niemand berechnen konnte«[275], beschrieb von Moltke ergriffen die Situation. Sein Kommentar nahm bereits vorweg, daß es sich bei der Zusammenkunft nicht um einen »bloßen Höflichkeitsakt«[276] handelte.

Ganz so unvermittelt wurde das Treffen von Wilhelm II. freilich nicht inszeniert. Er plante dies bereits im Vormonat, als er aufgrund der schwedisch-norwegischen Unionskrise eine Fahrtroutenänderung beschloß.[277] Bülow berichtete, daß er dem Monarchen noch vor seiner Abfahrt von Swinemünde am 10. Juli nahe legte, »keine unvorsichtige Verabredung über Dänemark und die Ostsee zu treffen«.[278] Dabei habe er gegenüber dem Kaiser keinen Zweifel daran gelassen, daß es am ratsamsten sei,

---

helms II., S. 214. In der zeitgenössischen deutschen Presse war man hingegen fest davon überzeugt, daß die Initiative zu dem Monarchentreffen vom Zaren ausging, während die französische Publizistik versuchte, den Gegenbeweis anzutreten. Die Kaiserzusammenkunft bei Björkö, in: Illustrirte Zeitung Nr. 3240 v. 3.8.1905, S. 159.

[272] Nikolaus II. an Wilhelm II., Hernoesand, Juli 1905, in: Briefe und Telegramme Wilhelms II., S. 214.
[273] Wilhelm II. an Nikolaus II., Nyland, 7./20.7.1905, in: Ebd., S. 214 f.
[274] Aufzeichnung Moltkes, Wisby, 26.7.1905, in: Moltke, S. 326. Dazu auch Güßfeldts Aufzeichnung v. 23.7.1905. SB PK, Nl. Güßfeldt, K. 4., Heft »Tagebuch der Nordlandreisen 1904, 1905, 1906«, S. 79.
[275] Aufzeichnung Moltkes, Wisby, 26.7.1905, in: Moltke, S. 326.
[276] Schöningen, S. 144.
[277] Bülow, Denkwürdigkeiten, Bd. 2, S. 136.
[278] Ebd., Bd. 2, S. 137.

wenn er vom Zaren folgende Zusage erwirken würde: daß dieser erstens seinem Außenminister, Graf Lamzdorf, den Abschluß eines deutsch-russischen Defensiv- und Friedensabkommens anempfehle und daß dieser zweitens alles Weitere den Besprechungen zwischen Lamzdorf und seiner Person, dem Reichskanzler, überlasse.[279] Bülows Warnungen stießen offenbar beim Kaiser auf taube Ohren, denn der war geradezu durchdrungen von der Idee, eine Übereinkunft ohne die verantwortlichen Minister beider Seiten zu erreichen.

Wilhelm II. verfolgte den Abschluß eines deutsch-russischen Bündnisses, das durch einen späteren Beitritt Frankreichs zum Kontinentalbund die Frontstellung gegen England verschärfen sollte.[280] Das hieß: Bismarcks »Draht nach Rußland«[281], der nach der Nichtverlängerung des deutsch-russischen Rückversicherungsvertrages abriß, sollte wieder gezogen werden.

Der Zeitpunkt für ein solches Vorhaben war von Wilhelm II. geschickt gewählt. War der Zar nicht auf Beistand angewiesen, nachdem die russische Flotte im Russisch-Japanischen Krieg am 27. Mai 1905 bei Tsushima geschlagen wurde, nachdem er zu Friedensverhandlungen genötigt wurde und sich gezwungen sah, den liberalen Forderungen seines Volkes nachzugeben?[282] Mußte es in dieser Schwächesituation für den Kaiser nicht ein leichtes sein, daß seine Vorschläge beim Zaren, der ohnehin als willensschwach galt, auf Gehör stießen? Hatte nicht Wilhelm den Eindruck gewonnen, er habe »den Zaren in einer Stimmung vorgefunden, in der dieser bereit gewesen wäre, noch ganz andere Dinge zu unterschreiben, wenn er sie ihm unterbreitet hätte«?[283]

---

[279] Bülow, Denkwürdigkeiten, Bd. 2, S. 137.
[280] Vgl. Born, S. 227.
[281] Dazu Kumpf-Korfes, Bismarcks »Draht nach Rußland«, 1878–1891. Berlin 1968.
[282] Vgl. dazu Eyck, S. 409.
[283] Tschirschky an Bülow, Björkoe, an Bord S.M.Y. HOHENZOLLERN, 24.7.1905, in: GP, Bd. 19/II, Nr. 6218, S. 456. Ein übriges zum »Gelingen« trug sicherlich auch die Atmosphäre an Bord bei. Gußfeldt, der sich mit dem Zaren über Sven Hedins Forschungsreisen unterhielt, hatte den Eindruck, als gewähre diese Unterredung »dem Herrn eine Erholung, einen Lichtblick in eine Welt, die Ihm durch Seine Umgebung dicht verschlossen bleibt«. Mithin bot die Entrevue für Gußfeldt »ein

Das Problem der dänischen Zufahrtsbeherrschung aller Seewege zur Ostsee war dabei der zentrale Gegenstand der Gespräche, denn sowohl Rußland als auch Deutschland waren gleichermaßen daran interessiert, England aus der Ostsee fernzuhalten.[284] Um den Vertrag in die Wege zu leiten, instrumentalisierte der Kaiser die norwegische Thronfolgefrage. Nikolaus II. lehnte ebenso wie Wilhelm die Thronkandidatur des dänischen Prinzen Carl ab und war fest entschlossen, dem Ränkespiel des englischen Königs in Norwegen ein Ende zu bereiten.[285] Der Kaiser vertraute dem Zaren seine zuvor mit Oscar II. geführten Gespräche an. Angeblich habe der schwedisch-norwegische König ihm gesagt, daß es Deutschland freistünde, Bergen zu besetzen, und bei dem Einwande, was England wohl dazu sagen würde, sei er fortgefahren, das würde wohl dann Christiansand für sich nehmen.[286] Zu Recht befürchtete der Zar, durch eine eventuelle Festsetzung Englands in Norwegen den Wertverlust seiner Häfen an der Murmanküste und die Abschließung des Kattegatts für Rußland.[287]

Fraglos lag es nicht in der Absicht des Kaisers, den genauen Inhalt der Gävle-Gespräche wiederzugeben. Vielmehr ging es ihm zum einen darum, die Antipathie Nikolaus II. gegen England zu schüren, und zum anderen darum, dem Zaren seine eigenen Norwegen-Pläne zu entlocken. Mit anderen Worten: Für Wilhelm ging es darum, einen Testballon zu starten, der für alles Weitere entscheidend sein sollte, und das Terrain für die geplante Abmachung vorzubereiten.[288]

Das Abkommen, das Wilhelm II. anvisierte, sollte sich an dem gescheiterten deutsch-russischen Defensivbündnisangebot orientieren, das er im November 1904 nach der Doggerbank-Affäre dem Zaren unterbreitet hatte.[289] Er bat den Reichskanzler,

    großes psychologisches Interesse«. Tagebucheintragung Güßfeldts v. 23.7.1905. SB PK, Nl. Güßfeldt, K. 4., Heft »Tagebuch der Nordlandreisen 1904, 1905, 1906«, S. 85f.
[284] Lindberg, Skandinavien, S. 174.
[285] Ebd., S. 175.
[286] Gerhardt/Hubatsch, S. 458.
[287] Tschirschky an Bülow, Björkoe, an Bord S.M.Y. HOHENZOLLERN, 24.7.1905, in: GP, Bd. 19/II, Nr. 6218, S. 455.
[288] Ebd.
[289] Zum Inhalt des Vertragsentwurfes v. November 1904: Eyck, S. 386f.

der zur Erholung auf Norderney weilte, ihm den damaligen Textentwurf zukommen zu lassen.[290] Diesen forderte Bülow umgehend von Holstein an und überließ weitere Vorschläge für das Bündnis Holsteins »erfindungsreichem Geist«, der – so Bülow – »aus dem damals nicht fertiggestellten Gewebe diejenigen Fäden herauszufinden« wußte, »aus denen sich etwas für uns Nützliches herstellen« ließ.[291] Ansonsten wußte im Auswärtigen Amt niemand etwas von dem nunmehr in greifbare Nähe gerückten Vertragsabschluß, nicht einmal Staatssekretär von Richthofen wurde informiert.[292]

Durch die Einbeziehung des Reichskanzlers glaubte Wilhelm II., konstitutionell gehandelt zu haben. Dem war aber keineswegs so: Zwei Tage nachdem Bülow dem Kaiser den Vertrag zusandte, erhielt dieser am 24. Juli abermals ein Telegramm vom Kaiser, in welchem ihm dieser stolz mitteilte: »Vertrag soeben vom Zaren und mir unterschrieben; von Marineminister Birilew und Herrn von Tschirschky gegengezeichnet. Zar war sofort bereit, ›da wir jetzt mit Frankreich ja gut stünden‹.«[293] Die Gegenzeichnungen des »treuen Tschirschkys« und des Admirals Birilew setzten dem Ganzen die Krone auf. Birilew wurde vierzehn Tage zuvor zum Marineminister ernannt und besaß für außenpolitische Fragen nicht die mindeste Kompetenz. Dadurch, daß er im Nachhinein erklärte, er habe den Vertragstext nicht einmal gelesen[294], stellte er sich ein Armutszeugnis sondergleichen aus.

Was besagte das deutsch-russische Defensivbündnis, das »Ihre Majestäten die Kaiser aller Reußen und von Deutschland« zur europäischen Friedenssicherung schlossen?[295] Im Angriffsfall eines der beiden Kaiserreiche durch eine europäische Macht verpflichteten sich die beiden Monarchen zur gegenseitigen Bündnishilfe »in Europa« mit allen Land- und Seestreitkräften (Artikel I), ferner dazu, keinen Separatfrieden mit einem ge-

---

[290] Eyck, S. 410.
[291] Bülow an Holstein, Norderney, 20.7.1905, in: Bülow, Deutschland, Bd. 1, S. 401.
[292] Vgl. Vogel, S. 223.
[293] Bülow an das Auswärtige Amt, Norderney, 24.7.1905, in: GP, Bd. 19/II, Nr. 6215, S. 452.
[294] Ders., Denkwürdigkeiten, Bd. 2, S. 138.
[295] Zum Vertragstext: GP, Bd. 19/II, Nr. 6218, S. 457.

meinsamen Gegner zu schließen (Artikel II). Der Vertrag sollte seine Wirksamkeit erst nach dem Friedensschluß im Russisch-Japanischen Krieg erlangen und unterlag einer einjährigen Kündigungsfrist (Artikel III). Der Zar gab sein Wort, nach Inkrafttreten des Vertrages Frankreich als Verbündeten für diese Vereinbarung zu gewinnen (Artikel IV). Wilhelm II. glaubte, sein Ziel erreicht und das Vaterland aus der »scheußlichen Greifzange Gallien-Rußland«[296] befreit zu haben. Nach Vollzug der Unterschriften hatte der Kaiser die Vision, »als ob im Himmel sein Großvater Wilhelm I. und Kaiser Nikolaus I. sich tiefbewegt die Hände gereicht und zufrieden auf ihre Enkel herabgeblickt hätten.«[297]

»Wenn Rußland will, muß Frankreich!«[298] Diese Devise ist bezeichnend für Wilhelms verzerrte Vorstellung von Außenpolitik im allgemeinen und von dem Kräfteverhältnis innerhalb der franko-russischen Allianz im besonderen. Nachdem Frankreich in der Marokko-Krise zurückwich, meinte Wilhelm II., es in sein Bündnissystem miteinbeziehen zu können.[299] Schließlich war er überzeugt, sobald eine Synthese von Allianz und deutsch-österreichisch-italienischem Dreibund erzielt sei, kleinere Nationen wie Holland, Belgien, Dänemark, Schweden und Norwegen für diese neugeschaffene Mächtegruppierung gewinnen zu können.[300] Mit seinen Vorstellungen stand der Kaiser beileibe nicht allein. Auch der Reichskanzler glaubte, damit sei die Ausgangsbasis für eine neue Ostpolitik geschaffen. In dem Telegrammwechsel, der dem Treffen vorausging, war offenkundig geworden, daß die »Überrumpelungstaktik« Wilhelms II. von Bülow und Holstein durchaus gutgeheißen wurde.

Der vom Kaiser eigenhändig verfaßte gegenseitige Bündnisvertrag, über den die Petersburger Botschaft am 28. Oktober

---

[296] Wilhelm II. an Bülow, Wisby, 25.7.1905, in: GP, Bd. 19/II, Nr. 6220, S. 463.
[297] Bülow, Denkwürdigkeiten, Bd. 2, S. 137f.
[298] Von Gerlachs Einführung zu: Briefe und Telegramme Wilhelms II., S. XIX.
[299] Vgl. Valentin, S. 62.
[300] Wilhelm II. an Nikolaus II., 27.7.1905, in: Briefe Wilhelms II., Nr. XLVIII, S. 374.

1905 unterrichtet wurde[301] und von dem die deutsche Öffentlichkeit erst 1917 in einem Artikel der »Norddeutschen Allgemeinen Zeitung« erfuhr[302], stimmte in vielerlei Hinsicht mit dem im November aufgesetzten Vertragsentwurf überein. Das bedeutete, daß die Vertragspunkte, die Wilhelm II. teilweise nach Rücksprache mit dem Vortragenden Rat von Tschirschky dem Zaren zur Unterschrift vorlegte, überhaupt nicht zwischen den Monarchen diskutiert wurden. Eigentümlich ist auch, daß die Nordlandfahrtgesellschaft von der auf der russischen Yacht getroffenen Absprache nichts gewußt haben will. Moltke nennt den Kaiserbesuch auf der POLARSTERN, zu dem Tschirschky hinzugezogen wurde, nicht einmal, und Gußfeldt war recht verunsichert, als ihm der Kaiser burschikos auf die Schulter klopfte und sagte: »Ja, ja Doctorchen, heute haben Sie mal einen historischen Moment erlebt.«[303]

Die Vereinbarung, die Wilhelm II. als den »Wendepunkt in der Geschichte Europa's«[304] bezeichnete, hatte keine Konsequenzen: Sie blieb bloßes Wunschdenken. Die verantwortlichen Minister, deren es zur Ratifizierung des Vertrages bedurft hätte, lehnten das Abkommen ab.

Stein des Anstoßes bildete der im ersten Artikel von Wilhelm II. eigenmächtig eingefügte Zusatz »en Europe«. Was bedeutete ein solches auf Europa begrenztes Abkommen schon in einer Zeit, in der Weltpolitik durch Besitz- und Einflußnahme in Übersee definiert wurde? Für Bülow hätte das Bündnis seine Berechtigung nur dadurch erlangt, wenn es Rußland die Möglichkeit eingeräumt hätte, außerhalb Europas – etwa in Indien – gegen England vorzugehen.[305] Somit wurde es für ihn indiskutabel. Als ihm Holstein mitteilte, daß die Öffentlichkeit die Abmachung als »diplomatischen Reinfall für Deutschland« ansehen werde[306], weigerte sich Bülow, den Kontrakt in dieser Form zu

---

[301] Vogel, S. 55.
[302] Vgl. dazu die Einleitung von Goetz zu: Briefe Wilhelms II., S. XXf. Zu den Gründen, die für eine Geheimhaltung in der Öffentlichkeit sprachen: Vogel, S. 226.
[303] Tagebucheintragung Gußfeldts v. 24.7.1905. SB PK, Nl. Gußfeldt, K. 4., Heft »Tagebuch der Nordlandreisen 1904, 1905, 1906«, S. 89.
[304] Wilhelm II. an Bülow, Wisby, 25.7.1905, in: Spectator, S. 173.
[305] Vgl. Bülow, Denkwürdigkeiten, Bd. 2, S. 138.
[306] Ebd., S. 139.

unterzeichnen und reichte seinen Abschied ein.[307] Nachdem der Kaiser mit Selbstmordgedanken gespielt hatte, gab Bülow nach und zog sein Abschiedsgesuch zurück.[308]

Aber auch die russische Diplomatie nahm den Vertrag keineswegs mit Befriedigung auf.[309] Der Minister des Äußeren, Graf Lamzdorf, zeigte sich darüber konsterniert, daß er zu einem Staatsakt von solcher Tragweite nicht hinzugezogen wurde, und warf dem deutschen Kaiser vor, eine momentane Verwirrung des Zaren ausgenutzt zu haben.[310] Weit gravierender war, daß sich der russische Außenminister weigerte, den Vertrag zu ratifizieren, da er ihm unvereinbar mit der franko-russischen Allianz schien.[311] Darin wurde er von dem russischen Vorsitzenden des Ministerrats, Graf von Witte, unterstützt, der anfangs die Björkö-Politik befürwortete, ihr dann aber ebenso entschieden abschwor.[312] Auch von der Osten-Sacken, der russische Botschafter in Berlin, meldete seine Bedenken an, denn auch er konnte sich einen Beitritt Frankreichs aufgrund der Einbindung in die englisch-französische Entente nicht vorstellen.[313] Eine Verständigung Englands, Frankreichs und Rußlands sowie eine Isolierung Deutschlands schien somit näher gerückt denn je.[314] Lamzdorf ließ jedoch die Option offen, im Zuge einer eventuellen Neukonzeption der Regelung, die von einer Beistandsverpflichtung im Falle eines deutsch-französischen Krieges Abstand nehmen würde, der Übereinkunft zuzustimmen.[315] Unter

---

[307] Eyck, S. 412.
[308] Ebd., S. 413.
[309] Zur Reaktion der russischen Diplomatie: Jansen, S. 151–158; Grimm, Graf Witte und die deutsche Politik. Freiburg i. Br. 1930; Klein, Der Einfluß des Grafen Witte auf die deutsch-russischen Beziehungen. Münster 1931.
[310] Bülow, Denkwürdigkeiten, Bd. 2, S. 144.
[311] Freiherr von Schoen machte Frankreich für das Scheitern des Vertrages verantwortlich. Hätte sich Frankreich dem Bund angeschlossen, hätte dies – so Schoen – zwangsläufig einen Verzicht auf die Wiedererlangung Elsaß-Lothringens eingeschlossen. Schoen, S. 15 f.
[312] Vogel, S. 227.
[313] Ebd., S. 225.
[314] Dazu Ostwald, Der Vertrag von Björköe und die Einkreisung Deutschlands, in: Kriegsschuldfrage 8, 1930, S. 680–688.
[315] Born, S. 227.

diesen Umständen war es unvermeidlich, daß der Vertrag für Deutschland seine Bedeutung verlor und Bülow das Projekt als endgültig gescheitert ansah.

Bitter war vor allem die Erkenntnis, »daß das Wort des Zaren nicht so unverbrüchlich war und nicht so viel Macht hatte, wie in Deutschland vielfach angenommen war«.[316] Fraglos hatte man die Stellung des Zaren in der russischen Politik von Anfang an überschätzt.

Was blieb, war – wie es Eyck poetisch umschrieb – »ein Traumgebilde, das mit dem nüchternen Morgenlicht entschwand«.[317] Nicht daß Wilhelm II. sich nicht noch einige Wochen nach Vertragsabschluß in seinem vermeintlichen Erfolg hätte sonnen können. Aber selbst er mußte schon bald erkennen, daß sich eine seit fünfzehn Jahren bestehende Mächtekonstellation nicht durch einen impulsiven Handstreich verändern ließ. Gescheitert war hier nicht nur der Versuch, Rußland und damit auch Frankreich zur Bildung einer Kontinentalallianz gegen England zu gewinnen, sondern vor allem auch der Versuch, »die Weltgeschichte nach den Hoffnungen zweier fürstlicher Freunde einzustellen«.[318] Die Erinnerung an die verpaßte Chance blieb lange im Bewußtsein des Kaisers. Noch 1924 leitete er im Doorner Exil die Widmung seiner Memoiren an General Suchomlinow mit den Worten ein: »Der zwischen dem Zaren Nikolaus II. und mir in Björkoe geschlossene Vertrag schuf die Grundlagen für ein friedliches und freundschaftliches Zusammengehen Rußlands und Deutschlands, was beiden Herrschern am Herzen lag. Seine Wirkungen wurden vernichtet durch die Russische Diplomatie (Ssasanow, Iswolski), die hohen russischen Großmilitärs, die bedeutenden Parlamentarier und Politiker. Der von ihnen ersehnte Weltkrieg erfüllte ihre Hoffnungen nicht, warf ihre Pläne über den Haufen, und kostete den Zaren sowie mir den Thron!«[319]

Handelte es sich bei der Björkö-Episode ausschließlich um das Scheitern der kaiserlichen Privatpolitik?[320] Bahnte sich hier

---

[316] Schoen, S. 28.
[317] Eyck, S. 414 f.
[318] Vgl. die Einleitung von Goetz zu: Briefe Wilhelms II., S. XXIII.
[319] Zit. nach Ludwig, S. 255.
[320] Diese These vertrat vor allem Klein in seiner Abhandlung »Der Vertrag von Björköe. Berlin 1931.«

nicht auch das Scheitern eines Gesamtkonzepts, der Bülowschen Annäherungspolitik an Rußland, an? Unter Instrumentalisierung ökonomischer und dynastischer Überlegungen hatte Bülow in den Jahren 1904 und 1905 versucht, ein Bündnis mit Rußland einzuleiten. Was so erfolgversprechend begann – am 28. Juli 1904 wurde der deutsch-russische Handelsvertrag ratifiziert – endete durch die Nichtrealisierung des Björkö-Vertrages in einer Niederlage, die im britisch-russischen Interessenausgleich in Asien 1907 für Deutschland ihren drastischen Ausdruck fand.[321]

Wirkungslos blieben auch die Gespräche Wilhelms II. mit dem dänischen König Christian IX., die am 31. Juli dem Treffen bei Björkö folgten.[322] Wilhelms Intention war es, Dänemark in seine Björkö-Politik einzubinden. In diesem Sinne wies Bülow das Auswärtige Amt ausdrücklich an, »dafür zu sorgen, dass unsere Presse Reise Seiner Majestät nach Kopenhagen richtig bespricht. Stelle anheim, ausser Hinweis auf bekannte Verehrung Seiner Majestät für greisen Dänen-König und die durch Kronprinzen-Heirat neuerdings befestigten verwandtschaftlichen Beziehungen die Fahrt nach Kopenhagen auch in Verbindung mit Entrevue von Börkoe [sic!] zu bringen.«[323]

Welche konkreten Pläne verfolgte der Kaiser mit seinem Kopenhagenbesuch? Die norwegische »Aftenposten« vermutete, »daß Deutschland die russische Flottenniederlage an der Tshuschima-Meerenge dazu benutzen würde, seine militärische Oberhoheit über die Ostsee zu demonstrieren und Dänemark, das die Pforten zu diesem Fahrwasser besitzt, in eine Art großpolitische Kombination zu ziehen, die dann wiederum, mit Rußlands Zustimmung, seine Spitze gegen England haben sollte«.[324] Noch zugkräftiger formulierte es die Zeitung »Verdens Gang«: »Die Ostsee wird jetzt von Berlin und Kiel aus beherrscht.«[325]

---

[321] Vgl. Hillgruber, S. 215.
[322] Zum Kopenhagenbesuch Kaiser Wilhelms II.: Krieger, S. 53 f.
[323] Telegramm Bülows an das Auswärtige Amt, Norderney, 27.7.1905. PA AA, Preussen 1, Nr. 1, Nr. 4d, Bd. 2.
[324] Zit. nach Fink, Ustabil balance, S. 243. Ähnlich sah man in England die Lage. Dazu das Telegramm Metternichs an das Auswärtige Amt, London, 2.8.1905. PA AA, Dänemark 37 *secr.*, Bd. 5.
[325] Faber du Faur an Müller, Christiania, 21.7.1905. PA AA, Dänemark 37 *secr.*, Bd. 5.

Die Schaffung eines mare clausum, das war das klare Ziel der Ostseepolitik Wilhelms II. Ungeachtet dessen, daß eine Diskussion dieser Frage zwei Jahre zuvor ergebnislos verlief[326], meinte er jetzt, wo er sich auf der Höhe seines Erfolges glaubte, das Ganze wieder aufleben lassen zu können. »Die dänische Neutralitätsfrage muß mit aller Macht betrieben werden, als im hauptsächlichen Interesse Rußlands, dem wir aus Liebenswürdigkeit dabei als ›ehrlicher Makler‹ helfen«[327], hatte Wilhelm damals dem Reichskanzler geschrieben und zugleich eingeräumt: »In Wirklichkeit ist es aber vom militärischen Standpunkt aus eine Lebensfrage für uns! Es bedeutet eine Verdoppelung unserer Kraft im Kriege, wenn wir uns auf Dänemark stützen können!«[328]

Welche Stellung bezog die deutsche Regierung in dieser Sache? Eine Neuauflage der Gespräche wußte der Reichskanzler zu verhindern. Da es Bülow für höchst unwahrscheinlich hielt, daß sich Dänemark in einen Konflikt mit England setzen würde, geschweige denn der britischen Flotte durch die Sperrung des Sundes die Ostsee-Einfahrt verwehren würde, wies er den deutschen Gesandten in Kopenhagen, von Schoen, an, den Kaiser auf offener See abzufangen und ihn von der Behandlung politischer Fragen abzubringen.[329] Dieser konnte von Wilhelm das Versprechen ertrotzen, das dänische Neutralitätsproblem bei seinem Gespräch mit König Christian nicht zu berühren.[330] Obgleich der Kaiser das Thema in Kopenhagen nicht einmal andeutungsweise erwähnte[331], zweifelte er nicht, daß sich Dänemark eines Tages doch auf die deutsch-russische Seite schlagen werde, denn: »tout vient à qui sait attendre«.[332]

Überzeugt, daß der dänische Königshof ihm freundlich ge-

---

[326] S. oben S. 108f.
[327] Wilhelm II. an Bülow, 27.12.1903, in: Bülow, Deutschland, Bd. 1, S. 9.
[328] Ebd.
[329] Fink, Ustabil balance, S. 239.
[330] Ebd.
[331] Telegramm Tschirschkys an das Auswärtige Amt, Kopenhagen, 2.8.1905. PA AA, Preussen 1, Nr. 1, Nr. 4d, Bd. 2.
[332] Wilhelm II. an den Zaren, Saßnitz, 2.8.1905. Zit. nach Fink, Deutschland, S. 96. Diesen Eindruck gewann auch Schoen, der an Bülow schrieb, »daß Dänemark mehr und mehr von der Notwendigkeit, sich

sinnt sei, wollte sich auch der Kaiser wohlwollend zeigen. Alle Aufregungen in der norwegischen Thronfolgefrage schienen vergessen, alle früheren Ansichten über Bord geworfen, als er Prinz Carl und Prinzessin Maud in Kopenhagen besuchte. Als während der Unterhaltung der damals zweijährige Prinz Alexander – der heutige norwegische König Olaf V. – mit einer norwegischen Flagge in der Hand das Zimmer betrat, nahm ihn Wilhelm in den Arm und nannte ihn »den Kronprinzen Norwegens«.[333] Zudem versicherte der Kaiser dem Prinzen Carl, daß er der erste Monarch sein werde, der ihn in seinem Königreich Norwegen besuchen werde.[334]

Summa summarum blieb die erwartete Dankbarkeit jedoch aus. Der dänische König sandte nach dem kaiserlichen Kopenhagenbesuch Außenminister Raben nach London, um die Engländer der strikten Neutralität Dänemarks zu versichern.[335]

4. Wilhelm II. und die skandinavischen Staaten nach Auflösung der schwedisch-norwegischen Union 1905

Populär war Wilhelm II. in Norwegen, er wollte dies auch sein, »aber wir wünschten doch, daß er nicht allzu intim werden würde, am liebsten ein wenig auf Abstand«.[336] So charakterisierte Fridtjof Nansen in einem Gespräch mit dem dänischen König Christian IX. die norwegische Volksmeinung. Dies geschah im Oktober 1905, zwei Monate, nachdem im Plebiszit die Unionsauflösung durch das Storting vom 7. Juni 1905 bestätigt wurde.[337] Nansens Formulierung war vor allem symptomatisch für die Stimmung der norwegischen Presse, die es dem Kaiser übel nahm, daß er 1905 die Route seiner Nordlandfahrt mit

---

freundlich zu uns zu stellen, durchdrungen und mit dem Gedanken vertraut sei, im Falle kriegerischer Großmachtkonflikte unter dem Druck einer douce violence (sanften Gewalt) auf unsere Seite treten zu müssen!« Zit. nach Fink, Deutschland, S. 97.

[333] Løvland, Menn, S. 165.
[334] Schoen, S. 15. Zum Gespräch zwischen Wilhelm II. und Prinz Carl: Keiser Wilhelm og Prins Carl, in: Ugens Nyt Nr. 31 v. 5.8.1905.
[335] Bülow, Denkwürdigkeiten, Bd. 2, S. 145.
[336] Nansen, S. 142.
[337] Imhof, S. 161.

Rücksicht auf den schwelenden schwedisch-norwegischen Unionskonflikt geändert hatte.[338]

Wilhelm II. und die deutsche Regierung verstanden es allerdings schnell, sich den veränderten Verhältnissen anzupassen und mit Norwegen in offizielle Beziehung zu treten. Das Deutsche Reich war der erste Staat, der Norwegen anerkannte.[339] Es übernahm im Oktober 1905 die norwegische diplomatische Vertretung in Konstantinopel[340], und nachdem Norwegen die Wahrung seiner Schiffahrtsinteressen in der Türkei Deutschland übertragen hatte, wurde auch seine Vertretung im Internationalen Gesundheitsrat von dem deutschen Delegierten wahrgenommen.[341] Im November wurde Freiherr von Werthern zum interimistischen deutschen Geschäftsträger in Christiania bestellt.[342] Damit nahm er seine Tätigkeit nur einige Tage später als sein britischer Amtskollege auf.[343] Im gleichen Zuge besetzte Norwegen aufgrund seiner desolaten Finanzlage zunächst nur die diplomatischen Posten in Berlin, St. Petersburg, Stockholm, Kopenhagen, Paris, London und Washington.[344]

Die neugeschaffenen amtlichen Beziehungen wurden durch persönliche Kontakte zwischen den Herrscherhäusern intensiviert. Der Kaiser war der erste regierende Fürst, der Norwegen seine Aufwartung machte.[345] Und dies, obgleich er in König Haakon VII. – wie sich der dänische Prinz Carl jetzt in Anknüpfung an den letzten, im 14. Jahrhundert herrschenden norwegi-

---

[338] Dazu Reisen und Reden, in: Vossische Zeitung v. 10.7.1906. NUD, G 2 C 9/06.
[339] Zur Sympathie, die die offiziellen deutschen Kreise gegenüber Norwegen hegten: Ditten an Løvland, Berlin, 29.10.1906. NUD, P 12 A 2/06. Noch im Juni 1905 hatte Kronprinz Gustaf diese Möglichkeit ausgeschlossen. Er rechnete vielmehr damit, daß Rußland die erste Nation sein würde, die Norwegen anerkennt. Telegramm Gustafs an das Kabinett, Stockholm, 16.6.1905. BFA, Gustaf V:s arkiv, Vol. 76.
[340] Notiz, Berlin, 19.10.1905. PA AA, Norwegen 2, Bd. 1.
[341] Telegramm Marschall von Biebersteins an das Auswärtige Amt, Entzifferung, Pera, 3.1.1906; Mühlberg an den Botschafter in Konstantinopel, Berlin, 12.1.1906. Ebd.
[342] Bülow an Løvland, Berlin, 4.11.1905. Ebd.
[343] Notiz in der Vossischen Zeitung v. 3.11.1905. Ebd.
[344] Werthern an Bülow, Christiania, 15.11.1905. Ebd.
[345] Stuebel an Bülow, Drontheim, 10.7.1906. PA AA, Preussen 1, Nr. 1, Nr. 4w, Bd. 9. Keiseren i Trondhjem, in: Verdens Gang v. 9.7.1906.

schen König nannte – einen »König von ›Volkesgnade‹ also nicht besser wie ein Präsident der Republik« sah.[346]

Die Nordlandfahrt im Sommer 1906 war Wilhelm II. willkommener Anlaß, die Sympathien des neugebildeten selbständigen Staates zu gewinnen. Dabei hatte er stets im Bewußtsein, seinem englischen Rivalen, König Edward VII., durch seinen Besuch einen Schritt zuvorgekommen zu sein. Der Kaiser hatte hier mit allen ihm zu Gebote stehenden Mitteln versucht, die deutschen Interessen in Norwegen zu wahren. Für sich genommen, verliefen die Gespräche recht erfolgreich. Die impulsive Art und Weise, in der dies alles geschah, fand jedoch nicht den ungeteilten Zuspruch des Staatssekretärs des Auswärtigen Amtes.[347] Denn: Aufmerksamkeit erregte der kaiserliche Besuch insofern, als er der europäischen Hofetikette widersprach.[348] Für einen kürzlich gekrönten Souverän schickte es sich nun einmal nicht, einen anderen Regenten in seinem Reich zu empfangen, bevor er diesen nicht selbst mit einem Antrittsbesuch beehrt hatte. Warum setzte sich gerade Wilhelm, der in diesen Dingen doch bewandert war, über die ungeschriebenen Regeln hinweg? Was veranlaßte ihn zu diesem ungewöhnlichen Schritt? Sicherlich wollte er zum einen den negativen Eindruck, den seine Nichtteilnahme an den Krönungsfeierlichkeiten in Drontheim im norwegischen Volk hinterließ – er war damals aus Termingründen verhindert –, wieder wettmachen. Zum anderen war sein Verhalten politisch motiviert, denn er hoffte – über den Aufbau vielversprechender politischer Beziehungen zu Norwegen hinaus –, durch die familiäre Einbindung König Haakons in das dänische Königshaus auch ein besseres Verhältnis zu Dänemark zu erlangen.

König Haakon wünschte, daß der Kaiserbesuch am 8. Juli 1906 – also knapp drei Wochen nach den Krönungsfeierlichkei-

---

[346] Marginalie Wilhelms II. zu einem Bericht Schoens an Bülow v. 9.11.1905. PA AA, Norwegen 3, Nr. 1, Bd. 1. Im Plebiszit vom 13.8.1905 wurde die Beibehaltung der Monarchie mit einer Mehrheit von 259 563 Ja- gegen 69 264 Nein-Stimmen beschlossen. Imhof, S. 161.

[347] Taube an Trolle, Berlin, 10.7.1906. RA, UD:s arkiv, 1902 års dossiersystem, Vol. 2.

[348] Ausführlich dazu: Emperor William and Norway, in: New York Tribune v. 8.7.1906. NUD, G 2 C 9/06.

ten in Drontheim – einen offiziellen Charakter tragen möge.[349] In diesem Sinne wurde die Begegnung auch zu politischen Gesprächen genutzt[350], denen Außenminister Løvland und Verteidigungsminister Olssøn beiwohnten.[351] Obgleich der deutsche Gesandte dem norwegischen Außenminister zu verstehen gab, daß der bevorstehende Kurzbesuch des Kaisers zum näheren Eingehen auf politische Fragen nicht geeignet sei[352], kam es anders: Auf Anraten Løvlands sprach König Haakon im Zuge der Auflösung des Novembertraktates von 1855 das Projekt eines neu zu schließenden Integritätsabkommens an, das die am damaligen Vertrag nicht beteiligten Nationen Deutschland und Rußland einbeziehen sollte.[353] Der König wollte – so Freiherr von Jenisch – den Vertrag mit allen Großmächten schließen und die eigentlichen Verhandlungen durch eine gleichlautende Note an die entsprechenden Kabinette einleiten.[354] Kaiser Wilhelm, der im Gegensatz zum Christiania-Besuch von 1890 diesmal norwegische statt schwedischer Admiralsuniform trug[355], war grundsätzlich bereit, ein solches Abkommen zu unterstützen.[356]

Was in den Gesprächen auf der Nordlandfahrt 1906 im Nebulösen, in vagen Andeutungen blieb, bestimmte das weitere Vorgehen der deutschen Diplomatie: Für sie ging es darum, sich mit Norwegen über den Inhalt des Garantievertrages zu verständigen, bevor man sich vor ein Fait accompli bereits erfolgter Ver-

---

[349] Stuebel an das Auswärtige Amt, Christiania, 15.6.1906. PA AA, Preussen 1, Nr. 1, Nr. 4w, Bd. 9. Zum offziellen Charakter des Besuches s. auch Løvland an Lie, 12.6.1906. NUD, G 2 C 9/06.
[350] Telegramm Stuebels an das Auswärtige Amt, Entzifferung, Drontheim, 27.6.1906. PA AA, Preussen 1, Nr. 1, Nr. 4w, Bd. 9.
[351] Keiser Wilhelm i Trondhjem, in: Verdens Gang v. 9.7.1906. RA, UD:s arkiv, 1902 års dossiersystem, Vol. 188.
[352] Telegramm Tschirschkys an das Auswärtige Amt, Travemünde, 30.6.1906. PA AA, Schweden 56 *secr.*, Bd. 1. S. auch: Stuebel an Løvland, Bergen, in: Norge og stormaktene, Bd. 1, Nr. 16, S. 80f.
[353] Vgl. Greve, Haakon VII., S. 120. Dazu auch Jenisch an Bülow, an Bord der HAMBURG, 10.7.1906. PA AA, Schweden 56 *secr.*, Bd. 1.
[354] Jenisch an Bülow, an Bord der HAMBURG, 10.7.1906. PA AA, Schweden 56 *secr.*, Bd. 1.
[355] Keiser Wilhelm i Trondhjem, in: Verdens Gang v. 9.7.1906. RA, UD:s arkiv, 1902 års dossiersystem, Vol. 188.
[356] Hubatsch, Das deutsch-skandinavische Verhältnis, S. 59.

handlungen Norwegens mit England und Frankreich gestellt sah.[357]

Das Monarchentreffen von 1906, dem die deutsche Regierung mit großen Hoffnungen entgegengesehen hatte, fand in Schweden verständlicherweise keinen Beifall. »Die Ehrenbezeigungen und Freundschaftsversicherungen, womit Kaiser Wilhelm in diesen Tagen Norwegens neugekröntem König und das norwegische Volk überhäuft, können schwerlich umhin, auf jedes schwedische Gemüt verletzend zu wirken«, hieß es in einem Schreiben des schwedischen Gesandten in Berlin an Außenminister Trolle.[358] Die schwedische Presse stieß in dasselbe Horn und erregte dadurch das Mißfallen der deutschen Regierung. Die schwedische satirische Zeitschrift »Puck« veröffentlichte 1906 in ihrer August-Ausgabe auf der Titelseite die Karikatur »Die neue Schule des Kaisers« (Abb.36). Sie zeigte Wilhelm II. in der Pose des Schulmeisters vor Vertretern der schwedischen Presse, versehen mit dem vielsagenden Kommentar: »Kaiser Wilhelm hat neulich seinen Ärger darüber ausgedrückt, daß Journalisten ihren Beruf ausüben dürfen, ohne ein Examen abgelegt zu haben.«[359]

Diese Spitze geht auf einen Artikel des »Le Matin« zurück, der im Sommer 1906 über das Treffen zwischen dem Kaiser und dem französischen Industriellen Gaston Menier auf der Nordlandfahrt berichtete.[360] Damals soll sich der Kaiser Herrn Menier gegenüber, der als Vizepräsident der Friedensliga den Kaiser für eine deutsch-französische Allianz, einen Staatsbesuch in Paris und einen Zusammenschluß der europäischen Mächte gewinnen

---

[357] Jenisch an Bülow, an Bord der HAMBURG, 10.7.1906. PA AA, Schweden 56 *secr.*, Bd. 1.

[358] Taube an Trolle, Berlin, 10.7.1906. RA, UD:s arkiv, 1902 års dossiersystem, Vol. 2.

[359] Käjsarens nya skola, in: Puck Nr. 32 v. 9.8.1906. S. dazu auch den Artikel »Käjsarens nya profession«, in: Ebd.

[360] Quelques heures avec Guillaume II., in: Le Matin v. 31.7.1906. PA AA, Preussen 1, Nr. 1, Nr. 4w, Bd. 10. Auf Meniers Yacht fand vier Jahre zuvor die damals vielbeachtete Begegnung zwischen dem französischen Ministerpräsidenten des aus Radikalen und Sozialisten zusammengesetzten »Bloc républicain«, Pierre Waldeck-Rousseau, und Wilhelm II. statt. Henri Duvernois, Guillaume II à bord d'un yacht français, in: A travers le Globe, 2. Jg., 2. Halbjahr, H. II, 1906, S. 151. Ebd.

wollte[361], in diesem Sinne über das Metier des Journalisten geäußert haben.[362]

Die Schweden waren über die norwegenfreundliche Haltung des Kaisers verstimmt. Diese Verstimmung wuchs im Laufe der Verhandlungen über das norwegische Integritätsabkommen, das am 2. November 1907 in Christiania zwischen dem Deutschen Reich, Frankreich, Großbritannien, Norwegen und Rußland geschlossen wurde[363], nachdem am selben Tag der Novembertraktat von 1855 aufgehoben wurde. Während der Beratungen im Vorfelde des Vertragsabschlusses war offenkundig geworden, daß die Interessen Deutschlands und Schwedens konträr zueinander verliefen.[364] Denn: Schwedens Bemühen um ein Nichtzustandekommen des Abkommens – Norwegen ließ nicht einmal ein Beitreten Schwedens als Signatarmacht zu – stieß bei der Berliner Diplomatie auf entschiedene Ablehnung.[365] Bezeichnend für die Haltung Norwegens gegenüber Schweden war, daß der schwedische Gesandte in Christiania von dem Abschluß des

---

[361] Tschirschky an Bülow, an Bord der HAMBURG, 7.7.1906. PA AA, Nl. Tschirschky. Zum Inhalt der Gespräche zwischen Wilhelm II. und Menier: Telegramm des kaiserlichen Botschafters an das Auswärtige Amt, Paris, 31.7.1906. PA AA, Preussen 1, Nr. 1d, Bd. 16.

[362] Quelques heures avec Guillaume II., in: Le Matin v. 31.7.1906. PA AA, Preussen 1, Nr. 1, Nr. 4w, Bd. 10.

[363] Zum Text des Abkommens: GP, Bd. XXIII/2, Nr. 8082, S. 457–459. Zu dieser Aktenpublikation heißt es bei Lindberg, daß die geschönte Ganzheitssicht, wie man sie sonst in dieser Edition antrifft, in bezug auf das Integritätsabkommen nicht so ausgeprägt sei, da die Frage vom deutschen Standpunkt aus einen verhältnismäßig peripheren Charakter hatte. Lindberg, Die Grosse Politik, S. 358. Zum Gang der Verhandlungen s. die von Omang herausgegebene Aktenpublikation: Norge og stormaktene 1906–14, Bd. 1. Oslo 1957. Zum Neutralitätsgedanken der norwegischen Politik: Mathisen, S. 30–60.

[364] Hubatsch, Das deutsch-skandinavische Verhältnis, S. 66.

[365] Vgl. ebd. Anzumerken ist hier, daß der Vertrag in Deutschland auf ungeteilten Zuspruch stieß. Lediglich der Admiralstab war gegen den Abschluß, da er »uns Rücksichten in der Kriegsführung auferlegt und Dänemark sowie Schweden einen gleichen Vertrag anregen könnten«. Notiz v. 2.1.1907. PA AA, Schweden 56 *secr.*, Bd. 2. Darüber, daß ein Neutralitätsabkommen zwischen Norwegen, Schweden und Dänemark aufgrund der deutschen Ostseestellung nicht wünschenswert wäre, war man sich hingegen einig. Tschirschky an den deutschen Botschafter in London, Berlin, 28.2.1907. Ebd.

norwegischen Integritätsvertrages dann auch völlig überrascht war, weil die norwegische Regierung ihn nicht – wie versprochen – vor Unterzeichnung des Kontrakts informierte.[366]

Am 23. April 1908 schlossen in St. Petersburg Dänemark, das Deutsche Reich, Schweden und Rußland ein Ostsee-Abkommen, das den Status quo aufrechterhalten sollte. Am selben Tag wurde von Deutschland, Dänemark, Frankreich, Großbritannien, Holland und Schweden in Berlin eine entsprechende Übereinkunft für die Nordsee getroffen. Es ist hier nicht der Ort, sich mit diesen Verhandlungen im Detail auseinanderzusetzen, zumal sie – wie Lord Edward Grey zu Recht formulierte – »keinen bedeutenden Einfluß auf den Gang der Dinge vor dem Kriege« hatten.[367] Für uns ist in diesem Zusammenhang lediglich wichtig zu konstatieren, daß Norwegen hierbei außenvor blieb, denn erstens wollte es sich in keiner Form in der europäischen Großmachtpolitik engagieren und zweitens sah es seine Position durch das Integritätsabkommen von 1907 gesichert.[368] Dies entsprach vollkommen dem Denken der Vertragspartner, die Norwegen deshalb auch nicht zur Teilnahme an den Verhandlungen baten. In der Sicherung des Ålandservituts, wonach Rußland die Errichtung von Befestigungen auf der Insel untersagt wurde, stand Deutschland den Schweden bei.[369]

Dieser Schritt brachte Deutschland und Schweden einander wieder ein Stück näher. Dennoch: Die Wunden waren noch zu frisch. Kein Wunder, daß man dem Kaiserbesuch in Stockholm 1908[370], der sich an Wilhelms gewohnte Nordlandreise anschloß, skeptisch gegenüber stand. »Er, der alles selbst macht«, hieß es bezeichnend in einem Spottbild (Abb.37). Wie sehr sich doch die Bilder glichen. Bereits drei Jahre zuvor, als die politische Stimmung in Schweden noch deutschfreundlicher war, tat sich die Zeitschrift »Puck« – stellvertretend für viele – durch eine Karikatur Wilhelms II. hervor, die die Charaktereigenschaften

---

[366] Treutler an Bülow, Christiania, 7.7.1907. PA AA, Norwegen 2, Bd. 2.
[367] Grey, S. 143.
[368] Vgl. Omang, S. 79.
[369] Tidens frågor, in: Nya Dagligt Allehanda v. 20.4.1913. RA, UD:s tidningsklippsamling, serie 1, Vol. 2.
[370] Zum Stockholmbesuch des Kaiserpaares im August 1908: RA, UD:s arkiv, 1902 års dossiersystem, Vol. 188.

des Kaisers gleich einem Brennglas bündelte (Abb.38).[371] Wilhelm II. erschien dort in der Rolle Gustav Wasas, als dieser seine berühmt gewordene Rede an die Dalekarlier zur Erhebung gegen die Dänen hielt.

In der schwedischen Politik orientierte man sich aber nach wie vor an Deutschland, obgleich dieses beim Zustandekommen des Integritätsabkommens Schweden in keiner Weise seine Unterstützung zuteil werden ließ. Nach dem Tod König Oscars im Dezember 1907 hatte Kronprinz Gustaf die Regierung übernommen und führte nun die prodeutsche Politik seines Vaters fort. Insbesondere seine Gemahlin bekundete in treuer Anhänglichkeit an ihre Heimat ein besonderes Interesse am deutschen Militarismus.[372]

Ein Zeichen für diese Kontinuität waren die deutsch-schwedischen Generalstabsverhandlungen von 1910, deren Ziel die Schaffung einer deutsch-schwedischen Militärkonvention war.[373] Im schwedischen Offzierskorps bestanden ohnehin starke Sympathien für Deutschland.[374] Hier hieß es, das Eisen schmieden, so lange es heiß ist. Die Verhandlungen scheiterten jedoch aufgrund des schwedischen Regierungswechsels im darauffolgenden Jahr.[375]

Wenngleich keine vertragliche Grundlage für eine militärische Zusammenarbeit zwischen Deutschland und Schweden existierte, glaubten damals viele, daß Schweden auch ohne eine Bindung an das Deutsche Reich im Kriegsfall gegen Rußland auf deutscher Seite zu finden sei.[376] Derselben Meinung war auch der von 1911 bis 1915 in Stockholm akkreditierte deutsche

---

[371] Ur käjsar Wilhelms skissbok, in: Puck Nr. 29 v. 20.7.1905.
[372] Der Staatssekretär des Auswärtigen Amtes an Treutler, Berlin, 26.6.1908. PA AA, Schweden 50, Nr. 1, Bd. 13.
[373] Dazu ausführlich Lindberg, De svensk-tyska generalstabsförhandlingarna år 1910, in: Historisk Tidskrift, Stockholm, 1, 1957, S. 1–28. Dokumente zu den Generalstabsverhandlungen 1910: RA, UD:s arkiv, 1902 års dossiersystem, Vol. 4.
[374] Pückler an Bülow, Stockholm, 30.3.1909. PA AA, Schweden 52, Bd. 2.
[375] Der liberale, den Sozialdemokraten nahestehende Staaff wurde mit der Bildung eines neuen Ministeriums betraut. Zur politischen Bedeutung des Regierungswechsels: Reichenau an Bethmann Hollweg, Stockholm, 3.10.1911. PA AA, Schweden 50, Nr. 2, Bd. 3.
[376] Vgl. dazu Schuberth, S. 15.

Gesandte Franz von Reichenau. Erklärtes Ziel seiner Politik war, daß Schweden Anschluß an das Deutsche Reich finden sollte ähnlich wie die Bundesstaaten Baden und Württemberg nach 1871. Reichenau verkannte völlig, daß das nicht im Bereich der Möglichkeiten lag. Ebensowenig vertrug sich Wilhelms Gedanke eines Dreibundbeitritts Schwedens[377], wie er ihn in seinen Gesprächen mit dem Unionskönigshaus während der Krisenjahre 1895–1905 formuliert hatte, mit der politischen Wirklichkeit des ausgehenden 19. und beginnenden 20. Jahrhunderts.

Dieser Gedanke wurde jetzt von dem Rechtswissenschaftler Pontus Fahlbeck in seiner Schrift »Svensk och nordisk utrikespolitik« aktualisiert[378] und gelangte erstmals in das Bewußtsein einer breiten Öffentlichkeit.[379] In die gleiche Richtung wirkte der Staatswissenschaftler Rudolf Kjellén.[380] Ein ebenso glühender Anhänger des wilhelminischen Reiches war Sven Hedin[381], der sich einerseits vom russischen Zaren seine Forschungsreisen nach Asien finanzieren ließ, andererseits aber eindringlich vor der »russischen Gefahr« – wie etwa in seiner Flugschrift »Ett varningsord«[382] – warnte (Abb. 39).[383] Die Abwehr der »russischen Gefahr« zählte auch zu den Zielen, die der 1910 gegründete »Karolinische Bund« verfolgte.[384] Die Vereinigung schrieb Karl XII. als Symbolfigur der schwedischen Großmachtzeit und einer gegen Rußland gerichteten Politik auf ihr Panier. Auf dem

---

[377] Dazu die umfangreiche Zeitungsartikelsammlung über Schweden und den Dreibund: RA, UD:s tidingsklippsamling, serie 1, Vol. 1.
[378] Zur Reaktion der schwedischen Presse auf Fahlbecks Schrift: Ebd.
[379] Reichenau an Bethmann Hollweg, Stockholm, 21.4.1912. PA AA, Deutschland 136, Bd. 3.
[380] Zu Kjelléns Engagement für eine Mitgliedschaft Schwedens im Dreibund: Reichenau an Bethmann Hollweg, Stockholm, 30.10.1912. Ebd., Bd. 1.
[381] Dazu die Apologie Hedins auf Wilhelm II., in: Hedin, Große Männer, Bd. 2, S. 76–96; sowie die Aufzeichnung »Sven Hedin über Kaiser Wilhelm II.«, in: RA, Hedins arkiv, Vol. 503; zu Hedins Verhältnis zum Deutschen Kaiserreich: Lutzhöft, S. 317 f.
[382] Hedin, Ett varningsord. Stockholm 1912.
[383] Dazu die Karikatur »Er ist ein Mann«, in: Söndags-Nisse Nr. 26 v. 29.6.1913. Die Männlichkeit Wilhelms II. betonte auch Rudolf Kjelléns Zeitungsartikel: En man, in: Göteborgs Aftonblad v. 17.12.1902.
[384] Vgl. hierzu v.a. von See (Hrsg.), Die Strindberg-Fehde, S. 31.

Hintergrund dieser damals aufkommenden Begeisterung für den jungen Feldherrn und der Furcht vor dem langjährigen Gegner im Osten – man braucht hier nur an Heidenstams Novellenzyklus »Karl der Zwölfte und seine Krieger« und an das von Molin 1868 in Stockholm errichtete Standbild Karls XII. zu denken – hatte sich im schwedischen Konservativismus offensichtlich ein »deutscher Gedanke« gebildet.

Das galt hingegen nicht für Norwegen. Hier bewegten sich die Beziehungen in wesentlich kühleren Bahnen. So gut in mancher Hinsicht die Treffen zwischen dem Kaiser und dem norwegischen Staatsminister Michelsen auch verliefen[385], so wenig erfreulich waren die Begegnungen Wilhelms II. mit König Haakon VII. während der Nordlandfahrten 1908[386] und 1909 (Abb. 40).[387] Dies mag damit zusammenhängen, daß Wilhelm II. den Besuch des schwedischen Königs in Berlin Ende Mai 1908 kaum einen Monat später mit einem Gegenbesuch erwiderte, den Besuch König Haakons jedoch nicht unter Wahrung der offiziellen Form.[388] Mit Bezug darauf soll König Haakon 1909 über Wilhelm II. gesagt haben: »Er spielt immer gerne ein wenig Napoleon.«[389]

Die »Hoppla jetzt komme ich«-Attitüde Wilhelms erhitzte die norwegischen Gemüter. Das galt auch für die deutschen Flottenübungen in den norwegischen Gewässern in den Jahren 1911 und 1913, die im Gefolge der kaiserlichen Nordlandfahrten stattfanden. Anlaß für die Verärgerung bildete der deutsche Torpedoboot-Besuch mit 34 000 Mann 1911 in Drammen.[390] »Mit all

---

[385] Wilhelm II. traf Michelsen auf den Nordlandfahrten 1906, 1908, 1909, 1910 und 1912. Dazu die entsprechenden Tagebucheintragungen Admiral von Müllers, in: BA-MA, N 159/3 u. 4.
[386] Zur Monarchenbegegnung 1908: Scheller an das Auswärtige Amt, Christiania, 3.7.1908. PA AA, Norwegen 3, Nr. 1, Bd. 3.
[387] Zur Monarchenbegegnung 1909: Hauge, S. 59 f. sowie SB PK, Nl. Güßfeldt, Heft »Nordlandreise 1909«.
[388] Treutler an Bülow, Christiania, 13.8.1908. PA AA, Preussen 1, Nr. 1, Nr. 4 w, Bd. 11.
[389] Zit. nach Hauge, S. 59.
[390] Ditten an den Staatsrat, Berlin, 23.1.1912. NUD, P 12 C 1/11. Schweden hatte Flottenbesuchen in diesem Umfang durch ein Gesetz vom 27.5.1905 vorgebeugt. Dieses begrenzte die Hafeneinfahrt von Kriegsschiffen auf drei Fahrzeuge. Der schwedische Außenminister an Müller,

seiner wagnerianischen Romantik ist er auf jeden Fall ein Realpolitiker reinsten Wassers.«[391] So lautete der Kommentar von Göteborgs Aftonblad über Wilhelm II., der die Sommerübungen der Hochseeflotte von seiner Yacht HOHENZOLLERN aus verfolgte. Er spiegelte die norwegische Volksmeinung ebenso wider wie die Schlagzeile: »Ein Agadir an der norwegischen Küste.«[392] »Das sei ein ziemlich sonderbarer Ausdruck, den sich die Liebe des Kaisers für Norwegen da suche«[393], meinte denn auch Fridtjof Nansen. Der deutsche Gesandte in Christiania, Graf Oberndorff, konterte. Um dem Ganzen einen harmlosen Anstrich zu geben, erinnerte er daran, daß die Flottenübungen, die vor der norwegischen Küste stattfanden, früher vor Spaniens Küste absolviert wurden.[394] Die norwegische Diplomatie in Berlin beklagte die Haltung ihrer Landsleute: Sei denn Norwegen so schwach, fragte sich von Ditten, daß es es nötig habe, gegen Deutschland zu hetzen, das Norwegen wohlwollend mit anderen Mächten eine Garantie gab, auf die die norwegische Presse seinerzeit besonders stolz war.[395] Habe Norwegen nicht auch geschwiegen, als die Regierung einer englischen Flottenabteilung gestattete, eine Übung abzuhalten, nachdem man der deutschen Flotte bedeutet hatte, daß sie unerwünscht sei?[396] Hier zeichnete sich die zunehmende Englandorientierung Norwegens ab.[397] Im gleichen Sinne wie von Ditten verteidigte der Norweger Hans Dahl – nun mit Blick auf wirtschaftliche Faktoren – nachdrücklich die Sommermanöver der deutschen Marine: »Da werden von unserem Land... große Anstrengungen unternommen, um den Reisestrom an sich zu ziehen,... wie reimt sich dies mit dem Mutwillen gegen die deut-

---

Stockholm, 30.1.1907. PA AA, Deutsche Gesandtschaft, Stockholm, Besuch schwedischer Häfen durch deutsche und deutsche Häfen durch fremde Kriegsschiffe, S. 30.
[391] Norges neutralitet, in: Göteborgs Aftonblad v. 4.8.1911. RA, UD:s tidningsklippsamling, serie 1, Vol. 36.
[392] Et Agadir paa den norske kyst, in: Dagbladet v. 4.8.1911. Ebd.
[393] Nansen-Høyer, S. 175.
[394] Falkenberg an Bergström, Christiania, 19.8.1913. RA, UD:s arkiv, 1902 års dossiersystem, Vol. 107.
[395] Ditten an Irgens, Berlin, 14.8.1911. NUD, P 12 C 1/11.
[396] Ditten an Ihlen, Berlin, 8.2.1913. Ebd.
[397] Schröder, Die diplomatischen Beziehungen, S. 279.

schen Flottenbesuche zusammen, die sowohl Werbung als auch große Summen ins Land bringen?«[398]

Die deutschen Flottenbesuche von 1911[399] und 1913 und vor allem die angeblich von den Deutschen dort angestellten Messungen und Lotungen hatten Folgen[400]: Im norwegischen Storting wurde aus diesem Anlaß eigens eine Debatte anberaumt.[401] Alles löste sich später dann in Wohlgefallen auf. Eine von der norwegischen Regierung in Auftrag gegebene Erhebung ergab, daß »nicht der geringste Verstoss gegen internationale Rechtsgewohnheiten oder Etikette vorliege«.[402] Dennoch darf man in nüchterner Einschätzung der damaligen Lage die Ängste der Norweger nicht unterschätzen. Die deutschen Flottendemonstrationen belasteten nicht nur das deutsch-norwegische Verhältnis, sondern sie schnitten auch Möglichkeiten für eine außenpolitische Annäherung der beiden Staaten ab. Welche Konsequenzen daraus für die deutsche Skandinavienpolitik erwachsen würden, war danach bloß noch eine Frage der Zeit.

5. Die letzte Nordlandfahrt und die Julikrise 1914

»Der Kaiser war am 27. Juli von der Nordlandreise zurückgekehrt. Sie anzutreten hatte ich ihm geraten, um das große Aufsehen zu vermeiden, das ein Unterbleiben der seit langer Zeit all-

---

[398] Hans Dahl, Norge og Tyskland, in: Aftenposten v. 21.8.1913. RA, UD:s tidningsklippsamling, serie 1, Vol. 36. Dazu auch der gleichnamige Artikel von Erich A. Lilienthal, in: Tidens Tegn v. 19.8.1913. RA, UD:s arkiv, 1902 års dossiersystem, Vol. 107. S. ebenso »Tidningsklipp med anledning af tyska flottans besög i norska farvatten« und »Tyska flottbesöken i norska hamnar 1913–1914«, in: RA, UD:s tidningsklippsamling, serie 1, Vol. 36.
[399] Zu den Plänen für die Sommerübungen der Hochseeflotte 1911: BA-MA, RM 2/1660 sowie RM 2/1744, S. 213f.
[400] Zu den Vorwürfen, die gegen die deutsche Flotte erhoben wurden: Norwegen. Die Mißstimmung gegen den deutschen Besuch, in: Vorwärts v. 7.8.1913.
[401] Följder, in: Aftonbladet v. 26.7.1913. Dazu auch Gerstenberger, S. 122.
[402] Aufzeichnung des Marineattachés Wesendonck, Berlin, 3.10.1911. PA AA, Norwegen 17, Bd. 1. S. auch: Die norwegische Regierung und die deutsche Flottenrevue, in: Berliner Morgenpost v. 4.10.1911.

jährlich in diesem Monat gewohnten Reise hervorgerufen hätte.«[403] Diese Sätze des Reichskanzlers Theodor von Bethmann Hollweg sind charakteristisch für den »trügerischen Schleier der amtlichen Urlaubsreisen«[404], der sich nach dem Mord am Thronfolger der österreichisch-ungarischen Monarchie, Erzherzog Franz Ferdinand, und seiner Gemahlin in der bosnischen Landeshauptstadt Sarajewo am 28. Juni 1914 sowohl über das Deutsche Reich als auch über Österreich legte. Der Chef des Generalstabs, Helmuth von Moltke, war ohnehin am Tag des Attentats zur Kur nach Karlsbad abgereist, sein Stellvertreter, Graf Waldersee, nahm am 8. Juli seinen Sommerurlaub, Kriegsminister Falkenhayn und der Staatssekretär der Marine, Tirpitz, sowie der Chef des Admiralstabs hatten ihren Erholungsurlaub bereits angetreten[405], und am 7. Juli stach der Kaiser auf der HOHENZOLLERN in See.[406] Um die Fiktion einer Sauregurkenzeit zu wahren, begab sich der Reichskanzler zum Schein auf sein Gut Hohenfinow in der Mark Brandenburg. Er war jedoch jederzeit in Berlin abrufbar.[407]

Daß der Reichskanzler den Kaiser auf die Nordlandfahrt geschickt hatte, diente im Zuge der absehbaren Krisensituation nicht nur einer Beruhigung des Auslandes, sondern auch dem »Ausschalten eines Unsicherheitsfaktors«.[408] Dabei ist es allerdings eigentümlich, daß sich Wilhelm II. so bereitwillig den Plänen Bethmann Hollwegs fügte. Denn 1911 zog der Kaiser angesichts der sich zuspitzenden Agadirkrise und der Mansion House-Rede Lloyd Georges ein Abbrechen seiner Nordlandfahrt in Erwägung. Damals meinte er, seine Regierung nicht handeln lassen zu können, »ohne an Ort und Stelle zu sein, um die Consequenzen genau zu übersehen und in der Hand zu haben! Das wäre sonst unverzeihlich und zu parlamentarisch! *Le Roi s'amuse!* Und derweilen steuern wir auf die Mobilmachung los!

---

[403] Bethmann Hollweg, Bd. 1, S. 146f.
[404] Geiss (Hrsg.), Juli 1914, S. 69.
[405] Vgl. ebd., S. 67f.
[406] Als Tschirschky am 10. Juli Staatssekretär von Jagow berichtete, daß der österreichische Kriegsminister Wien verließ, »um jeder Beunruhigung vorzubeugen«, bezeichnete Wilhelm II. dies als »kindisch«. Ebd., Nr. 16, S. 86.
[407] Ebd., S. 67.
[408] Fischer, Krieg, S. 692.

Ohne mich darf das nicht geschehen!«[409] Daß er nun, im Juli 1914, seine Reise antrat, entsprach wohl weniger dem Drängen des Reichskanzlers als seinem eigenen taktischen Kalkül.[410]

Wenige Tage nach dem Anschlag auf Erzherzog Franz Ferdinand glaubte der Kaiser, einen Kampf mit Serbien nicht mehr vermeiden zu können.[411] Er drängte Österreich zu einem militärischen Vorgehen, das ein solches Wagnis aber nicht ohne eine feste Hilfszusage Deutschlands eingehen wollte.[412] Obgleich der deutsche Botschafter in Wien, Tschirschky, und der Vertreter des Staatssekretärs im Auswärtigen Amt, Zimmermann, in der Angelegenheit Zurückhaltung übten, formulierte Wilhelm II. am 4. Juli die »Abrechnung mit Serbien«[413]: »Tschirschky soll den Unsinn gefälligst lassen! Mit den Serben muß aufgeräumt werden, *und* zwar *bald*.«[414]

»Jetzt oder nie!«[415], so lautete die Devise, die die deutsche Außenpolitik der kommenden Wochen bestimmte. Am 5. Juli überreichte der Botschafter der Doppelmonarchie in Berlin, Graf Szögyény, Wilhelm II. zwei Dokumente: zum einen ein Schreiben Kaiser Franz Josephs, in dem dieser Wilhelm mitteilte, daß sich Österreich-Ungarn gegen die vom Panslawismus drohende Gefahr nur dann schützen könne, »wenn Serbien, welches gegenwärtig den Angelpunkt der panslawistischen Politik bildet, als politischer Machtfaktor am Balkan ausgeschaltet wird«[416], zum anderen ein Memorandum des ungarischen Ministerpräsi-

---

[409] Zit. nach Balfour, S. 337. Zur Nordlandfahrt von 1911: Wernecke, S. 68. Von Müller berichtete, daß viele Fahrtteilnehmer sich schon mit Schrecken auf der Heimreise von englischen Kriegsschiffen aufgegriffen sahen. Tagebucheintragung Admiral von Müllers v. 26.7.1911. BA-MA, N 159/4, S. 72.
[410] vgl. dazu Fox, S. 26.
[411] Fischer, Weltmacht, S. 57.
[412] Ebd., S. 58.
[413] Ludwig, S. 415.
[414] Marginalien Wilhelms II. zu einem Schreiben Tschirschkys an Bethmann Hollweg, Wien, 30.6.1914, in: Geiss (Hrsg.), Juli 1914, Nr. 2, S. 40.
[415] Ebd., S. 39.
[416] Franz Joseph an Wilhelm II., Handschreiben, am 5. Juli von österreichisch-ungarischer Seite dem Unterstaatssekretär Zimmermann überreicht, in: DD, Bd. 1, Nr. 13, S. 21.

denten Tisza, worin der Vorschlag unterbreitet wurde, Bulgarien dem Dreibund anzugliedern.[417] Wilhelm II. riet zu einer sofortigen Mobilisierung Österreichs und sicherte Szögyény zu, daß er mit einer deutschen Hilfeleistung rechnen könne, falls der serbische Konflikt in einer kriegerischen Auseinandersetzung zwischen Österreich-Ungarn und Rußland eskalieren sollte. Damit hatte der Kaiser eine zukunftsweisende Versicherung ausgesprochen: Er hatte Wien einen deutschen »Blankoscheck« ausgestellt. Bei seinen Überlegungen ging Wilhelm II. davon aus, daß weder Rußland noch Frankreich kriegsbereit wären und mithin Deutschland diese Krise meistern würde. Noch am selben Tag zitierte der Kaiser Vertreter des Kriegsministeriums, des Reichsmarineamtes, des General- und Admiralstabs zu sich[418], um noch vor Antritt seiner Nordlandfahrt – so die Interpretation Fritz Fischers – »vorbereitende Maßnahmen für einen Krieg«[419] zu treffen.

Zwei Tage später trat Wilhelm II. seine traditionelle Nordlandfahrt an. Obgleich das Programmschema an Bord das gleiche blieb wie die Jahre zuvor, verzichtete man auf die Wahl einer abwechslungsreichen Fahrtroute und ankerte statt dessen situationsbedingt vor Balholm. In Berlin glaubte man nun, freie Hand zu haben.

Während sich Wilhelm II. in Kiel einschiffte, bestätigte Bethmann Hollweg dem österreichischen Kabinettschef, Graf Hoyos, und dem österreichisch-ungarischen Emissär, Szögyény, die Zusagen Wilhelms II. Damit fand die Haltung des Kaisers ihre verfassungsrechtliche Sanktionierung. Hierin liegt die »initiierende Verantwortung des Deutschen Reiches für den Verlauf der Julikrise und den Ausbruch des Ersten Weltkrieges«.[420]

Am 8. Juli entschloß sich Österreich-Ungarn, ein unannehmbares Ultimatum an Serbien zu stellen. Bereits am 10. Juli wurde darüber die Wilhelmstraße informiert, die zuvor entschieden für

---

[417] Mit Nr. 13 (wie Anm. 416) am 5. Juli eingereichtes Memorandum der österreichisch-ungarischen Regierung, in: DD, Bd. 1, Nr. 14, S. 21.
[418] Dazu die Tagebucheintragung Admiral von Müllers v. 6.7.1914. BA-MA, N 159/4, S. 247.
[419] Fischer, Weltmacht, S. 60.
[420] Hildebrand, Deutsche Außenpolitik, S. 41.

eine solche Maßnahme votiert hatte.[421] Szögyény berichtete am 12. Juli, daß Kaiser Wilhelm und das Auswärtige Amt nicht nur fest und bundestreu hinter der Monarchie stünden, »sondern sie ermuntern uns auch noch auf das Nachdrücklichste, den jetzigen Moment nicht verstreichen zu lassen, sondern energischst gegen Serbien vorzugehen und mit dem dortigen revolutionären Verschwörernest ein für alle Mal aufzuräumen«.[422] Wilhelm II. und die maßgeblichen deutsche Kreise drängten förmlich dazu, »eine eventuell sogar kriegerische Aktion gegen Serbien zu unternehmen«[423], denn: »Für die Wahl des jetzigen Zeitpunktes sprechen nach der deutschen... Auffassung allgemein politische Gesichtspunkte und spezielle durch die Mordtat in Sarajewo sich ergebende Momente.«[424] In Berlin nahm man die österreichisch-ungarischen Vorbereitungen zum Anlaß, Vorkehrungen für eine Mobilmachung zu treffen, und am 17. Juli 1914 waren die militärstrategischen Planungen des Großen Generalstabs abgeschlossen.[425]

Hier zeigte sich einmal mehr, daß die deutsche Regierung zum damaligen Zeitpunkt bereits die wesentlichen Punkte des späteren Ultimatums an Serbien kannte und das Ausheben des »Belgrader Anarchistennestes«[426] begrüßte, selbst auf die Gefahr eines Krieges mit Rußland hin.[427] Was die deutsche Regierung seinerzeit über das Ultimatum wußte, geht aus dem Bericht des bayrischen Geschäftsträgers Schoen an Hertling vom 18. Juli hervor.[428] Demnach sollte die Note folgende Forderungen enthalten:

»1. Den Erlass einer Proklamation durch den König von Serbien, in der ausgesprochen werde, dass die serbische Regierung der grosserbischen Bewegung vollkommen fernstehe und sie missbillige.

2. Die Einleitung einer Untersuchung gegen die Mitschuldigen

---

[421] Geiss (Hrsg.), Juli 1914, S. 71.
[422] Szögyény an Berchtold, Berlin, 12.7.1914, in: Ebd., Nr. 18, S. 88.
[423] Ebd.
[424] Ebd.
[425] Waldersee an Jagow, 17.7.1914, in: Geiss (Hrsg.), Julikrise, Bd. 1, Nr. 124, S. 199.
[426] Schoen an Hertling, Berlin, 18.7.1914, in: Geiss (Hrsg.), Juli 1914, Nr. 33, S. 111.
[427] Ebd., S. 109.
[428] Zu diesem Schlüsseldokument: Geiss, Das Deutsche Reich, S. 184 f.

an der Mordtat von Sarajevo und Teilnahme eines österreichischen Beamten an dieser Untersuchung.
3. Einschreiten gegen alle, die an der grosserbischen Bewegung beteiligt seien.«[429]

Am 19. Juli beschloß der Gemeinsame Ministerrat in Wien den definitiven Wortlaut des auf 48 Stunden befristeten Ultimatums an Serbien[430], das am 23. Juli um 17 Uhr in Belgrad übergeben wurde.[431] Man einigte sich deshalb auf diesen Termin, weil das österreichisch-ungarische Vorgehen während des Besuches des französischen Staatspräsidenten Poincaré in Petersburg nicht bekannt werden sollte.[432] In der Nacht vom 21. auf den 22. Juli erhielt das Auswärtige Amt die genaue Sprachregelung der österreichisch-ungarischen Note[433], für die das Deutsche Reich – so der Reichskanzlerberater Kurt Riezler – seine Unterstützung zugesagt hatte.[434] Die englische, französische sowie die russische Regierung wurde von Österreichs Schritt erst am 24. Juli informiert.[435]

So reizvoll es auch ist, die Politik der Wilhelmstraße in diesen Tagen nachzuzeichnen[436], so ist in unserem Zusammenhang nur eines von Interesse: der Informationsaustausch zwischen dem Auswärtigen Amt und dem Kaiser an Bord seiner Yacht.

---

[429] Schoen an Hertling, Berlin, 18.7.1914, in: Geiss (Hrsg.), Juli 1914, Nr. 33, S. 108f.
[430] Zum Text des Ultimatums: DD, Bd. 4, Anhang I, S. 93–96.
[431] Vgl. Fischer, Krieg, S. 699.
[432] Ebd.
[433] Ebd., S. 698.
[434] Tagebucheintragung Riezlers v. 20.7.1914, in: Riezler, S. 186.
[435] Fischer, Krieg, S. 699.
[436] Zur Julikrise 1914: Neben den Arbeiten von Fritz Fischer und seinem Schüler Imanuel Geiss s. Berghahn, Germany and the Approach of War in 1914, S. 186–210; ders./Deist, Kaiserliche Marine und Kriegsausbruch 1914, in: Militärgeschichtliche Mitteilungen 1, 1970, S. 37–58; Hildebrand, Julikrise 1914, in: Geschichte in Wissenschaft und Unterricht 36, 1985, S. 469–502; Laqueur/Mosse (Hrsg.), Kriegsausbruch 1914. 2. Aufl. München 1970. Zur Forschungsgeschichte: Schraepler, Die Forschung über den Ausbruch des Ersten Weltkrieges im Wandel des Geschichtsbildes 1919–1969, in: Geschichte in Wissenschaft und Unterricht 23, 1972, S. 321–338; Jäger, Historische Forschung und politische Kultur in Deutschland: die Debatte 1914–1980 über den Ausbruch des Ersten Weltkrieges. Göttingen 1984.

Wie reagierte der Kaiser auf die sich überstürzenden Ereignisse? War die Position, die er einnahm, tatsächlich so weit von der Regierungspolitik entfernt, daß man in Berlin glücklich über seine Abwesenheit war? Welche Informationen des Auswärtigen Amtes wurden ihm übermittelt, welche vorenthalten? Versuchte Wilhelm II. de facto, Einfluß auf die Entscheidungen der Verbündeten auszuüben?

An Bord ließ der Kaiser seinem Serbenhaß freien Lauf: Als Staatssekretär Jagow dem Kaiser am 23. Juli mitteilte, daß sich Sir Edward Grey bemühe, in Petersburg im Sinne des österreichischen Standpunktes zu wirken, schrieb Wilhelm an den Rand des Berichts: »Grey begeht den Fehler, dass er Serbien mit Österreich und anderen Grossmächten auf eine Stufe stellt! Das ist unerhört! Serbien ist eine Räuberbande, die für Verbrechen gefasst werden muss!«[437], und im gleichen Sinne wiederholte Wilhelm II. dem österreichischen Kaiser, daß er ihn und sein Reich auch in den Stunden des Ernstes »in vollem Einklang mit unserer altbewährten Freundschaft und unseren Bündnispflichten« treu an seiner Seite finden werde.[438]

Für die auf Revanche für den Mord an Franz Ferdinand zielenden Gedanken Wilhelms II. gibt es eine dubiose Quelle: ein »Tagebuch«, das 1915 unter dem Pseudonym »Count Axel von Schwering« in London erschien.[439] Damit hat es folgende Bewandtnis: Dem Verfasser, der vorgab, ein Nordlandfahrtteilnehmer zu sein, ging es darum, das imperialistische Weltmachtstreben des deutschen Kaisers darzustellen und den Kaiser als Kriegsschuldigen zu entlarven. Bezeichnend für die Intention des Schreibers ist die Wiedergabe einer angeblich am 4. Juli zwischen dem Kaiser und ihm geführten Diskussion, in der Wilhelm gesagt haben soll: »Schau auf Deutschlands Position vom geographischen Standpunkt. Es steht umgeben von Feinden, ohne die lebenswichtige Notwendigkeit eines Ausganges zum Meer, außer wo dieser künstlich geschaffen wurde. Kann es unter diesen Umständen den dominierenden Part spielen, den es im

---

[437] Der Staatssekretär des Auswärtigen Amtes an Wilhelm II., Berlin, 23.7.1914, in: DD, Bd. 1, Nr. 121, S. 142.
[438] Wilhelm II. an Franz Joseph, Balholm, 14.7.1914, in: Ebd., Bd. 1, Nr. 26, S. 45.
[439] Schwering, The Berlin Court under William II. London 1915.

Schicksal der Welt spielen sollte? Deutschland ist sein Militarismus vorgeworfen worden, aber in dem Moment, wo wir den Militarismus aufgeben, verlieren wir alle Vorteile, die wir aus den großen Kriegen gewonnen haben, mit denen mein Großvater ein neues Deutschland schuf... wir müssen eine letzte Anstrengung machen.«[440]

Was mit dieser »letzten Anstrengung« gemeint war, darüber ließ der Autor seine Leser nicht im Unklaren. Wilhelm habe Rache für die Ermordung des österreichisch-ungarischen Thronfolgers gefordert. Daß diese eine Katastrophe implizieren könne, habe er dabei in Kauf genommen.[441] Rußland solle für den Anteil, den es in diesem Drama habe, bestraft werden.[442] Zugleich habe der Kaiser die Hoffnung ausgesprochen, daß aus dieser Bluttat »der größte Triumph der deutschen Zivilisation und der deutschen Politik« erwachse.[443] »Ich denke nicht, in den Krieg einzutreten... Aber ich kann gezwungen sein, ihn zu erklären«[444], soll der Kaiser am 1. Juli gesagt haben.

Wie sehr »Count Axel von Schwering« daran gelegen war, Wilhelm II. in die Rolle des Kriegsverantwortlichen zu drängen, zeigt die Schilderung des Empfangs, den die Berliner dem von der Nordlandfahrt zurückgekehrten Kaiser bereiteten. In Anknüpfung an Ludwig Quiddes »Caligula« schrieb er, daß das Spektakel seinesgleichen suche und ihn der Anblick des Mobs, der seinem Cäsar applaudierte, mit Entsetzen erfüllt habe.[445]

Wer verbarg sich hinter dem Beobachter dieser Berliner Szene? Das »Tagebuch« liefert zwar biographische Bezüge – der anonyme Schreiber spricht von gemeinsam mit dem Kaiser verbrachten Kindheitstagen[446], von dem Chef des Generalstabs als seinem persönlichen Freund[447] und seinem Entschluß, in Kürze durch Freitod aus dem Leben zu scheiden[448] –, aber der Autor

---

[440] Schwering, S. 296.
[441] Ebd., S. 280.
[442] Ebd.
[443] Ebd., S. 281.
[444] Ebd.
[445] Ebd., S. 326.
[446] Ebd., S. 277.
[447] Ebd., S. 287.
[448] Ebd., S. 333.

läßt sich nicht als eine real existierende Person identifizieren.[449] Es ist fraglich, ob das »Tagebuch« überhaupt von einem Nordlandfahrtteilnehmer verfaßt wurde. Gerade die Vorrede des Verlegers, die die Intimität zwischen »Count Axel von Schwering« und seinem kaiserlichen Herrn betont und versichert, »allen im Tagebuch angegebenen Details Glauben schenken zu können«[450], stimmt skeptisch. Mißtrauen erweckt schließlich der emotional befrachtete Schlußsatz, der darauf zielt, den angekündigten Selbstmord des Verfassers nicht als vergebens, sondern als Erfüllung einer höheren Aufgabe zu betrachten.[451]

Weshalb also das Pseudonym? Repressalien hätte ein Toter nicht mehr fürchten müssen! Offensichtlich diente die Schrift propagandistischen Zwecken, die im Interesse der Alliierten lagen. Vermutlich ist der Verfasser in diesen Kreisen zu suchen.

Zur Nordlandfahrt heißt es: Der Kaiser habe am 25. Juli an Bord der HOHENZOLLERN ein Telegramm erhalten, demzufolge Serbien das österreichische Ultimatum bis auf einige unwesentliche Punkte angenommen habe.[452] Daraufhin soll Wilhelm II. ein bedeutsames Telegramm an den österreichischen Kaiser abgesandt haben.[453] Hier nahm der Verfasser wieder den roten Faden seiner Argumentation auf. Er erklärte, daß Wilhelm II. den verhängnisvollen historischen Prozeß dadurch beschleunigt habe, daß er dem österreichischen Kaiser Ratschläge nach Eingang der serbischen Antwortnote erteilt habe. Als wissenschaftlich gesichert gilt hingegen lediglich folgendes: Obgleich der Kaiser die

---

[449] Emil Graf von Görtz, ein Jugendfreund des Kaisers, nahm an der letzten Nordlandfahrt Wilhelms II. teil und schied im September 1914 freiwillig aus dem Leben. Es ist jedoch wenig glaubwürdig, daß ihm in irgendeiner Weise daran gelegen sein konnte, den Kaiser zu kompromittieren. Vielmehr liegt es nahe, daß der anonyme Verfasser die Gunst der Stunde nutzte, um dem toten Görtz die Verantwortung für das »Tagebuch« in die Schuhe zu schieben. Motive hätte allenfalls der treu zu England stehende Nordlandfahrtteilnehmer Prinz Albert zu Schleswig-Holstein besessen. Dieser setzte seinem Leben jedoch nicht 1914 ein Ende, sondern starb 1948 eines natürlichen Todes.

[450] Publishers' note, in: Schwering, o.S.

[451] Ebd., S. 333.

[452] Ebd., S. 312.

[453] Ebd. Dafür gibt es – soweit ich sehe – keinen Quellenbeleg.

äußerst entgegenkommende Antwort der Serben vom 25. Juli[454] in ihrer amtlichen Sprachregelung erst am 28. Juli im Auswärtigen Amt vorgelegt bekam[455], kannte er deren Inhalt schon früher. 1922 schrieb er: »Als mir dann aber aus der norwegischen Presse – *nicht etwa von Berlin aus* – zunächst das österreichische Ultimatum an Serbien und gleich darauf die serbische Note an Österreich bekannt wurde, trat ich ohne weiteres die Heimreise an.«[456]

In Wahrheit lag die Sache wesentlich komplizierter, als sie »Count Axel von Schwering« dargestellt hatte. Denn: Die Nordlandfahrt des Kaisers war der Regierungspolitik durchaus dienlich. Selbstzufrieden berichtete der bayrische Geschäftsträger in Berlin, Schoen, am 18. Juli nach München: »Im Interesse der Lokalisierung des Krieges wird die Reichsleitung sofort nach der Übergabe der österreichischen Note in Belgrad eine diplomatische Aktion bei den Grossmächten einleiten. Sie wird mit dem Hinweis darauf, dass der Kaiser auf der Nordlandreise und der Chef des Grossen Generalstabs sowie der preussische Kriegsminister in Urlaub seien, behaupten, durch die Aktion Österreichs genau so überrascht worden zu sein wie die anderen Mächte.«[457]

Gespannt erwartete man auf der HOHENZOLLERN die Konsequenzen des Ultimatums. Der Kaiser sei in erheblicher Aufregung über die Folgen des am 23. von Österreich an Serbien zu stellenden Ultimatums gewesen, hieß es in einer Notiz Admiral von Müllers vom 19. Juli. Die Flotte habe Befehl erhalten, sich zwischen Skagen und der norwegischen Küste aufzuhalten und ihre Übungen so einzurichten, daß sie gleich zur Heimkehr gesammelt werden könne.[458] Am selben Tag wünschte der Kaiser eine diskrete Informierung der Generaldirektoren der HAPAG und des Norddeutschen Lloyds dahingehend, daß am 23. Juli

---

[454] Zum Wortlaut der serbischen Note: Die serbische Regierung an Giesl, Belgrad, 25.7.1914, in: Geiss (Hrsg.), Juli 1914, Nr. 72, S. 190–194.
[455] Wilhelm II. an Jagow, Neues Palais, 28.7.1914, in: Ebd., Nr. 112, S. 252.
[456] Wilhelm II., Ereignisse, S. 210. (Hervorhebung durch die Vf.in.)
[457] Schoen an Hertling, Berlin, 18.7.1914, in: Geiss (Hrsg.), Juli 1914, Nr. 33, S. 110.
[458] Tagebucheintragung Admiral von Müllers v. 19.7.1914. BA-MA, N 159/4, S. 249.

das österreichische Ultimatum zu erwarten sei.[459] Noch am Morgen des 24. Juli schrieb Georg Alexander von Müller in sein Tagebuch: »Noch keine Nachricht über Inhalt u. Wirkung d. Ultimatums.«[460] Am Abend des 24. Juli erhielt der Kaiser während der Moselclubsitzung ein »darauf bezügliches Telegramm«, das ihn erröten ließ.[461] Nach Auflösung der weinseligen Runde gab Wilhelm II. das Schreiben an Graf Wedel weiter, der es ungelesen beiseite legte und sich danach wieder mit einer Seelenruhe dem Kartenspiel widmete.[462] Offensichtlich kannte er bereits den Inhalt des Telegramms. Am Morgen des 25. Juli war inzwischen auch durch Zeitungsdienst von Norddeich der Inhalt des österreichischen Ultimatums eingetroffen.[463] Und mittags immer noch »keinerlei offizielle Nachricht aus Berlin«.[464] Auf ein Telegramm hin, wonach Belgrad eine Antwort auf das Ultimatum nicht innerhalb der geforderten 48-Stunden-Frist geben könne, gab Wilhelm II. der vor der norwegischen Küste unter Admiral von Ingenohl kreuzenden deutschen Flotte den Befehl zum Auslaufen, »da er sich nicht darauf verlassen könne, daß der Admiralstab von sich aus die Heimkehr veranlasse«.[465] Bestärkt wurde der Kaiser in seinem Schritt durch Admiral von Müller, der es unerträglich fand, daß der Kaiser in dieser kritischen Zeit auf Vergnügungsreise bleibe.[466]

Bei seiner Ankunft in Kiel am Morgen des 27. Juli[467] berichtete

---

[459] Der Gesandte im Kaiserlichen Gefolge an das Auswärtige Amt, Balholm, 19.7.1914, in: DD, Bd. 1, Nr. 80, S. 105 f.
[460] Tagebucheintragung Admiral von Müllers v. 24.7.1914. BA-MA, N 159/4, S. 250.
[461] Ebd.
[462] Ebd.
[463] Tagebucheintragung dess. v. 25.7.1914 samt Text des Zeitungsdienstes von Norddeich: Ebd., S. 250 f. Zur Aufnahme des Ultimatums in der deutschen Öffentlichkeit: Goebel, S. 73–99.
[464] Tagebucheintragung Admiral von Müllers v. 25.7.1914. BA-MA, N 159/4, S. 253.
[465] Ebd.
[466] Ebd.
[467] Nach ursprünglichen Dispositionen sollte die HOHENZOLLERN bis zum 30. Juli vor Balholm ankern, dann zum Kohlen nach Bergen auslaufen und anschließend die Heimreise nach Swinemünde antreten. Telegramm Wedels, HOHENZOLLERN, Balholmen, 19.7.1914. PA AA, Bureau-Akten 4, Bd. 28.

der Kaiser dem damaligen Stellvertretenden Chef der Marinestation der Ostsee, von Bachmann, er habe es nicht mehr fern von Deutschland ausgehalten, »da er in Balholm nur spärlich mit Nachrichten versehen worden sei und sich von der Sachlage kein klares Bild mehr habe machen können«.[468] Der Reichskanzler hatte dem Kaiser zuvor wiederholt geraten, vorläufig keine Rückreise der Flotte zu befehlen.[469] Wilhelm II. begründete seinen Schritt damit, daß er nicht – wie der Reichskanzler vermutete – die Abreise auf ein Wolff-Telegramm hin angeordnet habe, sondern mit Rücksicht auf die allgemeine Lage. »Ich war hierzu um so mehr gezwungen, als Mir ein Situationsbericht des Auswärtigen Amtes nicht vorlag, und Ich sogar den Inhalt des österreichischen Ultimatums durch Zeitungsdienst von Norddeich und nicht auf dem Dienstwege erfahren habe«[470], schrieb er am 26. Juli. Das bedeutet: die Nachrichten vom Auswärtigen Amt hatten auf ganzer Linie versagt.[471]

In dieser Phase war man offenkundig nicht an einer frühzeitigen Heimkehr des Kaisers interessiert. Jagow bat den »Reisediplomaten«[472] Wedel um genaue Angabe der Reiseroute der HOHENZOLLERN nach dem 23. Juli: »An dem Tage soll bekanntlich österreichische Demarche in Belgrad erfolgen – beabsichtigt scheint 48stündiges Ultimatum – und es wird von der Entwicklung der Ereignisse abhängen, ob und wann Anwesenheit S. M. hier erforderlich sein dürfte. Bitte eventuell Admiral von Müller ins Vertrauen zu ziehen, S. M. aber nicht vorzeitig zu beunruhigen. Da wir eventuellen Konflikt zwischen Österreich und Serbien zu lokalisieren wünschen, dürfen wir Welt durch verfrühte Rückkehr Sr. M. nicht alarmieren, andererseits müsste Allerhöchstderselbe erreichbar sein, falls nichtvorhersehbare Ereignisse auch für uns wichtige Entscheidungen (Mobilmachung)

---

[468] Für oder wider Wilhelm II., S. 8.
[469] Bethmann Hollweg an Wilhelm II., Berlin, 25.7.1914, in: DD, Bd. 1, Nr. 182, S. 193. Am 26.7. bat der Reichskanzler nochmals, der Kaiser möge die Hochseeflotte anweisen, vorläufig in Norwegen zu bleiben. Ders. an dens., Berlin, 26.7.1914, in: Ebd., Bd. 1, Nr. 221, S. 221.
[470] Wilhelm II. an das Auswärtige Amt, an Bord der HOHENZOLLERN, 26.7.1914, in: Ebd., Bd. 1, Nr. 231, S. 226.
[471] Tagebucheintragung Admiral von Müllers v. 26.7.1914. BA-MA, N 159/4, S. 254.
[472] Tagebucheintragung dess. v. 7.7.1914. BA-MA, N 159/4, S. 248.

benötigen sollten. Eventuell wäre an Kreuzen in der Ostsee für letzte Reisetage zu denken.«[473]

Für die Reichsleitung hieß das: Sie fürchtete, durch ein vorzeitiges Eintreffen des Kaisers in Berlin könne ihre bisherige Konzeption in Frage gestellt werden.[474] Damit hätte sie beinahe recht behalten, denn als Wilhelm II. am Morgen des 28. Juli – durch eine Hinauszögerung Jagows – den offiziellen Text der tags zuvor im Auswärtigen Amt hinterlegten serbischen Note erhielt[475], meinte er dezidiert: »die Kapitulation demüthigster Art liegt darin orbi et urbi verkündet und durch sie entfällt *jeder Grund zum Kriege*«.[476]

Dennoch: Die Heimreise des Kaisers konnte den einmal in Gang gesetzten Automatismus der militärischen Vorkehrungen nicht mehr aufhalten. Admiral Georg Alexander von Müller nahm die weitere Entwicklung bereits vorweg, als er am 27. Juli in sein Tagebuch notierte: »Tendenz unserer Politik: Ruhige Haltung, Rußland sich ins Unrecht setzen lassen, dann den Krieg nicht scheuen.«[477] Am nächsten Tag erklärte die Doppelmonarchie den Serben den Krieg, und am 1. August trat das Deutsche Reich gegen Rußland in den Krieg ein.

---

[473] Jagow an Wedel, Berlin, 18.7.1914, in: Geiss (Hrsg.), Juli 1914, Nr. 29, S. 102. Dieses Dokument zeigt neben den im BA-MA archivierten Tagebuchaufzeichnungen von Müllers, daß der Admiral – wie John C. G. Röhl ausführte – weitaus besser über die offizielle Politik informiert war, als es die von Walter Görlitz besorgte Edition der Müllerschen Tagebücher vermuten läßt. Dazu Röhl, Admiral von Müller, S. 651–673.

[474] Vgl. Fischer, Krieg, S. 703. Dies fürchteten auch die Marineoffiziere. »Im Stillen werden in der Marine weitere Vorbereitungen getroffen. Daß man die Flotte vorzeitig aus Norwegen zurückrief, ist eine Folge unmittelbaren Eingreifens des Kaisers, der Reichskanzler war sehr dagegen. Ich habe heute die Telegramme gelesen, die der Kaiser von Norwegen aus in Marineangelegenheiten losließ. Es ist schon besser, daß die Marine seinem unmittelbaren Eingreifen etwas entrückt ist«, hieß es in einer Aufzeichnung Ernst Weizsäckers v. 28.7.1914. Die Weizsäcker-Papiere, S. 147.

[475] Dazu: Fischer, Weltmacht, S. 79.

[476] Wilhelm II. an Jagow, Neues Palais, 28.7.1914, in: Geiss (Hrsg.), Juli 1914, Nr. 112, S. 252.

[477] Tagebucheintragung Admiral von Müllers v. 27.7.1914. BA-MA, N 159/4, S. 255.

VI. Die Wirkung der Nordlandfahrten Kaiser Wilhelms II. auf die deutsche Kultur- und Wirtschaftspolitik

1. Die Nordlandfahrten und die Anfänge des organisierten Skandinavien-Tourismus

»Während die Engländer seit länger als einem Menschenalter die wunderbaren Naturschönheiten Norwegens und der arktischen Länder besuchen und zu würdigen wissen, ist der Deutsche, welchen Sprache und Sitte des stammverwandten Volkes und die Sagen der Urzeit schon längst hätten nach Norden ziehen müssen, erst durch das erhabene Vorbild seines Kaisers Wilhelm II. darauf gewiesen, dass es fern im eisigen Norden Naturwunder und Landschaftsbilder giebt, derentwegen es sich verlohnt, sich aus der trägen Gewohnheit des Alltäglichen aufzuraffen und die Bedenken des deutschen Michels zu überwinden, um Gegenden aufzusuchen, in welchen bisher nur wissenschaftliche Forscher oder kühne Abenteurer vorgedrungen sind«[1], schrieb der Berliner Rechtsanwalt Theodor Gennerich als Erinnerung an die Reise der Deutschen Nordland-Gesellschaft zu Leipzig 1896. Damals hatten die deutschen Touristen Skandinavien bereits für sich »entdeckt«, und der Reiseverkehr gen Norden florierte.

Diametral entgegengesetzt verhielt es sich noch zwei Dezennien zuvor: In Bjørnstjerne Bjørnsons 1869 erschienener patriotisch gesinnter Novelle »En ny feriefart«, in der er die Naturschönheiten seiner Heimat besonders den Großstadtbewohnern der europäischen Kulturnationen empfiehlt, sucht man eine Erwähnung deutscher Nordlandschwärmer vergebens. Stattdessen begegnen uns Engländer als stolze Besitzer und Pächter von Jagden und Lachsfischereien, gefolgt von Amerikanern, Franzosen und Holländern.[2] Noch 1890 schien die Situation weitgehend unverändert, so daß Wilhelm II. in seinen Memoiren festhalten

---

[1] Gennerich, S. 5.
[2] Bjørnson, S. 22.

konnte, Skandinavien habe für das deutsche Bildungsbürgertum eine »unbekannte Größe«[3], sozusagen eine terra incognita, dargestellt.

Gründe für die deutsche Unterrepräsentanz liegen sicherlich darin, daß Reiseberichte, die die unterentwickelte Infrastruktur des Landes sowie den mangelhaften Zustand der Gastronomie betonten, auf den Reisezug gen Norden eher hemmend als fördernd wirkten.[4]

Als Pioniere der Entdeckung des touristischen Niemandslandes Skandinavien – anfangs als Individual-, später auch als Gruppenreisende – gelten die Engländer. Zunächst waren es die napoleonischen Kriege[5], später die Choleragefahr im mediterranen Raum[6], die die Engländer in den hohen Norden führten. 1875 organisierte die norwegische Krohn-Linjen zusammen mit Cooks-Reisebüro, das 1890 seine erste norwegische Filiale in Bergen eröffnete[7], eine Nordkapfahrt für englische Touristen auf der PRÆSIDENT CHRISTIE.[8] Sieben Jahre später veranstaltete die Peninsular & Oriental Steam Navigation Company eine Reise ins Westland und ans Nordkap, die als erste wirkliche Luxuskreuzfahrt der Welt gilt.[9]

Die Initialzündung für die aus dem angelsächsischen Sprachraum einsetzenden Kreuzfahrten war ein Ereignis, das einige Jahre zurücklag: Die Krönungsfahrt König Oscars II. 1873[10], auf welcher der Monarch auch das Nordkap bestieg, machte innerhalb kürzester Zeit den Begriff »Land der Mitternachtssonne« populär.[11] Hier handelte es sich übrigens keineswegs um eine wilhelminische Wortschöpfung, wie man anzunehmen geneigt sein könnte. Begriffsprägend wirkte vielmehr ein amerikanischer Bestseller und Klassiker der Reiseliteratur: die 1882 in New York herausgekommene Reisebeschreibung »Land of the

[3] Wilhelm II., Aus meinem Leben, S. 239.
[4] Robel, S. 19.
[5] Derry, S. 128.
[6] Ellefsen, S. 241.
[7] Knagenhjelm, S. 353.
[8] Schnall, S. 10. S. auch Kolltveit, Med turister ombord, S. 49f.
[9] Kolltveit, Med turister ombord, S. 45.
[10] Dazu: Friis, Hans Majestæt Kong Oscar II.s Reise i Nordland og Finmarken Aar 1873. Christiania 1874.
[11] Kolltveit, Med turister ombord, S. 47.

Midnight Sun« des französisch-amerikanischen Entdeckungsreisenden Paul B. du Chaillu.[12]

Eine ähnlich stimulierende Anziehungskraft auf den Touristenverkehr wie Oscars II. Nordkapreise hatten die Besuche gekrönter Häupter im Nordland. Der Prinz von Wales, König Leopold von Belgien, die Kaiserinwitwe Eugénie, die Maharaja Geakvar von Baroda[13], der Prinz von Monaco[14] und selbst König Tschulalongkorn Rama V. von Siam[15] bereisten damals das Nordland. »Na – vielleicht ist die Luft in diesem alten Europa wirklich so stickig geworden, daß die Fürsten zum Nordkap reisen müssen, um frische Luft atmen zu können«[16], spottete damals der dänische Schriftsteller Herman Bang. Eine Nordlandfahrt gehörte ebenso wie ein Aufenthalt in Baden-Baden zum gesellschaftlichen Renommee. Unter den Erholungssuchenden war auch Gladstone, dessen auf der Norwegenreise 1883 gesammelten Erfahrungen ihn darin bestärkten, eine Home-Rule-Politik für Irland zu propagieren.[17]

Ungeachtet dieser Fahrten ins Nordland setzte der deutsche Touristenstrom erst einige Jahre später ein, nämlich mit den Reisen Kaiser Wilhelms II. Damals, Ende der 1880er Jahre, gewann der Fremdenverkehr für Norwegens Wirtschaft zunehmend an Bedeutung: 1887 wurde Stavangers Wanderverein gegründet[18], weitere Zusammenschlüsse folgten in Molde und Romsdal.[19] In Molde zählte der Verein gar 76 Gründungsmitglieder, was im Vergleich zur Einwohnerzahl beachtlich war und das Interesse der Norweger an diesem Wirtschaftszweig verdeutlicht.[20] Bewußt wandte man sich fortan nicht mehr ausschließlich an englischsprachige Reisende, sondern auch an die deutschen Gäste, wie die erste Schrift der Stavanger Turistfor-

---

[12] Du Chaillu, Land of the Midnight Sun. New York 1882.
[13] De Seve, S. 197.
[14] Eulenburg, Mit dem Kaiser, Bd. 2, S. 61, 179.
[15] Kolltveit, Ullensvang, S. 356.
[16] Bang, Wilhelm II i Bergen, in: Göteborgs Handels- och Sjöfarts-Tidning, Ausg. B, Nr. 167 v. 16.7.1889.
[17] Zu Gladstones Nordlandfahrt: Hammond, S. 404 f.; Morley, S. 115 ff.; Lady Brassey, S. 480–502. Dazu auch Knaplund (Hrsg.), S. xi, 201.
[18] Stavanger turistforenings annaler, S. 15.
[19] Leigh, S. 9.
[20] Ebd., S. 13.

ening, ein »Führer durch das Westliche Norwegen von Stavanger durch Suldal, Roldal und das Bratlandsdalen bis zu Odda in Hardanger«, zeigt.[21] Das Interesse an der Publikation war so groß, daß man 1907 nochmals 5000 Exemplare nachdrucken mußte.[22]

Aber auch deutscherseits nahm das Interesse an Norwegen zu. An der ersten nationalen norwegischen Tourismusausstellung 1890, die der Fremdenverkehrsverein zu Stavanger organisierte, beteiligte sich der Deutsche Nordlandsverein zu Hamburg[23], und ein deutsches Konsortium plante den Bau einer Bade- und Kuranlage in Lofthus.[24]

Was aber faszinierte die Deutschen am Norden? Die Naturschönheiten, die Sehnsucht nach der Idylle, dem Licht, der Helle des Nordens? Die Suche nach einer heroischen, urgermanischen Vergangenheit? Nach einem kernigen Menschenschlag, den markigen Wikingerrecken von ehedem? Oder die Suche nach einem weltentrückten Phantasiereich? Schilderungen wie »Meine Reise nach dem Glück«[25], »Blaue Fernen«[26], »Im Lande der Mitternachtssonne«[27], »Im Lande der hellen Nächte«[28], »Bei den ›echten Schweden‹«[29] und »Wikingerblut. Eine Nordlandsfahrt«[30] spiegeln die Assoziationen der Leserschaft wider.[31] Diese Erwartungshaltungen sind keineswegs selbstverständlich. Noch zu Beginn des einsetzenden Reiseverkehrs vermochte man skandinavische Realität nur in der Kategorie Ossian'schen Traditionsgutes, als nebelumwallten »Schauplatz düsterer My-

---

[21] Stavanger turistforenings annaler, S. 16.
[22] Ebd., S. 50.
[23] Ebd., S. 24.
[24] Steen, S. 322.
[25] Veiel, Meine Reise nach dem Glück. Berlin 1895.
[26] Hevesi, Blaue Fernen. Stuttgart 1897.
[27] Isenburg, Im Lande der Mitternachtssonne. Hersfeld 1895.
[28] Herzog, Im Lande der hellen Nächte. Karlsruhe 1910.
[29] Horn, Bei den »echten Schweden«. Berlin 1897.
[30] Schukowitz, Wikingerblut. O.O. 1913.
[31] Eine vorbildliche Zusammenstellung von Reiseliteratur über das Nordland für den Zeitraum 1889–1914 findet man bei Bring, S. 318–395. S. dazu auch Hansen, Utenlandske privattrykk om reiser i Norge. Oslo 1956; Schiötz, Utlendingers reiser i Norge. Oslo 1970; ders., Itineraria Norvegica. Oslo 1986.

then«[32], zu fassen. Der Nordlandfahrtteilnehmer Paul Güßfeldt sprach von der »klassischen Ossianlandschaft« des Sognefjordes[33], Max Dauthendey von Nebelländern, »von denen wir seit der Edda und später seit Gustav Adolf nichts mehr gehört hatten«.[34]

War es ausschließlich die Sehnsucht nach Naturschauspielen, die in der Pionierzeit des deutschen Nordlandtourismus Tausende nach Skandinavien ziehen ließ? Nein, im Gegenteil. Die Faszination, die der Norden ausübte, gründete auf einer Attraktion ganz anderer Art, nämlich auf der Hoffnung, dem Kaiser auf einer seiner Nordlandfahrten zu begegnen (Abb.41). Eine für den Sommer 1890 geplante Kreuzfahrt des Norddeutschen Lloyds mußte wegen Gästemangels annulliert werden, obschon eine Nordkaptour derselben Gesellschaft einige Wochen zuvor bis auf den letzten Platz ausgebucht war. Der einzige Unterschied zwischen den beiden Angeboten bestand darin, daß der Kaiser zum Zeitpunkt der ersten Reise noch in den Fjorden kreuzte.[35] Erst allmählich etablierten sich Kreuzfahrten in den Norden, die außerhalb der kaiserlichen Reisesaison stattfanden, und man begann, sich für die Naturschönheiten des Landes zu interessieren. Ihre Werbekraft verloren die Fahrten Wilhelms II. jedoch nicht: 1911 präsentierte die norwegische Delegation auf der Tourismusausstellung in Berlin ein pittoreskes Gebirgspanorama, das die HOHENZOLLERN bei strahlendem Sonnenschein, eskortiert von einem Panzerkreuzer, vor Molde ankernd zeigte.[36]

Zu unverhoffter Publicity verhalf den norwegischen Ausstellern schließlich ein Fauxpas, die sogenannte »norwegische Flaggenaffäre«. Was war geschehen? Als König Gustaf die Tourismusausstellung besichtigte, ließ der stellvertretende Ausstellungsleiter alle Hinweisschilder auf die norwegische Abteilung verdecken. Wegen seines Verhaltens zur Rechenschaft gezogen,

---

[32] Die Mitternachtssonne ruft!, in: Die Welt auf Reisen Nr. 11, 1908, S. 321.
[33] Tagebucheintragung Güßfeldts v. 13.7.1904. SB PK, Nl. Güßfeldt, K. 4., Heft »Tagebuch der Nordlandreisen 1904, 1905, 1906«, S. 17.
[34] Dauthendey, S. 252.
[35] Kludas, Geschichte, Bd. 3, S. 185f.
[36] Turistutstillingen i Berlin, in: Morgenbladet v. 7.4.1911. RA, UD:s tidningsklippsamling, serie 1, Vol. 36.

antwortete dieser, er habe dem Monarchen angesichts der Ereignisse von 1905 keine schmerzlichen Erinnerungen bereiten mögen.[37] Dem Skandal folgten ein Wechsel diplomatischer Noten[38] sowie eine Anzahl von Schmähartikeln. In einem Kommentar der Göteborg Morgonpost vom 10. April 1911 hieß es unter Referierung einer zuvor in der Aftenpost erschienenen Äußerung: »Können die deutschen Touristen Norwegen entbehren, so können die Norweger sehr gut ohne die deutschen Touristen von höherem (sic!) oder niederem Rang leben. Die Tourismusausstellung in Berlin ist keine Lebensvoraussetzung für das norwegische Volk.«[39]

Der Anteil der deutschen Nordlandfahrer am Besucheraufkommen stieg kontinuierlich.[40] Leider existieren – abgesehen von privaten Aufstellungen wie der des britischen Konsuls von Molde[41] – keine amtlichen Statistiken. Schätzungen zufolge nahmen die deutschen Erholungssuchenden bereits 1909 eine herausragende Stellung im Fremdenverkehr ein[42], und 1914 sei das Verhältnis von deutschen zu englischen Touristen gar 1:1 gewesen.[43] Treffend formulierte Carl Lausberg die Ursache für diese Entwicklung: »Unser Kaiser schlug die Brücke.«[44] Als 1912 der Deutsche Flottenverein eine Fahrt in den Norden organisierte, konnte er sich glücklich schätzen, eine norwegische Reederei gefunden zu haben, die noch Kapazität für Nordlandfahrten besaß. Das Kontingent an deutschen Dampfern war zu dieser Jahreszeit bereits erschöpft.[45]

Im Zeitraum 1890 bis 1914 expandierten die ursprünglich nur als Auslastungsmaßnahme gedachten Kreuzfahrten deutscher

---

[37] Kong Gustaf besøger Turistudstillingen. Norges skilter tildækkes, in: Aftenposten v. 7.4.1911.
[38] Det förölämpade Norge. Ett ämne för tysk-norsk diplomatisk notväxling, in: Göteborgs Morgonpost v. 10.4.1911.
[39] Ebd.
[40] Reiseverkehr in Skandinavien, in: Vossische Zeitung v. 17.8.1910. RA, UD:s tidningsklippsamling, serie 1, Vol. 17.
[41] Kolltveit, Med turister ombord, S. 66.
[42] Niemann, S. 223.
[43] Kolltveit, Ullensvang, S. 354.
[44] Lausberg, S. 151.
[45] Die Nordlandreise des Deutschen Flotten-Vereins vom 29. Mai bis 9. Juni 1912, in: Die Flotte XV, 8, 1912, S. 148–150.

Gesellschaften ins Nordland.[46] Als Pioniere gelten hier vor allem der Norddeutsche Lloyd, der 1890 eine Fahrt auf der KAISER WILHELM II ans Nordkap veranstaltete[47], und die Hamburg-Amerikanische Packetfahrt-Actien-Gesellschaft (HAPAG), deren erste Nordlandfahrt 1894 auf dem Schnelldampfer COLUMBIA durchgeführt wurde.[48] Dabei verfuhr die HAPAG zunächst vorsichtig: In der Annahme, die deutsche Beteiligung könne zu gering ausfallen, pries sie getreu ihrem Namen, der auf zwei Hemisphären hinweist, die Nordlandfahrt einem internationalen Publikum an.[49] An der Entwicklung des Touristenverkehrs auf der Hamburg-Amerika Linie nahm Wilhelm II., befreundet mit Albert Ballin, dem Generaldirektor der Reederei, persönlichen Anteil.[50] Er fühlte sich für den Erfolg der Gesellschaft insofern verantwortlich, als er sie wiederholt als seine eigene Kreation bezeichnete.[51] Während seiner Nordlandfahrten gestattete es der Kaiser sogar den Passagieren der nach der Kaiserin benannten AUGUSTE VIKTORIA, die das Flaggschiff der Linie bildete, die HOHENZOLLERN zu besichtigen.[52] Umgekehrt stellte die HAPAG auf ihren Kreuzfahrten eine Anzahl von Kabinen für vom Kaiser designierte Gäste kostenlos zu Verfügung.[53] Knapp zwei Jahrzehnte später avancierten die Nordlandfahrten zu den populärsten unter den Vergnügungsfahrten, die die HAPAG offerierte.[54] Für den Norddeutschen Lloyd markierte das Jahr 1911 einen weiteren Meilenstein in der Geschichte seiner Kreuzfahrten. Er nahm Spitzbergen, das bis dato bereits Anlaufpunkt von HAPAG-Fahrten war[55], in sein Programm auf. Dadurch

---

[46] Dazu Kolltveit, Med turister ombord, S. 76–79. S. auch Huldermann, S. 198f.
[47] Kludas, Geschichte, Bd. 3, S. 185.
[48] Ders., Passagierschiffahrt, S. 166.
[49] Gennerich, S. 6.
[50] Zum Freundschaftsverhältnis zwischen Wilhelm II. und Ballin: Stubmann, S. 176–183; Huldermann, S. 277–298.
[51] Cecil, Ballin, S. 106.
[52] Eulenburg, Mit dem Kaiser, Bd. 2, S. 213.
[53] Cecil, Ballin, S. 104. S. auch Braun-Hagen, S. 322.
[54] Norwegen-Kristiania, in: Reise-Album, S. 189.
[55] Zu den Spitzbergenfahrten der HAPAG: Hamburg-Amerika Linie, Vergnügungs- und Erholungsreisen, S. 19–22, 31–34. S. auch Haffter, Briefe aus dem hohen Norden. 2. unveränd. Aufl. Frauenfeld 1900.

bot er den Touristen nicht nur die Gelegenheit, bis zum Nordkap, einst die nördlichste Station einer Kreuzfahrt, sondern bis an die Eisgrenze vorzudringen.[56]

Geschickt suchten die deutschen Reedereien, in den Kreisen des gebildeten Bürgertums die Sehnsucht nach schneebedeckten Bergen, dem ewigen Eis, zu wecken. Ein Werbeplakat der HAPAG aus dem Jahre 1911 für die Fahrt mit dem Doppelschraubendampfer METEOR vereinigte in sich alle Klischeevorstellungen, die der Durchschnittsdeutsche vom hohen Norden besaß: Es zeigte ein Kreuzfahrtschiff auf blauem Grund vor einer Kulisse von ewigem Eis, eingerahmt von einer stark vereinfachten altnordischen Bandornamentik, wie man sie von mittelalterlichen Runensteinen kennt (Abb. 42). Historische Reminiszenzen mögen für die Wahl des Fahrtzieles Spitzbergen, das Wilhelm II. auf seinen Nordlandfahrten nie bereist hatte, allerdings weniger ausschlaggebend gewesen sein. Vielmehr scheint ein aktuelles Ereignis der Anlaß hierfür gewesen zu sein, nämlich die Spitzbergen-Erkundungsexpedition von 1910, an welcher u.a. auch des Kaisers Bruder, Prinz Heinrich, sowie Graf Zeppelin teilgenommen hatten (Abb. 43).[57] Diese Expedition, die der Errichtung eines Luftschifflandeplatzes und einer meteorologischen Station diente, hatte vermutlich eine ähnliche Anziehungskraft auf die Reisenden ausgeübt wie die Polarfahrten Fridtjof Nansens.

Welcher Personenkreis buchte Kreuzfahrten ins Nordland? Welche Fahrtziele steckte man sich? Orientierte man sich dabei am kaiserlichen Vorbild? Häufig handelte es sich um Gruppenreisen, organisiert von den verschiedensten Institutionen, u.a. auch vom Deutschen Flottenverein[58] und der Deutschen Nordland-Gesellschaft.[59] Die Ziele, die die einzelnen Vereini-

[56] Zur Spitzbergenfahrt des Norddeutschen Lloyds: Ellmers/Jurk, S. 50 bis 54.
[57] Zur Spitzbergen-Erkundungsexpedition von 1910: DSM, Archiv, III A 1768; Miethe/Hergesell (Hrsg.), Mit Zeppelin nach Spitzbergen. Berlin 1911; Ellmers/Jurk, S. 41–49.
[58] Nordlandreise des Deutschen Flottenvereins 29. Mai bis 9. Juni 1912, in: Nordland 11, 1912, S. 3–6. Zum Programm dieser Fahrt: Nordlandreise des Deutschen Flotten-Vereins, in: Nordland 10, 1912, o.S.
[59] Zur Fahrt der Deutschen Nordland-Gesellschaft: Gennerich, Eine Vergnügungsfahrt nach dem nördlichen Eismeer. Leipzig 1897.

gungen bei ihren Reisen verfolgten, waren unterschiedlicher Art. »Wollten wir das alte Gleis der Nordlandfahrten wandeln, dann wären vielleicht nur noch einige Abmachungen mit geeigneten Verkehrsgesellschaften nötig gewesen. Doch, wir sollten als ein Ganzes auftreten, als eine geschlossene Abordnung der Lehrer unserer Provinz, als ein kleiner deutscher Schulstaat ins Ausland gehen, als Deutsche die Beachtung unserer dortigen Reichsbehörden finden, als Lehrer in Berührung kommen mit Lehrern des Landes, an dessen Gestade unser Schiff uns führt«, schrieb Johannes Kinast, Leiter der höheren Knabenschule zu Kosten in Posen, über die hehren Ideale, die die Posener Lehrerschaft auf ihrer Nordlandfahrt 1904 realisieren wollte.[60] Bei näherer Betrachtung wichen diese jedoch nicht wesentlich von anderen organisierten Fahrten ab. Sie orientierten sich allesamt am Vorbild der Kaiserfahrten: die Routen verliefen zumeist durch die Vestlandfjorde, das ehemalige Reisemonopol der Engländer. Eine der beliebtesten Anlegestellen wurde Molde, das Wilhelm II. als das »Nizza des Nordens« bezeichnete[61] und das 1895 ob seiner pittoresken Lage auch Ziel der ersten Nordlandreise des Malers Fidus war.[62] Des Kaisers Präferenz verdankte die Stadt schließlich ihre Plazierung im Baedeker, dem führenden Reisemagazin seiner Zeit. Während man Molde in der Ausgabe von 1879 lediglich einer peripheren Erwähnung für würdig befand, nämlich als Endpunkt der Überlandroute Sogn-Molde, widmete man der Stadt 1891 gar ein eigenes Kapitel.[63]

Nicht selten hinterließen die deutschen Touristen im Gastland einen negativen Eindruck. Sie galten als sehr anspruchsvoll und laut.[64] Die frühen Fotografien von Kreuzfahrten dokumentieren die herrischen Gebärden der deutschen Reisenden: Bewaffnet mit der Reichskriegsflagge glichen sie in den dünnbesiedelten Fjordregionen eher einem Eroberungskommando als friedlichen

---

[60] Kinast, S. 9.
[61] Ellefsen, S. 242. Zu den Reiserouten der HAPAG: Hamburg-Amerika Linie, Vergnügungs- und Erholungsreisen zur See. Hamburg 1906; dies., Nordlandfahrten 1911. Leipzig 1911.
[62] Frecot/Geist/Kerbs, S. 90. Das künstlerische Ergebnis dieser Reise war das Landschaftsbild »Nachtflutwellen am Moldefjord«. Ebd., S. 322.
[63] De Seve, S. 194.
[64] Kolltveit, Ullensvang, S. 354.

Touristen (Abb.44). Überhaupt traten die Deutschen am liebsten in Gruppen auf. Sie schätzten das Reisen in Form von Pauschalarrangements und blieben wegen der für viele unüberwindbaren Sprachbarriere für sich. Im Gegensatz hierzu bevorzugten die Engländer den Individualtourismus. Sie hatten, da die meisten Norweger ohnehin Englisch sprachen – aufgrund der von jeher bestehenden engen Handelsbeziehungen zu den Britischen Inseln –, nicht mit Verständigungsproblemen zu kämpfen[65] und kamen so häufiger in Kontakt mit den Einheimischen.

Mit welchen Kosten war eine solche Reise verbunden? Welches Publikum fühlte sich von den Werbebroschüren der deutschen Reedereien angesprochen? Im Juni 1911 kostete eine Fahrt auf dem Doppelschraubendampfer METEOR für zwei Personen im Staatszimmer auf dem Salondeck 2400 M, auf dem preislich viel günstigeren Hauptdeck zwischen 250 und 320 M.[66] Zum Vergleich: Das Einkommen eines Hafenarbeiters betrug damals 132 M monatlich, das eines Bremer Senators 1500 M.[67] Das heißt: die höhere Mittelschicht stellte das größte Potential.[68]

Wie beurteilten die Nordländer den allsommerlichen deutschen Reiseverkehr? Für die Norweger bedeutete der Fremdenverkehr enorme ökonomische Zuwachsraten. Das Hotelgewerbe, die Gastronomie, die unterentwickelte Infrastruktur und der Handel mit Andenken an die Kaiserbesuche[69] profitierten davon. Enthusiastisch feierte man Norwegen in der Tagespresse als das neue Touristenland schlechthin.[70] Man wollte es der Schweiz als der führenden Fremdenverkehrsnation gleichtun[71], obschon man sich der eigenen Unzulänglichkeiten durchaus bewußt war.[72] Den Unkenrufen Knut Hamsuns zum Trotz, der

---

[65] Kolltveit, Med turister ombord, S. 77.
[66] Hamburg-Amerika Linie, Nordlandfahrten 1911, S. 17.
[67] Vgl. Ellmers/Jurk, S. 50.
[68] Dazu auch Danielsen, S. 112.
[69] Relikvier fra Keiserreisen, in: Vestlands-Posten Nr. 163 v. 17.7.1889. Zu den Auswirkungen des Nordland-Tourismus auf die Infrastruktur und die Gastronomie Norwegens: Hodne, S. 255.
[70] Kejser Wilhelms Rejse, in: Bergens Tidende Nr. 187 v. 4.7.1889. Zum touristischen Aufschwung Norwegens: Büxenstein (Hrsg.), S. 328.
[71] Indlandet, in: Morgenposten Nr. 183 v. 29.7.1890.
[72] Keiser Wilhelms Reise, in: Ebd., Nr. 154 v. 6.7.1889.

Abb. 26. Erstausgabe von Kaiser Wilhelms II. »Sang an Ägir«, 1894. Die Illustrationen dazu stammen von dem Historienmaler Emil Doepler dem Jüngeren, der vor allem durch seine Kostüm- und Bühnenbildentwürfe, die er zusammen mit seinem Vater Carl Emil für die Bayreuther Festspiele von 1875 anfertigte, bekannt wurde.

Abb. 27. Kaiser Wilhelm II. als Neptun und somit als römisches Pendant zum nordischen Meeresgott Ägir. Zeichnung von Juch. (Aus: Figaro, Wien, vom 2. April 1904.)

Abb. 28. Wikingerschiff. Silberobjekt von Fritz von Miller (1840–1921), München 1914. (Aus: Huis Doorn, Doorn.)

Abb. 29. Morgengymnastik an Bord der HOHENZOLLERN. Das Kreuz bezeichnet Kaiser Wilhelm II. (Aus: Ullstein Bilderdienst, Berlin.)

Abb. 30. Der schwedische Löwe wird von der englischen Bulldogge, dem deutschen Adler und dem russischen Bären bedrängt. Zeichnung von Edvard Forsström, 1915. (Aus: RA, Sveriges Pressarkiv.)

Abb. 31. Kaiser Wilhelm II. als »Sohn des Hauses«. Zeichnung von Alfred Schmidt. (Aus: Blæksprutten von 1903.)

Abb. 32. »Europas Ojne er fæstede paa os!« – »Europas Augen sind auf uns gerichtet!« Drei Seeungeheuer – links Rußland, in der Mitte Deutschland und rechts England – beobachten zwei Boote – Schweden und Norwegen –, deren Steuermänner sich umarmen. Im Bug des schwedischen Bootes sind das Wappen »Tre Kronor« und die Inschrift »Det hemmelige Bagskott« – »Das heimliche Achterschott« – zu erkennen. (Aus: Vikingen von 1895.)

Abb. 33. »Nach dem Revolutionsrausch oder die politische ›Katerstimmung‹.« Zeichnung von Edvard Forsström. (Aus: Puck Nr. 24 vom 15. Juni 1905.)

Abb. 34. In einem Leitartikel der Zeitung »Dagens Nyheter« vom 15. Juli 1905 hieß es in bezug auf das Monarchentreffen in Gävle, daß es gewagt sei, mit den Großen Kirschen zu essen. Diese Formulierung hielt Björn Berg 1965 in einer Zeichnung für die Ausstellung »Myt och verklighet« der königlichen Rüstkammer fest. Sie zeigt Wilhelm II. (einen Kirschkern spuckend) und Oscar II. (das Fernrohr auf das Ziel richtend) an Bord der HOHENZOLLERN.
(Aus: Svante Svärdström, Monarkmötet i Gävle 1905, in: Livrustkammaren XI, 4, 1967, S. 63.)

Abb. 35. »Die Lösung des Unionskonflikts. Der letzte Vorschlag. Seine Königliche Hoheit der Kronprinz zu K(nut Axel) R(ydning). Stell Dir vor, daß dies der Spaziergang werden könnte!« Prinz Carl von Schweden, der dritte Sohn Oscars II., und Prinzessin Ingeborg radeln über den Kölen, wo sie von Bjørnstjerne Bjørnson und Johannes Steen, dem ehemaligen norwegischen Staatsminister, jubelnd empfangen werden. Rechs im Bild sind Knut Axel Rydning und Kronprinz Gustaf zu sehen. Karikatur von Edvard Forsström. (Aus: Söndags-Nisse von 1895.)

Abb. 36. »Die neue Schule des Kaisers. (Kaiser Wilhelm hat neulich seinen Ärger darüber ausgedrückt, daß Journalisten ihren Beruf ausüben dürfen, ohne ein Ex amen abgelegt zu haben. Dagspressen.)« Zeichnung von Edvard Forsström. (Aus: Puck Nr. 32 vom 9. August 1906.)

Ab. 37. »Unsere Gäste. Er, der alles selbst macht.« Kaiser Wilhelm beim Empfang (in schwedischer Uniform auf dem Kutschbock sitzend), im Stockholmer Freilichtmuseum Skansen und in der Nationalgalerie.
(Aus: Söndags-Nisse von 1908.)

Abb. 38. »Aus Kaiser Wilhelms Skizzenbuch. Der vielseitige Kaiser führt, wie bekannt, auf seinen Reisen immer ein Skizzenbuch mit sich, in welches er das abzeichnet, was für ihn von Interesse ist. Seine Majestät hat Puck wohlwollend die während seiner Schwedenreise gezeichneten Blätter zur Verfügung gestellt, die wir uns beeilen zu reproduzieren. 1) Entwurf eines Reisekostüms, extra für die Schwedenreise angefertigt. 2) Meine Stellung zu Norwegen. 3) Ich rede auf Mora-Steinen. 4) Ich werde mit Arbeitskonflikten fertig. 5) Sehenswürdigkeit in Gävle. 6) Die hervorragendste Sehenswürdigkeit in Schweden. 7) Nord-Licht an der Reichsgrenze. 8) Vorzüglich geeignete Stelle für eine Siegesallee.«
(Aus: Puck Nr. 29 vom 20. Juli 1905.)

Abb. 39. »Er ist ein Mann!« Karikatur von T. Schonberg. Kaiser Wilhelm II. hält Sven Hedin am ausgestreckten Arm. Gustaf V. und Nikolaus II. beobachten die Szene. Die Bildunterschrift lautet: »›Er drückte meine Hand so fest, daß die Knöchel weiß wurden.‹ (Sven Hedin in seiner Huldigung auf Wilhelm II.) Nikolaus. Undank ist der Welt Lohn, Gustaf.« (Aus: Söndags-Nisse Nr. 26 vom 29. Juni 1913.)

Abb. 40. Deutsch-norwegische Monarchenbegegnung anläßlich der Nordlandfahrt 1909. V.l.n.r.: König Haakon VII., Kaiser Wilhelm II. und Staatsminister Michelsen. Das Photo wurde auf dem Fløyen in Bergen aufgenommen. (Aus: Thomas Christian Wyller, Christian Michelsen. Politikeren. Oslo 1975, o. S.)

Unter der Mitternachtssonne

(Zeichnungen von O. Gulbransson)

Wenn der Kaiser auf seiner Nordlandreise träumend auf den Fjord blicken wird,

werden sich seinen Augen Wikingerschiffe, bemannt mit reisigen Helden, zeigen. Eine sächsische Reisegesellschaft hat diese sinnige Huldigung erdacht.

Abb. 41. »Unter der Mitternachtssonne. Wenn der Kaiser auf seiner Nordlandreise träumend auf den Fjord blicken wird, werden sich seinen Augen Wikingerschiffe, bemannt mit reisigen Helden, zeigen. Eine sächsische Reisegesellschaft hat diese sinnige Huldigung erdacht.« Zeichnung von Olaf Gulbransson. (Aus: Simplicissimus Nr. 13 vom 26. Juni 1911.)

Abb. 42. Werbeplakat der Hamburg-Amerika Linie für die Fahrt mit dem Doppelschraubendampfer METEOR 1911.
(Aus: DSM, Archiv.)

Abb. 43. Teilnehmer der Spitzbergen-Erkundungsexpedition 1910 beim Start eines Ballons. Im Bild ist der Bruder Kaiser Wilhelms II., Prinz Heinrich, als zweiter von rechts zu sehen. (Aus: DSM, Archiv.)

Abb. 44. Landgang anläßlich der ersten Spitzbergen-Kreuzfahrt der HAPAG im Sommer 1895. Das Bild zeigt Kapitän Vogelsang unter den Flaggen der Reederei, der Vereinigten Staaten von Amerika und des Deutschen Reiches. (Aus: DSM, Archiv.)

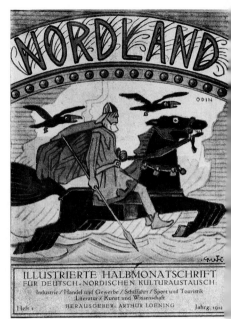

Abb. 45. Illustration von Hans Bohrdt zu seinem Reisebericht über »Die Kaiserfahrt nach dem Nordland 1901«. (Aus: Westermanns illustrierte deutsche Monats-Hefte für das gesamte geistige Leben der Gegenwart Bd. 91, 1901–1902, S. 813.)

Abb. 46. Erstausgabe der Zeitschrift »Nordland«, 1912.

Abb. 47. Die Zeitschrift »Heimdall« im Wandel der Zeit.
47a. Erstausgabe von 1896.

7b. Ausgabe von 1900.

bb. 48. Kaiser Wilhelm II. an Bord der DUNCAN GREY, *15. Juli 1892.
lgemälde von Carl Saltzmann, 1893.
us: Kieler Yacht-Club, Kiel.)*

Abb. 49. Karikatur aus dem »Punch, or the London Charivari« von 1892.

gegen eine Verschweizerung Norwegens polemisierte, hofften die Norweger, daß dort, wo der Kaiser Deutschlands gereist ist, Tausende nachfolgen werden.[73] Die HOHENZOLLERN wurde damit zu einem »Gütezeichen« für die neu zu erschließende deutsche Touristenquelle.

2. Die publizistische Vermittlung der Nordlandfahrten

»Der erste aller Germanen grüßt jene wunderbaren Küsten, an denen Nordlands Recken das Meer bezwingen, den Mut zu weltgeschichtlichen Taten stählen gelernt haben. Die Skalden werden in ihren Gräbern erwachen. Urda, die Vergangenheit, flüstert der Werdandis, der Gegenwart, zu von der Skulda, der großen Zukunft des Germanengeschlechts. Asgards lichte Hallen werden lebendig, der Schnee, auf dem der Nordschein ruht, glüht wunderbar. Ein Heldenlied, ein neues, heißt den Asasohn willkommen. Braga selbst dichtet dieses Drapa. Aegirs Töchter umkosen das Fahrzeug, und die Wikinger werden wach. Heil dem Asasohn! Seinesgleichen ist nicht auf dem blauenden Meer, seine Mannen, sie kämpfen so fern!«[74]

So berichtete 1889 die Zeitschrift »Volk« im Pathos der Zeit von der ersten Nordlandreise Kaiser Wilhelms II. Dieselbe Ergriffenheit sprach aus Festreden und Reiseschilderungen. Das galt vor allem für Hans Bohrdts sentimentalen Aufsatz »Die Kaiserfahrt nach dem Nordland 1901« (Abb. 45)[75], der das gesamte Repertoire germanophiler Selbstdarstellung bündelte. Da bezeichnete Bohrdt die Nordlandreise des Kaisers als »vornehmsten Wikingszug«[76], da setzte er die Begleitschiffe der HOHENZOLLERN mit

---

[73] Bergen. Den tyske Keisers Norgesreise er endt, in: Bergens Tidende Nr. 209 v. 26.7.1889. Zur weiteren Entwicklung des deutschen Kreuzfahrt-Tourismus in Norwegen s. v.a. Kolltveit, De »flytende hoteller«, S. 95–106.
[74] Zit. nach Wendel, S. 55 ff.
[75] Bohrdt, Die Kaiserfahrt nach dem Nordland 1901, in: Westermanns illustrierte deutsche Monats-Hefte Bd. 91, Oktober 1901 bis März 1902, S. 813–828.
[76] Ebd., S. 814. Adler bezeichnete in einer Rede anläßlich des Kaisergeburtstages 1890 die erste Nordlandfahrt Wilhelms II. gar als »des jungen Siegfrieds erste Ausfahrt«. Adler, S. 4.

den Raben Wodans gleich[77], da führte er es auf den Feuerriesen Surtur, den er irrtümlich als Sonnengott präsentierte, zurück, wenn der Kaiserreise das Wetter hold war[78], und da interpretierte er Wilhelms Vorliebe für Norwegen als »echt germanisches Sehnen nach dem sagenreichen Lande der Mitternachtssonne«.[79]

Das der nordischen Mythologie entlehnte Vokabular Bohrdts bildete beileibe keine Ausnahme. Im Gegenteil: Bohrdts Darstellung war in vielerlei Hinsicht repräsentativ für den Geschmack des wilhelminischen Publikums. Auch Paul Grabein bediente sich durchaus zeittypischer Kategorien, als er 1898 über »Des Kaisers Nordlandsfahrten« in der vielgelesenen Familienzeitschrift »Daheim« schrieb: »Das so oft an Kaiser Wilhelm beredt zum Ausdruck kommende echt deutsche, germanische Wesen scheint sich auch in dieser Vorliebe zu dem stammverwandten Norden anzudeuten.«[80]

Der Gedanke der germanischen Stammesverwandtschaft beherrschte die Berichterstattung der deutschen Presse. Symptomatisch hierfür ist, daß man dabei den »modernen« Skandinavier überhaupt nicht wahrzunehmen schien. Der nordische Bauer vergangener Tage, in dem sich angeblich »das alte Bondenblut« und der Traum von »Kampfgetöse und Siegesjubel« rege[81], wurde zur Symbolfigur des »biedere[n] Menschenschlag[es] echt germanischen Stammes«[82] stilisiert.

Wie sich die Stereotypen glichen, zeigen Eulenburgs Aufzeichnungen. Skandinavien verkörperte für ihn ebenfalls die ländliche Idylle, die er mit der Großstadtkultur Englands und Frankreichs kontrastierte. Paris, das war ihm eine unruhige, laute, seinem Wesen widerstrebende Stadt[83] und London ein »graues Häusermeer mit Schornsteinen und geschmacklosen Prachtgebäuden«.[84] Dementsprechend hoben sich bei Eulen-

---

[77] Bohrdt, Kaiserfahrt, S. 814.
[78] Ebd., S. 818.
[79] Ebd., S. 815.
[80] Grabein, S. 667.
[81] Bohrdt, Kaiserfahrt, S. 814. Exemplarisch hierfür ist auch die Betonung des kernigen germanischen Bauerngeschlechts bei Stark, S. 20.
[82] Von der Nordlandsreise des Deutschen Kaisers, in: Illustrirte Zeitung Nr. 3344 v. 1.8.1907.
[83] Eulenburg, Mit dem Kaiser, Bd. 1, S. 139.
[84] Ebd., Bd. 1, S. 145.

burg die Skandinavier, denen er klischeehaft eine semmelblonde Haarfarbe sowie sieben Geschwister bescheinigte[85], von den – wie er behauptete – im Schmutz erstickenden Engländern und Franzosen ab.[86] Der Skandinavier war für ihn das Abbild des natürlichen und des – wohlwollend gemeint – unverbildeten, unzivilisierten Menschen, gleichsam ein Bollwerk gegen die Gefahren der Moderne.

Dennoch: Die Verfasser germanentümelnder Reiseschilderungen mußten ihr Nordlandbild revidieren, denn das Ideal der Vergangenheit war längst dahin. »Die Nachkommen der Wikinger sind Kulturmenschen geworden, ja sie leiden zum Teil geradezu an geistiger Überfeinerung, welche sie in die älteren Kulturstätten des Festlandes tragen.«[87] Pathetisch trauernd echote denn auch ein Rechtsanwalt aus Thüringen in einer humoristischen »Schilderung aus der Kleinstädterperspektive«: »Das alte germanische Herz regt sich in uns, wir fühlen's förmlich, daß wir an der Wiege der Religion unserer fellumgürteten flügelhelmigen Urväter weilen, und ärgern uns, daß ein paar Jahrhunderte sogenannter Kultur aus dem blanken Schwert einen philiströsen Regenschirm, aus dem Bärenfell einen Glockenrock und aus dem Flügelhelm (sic!) ein lausiges Filzhütchen mit Spielhahn gemacht haben.«[88]

Hier wurde offenkundig, daß die publizistische Vermittlung im Deutschen Reich – im Gegensatz zu der skandinavischen Berichterstattung – weitgehend im Apolitischen befangen blieb und sich in Germanentümelei verkehrte. Einem Lande wie Norwegen, das ein Korrespondent gar mit einer »Nürnberger Spielschachtel«[89] verglich, schien man keine politische Bedeutung beizumessen. Es war vielmehr das weltentrückte, ferne Nordland, die germanische Urheimat, die Welt der Wikinger, die eine Faszination auf die deutschen Leser ausübte.

---

[85] Eulenburg, Mit dem Kaiser, Bd. 1, S. 122 ff., 127, 130 f.
[86] Ebd., Bd. 1, S. 148.
[87] Bohrdt, Kaiserfahrt, S. 813. Dazu auch Güßfeldt, der die Idylle durch den zunehmenden Touristenverkehr bedroht sah: Güßfeldt, Kaiser Wilhelm's II. Reisen 1889 bis 1892, S. 46.
[88] Klinghammer, S. 34.
[89] Zur Nordlandsreise Sr. Maj. des Kaisers und Königs, in: Neue Preußische Zeitung Nr. 340 v. 23.7.1892.

Exemplarisch hierfür ist auch, daß es in den Juli-Monaten gemeinhin üblich wurde, die Feuilletonteile der führenden Tageszeitungen inhaltlich den kaiserlichen Fahrten ins Nordland anzupassen. Dabei wandte sich auch hier der Blick zurück: Berichte über nordische Sagas und die Dichtungen der Edda prägten die Literaturrubrik. Die »Neue Preußische Zeitung« richtete eigens die Artikelserie »Aus dem Lande der Mitternachts-Sonne« ein[90], die sich an Paul B. du Chaillus Schrift »Land of the Midnight Sun«[91] orientierte und über Kunst und Kultur, aber auch über Geographie und Ökonomie des Nordlands informieren wollte. Zur Begründung hieß es: »Die Reise Sr. Majestät des Kaisers und Königs ins Reich der Mitternachts-Sonne lenkt die Gedanken... in gesteigertem Verlangen in jenes nordische Gebiet.«[92]

Dieser Sehnsucht trugen Reisebeschreibungen Rechnung, die der Kaiser veranlaßte. »Der Kaiser wünschte, daß eine Schilderung Seiner Reisen den deutschen Leser auch über das norwegische Land im Allgemeinen unterrichtete. Das Buch sollte anregend und belehrend wirken«[93], schrieb der Nordlandfahrtteilnehmer Paul Güßfeldt im Vorwort zu seinem Werk »Kaiser Wilhelm's II. Reisen nach Norwegen in den Jahren 1889 bis 1892«, das 1892 erschien. Noch im selben Jahr wurde eine zweite Auflage herausgegeben. Ein Jahr zuvor lag bereits eine norwegische Übersetzung der ersten deutschen Teilausgabe[94] unter dem Titel »Keiser Wilhelm II's reiser i Norge i aarene 1889 og 1890« vor.[95] Was machte den reich illustrierten Prachtband, den der Literaturkritiker Julius Rodenberg als das kommende »Lieblingsbuch des deutschen Publicums«[96] bezeichnete, so populär? War

---

[90] Aus dem Lande der Mitternachts-Sonne, in: Ebd. Nr. 303 v. 3.7.1889; Nr. 309 v. 6.7.1889; Nr. 311 v. 7.7.1889; Nr. 313 v. 9.7.1889; Nr. 315 v. 10.7.1889; Nr. 317 v. 11.7.1889; Nr. 319 v. 12.7.1889, Nr. 323 v. 14.7.1889; Nr. 325 v. 16.7.1889; Nr. 333 v. 20.7.1889; Nr. 335 v. 21.7.1889.
[91] Du Chaillu, Land of the Midnight Sun. New York 1882.
[92] Aus dem Lande der Mitternachts-Sonne, in: Neue Preußische Zeitung Nr. 303 v. 3.7.1889.
[93] Güßfeldt, Kaiser Wilhelm's II. Reisen 1889 bis 1892, S. XII.
[94] Ders., Kaiser Wilhelm's II. Reisen nach Norwegen in den Jahren 1889 und 1890. Berlin 1890.
[95] Ders., Keiser Wilhelm II's reiser i Norge i aarene 1889 og 1890. Kristiania 1891.
[96] Rodenberg, S. 143.

es die zuweilen zur Pedanterie neigende Auflistung naturwissenschaftlicher und geographischer Details über das Nordland? War es die seltene Begabung Güßfeldts, abstrakte wissenschaftliche Vorgänge in einfache anschauliche Bilder zu übertragen? Sicherlich mochte dies zutreffen. Primär war es aber die Darstellung des konkreten Lebens, d. h. des kaiserlichen Lebens, die den Zeitgeschmack traf. Der Kaiser war nun einmal die Zentralfigur, von der das Werk zehrte. Die jugendliche Gestalt des Kaisers ist allgegenwärtig: »wir sehen ihn in der ungezwungenen fröhlichen Tafelrunde; wir sehen ihn, nach Ankunft der Couriere, bei der Erledigung von Staatsgeschäften; wir sehen ihn in Fjord und Fjeld, und sehen ihn an dem mit der Kriegsflagge bedeckten Altar den sonntäglichen Gottesdienst abhalten.«[97] Kurzum, die »Details persönlichen Charakters« aus dem intimen Leben des Kaisers erfüllten die Publikumserwartungen.[98]

Daß die Vermittlung des Nordlandes über bloße Hofberichterstattung[99] und germanophile Klischees hinauskam, zeigte die Reise deutscher Journalisten auf Einladung des Stockholmer Publizistenklubs im Jahre 1910.[100] Hier dominierte vor allem die

---

[97] Rodenberg, S. 142.
[98] Cleinow, Maßgebliches, S. 532. Im gleichen Sinne schrieb ein Rezensent: »Inmitten der Schilderung der großartigen Natureindrücke zeichnet uns Güßfeldt ein menschlich-schönes Bild der Persönlichkeit und des Wesens unseres Kaisers, denn viele der hier mitgetheilten Beobachtungen und Züge verleihen der Gestalt des kaiserlichen Herrn, wie wir sie kennen und wie sie in unseren Herzen lebt, ein neues, wohlthuendes Relief.« Rezension in: Deutsche Rundschau 65, 1890, S. 476. Und zur Herausgabe der 2. Aufl. v. »Kaiser Wilhelm's II. Reisen nach Norwegen in den Jahren 1889 bis 1892« hieß es in einer Buchbesprechung: »Trotzdem enthalten die neuen Capitel eine Fülle fesselnder Beobachtungen und Beschreibungen, von denen wir hier die Darstellungen... speciell hervorheben, bei welcher Gelegenheit wir werthvolle Einblicke in das Wesen Kaiser Wilhelm's II. erhalten.« Rezension in: Deutsche Rundschau 73, 1892, S. 472.
[99] Exemplarisch hierfür waren: Denkblätter vom Besuch Kaiser Wilhelms II. in der Hauptstadt Norwegens im Juli 1890. Christiania 1890; von Hanstein, Kaiser Wilhelms II. Nord- und Südlandfahrten. Dresden o.J. (1890). Sicherlich wurden auch Originalphotographien der kaiserlichen Nordlandfahrten in Form von Leporelloalben oder Mappen vertrieben.
[100] Dazu Pückler an Bethmann Hollweg, Stockholm, 22.4.1910. PA AA, Deutschland 136, Bd. 3.

geographische, mitunter aber auch die politische Komponente.[101]

Zu den von Wilhelm II. autorisierten Ausgaben zählte auch die Veröffentlichung der Seepredigten, die er im Rahmen des Gottesdienstes sonntags auf dem Vorderdeck in höchst eigener Person verlas. [102] Kirchenrechtlich konnte ihm dies niemand verwehren.[103] Die Texte ließ er – selbstverständlich mit genauester persönlicher Anweisung – von den Geistlichen Frommel, Göns, Keßler und dem Feldpropst Richter ausarbeiten.[104] Richter gab neun dieser Predigten, die vom Kaiser während der Nordlandfahrten 1890 und 1891 gehalten wurden, unter dem Titel »Die Stimme des Herrn auf den Wassern« heraus.[105] Doch mit dieser Sammlung war nicht viel Staat zu machen.

Auf größeres Interesse schienen da schon zwei andere Publikationen zu stoßen, die den Textlaut der bekannten Seepredigt Wilhelms II. vom 29. Juli 1900 wiedergaben, die er unter dem Eindruck der sogenannten »Hunnenrede« selbst verfaßt hatte.[106] Die »Hunnenrede«: Das war jene impulsive Rede, die Wilhelm II. am 27. Juli 1900 in Bremerhaven bei der Verabschiedung des ostasiatischen Expeditionskorps als Reaktion auf den Boxeraufstand in China und auf die Ermordung des dortigen deutschen Gesandten, Freiherrn von Ketteler, vortrug. Die Rhetorik des Kaisers war so ungehemmt, daß sich Reichskanzler Bülow genötigt sah, die entsprechenden Stellen herauszustreichen, ehe der

---

[101] Zur deutschen Journalistenreise 1910 nach Schweden: Kummer, Bilder aus der Nordlandfahrt deutscher Journalisten 14. Juni bis 4. Juli 1910. Dresden 1910; Mohr, Schwedische Streifzüge eines deutschen Journalisten. München 1911; Von der Schwedenfahrt der deutschen Pressevertreter, in: Kölnische Volkszeitung v. 4.7.1910; Friedrich Trefz, Die Schwedenfahrt der deutschen Presse. 1.-6. In loser Reihenfolge erschienen in: Hamburger Fremdenblatt v. 24.6.-6.7.1910.

[102] Zur Beschreibung eines solchen Predigtgottesdienstes: Eulenburg, Mit dem Kaiser, Bd. 1, S. 58 f.; Gußfeldt, Die Nordlandreisen des Kaisers, S. 334. Eine Sammlung der Predigttexte befindet sich in: BA-MA, RM2/116.

[103] Dazu der Kommentar Ernst Johanns, in: Reden des Kaisers, S. 142.

[104] Büxenstein (Hrsg.), S. 225.

[105] Ebd.

[106] Seepredigt Sr. Majestät des Kaisers an Bord der HOHENZOLLERN. Berlin 1900; Worte und Predigt Sr. Maj. Kaiser Wilhelm II., letztere an Bord der HOHENZOLLERN. Pforzheim o.J. (1915)

Text an die Presse gelangte. Ein Lokalreporter der »Norddeutschen Zeitung« stenographierte die Ansprache mit, und so gelangte die nichtamtliche, ungeschönte Version in Umlauf: »Kommt ihr vor den Feind, so wird derselbe geschlagen! Pardon wird nicht gegeben! Gefangene werden nicht gemacht! Wer euch in die Hände fällt, sei euch verfallen! Wie vor tausend Jahren die Hunnen unter ihrem König Etzel sich einen Namen gemacht, der sie noch jetzt in Überlieferungen und Märchen gewaltig erscheinen läßt, so möge der Name Deutscher in China auf 1000 Jahre durch euch in einer Weise bestätigt werden, daß niemals wieder ein Chinese es wagt, einen Deutschen auch nur scheel anzusehen!«[107]

Daß diese spontane Äußerung Wilhelms II. keine einmalige Entgleisung darstellte, bewies sein zwei Tage später gehaltener Gottesdienst auf der HOHENZOLLERN, die in Richtung Norden dampfte. Hier diente ihm die alttestamentarische Schilderung des Sieges Israels über das Amalekitervolk aus dem 2. Buch Moses 17 als Mittel zum Zweck. Er aktualisierte das Schlachtenbild des Bibeltextes und warnte vor der »gelben Gefahr«[108]: »Wer verstünde heute nicht, was es [das Schlachtenbild, Anm. d. Vf.in] uns sagen will! Wiederum hat sich ja heidnischer Amalekitergeist geregt im fernen Asien – mit groß Macht und viel List, mit Sengen und Morden will man den Durchzug europäischen Handels und europäischen Geistes – will man dem Siegeszuge christlicher Sitte und christlichen Glaubens wehren. Und wiederum ist der Gottesbefehl ergangen: ›Erwähle die Männer, zeuch aus und streite wider Amalek!‹ Ein heißes, blutiges Ringen hat begonnen. Schon stehen viele unserer Brüder drüben im Feuer – viele fahren den feindlichen Küsten zu – und ihr habt sie gesehen, die Tausende, die auf den Ruf: ›Freiwillige vor! Wer will des Reiches Hüter sein?‹ sich jetzt sammeln, um mit fliegenden Fahnen mit einzutreten in den Kampf.«[109]

Und getreu dem Motto der »Hunnenrede« gipfelte seine Predigt in den Worten: »Wir wollen nicht nur Bataillone von Kriegern mobil machen, nein auch eine heilige Streitmacht von Betern. Ja, wie viel gibt es doch für unsere ins Feld ziehenden

---

[107] Schultheß' Europäischer Geschichtskalender 1900, S. 107.
[108] Dazu Gollwitzer, Die gelbe Gefahr. Göttingen 1962.
[109] Seepredigt Sr. Majestät, o.S.

Brüder zu erbitten und zu erflehen. Sie sollen der starke Arm sein, der die Meuchelmörder bestraft; sie sollen die gepanzerte Faust sein, die in das wüste Treiben hineinfährt; sie sollen mit dem Schwert in der Hand eintreten für unsere heiligsten Güter.«[110]

Hier wurde das deutlich, was der Kaiser meinte, als er 1895 Hermann Knackfuß zu seiner allegorischen Darstellung »Völker Europas wahret Eure heiligsten Güter« anregte. Die »Hunnenrede« hatte Konsequenzen: Die entscheidende Passage, in der Wilhelm II. den Deutschen riet, sich ein Beispiel an den Hunnen zu nehmen, wurde zunächst von der Sozialdemokratie für ihre politische Agitation instrumentalisiert. Die englische Feindpropaganda leitete daraus später das Schimpfwort »huns« ab.[111]

Ähnliches galt für einen Vorfall, der sich drei Jahre zuvor, auf der Nordlandfahrt von 1897, zugetragen hatte. Im Juli 1897 meldete die offiziöse Berliner »Neue Preußische Zeitung«, daß ein heruntergefallenes Rauchsegel den Kaiser am Kopf getroffen habe. Die Wucht des Aufpralls sei durch die Seeoffiziersmütze des Kaisers abgefangen worden. Gleichzeitig habe dabei ein am Rand des Segels zur Befestigung angebrachter Strick den Augapfel des Kaisers gestreift und verletzt. In demselben Artikel hieß es, von der vorherigen Meldung nur durch einen untergesetzten Querstrich abgehoben: »Der durch einen so jähen Tod aus dem Leben gerissene Kaiserl. Lieutenant z. S. Gustav v. Hahnke hätte demnächst sein 27. Lebensjahr vollendet. Wie nunmehr feststeht, ist Lieutenant v. Hahnke oberhalb Odde im Hardangerfjord bei einer Fahrt auf dem Zweirad in der Nähe des Lotefoß in einen Bergstrom gestürzt und ertrunken.«[112] Daß es sich hierbei um zwei voneinander völlig unabhängige Vorgänge handeln sollte, widersprach dem Denken der Auslandspresse. Die Gazetten »Petite Presse« und »Revue de Montréal« präsentierten ihre eigene Lesart der Ereignisse, indem sie einen Zusammenhang zwischen der Verletzung des Kaisers und dem Tode

---

[110] Seepredigt Sr. Majestät, o. S.
[111] Zur Entstehung des politischen Schlagwortes »huns«: Von See, Der Germane, S. 69f.
[112] Von der Nordland-Reise Sr. Maj. des Kaisers, in: Neue Preußische Zeitung v. 14.7.1897. StAD, F 23 A, Nr. 296/3, Nordlandfahrt 1897.

des Sohnes des Generalstabschefs Wilhelm von Hahnke konstruierten. Dieser Sensationstext lief dann über den gesamten Erdball. Demzufolge habe sich das Ganze so abgespielt[113]: Der Leutnant sei – entgegen der amtlichen Sprachregelung – nicht an Land, sondern an Bord der HOHENZOLLERN Fahrrad gefahren. Als der Kaiser dessen gewahr geworden sei, habe er von Hahnke befohlen, sich beim Kommandanten zum Zimmerarrest zu melden. Daraufhin habe sich der Kaiser zur Kommandobrücke begeben und von Hahnke sei ihm gefolgt. »Weshalb folgen Sie mir? Sie sind nicht würdig, in meine Fußstapfen zu treten!«[114], soll der Kaiser von Hahnke barsch angefahren haben. Von Hahnke, nunmehr aufs höchste erregt, soll daraufhin geantwortet haben: »Majestät, mein Adel ist so alt wie der Ihrige. Ich muß selbst von Ew. Majestät keine Beleidigung hinnehmen!« Ein Wort habe das andere gegeben. Als Wilhelm II. wutentbrannt geschrien haben soll: »Elender Knecht! Ich lasse Dir die Epauletten wegreißen und Deinen Degen entzweibrechen«, habe sich von Hahnke auf den Kaiser gestürzt und ihn mit der Faust aufs Auge geschlagen. Am nächsten Morgen habe das Kriegsgericht über das Benehmen des Leutnants Recht sprechen sollen. In der Nacht sei von Hahnke aus seiner Kabine verschwunden, um seine Tat in einem Akt der Selbstjustiz zu sühnen. Fazit dieser Sensationsberichte war: Bei dem vermeintlichen Unfall habe es sich um einen geplanten Suizid gehandelt. Weiter hieß es, daß die Mannschaft habe schwören müssen, über diesen Vorfall tiefstes Stillschweigen zu wahren. »An der Wahrheit zu zweifeln, haben wir in Berücksichtigung der bekannten Eigenschaften Kaiser Wilhelms gewiß keinen Grund. Ein geohrfeigter Kaiser – die Sache wäre nicht von übel!« So hieß es im Schlußkommentar der Zeitschrift »Die Freiheit«, des Organs der sozialdemokratischen Arbeiterschaft für den Teplitz-Saazer Kreis.

Handelte es sich hierbei tatsächlich um einen Bezug – so der deutsche Gesandte in Brüssel mit Blick auf Äußerungen im

---

[113] Dazu Le drame du HOHENZOLLERN, in: Courrier de Bruxelles Nr. 250 v. 23.10.1897; Das blaue Auge der Majestät, in: Basler Vorwärts v. 28.10.1897. PA AA, Preussen 1, Nr. 1 d, Bd. 8.

[114] Hier und im folgenden zit. nach Deutschland, in: Die Freiheit. Organ der sozialdemokratischen Arbeiterschaft für den Teplitz-Saazer Kreis Nr. 31 v. 4.11.1897, S. 3.

»Courrier de Bruxelles« –, »wie er nichtswürdiger nicht hätte erdacht werden können«?[115] Beweisen läßt sich hier wie dort nichts. Die norwegischen Behörden schienen zumindest bei der Sicherung der Absturzstelle, der Zeugenvernehmung und der Bergung der Leiche keine nennenswerten Besonderheiten festgestellt zu haben.[116] Entgegen den Behauptungen der Presse ereignete sich der Vorfall tagsüber: Von Hahnke hatte mit Leutnant von Lewetzow eine Radtour unternommen. Von Hahnke fuhr voraus, strauchelte – vermutlich geriet er in eine Wagenspur – und stürzte in den Strom.[117] Dies konnten zwei norwegische Bauernsöhne bestätigen.[118] Für die Rauchsegelszene fehlen hingegen Augenzeugen. Sowohl Eulenburg als auch Görtz und Güßfeldt berichten in ihren Tagebuchaufzeichnungen das Ereignis lediglich aus zweiter Hand[119], da der Kaiser zu diesem Zeitpunkt angeblich ganz allein an Deck gewesen sei.

Wie dem auch sei, in unserem Zusammenhang ist es primär von Interesse gewesen zu konstatieren, daß Begebenheiten auf den Nordlandfahrten zum Vehikel der politischen Argumentation wurden. In diesem Sinne griffen dann nochmals die Alliierten in ihrer Kriegspropaganda die Version der Selbstmordtheorie auf, die zuvor die Auslandszeitungen und in ihrem Gefolge die deutsche sozialdemokratische Presse kolportiert hatten.[120]

Der publizistischen Vermittlung der Nordlandfahrten Kaiser Wilhelms waren keine Grenzen gesetzt. Blieb sie anfangs noch

---

[115] Von Alvensleben an Hohenlohe-Schillingsfürst, Brüssel, 24.10.1897. PA AA, Preussen 1, Nr. 1d, Bd. 8.
[116] Schreiben des Amtmannes des Amtes Søndre Bergenhus an das Königlich norwegische Regierungsdepartement, Bergen, 27.9.1897. NUD, G 2 C 1 / 06. Der Bericht gibt ausführlich Auskunft über den Leichenfund, die Kosten der Bergung und die angestellten Nachforschungen.
[117] Eulenburg, Mit dem Kaiser, Bd. 2, S. 20 f.
[118] Schreiben des Amtmannes des Amtes Søndre Bergenhus an das Königlich norwegische Regierungsdepartement, Bergen, 27.9.1897. NUD, G 2 C 1 / 06.
[119] Eulenburg, Mit dem Kaiser, Bd. 2, S. 17. Tagebucheintragung des Grafen Görtz v. 11. Juli 1897. StAD, F 23 A, Nr. 296/3, Nordlandfahrt 1897, S. 13. Tagebucheintragung Güßfeldts v. 11. Juli 1897. SB PK, Nl. Güßfeldt, K. 3., Heft »1897 Neunte Nordlandfahrt«, S. 21.
[120] Dazu Kolltveit, Ullensvang, S. 353.

auf die Druckkunst begrenzt, beschritt sie bald neue Wege. Das Medium Film, das damals noch in den Kinderschuhen steckte, hatte die Kaiserreisen als Thema und vor allem als Publikumsmagneten entdeckt. Von der Hamburger »Gesellschaft der Freunde des Vaterländischen Bildungs- und Erziehungswesens« – der nachmaligen Gewerkschaft für Erziehung und Wissenschaft – wurde 1907 der Film »Die Nordlandfahrt Kaiser Wilhelms II.« als leuchtendes Vorbild präsentiert.[121] Welche Richtlinien für die Vereinigung, die versuchte, »die noch schwache Filmwirtschaft unter das Kuratel einer aus Lehrern bestehenden Zensurbehörde zu stellen«[122], dabei maßgebend waren, bleibt ebenso wie der Inhalt des Dokumentarfilms im Dunkeln.

Für Features dieser Art schien damals ein großes Interesse zu bestehen. Die Gesellschaft Pathé Frères drehte »Swinemünde. Der Kaiser bei der Rückkehr seiner Nordlandreise 1912«[123], und ein Kinematographen-Theater in Mannheim inserierte in einer Fachzeitschrift neben dem Stummfilm »Wickingsblut« die Aufführung von »›Sleipner‹, Begleitschiff der Kaiseryacht ›Hohenzollern‹ im Sturm«.[124]

Daß die Nordlandfahrten des Kaisers filmisch dokumentiert wurden, geht auf die Anregung von Greenbaum, einem Direktionsmitglied der Vitascop GmbH, zurück.[125] In einer Zeit, in der die Kinematographie ihre ersten Erfolge verzeichnen konnte, suchte er den Kaiser – der ohnehin für alles Technische äußerst aufgeschlossen war – von seinen Filmgeräten zu überzeugen. Er bat den Hofphotographen Jürgensen, mit einer von Vitascop zur Verfügung gestellten Kamera einige Szenen der Nordlandfahrten im Bild festzuhalten. Der Coup war gelungen: Der Kaiser war von den Aufnahmen so angetan, daß er es fortan gestattete, Filme von seinen Reisen zu drehen, die auch der Öffentlichkeit zugänglich gemacht werden sollten.[126]

---

[121] Knops, S. 445.
[122] Ebd.
[123] Klebinder (Hrsg.), S. 59.
[124] Programme von Kinematographen-Theatern, in: Der Kinematograph Nr. 33 v. 14.8.1907, o.S.
[125] Klebinder (Hrsg.), S. 24.
[126] Ebd., S. 26.

3. Die Nordlandfahrten und die Gründung von deutsch-skandinavischen Vereinen und Zeitschriften

»Der versonnene, träumerische, tapfere Nordländer von einst ist ein guter Rechner geworden, ein sehr zu beachtender Faktor in dem grossen internationalen Wirtschaftsleben, ein leistungsfähiger Verkäufer und ein zahlungskräftiger Käufer. Für Deutschland ist gerade jetzt die Zeit gekommen, die sehr erheblichen Gewinnmöglichkeiten, die sich aus einem engen Handelsverkehr mit dem Norden ergeben, ins Auge zu fassen«[127], hieß es in der Startnummer der illustrierten Halbmonatschrift für deutschnordischen Kulturaustausch *»Nordland«* vom 1. Januar 1912. Ihre Hauptaufgabe sah das unter der Ägide von Arthur Loening erschienene Organ trotz dieser wirtschaftstheoretischen Reflexionen und trotz der damals höchst aktuellen Neuordnung des handelspolitischen Verhältnisses zu Schweden – ein Jahr vor der Zeitschriftengründung wurde der deutsch-schwedische Handels- und Schiffahrtsvertrag ratifiziert[128] – nicht nur in der Vermittlung von Kenntnissen auf ökonomischem Gebiet. Für diesen Bereich stand ohnehin die Tochtergründung *»Nordland: Wirtschaftliche Rundschau«* zur Verfügung.

Industrie, Handel und Gewerbe, Schiffahrt, Sport und Touristik, Literatur, Kunst und Wissenschaft: das waren die Themenbereiche, denen sich die Zeitschrift gleichermaßen widmen wollte, um damit einen Beitrag für das deutsch-skandinavische Völkerverständnis zu leisten. Die Zeitschriftengründung bezeichnete seinerzeit ein vordringliches Bedürfnis, da das Interesse des Bildungsbürgertums an skandinavischer Literatur, Kunst, Kultur und Wirtschaft – nicht zuletzt auch durch die alljährlichen Nordlandfahrten des deutschen Kaisers – zunahm. Mit seiner Initiative hatte Loening also ein außerordentliches Gespür für die Stimmungen seiner Zeit bewiesen. Die Zeitschrift wurde insofern zu einem Indikator für die allgemeine Entwicklung der deutsch-skandinavischen Beziehungen. Für die Mitarbeit hatte der Herausgeber so prominente Zeitgenossen wie den Entdeckungsreisenden Sven Hedin, den Sohn Henrik Ibsens,

---

[127] Was Nordland will, o.S.
[128] Dazu Lindberg, Småstat mot stormakt. Lund 1983. S. auch Werner, S. 306–313.

den ehemaligen norwegischen Staatsminister Sigurd Ibsen, den schwedischen Maler Bruno Liljefors sowie den Kunsthistoriker und Direktor des Kunstmuseums in Christiania, Jens Thiis, gewonnen.

Bereits das äußere Gewand verdeutlichte, daß das »Nordland« primär Kunst und Kultur ein Forum bieten wollte. So zierte denn – übrigens sehr plakativ – eine Darstellung aus der nordischen Mythologie die Titelseite der Probenummer. Sie zeigte den einäugigen Odin, von zwei Raben begleitet, reitend auf seinem achtbeinigen Schimmel Sleipnir (Abb.46). Obschon das Motiv den Trend einer nostalgischen Rückwärtsorientierung in der Kunst markierte, war es im Sinne des Zeitgeistes höchst aktuell, in gewisser Weise modern, denn die Zeichnung stammte von dem in Norwegen recht populären Maler Gerhard Munthe, zu dessen größten künstlerischen Leistungen seine ornamentalen Arbeiten und Zeichnungen zu Snorri Sturlusons Königssagen gehören. Einem breiteren deutschen Publikum war er primär dadurch bekannt, daß er der norwegischen Bildwebkunst zu neuem Leben verhalf.

Die skandinavischen Künstler, Literaten und Intellektuellen nahmen die Neugründung aber nicht in dem Maße an, wie es sich der Herausgeber erträumt hatte. Dies lag daran, daß sie ohnehin bereits in anderen längst etablierten und ihren Interessen zweckdienlicheren Organen, etwa in der Zeitschrift »Die Freie Bühne« oder in dem satirischen Wochenblatt »Simplicissimus«[129], publizierten. In diesem Sinne schrieb Sven Hedin, obgleich er sich insgesamt über die Ziele des »Nordlands« positiv äußerte, an den Redakteur, daß er für seine Veröffentlichungen Fachzeitschriften die Präferenz gebe. »Warum sollte ich für diese Zwecke eine Zeitschrift benutzen, unter deren Lesern vielleicht einer von Hundert Fachmann auf dem Gebiete der Geographie ist?«[130], gab Hedin, der in den neunziger Jahren bei dem renommierten Geographen Ferdinand Freiherr von Richthofen in Berlin studiert hatte, mit Recht zu bedenken.

So wie Hedin mochten viele gedacht haben. Daß die Zeitschriftengründung trotz alledem keine Totgeburt war, hatte sie

---

[129] Im »Simplicissimus« veröffentlichten u. a. Bjørnstjerne Bjørnson, Edvard Grieg, Henrik Ibsen und Fridtjof Nansen. vgl. Hepp, S. 44.
[130] Hedin, Hedin an den Herausgeber, S. 7.

dem *Deutsch Nordischen Touristen Verband* zu verdanken. Dieser wurde am 31. Dezember 1911 gegründet.[131] Damit reagierten die Gründungsmitglieder auf den stark zunehmenden Nordland-Tourismus. Sie knüpften an entsprechende Bestrebungen auf diesem Gebiet an, wie sie die Nordlandvereine repräsentierten, die sich just in diesen Jahren allerorten formierten.[132] Erklärtes Ziel des Verbandes war es, »die Kenntnis der Naturschönheiten der nordischen Länder zu verbreiten und den Verkehr nach diesen Ländern zu heben und zu erleichtern«.[133] Zudem plante man – sobald dafür die pekuniären Mittel zur Verfügung stünden – das Abhalten von »gesellschaftliche(n) Veranstaltungen in nordischem Charakter« sowie »die Einrichtung und die Förderung von Unterrichtskursen in den nordischen Sprachen«.[134] Diese Angebote stießen offensichtlich auf großen Zuspruch.

Dem Ehrenbeirat der Vereinigung gehörten u. a. der Direktor der meteorologischen Landesanstalt in Straßburg, Professor Dr. Hergesell, der 1910 an der zuvor bereits erwähnten Spitzbergen-Erkundungsexpedition teilnahm[135], der kaiserliche Gesandte in Christiania, Graf von Oberndorff, und der kaiserliche Gesandte in Stockholm, Franz von Reichenau, an.[136] 1912 wählte der Verband das *»Nordland«* zu seinem offiziellen Organ.[137] Dadurch veränderte sich zunächst das Erscheinungsbild der Zeitschrift. Die Odinsfigur auf dem Titelblatt wich norwegischen Lappenschönheiten, schwedischen Skispringern und Lachs angelnden Touristen. Aber auch inhaltlich brach man zu neuen Ufern auf: Der Akzent der Berichterstattung verschob sich zugunsten von zweit- und drittklassigen Reiseschilderungen und Verbandsangelegenheiten.

Auch die politische Komponente kam nicht zu kurz. Dabei orientierte sich das *»Nordland«* – wenngleich die politischen

---

[131] Deutsch Nordischer Touristen Verband, S. 1.
[132] Nordlandvereine gründeten sich beispielsweise in Hamburg und Leipzig. Näheres zu Trägerschaft, Mitgliederzahlen und Aktivitäten konnte leider nicht ermittelt werden.
[133] Ein Flugblatt, S. 2.
[134] Ebd.
[135] Vgl. oben S. 188.
[136] Verbandsangelegenheiten, S. 20.
[137] Deutsch Nordischer Touristen Verband, S. 1.

Interessen naturgemäß andere waren – an der zwei Jahre zuvor in Frankreich aus der Taufe gehobenen »*La Revue Scandinave*«. Diese war im Gegensatz zu dem deutschen Konkurrenzunternehmen von vornherein als politisches Forum konzipiert, das es als sein Hauptanliegen betrachtete, für den interkulturellen franko-skandinavischen Austausch zu werben. Dies meinte in einem ganz konkreten Sinne einerseits einer Russifizierung Finnlands entgegenzuwirken, andererseits dem deutschen Einfluß nicht nur auf Sønderjylland, sondern auch auf Gesamtskandinavien Einhalt zu gebieten, um damit einem weiteren Anwachsen von pangermanischen Tendenzen in Nordeuropa vorzubeugen.[138] Dementsprechend wiesen die im »*Nordland*« publizierten Aufsätze in die von der »*Revue Scandinave*« so vehement angegriffene Richtung. Sie plädierten für einen Beitritt Skandinaviens zum Dreibund, um eine »Kräftigung unserer Auslandspolitik«[139] zu gewährleisten, und standen somit im Einklang mit der kaiserlichen Skandinavienpolitik.

Daß das Pangermanische zuweilen weniger als Pan-Ideologie denn als »Verkleidung für hypertrophe nationale Ambitionen«[140], wie es Heinz Gollwitzer einmal treffend formulierte, verstanden wurde, zeigte die 1896 vom Allgemeinen Deutschen Schriftverein gegründete Zeitschrift »*Heimdall*«.[141] Der Pangermanismus stand hier im Dienste eines deutschen imperialistischen Führungsanspruches. Ebenso wie die Zeitschriften »*Alldeutsche Blätter*«, »*Das Deutschtum im Ausland*«, »*Deutsche Erde*« und »*Nordmark*« propagierte »*Heimdall*« – übrigens mit tatkräftiger Unterstützung von Felix Dahn – ein Mitteleuropa, das in Deutschland aufgehen solle.[142] Pangermanismus meinte also Alldeutschtum. »All-Deutschtum« und »reines Deutschtum«: das waren auch die Schlagworte, die im Untertitel der Zeitschrift fielen. Die Wahl germanischer Monatsbezeichnungen wie Hornung und Scheiding verdeutlichte dies. Wehrhaftig-

---

[138] Notre programme, S. 3. Zu den Zielsetzungen der »Revue Scandinave«: Schoen an Bethmann Hollweg, Paris, 4.1.1911. PA AA, Schweden 47, Bd. 1.
[139] Skandinavien und der Dreibund, S. 17.
[140] Gollwitzer, Geschichte, S. 65.
[141] Zum Programm der Zeitschrift »Heimdall«: Schütte, S. 21 f., 28 f.
[142] Ebd., S. 12, 22.

keit, Krieger- und Germanentum versinnbildlichte die Titelblattgestaltung. Das Layout, das die nordgermanische Gottheit Heimdall in der Erstausgabe (Abb. 47a) – durchaus der Mythologie entsprechend – als weisen Wächter des Himmels zeigte, veränderte sich. Heimdall wurde zum gepanzerten, nordischen Recken, der grimmig vor einer Trutzburg stand (Abb. 47b). Das Titelblatt visualisierte die Forderungen der Alldeutschen Bewegung. Das Runenmotto des Alldeutschen Sprach- und Schriftvereins »Von Skagen bis zur Adria! Von Boulogne bis Narwa! Von Besançon bis ans Schwarze Meer!« paßt in das hier gezeichnete Bild.

Auch in der Zeitschrift »Nordland« fanden sich Ansätze, die in diese Richtung wiesen. Bestes Beispiel hierfür ist ein von dem Berliner Journalisten Cajus Moeller verfaßter Leitartikel.[143] Bereits der Einleitungssatz »Gen Norden geht unser Feldruf« war für die Gesinnung des Autors äußerst charakteristisch.[144] Von einer »Erquickung« und »Erweiterung unseres nationalen Ich« im nordgermanischen Volkswesen war da die Rede und von einer verstärkten Einflußnahme auf die nordischen Völker.[145] Moellers Ausführungen gipfelten darin, die skandinavischen Städte zu deutschen Kolonien zu degradieren. Dieser Artikel chauvinistischen Gepräges blieb aber allenthalben die Ausnahme.

Im großen und ganzen bewegte sich das »Nordland« politisch in den Bahnen, die auch andere Vereine und vor allem auch der Kaiser auf seinen Nordlandfahrten beschritten. Die Aufnahme – wenngleich auch nicht Gesamtskandinaviens, so doch immerhin Schwedens – in den Dreibund gehörte auch zu den Zielen, die die Gründungsmitglieder der *deutsch-schwedischen Vereinigung* verfolgten. Die Vereinigung trat am 28. Mai 1913 mit Sitz in Berlin und Stockholm ins Leben und war sozusagen als »Gegengewicht« zur Alliance Française und zur English Society konzipiert.[146] Man bemühte sich jedoch, die politische Intention des Zusammenschlusses vor der Öffentlichkeit zu ver-

---

[143] Moeller, Gen Norden!, S. 5 f.
[144] Ebd., S. 5.
[145] Ebd., S. 6.
[146] Lebenserinnerungen von Franz von Reichenau, 1. Teil, S. 2. PA AA, Nl. Reichenau, Bd. 1.

bergen. Selbst in der Presse galt sie als unpolitisch.[147] »Den in § 1 angegebenen Zweck der Vereinigung habe ich absichtlich so weit als möglich gefasst, um auch der Arbeit für die politische Annäherung die Türe zu öffnen. In dem in Anlage 4 in Uebersetzung angeschlossenen schwedischen Aufruf zum Beitritt zu der Vereinigung ist dagegen ebenso absichtlich der Zusatz gemacht ›ohne jeden politischen Zweck‹, um nach aussen den Eindruck der politischen Bedeutungslosigkeit und Harmlosigkeit zu wahren«[148], hieß es in einem Schreiben Franz von Reichenaus, des kaiserlichen Gesandten in Stockholm, an den Reichskanzler. Reichenau, der rückblickend seine Bemühungen, Schweden aus seiner neutralen Stellung heraus in eine Bundesgenossenschaft mit Deutschland zu bringen, als gescheitert ansah[149], drückte in diesem Schreiben das aus, was ein Großteil der deutschen – aber auch der schwedischen – Gründungsmitglieder[150] befürwortete: eine politische Verbindung Schwedens mit dem Deutschen Reich. »Wir sind Germanen und mit dem Bande des Blutes und der Stammesverwandtschaft mit unseren Brüdern südlich der Ostsee verbunden, aber gegen unseren Willen werden diese Bande aus unbekannten Ursachen gelöst und wir werden in die Arme der Slawen geworfen, die aus uralter Zeit unsere natürlichen Feinde sind, und deren Druck wir niemals so schwer empfunden haben wie gerade jetzt, wo wir beständig aufs neue Warnungen aus Finnland erhalten«[151], hieß es in einer Rede Sven Hedins vom November 1913, zu der die Komiteemitglieder der *deutsch-schwedischen Vereinigung* in Berlin eingeladen hatten. Eine derartige Sprache mußte bei denjenigen, die zu einer deutsch-schwedischen politischen Annäherung tendierten, auf große Zustimmung stoßen.

---

[147] Vereine und Versammlungen, in: Vossische Zeitung v. 22.5.1913.
[148] Reichenau an Bethmann Hollweg, Stockholm, 31.5.1913. PA AA, Deutschland 136, Bd. 4.
[149] Lebenserinnerungen von Franz von Reichenau, 1. Teil, S. 2. PA AA, Nl. Reichenau, Bd. 1.
[150] Ein Mitgliederverzeichnis befindet sich in den Anlagen 2 und 5 zum Bericht Nr. 42 Reichenaus an Bethmann Hollweg v. 31.5.1913. PA AA, Deutschland 136, Bd. 4. Dazu auch: Die deutsch-schwedische Vereinigung, in: Hamburger Nachrichten, Abendausgabe, v. 29.5.1913.
[151] Lucius an Bethmann Hollweg, St. Petersburg, 14.11.1913. PA AA, Schweden 45, Bd. 4.

Dementsprechend überproportional hoch waren deutsche Politiker in der Vereinigung vertreten. Zu den bekanntesten zählten der Präsident des Deutschen Reichstags, Kaempf, der erste Vizepräsident des Reichstags, Paasche, der zweite Vizepräsident des Reichstags, Dove, der Parteiführer der Nationalliberalen im Reichstag und spätere Zweite Vorsitzende der *deutschschwedischen Vereinigung*[152], Ernst Bassermann, sowie die Reichstagsmitglieder Müller-Meiningen, von Schulze-Gaevernitz und Erzberger. Auf besonderes Interesse stieß in Schweden Erzbergers Mitgliedschaft, da man bis dato nicht glaubte, im katholischen Zentrum Sympathien für ein deutsch-schwedisches Bündnis gewinnen zu können.[153] Die deutsche Industrie und den Kommerz vertraten Ernst von Borsig, ein Sprößling der Unternehmerfamilie, die die Lokomotiv- und Maschinenfabrik A. Borsig ins Leben gerufen hatte, Wilhelm von Siemens, der Sohn des Firmengründers der Siemens und Halske AG, und Heinemann, der Direktor der Deutschen Bank. Kunst, Kultur und Wissenschaft repräsentierten der Verleger Samuel Fischer, der Präsident der Kaiser Wilhelm-Gesellschaft und Professor für Kirchengeschichte, der spätere Erste Vorsitzende der *deutschschwedischen Vereinigung*[154], Adolf von Harnack, der Direktor des Deutschen Theaters in Berlin, Max Reinhardt, der Schriftsteller Gerhart Hauptmann, dem 1912 der Literaturnobelpreis zugesprochen wurde, sowie die Chefredakteure verschiedener Tageszeitungen.

Künstler, Literaten und Journalisten hielten sich in der schwedischen Abteilung der Vereinigung mit Industriellen und Reichstagsmitgliedern die Waage. Hier traf sich alles, was im schwedischen Establishment Rang und Namen hatte. Näher zu nennen sind unter diesen insbesondere diejenigen, die damals einem größeren Kreis in Deutschland bekannt waren. Das war zunächst das Mitglied der Schwedischen Akademie, einer der Achtzehn, die über die Vergabe der Nobelpreise entscheiden, Verner von Heidenstam. Er war dem deutschen Lesepublikum durch seinen Novellenzyklus »Karl der Zwölfte und seine Krieger« ebenso

---

[152] Notiz, Berlin-Wilmersdorf, 6.11.1913. PA AA, Deutschland 136, Bd. 4.
[153] Bref från Berlin, in: Sydsvenska Dagbladet v. 2.6.1913. RA, UD:s tidningsklippsamling, serie 1, Vol. 18.
[154] Notiz, Berlin-Wilmersdorf, 6.11.1913. PA AA, Deutschland 136, Bd. 4.

vertraut wie die Literaturnobelpreisträgerin Selma Lagerlöf und der schriftstellernde Maler Carl Larsson, dessen Buch »Das Haus in der Sonne« in Deutschland zu einem Bestseller wurde. Ferner zählten der Staatsrechtler Harald Hjärne, der vormalige Gesandte in Berlin, Alfred Lagerheim, und der frühere schwedische Außenminster Eric Trolle zu den Mitgliedern der Vereinigung.

Die Zusammensetzung der schwedischen Abteilung war insofern ein interessantes Phänomen, als sie den zunehmenden Einfluß der vorwärtsdrängenden, zukunftsweisenden Frauenbewegung widerspiegelte, die in Skandinavien durch die Einführung des Frauenwahlrechts 1906 in Finnland und 1907 in Norwegen große Erfolge für sich verbuchen konnte. Die Leiterinnen der großen schwedischen Frauenvereine, Bertha Hubner und Eva Upmark, waren ebenso Mitglieder wie der erste weibliche Arzt Schwedens, die Stockholmer Stadtverordnete Karolina Widerström, und die Vorsitzende des Landesbundes für politisches Stimmrecht der Frauen, Anna Whitlock.

Zugleich war die Vereinsgründung ein Spiegelbild der Auseinandersetzungen, die das politische Tagesgeschehen bestimmten. Die *deutsch-schwedische Vereinigung* wurde als Kampforgan gegen die Sozialdemokratie interpretiert, da sie keinen entschieden parteiübergreifenden Zusammenschluß darstellte. In diesem Sinne kritisierte der »Socialdemokraten«, daß die Vereinigung – obgleich sie doch angeblich unpolitisch sein wolle – gerade die Partei meide, die am meisten »für die Brüderlichkeit unter allen Völkern« kämpfe.[155]

Nicht immer stimmten die programmatischen Zielsetzungen von deutsch-skandinavischen Vereinigungen mit der offiziellen deutschen Regierungspolitik überein. Bestes Beispiel dafür ist die 1907 eingeleitete Initiative zur Bildung der *deutsch-schwedischen Gesellschaft*. Die Anregung hierzu ging vom deutschen Handelsvertragsverein aus, dessen vorrangiges Anliegen es war, die zwischen Deutschland und Schweden bestehenden Wirtschaftsbeziehungen zu stärken. Eine der Hauptaufgaben der Gesellschaft sollte die »Beobachtung der Wirkungen, die der deutsch-schwedische *Handelsvertrag* auf den Geschäftsverkehr

---

[155] Reichenau an Bethmann Hollweg, Stockholm, 31.5.1913. PA AA, Deutschland 136, Bd. 4.

zwischen den beiden Ländern ausübt«, und die »rationelle Verbreitung der für 1910 bevorstehenden Erneuerung des Vertrages« bilden.[156] Damit artikulierte der Interessenverband seinen Unmut über den 1906 zwischen Deutschland und Schweden geschlossenen Handels- und Schiffahrtsvertrag und die Bülowsche Handelspolitik, was den schwedischen Gesandten in Berlin, Arvid Taube, dazu veranlaßte, der Gesellschaft seitens der schwedischen Gesandtschaft jegliche Unterstützung zu versagen.[157]

Bezeichnend für diese spezielle Initiative und für manch andere, die für einen interkulturellen Austausch mit den skandinavischen Völkern eintraten[158], ist es, daß die deutschen Mitglieder sich oft nur ihren eigenen politischen und ökonomischen Interessen verpflichtet sahen.

4. Die Nordlandfahrten und das wirtschaftliche Engagement deutscher Walfanggesellschaften in Skandinavien

Um es vorwegzunehmen: Obgleich die indirekten Auswirkungen der Nordlandfahrten auf die deutsch-skandinavischen Wirtschaftsbeziehungen vielfältig waren, sind konkrete Einflüsse auf die Ökonomie nur schwer faßbar. Dennoch: Neben der Erschließung Norwegens für den Touristenverkehr sind sie für die walverarbeitende Industrie zu konstatieren, in der sich deutsche Unternehmen bislang eher zurückhaltend engagierten.

Im modernen Walfang war 1892 lediglich eine deutsche Ge-

---

[156] Taube an Trolle, Königlich Schwedische Gesandtschaft Berlin, 7.7.1907. RA, UD:s arkiv, 1902 års dossiersystem, Vol. 363, DS. 4.
[157] Ebd.
[158] Anfang des Jahres 1914 wurde die Gründung eines deutsch-norwegischen Vereins nach Vorbild der deutsch-schwedischen Vereinigung angeregt, allerdings unter Einbeziehung Englands. »Diese ›germanische‹ Zusammenarbeit in erweitertem Rahmen, eine Bestätigung der denkwürdigen Worte, die Seine Majestät der Kaiser bei der Übergabe der Fridtjovstatue gesprochen, kann auch unserer politischen Stellung hier im Lande nur nützen«, hieß es in einem Schreiben Oberndorffs an Bethmann Hollweg vom 5. Februar 1914. PA AA, Norwegen 17, Bd. 1. Soweit ich sehe, kam es 1914 nicht zu dem von Lilienthal anvisierten Verein.

sellschaft tätig: die von Wilhelm Bade gegründete Nordische Hochseefischerei Gesellschaft.[159] Das plötzlich erwachende ökonomische Interesse deutscher Firmen am norwegischen Walfang und der 1893 zwischen der Nordischen Hochseefischerei Gesellschaft und der norwegischen Fangstation auf Skaarö geschlossene Vertrag über die Lieferung von Walkadavern[160] lassen sich auf ein konkretes Ereignis zurückführen: auf die dreizehneinhalbstündige Walfangfahrt Kaiser Wilhelms II. vom 15. Juli 1892 auf der DUNCAN GREY.[161]

Hierbei lag der Kaiser im Trend seiner Zeit. Seit 1891 stellten nämlich Fahrten auf Walfangdampfern für viele europäische gekrönte Häupter – auch für Königin Carola und König Albert von Sachsen[162] – ein äußerst beliebtes, wenn auch blutiges, Spektakel dar.[163] Zielort der meisten Touristenfahrten – und auch der Reise Kaiser Wilhelms II. – war die nördlich von Tromsö gelegene Walfangstation Skaarö. Deren Popularität für Engländer und Deutsche, die das Gros der Nordlandtouristen ausmachten, hing damit zusammen, daß der Stationsleiter, der Teilhaber der Anglo-Norwegian Whaling Company, Johannes H. Giaever, obendrein als britischer Honorarkonsul und als Agent des Norddeutschen Lloyds tätig war.[164]

Was den Ruf dieser Station begründete, war die publizistische Vermittlung des Kaiserbesuches von 1892. Als Chronist schilderte Eulenburg dramatisch und fesselnd zugleich die Waljagd auf den beiden Fangdampfern DUNCAN GREY und NANCY GREY, und der »Historiograph« Gußfeldt versorgte den Leser mit den entsprechenden technischen Details des Fangvorgangs

---

[159] Barthelmeß, Deutsche Walfanggesellschaften, S. 229.
[160] Ders., Der Kaiser, S. 51.
[161] Zur Schilderung der Walfangfahrt vom 15.7.1892: Eulenburg, Mit dem Kaiser, Bd. 1, S. 227–247; Gußfeldt, Kaiser Wilhelm's II. Reisen 1889 bis 1892, S. 389–407.
[162] Eulenburg, Mit dem Kaiser, Bd. 1, S. 246.
[163] Vgl. Barthelmeß, Der Kaiser, S. 51. Dazu auch Eulenburg, Mit dem Kaiser, Bd. 1, S. 246. Wilhelms II. Begeisterung war so groß, daß er eine Flaschenpost mit genauer Angabe über das harpunierte Tier verschickte und den Finder bat, darüber dem kaiserlichen Marinekabinett zu Berlin Mitteilung zu machen. Gußfeldt, Kaiser Wilhelm's II. Reisen 1889 bis 1892, S. 402.
[164] Barthelmeß, Der Kaiser, S. 51.

und mit statistischem Material, angefangen mit dem Preis der Barten über das Knochengewicht von Finn-, Sei-, Blau- und Knöllwal bis zu den Fangquoten auf der Station von Skaarö.[165] Die größte Wirkung erzielten freilich die Holzstiche Carl Saltzmanns, die nicht nur in den bildungsbürgerlichen Zeitschriften erschienen, sondern auch als Illustrationen zu verschiedenen Büchern und zu den Prachtbänden anläßlich des 25jährigen Regierungsjubiläums Kaiser Wilhelms II.[166] Es handelte sich hierbei um Wiedergaben jenes Motivs, das heute als Ölgemälde (Abb. 48) den Kaisersaal des Kieler Yacht-Clubs ziert.[167]

Selbst in die Karikatur fand des Kaisers Waljagd Eingang. Die englische Zeitschrift »Punch« druckte 1892 ein Spottbild, das Wilhelm II., mit einer Harpune bewaffnet, in einem schaukelnden, von Wellen umtosten Boot auf Walfang zeigte. Dabei wurde er von blasenden, fontänenspeienden Walen umringt, die seine »Jagdobjekte« symbolisierten: die Presse und den Sozialismus (Abb. 49).

Letztlich bewirkte der Besuch Kaiser Wilhelms II. auf Skaarö die Gründung deutscher Unternehmungen – der Germania AG, der Sturmvogel GmbH und der Deutschen Bäreninsel Gesellschaft –, die im norwegischen Walfang tätig wurden. Seine Reise vermochte es auch, daß eine Schrift wie Hermann Henkings »Norwegens Walfang«, die von der internationalen Fischerei-Ausstellung in Bergen handelte, in Deutschland überhaupt auf Interesse stoßen konnte.[168]

Wie beurteilten die Skandinavier deutsche Wirtschaftsbeteiligungen und -gründungen in ihrem Land? »Die deutsche Kapitalinvasion hat ein kolonisierendes Gepräge«[169], hieß es 1910 in der

---

[165] Güßfeldt, Kaiser Wilhelm's II. Reisen 1889 bis 1892, S. 402.
[166] Ebd., S. 397. Seidel (Hrsg.), o.S. Dazu auch die Abb. bei Büxenstein, S. 332.
[167] Eine nicht ganz identische Reproduktion befindet sich im Besitz des DSM in Bremerhaven. Sie war, wie die Inschrift auf dem Originalrahmen zeigt, als »Extra-Ehrengeschenk S. M. Kaiser Wilhelm II.« für KRIEMHILDE gedacht, die auf der Segelregatta in Kiel im Juni 1896 vier erste Preise gewonnen hatte! Zu Saltzmanns Ölgemälde und zur Reproduktion: Meyer-Friese, Der Kaiser, S. 62f.
[168] Henking, Norwegens Walfang. Berlin 1899.
[169] Eine Zusammenfassung norwegischer Artikel, die sich direkt gegen deutsche Einflüsse in Norwegen richteten: Deutschfeindliche Stim-

Drontheimer Zeitung »Nidaros«. Diese Meinung war damals symptomatisch für die Volksstimmung. Wiederholt artikulierten sich in der Öffentlichkeit im ersten Dezennium nach der Jahrhundertwende Vorwürfe gegen deutsche Firmen in Norwegen. Man glaubte, daß es an der Zeit sei, gegen die sich hier anbahnende dynamische Wirtschaftsentwicklung »Front zu machen«, was für das deutsche Engagement in der Wasserwirtschaft, die durch den Bedarf an elektrischer Energie zunehmend an Bedeutung gewann, und für die »Verdeutschung« von Betrieben im Bergbau, etwa für die Orkla-Gruben, galt.[170] Bezeichnend dafür war auch der Erlaß der norwegischen Konzessionsgesetze von 1909 im Zuge einer Überfremdung der heimischen Industrialisierungsbestrebungen durch ausländisches Kapital. Sie besagten, daß die Nutzung von Wasserfällen durch Ausländer – aber auch durch Inländer – nur erteilt wird, wenn sämtliche Anlagen nach sechzig bzw. achtzig Jahren unentgeltlich an den norwegischen Staat zurückfallen.[171]

Schweden erwies sich hingegen als günstiger Standort für deutsche Wirtschaftsunternehmungen. Das hieß: In bezug auf Handel, Schiffahrt und Gewerbe sollten Deutsche »dieselben Privilegien, Befreiungen und Begünstigungen aller Art genießen, welche den Inländern zustehen oder zustehen werden«.[172] Auf staatlicher Ebene wurden denn auch die Konfliktstoffe in den bilateralen Wirtschaftsbeziehungen zwischen den ökonomisch ungleich gewichteten Staaten Schweden und Deutschland reglementiert. Zwischen Schweden und dem Deutschen Reich wurde 1906 ein provisorischer Handels- und Schiffahrtsvertrag geschlossen, der Schweden, dessen Handelsbeziehungen zu Deutschland zuvor durch das Prinzip der gegenseitigen Meistbegünstigung geregelt wurden, mit dem kontinentalen Handelsvertragssystem verband und Deutschland die Konzession der

mung in Norwegen, in: Lübeckischer Anzeiger Nr. 580 v. 16.11.1910. RA, UD:s tidningsklippsamling, serie 1, Vol. 36.

[170] Ebd.
[171] Norwegens fremdenfeindliche Politik, in: Hannoverscher Courier v. 10.12.1913. Zu den norwegischen Konzessionsgesetzen: Imhof, S. 176.
[172] Handels- und Schiffahrtsvertrag zwischen dem Deutschen Reiche und Schweden vom 8. Mai 1906, Art. 1, S. 740.

Exportzollfreiheit für schwedisches Eisenerz einräumte.[173] Der Handelsvertrag, der auf Schwedens Betreiben zustande kam[174] und 1911 durch einen neuen Vertrag außer Kraft gesetzt wurde, sowie die ebenfalls auf schwedische Initiative zurückgehende, 1909 eingeweihte Fährverbindung Trelleborg-Saßnitz, die den direkten Handelsweg zwischen Stockholm und Berlin erschloß[175], und die norwegischen Konzessionsgesetze spiegeln die Reaktion der nordischen Staaten auf das zunehmende wirtschaftliche Interesse deutscher Gesellschaften an Skandinavien wider. Ökonomisch galt das Nordland als »Entdeckungsland«.[176] In dieses Bild fügt sich auch die Entwicklung Spitzbergens, des herrenlosen Landes, zu einem bedeutenden Wirtschaftsfaktor. Zunehmend lenkten die Kohle- und Marmorlager die Aufmerksamkeit deutscher Firmen auf sich.[177] Charakteristisch hierfür ist auch die Annektierung von Redbai, Hamburger Bai, Magdalenenbai und Ebeltoftbai durch den Norddeutschen Lloyd.[178]

---

[173] Handels- und Schiffahrtsvertrag zwischen dem Deutschen Reich und Schweden vom 8. Mai 1906, S. 739–842.
[174] Werner, S. 182.
[175] Zur Reaktion der Presse auf die neue Fährverbindung: SSHM, Arkiv, Nr. 403.
[176] Mit einem Gesamtumsatz von 215 092 400 Kronen hatte das Deutsche Reich den englischen Konkurrenten 1913 aus seiner Vormachtstellung im norwegischen Außenhandel verdrängt. Dazu: Besteht in Norwegen eine deutschfeindliche Stimmung?, in: Skandinavische Presse Nr. 25 v. 15.11.1913. PA AA, Norwegen 17, Bd. 1.
[177] Von Winterfeld, S. 50.
[178] Ebd.

VII. Schluß

»Dieser Kaiser, über den ihr euch aufregt, ist euer Spiegelbild!«, schrieb der linksliberale Politiker Friedrich Naumann 1909 treffend in der Zeitschrift »Die Hilfe«.[1]
Diese Formulierung traf auch auf die Nordlandfahrten Wilhelms II. zu: Sie zeigen den Kaiser, der von der Vorstellung des »persönlichen Regiments« geleitet wurde und durch seine Reisen bereits einen fortschrittlichen Lebensstil vorwegnahm[2]; sie zeigen ferner die aus Ästheten und Militärs zusammengesetzte, von männerbündischen Elementen und jovial casinoartiger Hurrastimmung durchdrungene Nordlandfahrtgesellschaft[3], die drohte, bei wichtigen Entscheidungen – etwa bei der Krise 1896 – die Regierungsgremien zu umgehen[4]; und sie zeigen schließlich den politischen Intimus Wilhelms II., Philipp Fürst zu Eulenburg-Hertefeld, der mäßigend auf die Impulsivität des Kaisers wirkte und diesen, der ein glühender Bewunderer Houston Stewart Chamberlains war, für das Nordland zu begeistern wußte.[5]
Vom weiteren Gang der Dinge drängt sich die Frage nach dem Germanen- und Skandinavienbild des Kaisers auf. Skandinavien – das verkörperte für Wilhelm die Wiege des Germanentums. Die Aufstellung des Gokstad-Wikingerschiffes und der Gol-Stabkirche Anfang der 1880er Jahre auf der Museumsinsel Bygdøy beeindruckte ihn ebenso wie Holm Munthes Bauten im Drachenstil auf dem Holmenkollen und Frognersæteren und das Engagement Konsul Mohrs für die Erhaltung altnorwegischen Kulturgutes.[6] Seine Vorliebe für die nordische Holzbaukunst und speziell für den Drachenstil spiegelte sich in der Errichtung einer Stabkirche und eines Jagdhauses im ostpreußischen Rominten wider.[7] Was für die Baukunst galt, galt auch für sein Lite-

---

[1] Naumann, S. 50.
[2] Vgl. oben, S. 22 f.
[3] Vgl. ebd., S. 36 ff., 41 f., 44–51.
[4] Vgl. ebd., S. 63–67.
[5] Vgl. ebd., S. 67–74, 77 ff. et passim.
[6] Vgl. ebd., S. 89 ff.
[7] Vgl. ebd., S. 90.

raturverständnis. Geradezu bezeichnend ist es, daß Eulenburgs »Skaldengesänge«, die er förmlich internalisierte, zwischen marinetechnischer Literatur an Bord seiner Yacht METEOR lagen, als diese 1907 zum Verkauf stand.[8] Die Wikingerwelt diente dem Kaiser nur als dekoratives Element im Sinne des Historismus am Ende des 19. Jahrhunderts, an dem er sich delektieren konnte. Beispiele hierfür sind der angeblich von ihm selbst verfaßte »Sang an Ägir«, der die ruhmvolle germanische Vergangenheit beschwor[9], die Benennung seiner Schiffe nach nordischen Göttern[10], die Stiftung der 26 m hohen Fridtjov-Statue über dem Sognefjord und der König-Bele-Skulptur in Balestrand.[11] Und die deutsche Übersetzung der 1825 erschienenen »Frithiofs saga« des Schweden Esaias Tegnér faszinierte ihn vor allem wegen ihres rührseligen Stoffes. Die Edda, die altnordischen Sagas oder gar die isländische Frithiofs saga aus dem 14. Jahrhundert, die Tegnér als Vorlage diente, kannte er freilich nicht. Es ging ihm vielmehr um die Stoffwahl aus dem heldisch-germanischen Bereich.

Der Anachronismus dieses Skandinavienbildes wird noch augenfälliger, wenn man bedenkt, vor welchem Hintergrund es sich entwickelte. Skandinavien befand sich damals in einer Aufbruchstimmung: 1897 fand in Stockholm die Kunst- und Industrieausstellung statt, die Gesellschaftskritiker Henrik Ibsen und August Strindberg lieferten ebenso wie die Vertreter des in Skandinavien sogenannten modernen Durchbruchs und die Malerkolonie im dänischen Skagen Diskussionsstoff.[12] In dieses Bild fügt sich, daß der preußische Kultusminister der Weimarer Republik, C. H. Becker, seine eigene Jugend von 1890 bis 1900 geradezu als Ibsenjugend bezeichnete.[13] Hier wurde die Diskrepanz zwischen der offiziellen wilhelminischen Kulturpolitik und dem Kunstgeschmack der deutschen Öffentlichkeit deutlich.

Dennoch: Erfolgreich war der Kaiser, wenn es darum ging,

---

[8] Hull, Entourage, S. 48.
[9] Vgl. oben, S. 91–95.
[10] Vgl. ebd., S. 96.
[11] Vgl. ebd., S. 83–88.
[12] Vgl. ebd., S. 98 f.
[13] Petersen (Hrsg.), S. 102.

Skandinavien in das Bewußtsein des deutschen Bildungsbürgertums zu rücken. Skandinavien hatte hier – was den nordeuropäischen Raum anbelangt – Schottland abgelöst.[14] »Lange Zeit sprach man von nichts anderem als von Kaiser Wilhelm in Norwegen – nicht nur in Deutschland und Skandinavien; nein, so weit der Name des kaiserlichen Monarchen flog, so weit wurde auch Norwegens Ruhm getragen«[15], hieß es 1891 in dem Almanach »Norsk Folke-Kalender«. Davon zeugen der mit den Kaiserreisen einsetzende deutsche Skandinavien-Tourismus, der dem englischen den Rang ablief, die ausgebuchten Kreuzfahrten der HAPAG und des Norddeutschen Lloyds[16], die deutsche Beteiligung an der ersten norwegischen Tourismusausstellung sowie die Pläne deutscher Konsortien, in Norwegen Bade- und Kuranlagen zu bauen.[17] Die Werbetrommel für das Nordland rührten: die Familienzeitschriften des deutschen Bildungsbürgertums, vom Kaiser angeregte Reiseschilderungen wie Paul Güßfeldts »Kaiser Wilhelm's II. Reisen nach Norwegen in den Jahren 1889 bis 1892«[18], vom Nordlandfahrtteilnehmer Kiderlen-Wächter verfaßte offiziöse Artikel in den größeren deutschen Tageszeitungen und der sich damals gerade etablierende Film.[19] Ja, selbst die von Wilhelm II. an Bord der HOHENZOLLERN gehaltenen Schiffspredigten leisteten hier ihre Dienste.[20] Dabei wurde deutlich, was 1913 Erich Lilienthal, der Berliner Redakteur der Zeitschrift »Dokumente des Fortschritts« in einem Leserbrief an »Tidens Tegn« schrieb: »Trotz aller Realpolitik ist das Interesse für Norwegen im wesentlichen rein romantischer Natur.«[21]

Realitätsbezogen waren im diametralen Gegensatz dazu die Investitionen deutscher Wirtschaftsunternehmen in der norwegischen Wasser- und Grubenwirtschaft sowie in der norwegischen walverarbeitenden Industrie, wofür die Waljagd des Kai-

---

[14] Vgl. von See, Germanenbilder, S. 85.
[15] Klæboe, o.S.
[16] Vgl. oben, S. 186–190.
[17] Vgl. ebd., S. 184.
[18] Vgl. ebd., S. 191 f., 194 f.
[19] Vgl. ebd., S. 41, 201.
[20] Vgl. ebd., S. 196 ff.
[21] Lilienthal, Norge og Tyskland, in: Tidens Tegn v. 19.8.1913.

sers auf der Nordlandfahrt 1892 eine gewisse Dynamowirkung besaß.[22] Denselben Realitätssinn besaßen die deutsch-skandinavischen Vereine und Zeitschriften, die sich damals gründeten. Die deutsch-schwedische Vereinigung plädierte ebenso wie die Zeitschrift »Nordland« für eine Mitgliedschaft Schwedens im Dreibund.[23] Die deutsch-schwedische Gesellschaft artikulierte hingegen ihre Unzufriedenheit mit der Bülowschen Handelspolitik.[24]

Politisch blieb den Nordlandfahrten Kaiser Wilhelms II. kein Erfolg beschieden. Hier zeigte sich, daß in seiner Skandinavienvorstellung die Realitätserfahrung nur eine geringe Rolle spielte und daß das Moment der Imagination unter dem Banne populärer Versionen nordischer Mythologie überwog. Der Traum Wilhelms II., die Gründung eines pangermanischen Bundes, ist nie zur politischen Reife gediehen. Seine Versuche, durch die Begegnungen mit dem Unionskönigshaus 1895 und 1905 die schwedisch-norwegische Union aufrechtzuerhalten[25] und später, nachdem diese für aufgelöst erklärt wurde, die Kandidatur des dänischen Schwiegersohns König Edwards VII. von England für den norwegischen Thron zu verhindern, trugen ebensowenig Früchte wie der von ihm eingeleitete Vertrag von Björkö mit Zar Nikolaus II.[26] Hier zeigte sich zum wiederholten Male, daß »Wilhelm der Plötzliche« weder mit dem Einverständnis noch mit dem Wissen der deutschen Diplomatie handelte, als er Schweden militärischen Beistand im Falle einer kriegerischen Eskalation des Unionskonflikts in Aussicht stellte[27], als er Schweden 1895 den Beitritt zu einer Zollunion mit dem Deutschen Reich und später zum Dreibund anbot.[28] Die politische Haltung des Kaisers wurde in Deutschland – falls überhaupt – nur mit Einschränkungen geteilt. Denn: Gerade im schwedisch-norwegischen Unionskonflikt gab sich die deutsche Diplomatie zunehmend norwegenfreundlich. Das Deutsche Reich war

[22] Vgl. oben, S. 210 ff.
[23] Vgl. ebd., S. 206.
[24] Vgl. ebd., S. 209 f.
[25] Vgl. ebd., S. 120–124, 135–140, 144 f.
[26] Vgl. ebd., S. 150–155.
[27] Vgl. ebd., S. 125 f.
[28] Vgl. ebd., S. 126 ff.

schließlich der erste Staat, der das selbständig gewordene Norwegen anerkannte.[29] Das heißt: Wilhelms Zielvorstellungen und vollmundige Aussprüche vertrugen sich keineswegs mit der praktischen Politik jener Jahre. Deshalb konnten sie auch keine Realisierung erfahren. Hier wurde das »persönliche Regiment« Wilhelms II. ad absurdum geführt. Seine eigenmächtigen Entscheidungen wurden für die offizielle deutsche Außenpolitik immer unberechenbarer.

Enttäuscht über Schweden, das seine Angebote ablehnte, wandte sich der Kaiser nach Auflösung der Union verstärkt Norwegen zu. Zwar schien es Wilhelm zunächst zu gelingen, das Vertrauen des selbständig gewordenen Staates dadurch zu gewinnen, daß das Deutsche Reich das norwegische Integritätsabkommen gegen den Widerstand Schwedens unterzeichnete. Doch bald zeichnete sich auch hier ein Scheitern ab: Die deutschen Flottengeschwader, die den Kaiser auf seinen Nordlandfahrten begleiteten[30], verstimmten die Norweger ebenso wie die Errichtung der Fridtjov-Monumentalstatue. Da nutzte es nichts, Wilhelms II. Hilfeleistungen beim Brand in Ålesund oder seine großzügigen Spenden für den Drontheimer Dom[31] ins Feld zu führen. Die Herzlichkeit, die Wilhelm II. in den Anfangsjahren seiner Nordlandfahrten in Norwegen entgegenschlug[32], kehrte sich alsbald in pure Höflichkeit und Augenblicksstimmung. Treffender als ein Korrespondent der Vossischen Zeitung kann man die Nordlandfahrten des Kaisers nicht kommentieren: »Die Gesinnung eines Volkes, in der Fremde wie in der Heimat, zu prägen, dafür gibt es untrüglichere Mittel als rauschende Feste. Und im übrigen lehrt die neueste Geschichte am deutlichsten, daß die Politik der Reiche nicht durch Fürstenbegegnungen bestimmt wird.«[33]

Ähnliches galt für Schweden. Obgleich die schwedische Außenpolitik unter Gustaf V. den prodeutschen Kurs Oscars II. fortsetzte und die Ratifizierung des Nord- und Ostseeabkommens von 1908 das Deutsche Reich und Schweden einander nä-

---

[29] Vgl. ebd., S. 158.
[30] Vgl. ebd., S. 166 ff.
[31] Dokumente dazu: NUD, P 12 C 2/14.
[32] Vgl. oben, S. 26, 31, 118.
[33] Reisen und Reden, in: Vossische Zeitung v. 10.7.1906.

herkommen ließ³⁴, gelang kein politischer oder militärischer Zusammenschluß der beiden Nationen. Die deutsch-schwedischen Generalstabsverhandlungen von 1910³⁵ verliefen im Sande, und Wilhelms II. Hoffnung, Schweden möge die Vertrauensfrage, die er vor Kriegsausbruch am 25. Juli 1914 auf der Nordlandfahrt stellen ließ, zugunsten Deutschlands beantworten, erfüllte sich nicht.³⁶ Auf diese letzte Nordlandfahrt hatte ihn der Reichskanzler geschickt, um während der Julikrise in Berlin freie Hand zu haben.³⁷ Schweden, dessen Außenministerium 1914 nicht einmal über eine politische Abteilung verfügte³⁸, reagierte jedoch anders, als erwartet: Es unterzeichnete im Dezember 1914 zusammen mit Dänemark und Norwegen auf dem Dreikönigstreffen in Malmö eine gemeinsame Neutralitätserklärung. Im Ersten Weltkrieg zeigte sich, daß eine deutsche Skandinavienpolitik »nicht mit Denkmalsstiftungen, Hilfsaktionen und Sommerreisen erfolgreich zu gestalten war«.³⁹

---

[34] Vgl. oben, S. 163 f.
[35] Vgl. ebd., S. 164.
[36] Carlgren, Neutralität, S. 33 f., Anm. 3.
[37] Vgl. oben, S. 168 f., 171, 179.
[38] Höjer, S. 76.
[39] Gerhardt, S. 309.

VIII. Dokumentarischer Anhang

1. Verzeichnis der Nordlandfahrtteilnehmer

Untenstehende Angaben stützen sich auf die vom Oberhofmarschallamt zusammengestellten »Nachweisungen der an den Nordlandreisen theilnehmenden Gäste, Gefolge und Dienerschaften des Kaisers und Königs«. Diese befinden sich im BA-MA Freiburg (RM 2/356, 363–368, 370–372, 374–375, 377, 380–381, 386, 388–393) und im PA AA Bonn (Buero-Akten Nr. 4, Bd. 3–4, Bd. 6, Bd. 23). Sie wurden vor Fahrtantritt erstellt, eine spätere Nichtteilnahme von Gästen, Gefolge und Dienerschaften wurde nur in seltenen Fällen vermerkt.

Insofern war es nötig, die Listen anhand der Aufzeichnungen der Fahrtteilnehmer zu überprüfen und zu korrigieren. Herangezogen wurden dazu primär Philipp Fürst zu Eulenburg-Hertefelds »Mit dem Kaiser als Staatsmann und Freund auf Nordlandsreisen. 2 Bde. Dresden 1931«, Paul Güßfeldts »Kaiser Wilhelm's II. Reisen nach Norwegen in den Jahren 1889 bis 1892. 2. Aufl. Berlin 1892«, »Die Nordlandreisen des Deutschen Kaiserpaares im Jahre 1894, in: Deutsche Rundschau 81, 1894, S. 355–383«, »Die diesjährige Nordlandreise des deutschen Kaisers, in: Deutsche Rundschau 89, 1896, S. 25–40« und dessen Nachlaß (SB PK, Nachlaß Paul Güßfeldt, K.2.-4.) sowie der Nachlaß Admiral Georg Alexander von Müllers (BA-MA, N 159, Nr. 3, 4) und die Aufzeichnungen des Grafen Emil von Schlitz gen. Görtz (StAD, Abt. F 23 A Aktennr. 296/3). Ferner wurden die Erinnerungen Johannes Keßlers, Karl Georg von Treutlers und Helmuth von Moltkes benutzt.

Wo die Angaben des Oberhofmarschallamtes durch Memoiren der Fahrtteilnehmer gestützt werden konnten oder die Teilnahme nur durch letztere als gesichert gelten kann, ist dies durch ein ★ vermerkt; wo sich in den Aufzeichnungen der Gäste keine Belege für die in den Nachweisungen des Oberhofmarschallamtes gemachten Angaben finden ließen, steht ein ☆. War ein Teilnehmer nur auf einem Teil der Strecke anwesend, ist dies durch ein [t] gekennzeichnet. Soweit sich die Lebensdaten und Vornamen der Fahrtteilnehmer ermitteln ließen, sind diese angegeben.

26 ×   Prof. Dr. Paul Güßfeldt (1840–1920): ★ 1889–1914
26 ×   Maximilian Freiherr von Lyncker (1845–1923): ★ 1889, 1890[t], 1891–1908, 1910–1912, 1914; ☆ 1909, 1913
22 ×   Prof. Carl Saltzmann (1847–1923): ★ 1889–1898, 1900, 1902–1908, 1914; ☆ 1899, 1909, 1913
22 ×   Friedrich von Scholl: ★ 1889, 1892, 1895–1898, 1900–1907, 1910–1911; ☆ 1899, 1908–1909, 1912–1914
21 ×   Gustav von Kessel (1846–1918): ★ 1890–1892, 1896–1908, 1911, 1913; ☆ 1909, 1910, 1912

20 × Georg Graf von Hülsen-Haeseler (1858–1922): ★ 1889–1897, 1899–1901, 1904–1907, 1910, 1911; ☆ 1909, 1913
18 × Helmuth von Moltke (1848–1916): ★ 1894–1898, 1900–1905, 1907–1908, 1910–1913; ☆ 1909
17 × Emil Graf von Schlitz gen. Görtz (1851–1914): ★ 1890–1900, 1902^t, 1904, 1910, 1914; ☆ 1912, 1913
17 × Gustav Freiherr von Senden-Bibran (1847–1909): ★ 1889–1894, 1896–1905; ☆ 1895
16 × Prof. Dr. Rudolph von Leuthold (1832–1905): ★ 1889–1904
15 × Albert Prinz zu Schleswig-Holstein (1863–1948): ★ 1899–1905, 1907–1908, 1910–1914; ☆ 1898
14 × Philipp Fürst zu Eulenburg-Hertefeld (1847–1921): ★ 1889–1901, 1903
14 × Dietrich Graf von Hülsen-Haeseler (1852–1908): ★ 1890^t, 1891, 1893, 1894, 1898–1902, 1904–1907; ☆ 1908
14 × Cuno Graf von Moltke (1847–1923): ★ 1893–1898, 1900–1907
10 × Georg Alexander von Müller (1854–1940): ★ 1905–1906, 1907^t, 1908, 1910–1914; ☆ 1909
9 × Dr. von Ilberg: ★ 1905–1908, 1910; ☆ 1909, 1912–1914
9 × Alfred von Kiderlen-Wächter (1852–1912): ★ 1889, 1890^t, 1891–1897
8 × Hans von Böhn (1853–1931): ★ 1897, 1906; ☆ 1898–1900, 1907–1909
7 × von Dickhuth-Harrach: ★ 1906, 1910, 1911; ☆ 1907, 1908, 1909, 1913
7 × Karl Ferdinand von Grumme-Douglas: ★ 1902–1904, 1906, 1911, 1914; ☆ 1900
7 × Otto Prinz zu Sayn-Wittgenstein (1842–1911): ★ 1902, 1903–1905, 1907–1908, 1910
7 × Karl Georg von Treutler (1858–1933): ★ 1907^t, 1908–1913
6 × Volkmar von Arnim (1847–1923): ★ 1889–1892, 1896, 1897
6 × Paul von Höpfner: ★ 1897, 1898, 1906, 1908; ☆ 1900, 1901
6 × Alfred von Loewenfeld (1848–1935): ★ 1901, 1906–1908, 1914; ☆ 1909
5 × von Lippe: ★ 1889, 1892–1895
5 × Moritz Freiherr von Lyncker (1853–1932): ★ 1911–1912; ☆ 1909–1910, 1913
4 × Friedrich Graf von Baudissin (1852–1921): ★ 1898–1902
4 × von Rebeur-Paschwitz: ★ 1906–1907; ☆ 1908–1909
4 × Heinrich von Tschirschky und Bögendorff (1858–1916): ★ 1902–1905
3 × Gustav Freiherr von Berg: ★ 1906; ☆ 1898, 1899
3 × Prof. Hans Bohrdt (1857–1945): ★ 1901, 1906, 1911
3 × von Bülow: ★ 1910–1911; ☆ 1912
3 × Heinrich Freiherr von Heintze-Weißrode: ★ 1902, 1903, 1906
3 × F. W. L. Albano von Jacobi: ★ 1894; ☆ 1892, 1900

3 ×   Arthur Graf von Klinkowström (1848–1910): ★ 1899, 1901, 1906
3 ×   Graf von Platen-Hallermund: ★ 1901; ☆ 1913, 1914
3 ×   Prof. Dr. Theodor Schiemann (1847–1921): ★ 1906, 1909, 1913
2 ×   Kaiserin Auguste Viktoria (1858–1921): ★ 1893, 1894ᵗ
2 ×   Oskar von Chelius (1849–1923): ★ 1906, 1910
2 ×   Graf zu Dohna-Schlobitten: ★ 1914; ☆ 1909
2 ×   Freiherr von Freytag-Loringhoven: ★ 1914; ☆ 1913
2 ×   von Friedeburg: ★ 1905, 1906
2 ×   Wilhelm von Hahnke (1833–1912): ★ 1890, 1891
2 ×   Freiherr von Holzing-Berstett: ★ 1909; ☆ 1908
2 ×   Freiherr von Jenisch: ★ 1906, 1907
2 ×   Ulrich Freiherr von Marschall (1863–1923): ☆ 1908, 1913
2 ×   Freiherr von Paleske: ★ 1913; ☆ 1914
2 ×   Graf von Schmettow: ★ 1904, 1906
2 ×   Freiherr von Seckendorff: ★ 1893; ☆ 1891
2 ×   Prof. Willy Stöwer (1864–1931): ★ 1910, 1912
2 ×   Carl Graf von Wedel (1842–1919): ★ 1889, 1914
2 ×   von Zitzewitz: ★ 1890ᵗ, 1891
1 ×   Adolf von Bülow (1850–1897): ★ 1889
1 ×   Wilhelm von Dommes: ☆ 1912
1 ×   Karl Wilhelm von Einem gen. von Rothmaler (1853–1934): ★ 1906
1 ×   August Graf zu Eulenburg (1838–1921): ★ 1890ᵗ
1 ×   Erich von Falkenhayn (1861–1922): ☆ 1913
1 ×   Claire von Gersdorff (1858–1926): ★ 1894ᵗ
1 ×   Gustav von Hahnke (1870–1897): ★ 1897
1 ×   von Hessenthal: ★ 1906
1 ×   Georg von Kalckstein: ★ 1895
1 ×   Friedrich Wilhelm Graf Keller: ★ 1893
1 ×   Johannes Keßler (1865–1944): ★ 1897
1 ×   von Kleist: ☆ 1912
1 ×   Bodo von dem Knesebeck (1851–1911): ★ 1894ᵗ
1 ×   von Lauenstein: ☆ 1907
1 ×   von Lewetzow: ★ 1897
1 ×   Dr. Hermann von Lucanus (1831–1908): ★ 1890ᵗ
1 ×   Hans-Georg von Mackensen (1883–1947): ★ 1899
1 ×   Adolf Freiherr Marschall von Bieberstein (1842–1912): ★ 1890ᵗ
1 ×   von Mensing: ☆ 1906
1 ×   Maximilian von Mutius (1865–1942): ★ 1911
1 ×   Gustav von Neumann-Cosel: ★ 1906
1 ×   Dr. Otto Niedner: ★ 1911
1 ×   Hans Georg Hermann von Plessen (1841–1929): ★1893
1 ×   von Plüskow: ★ 1903
1 ×   von Pritzelwitz: ☆ 1898
1 ×   Gräfin von der Schulenburg-Wolfsburg: ☆ 1893
1 ×   Graf von Soden: ☆ 1906
1 ×   von Stempel: ☆ 1913

1 × *Thomsen*: ★ 1906
1 × *von Trotha:* ☆ 1913
1 × *Guido von Usedom:* ★ 1902
1 × *Alfred Graf von Waldersee (1832–1904):* ★ 1889
1 × *Dr. Wegel:* ☆ 1913
1 × *von der Wiese:* ☆ 1913

2. Ausgewählte Briefe aus der Korrespondenz zwischen Wilhelm II. und dem schwedisch-norwegischen Königshaus anläßlich der Unionskrise

a. Kaiser Wilhelm II. an den schwedisch-norwegischen Kronprinzen Gustaf

Gudvangen 22 / VII 92.

Mein lieber Gustaf.
Diese Zeilen überbringt Dir mein treuer Freund Eulenburg auf der Reise nach Stockholm. Er geht zu der Beisetzung seines vortrefflichen alten Schwiegervaters. Auf der Durchfahrt durch Christiania soll er sich Deinem Vater und Dir vorstellen um über unsere Reise zu berichten und für alle Gastfreundschaft zu danken. Ich benutze diese Gelegenheit um Dir eine kurze Zusammenstellung über unsere Eindrücke politischer Natur zu geben.

Zu meiner großen Freude kann ich nur konstatiren, daß überall im *Volk* ein warmes, loyales Gefühl für seinen König und die Union lebendig ist. Alle einflußreichen Leute, welche ich habe aushorchen lassen, oder selbst habe hören können stimmten in der rückhaltlosen Verurtheilung des Benehmens des Ministeriums sowohl als auch des Storthings völlig überein. Sie hofften bestimmt, daß Dein Vater fest bleiben und *nicht nachgeben* möchte, da die Radikalen trotz ihres Geschreies doch abwirtschaften müßten. Dadurch würden den Irrgläubigen und Unwissenden im Volk sehr bald über den wahren Werth der Radikalen die Augen aufgehen.

Man klagte sehr über die Reisen der rad. Agitatoren und wünschte, die Conservativen möchten sich aufmuntern und dasselbe thun. Natürlich haben weder ich noch meine Herren irgend eine Gelegenheit vorübergehen lassen ohne uns auf das schärfste mißbilligend über diese verrückte Wirthschaft auszusprechen. Dabei habe ich überall verlauten lassen, daß Deutschland nie billigen werde, daß Norwegen Versuche zur Lösung des Unionspacts mache, da das dem monarchischen Prinzip Eintrag thue. Ich kann Dir aber nicht verhehlen, daß ich eine Bemerkung gemacht habe, die mir auch von verschiedenen loyalen Norwegern bestätigt wurde. Die Radikalen liebäugeln stark mit Rußland, und versuchen *unter der Hand* eine Annexion an Rußland ins Werk zu setzen. Besonders in Tromsö wo die Russische Grenze nicht allzu fern, wird diese Befürchtung öfters laut. Da

wird ein scharfes Augenmerk darauf zu richten sein. Auch sollen die Franzosen ganz heimlich dazu mithelfen und wühlen. Tromsö und Lofoten möchten die Russen gar zu gern haben für Häfen an der Atlant. See. Ob nicht Tromsöe durch Minensperren oder eine Marinestation gelegentlich gesichert werden sollte wirst Du besser übersehen als ich.
Allerseits war aber die Freude, daß der König standhaft geblieben groß. Ebenso das Vertrauen und die Dankbarkeit gegen Dich, daß Du mit gutem Rath und That Deinem Vater zur Seite stehst und ihn in den schweren Entschlüssen erleichternd mithilfst. Das Vertrauen auf Dich ist sehr groß; das nebenbei. Dies lieber Gustaf, ist der Inhalt meiner Betrachtungen; woraus Du entnehmen mögst, daß ich freudigst für Friede und Zutrauen zu Schweden etwas mitzuarbeiten mich bemüht habe. Möge es von Erfolg sein. Ich habe diese Dinge absichtlich nicht an Deinen Papa geschrieben, um nicht in den Verdacht zu kommen als wollte ich mich in seine Angelegenheiten mischen; was mir natürlich völlig fern liegt. Mit den Walen haben wir großes Glück gehabt und der Direktor der Walfängerei Herr Gjäver hat mir einen ganz vortrefflichen Eindruck gemacht. Ich kann ihn Deiner Aufmerksamkeit nur empfehlen. Einen treueren Conservativen giebt es kaum. Nun leb wohl
 auf Wiedersehen bei den Elchen, viele Grüße an Vicky von Deinem
        treuem Freund
        Wilhelm

Aus: BFA, Gustaf V:s arkiv, Vol. 46.

b. Promemoria Philipp Graf zu Eulenburgs vom 22. Juli 1895 (Maschinenschrift)

       Geheim. A.S. 698, pr. 25. Juli 1895. p.m
       z. Journ. 25. August

An Bord S.M.Y. »Hohenzollern«, den 22. Juli 1895.
Als wir zum Besuche des schwedischen Hofes in Stockholm eintrafen, befand sich Norwegen in einer ministeriellen Krise. Das Ministerium, welches bereits vor längerer Zeit seine Demission gegeben hatte und nur die Geschäfte fortführte, hatte erklärt, nunmehr definitiv zurücktreten zu wollen. Dadurch war der König vor die Entscheidung bezüglich der Wahl eines anderen Ministeriums gestellt. Die radikale, [d. h. die antimonarchische, antiunionistische Partei] hat die Mehrheit im Storthing und der König ist dadurch nach parlamentarischen Grundsätzen in der Lage, nur ein radikales Ministerium zu wählen. Die sogenannte conservative Partei [die norwegischen Conservativen sind im Grunde nichts anderes als Liberale mit einem Stich ins republikanische] weigert sich entschieden bei der Parteilage im Storthing das Ministerium zu bilden. Unter diesen Umständen hat der König nur die Alternative ein Ministerium aus Räthen zu bilden, welche

antimonarchisch sind, oder einen offenen Conflikt zwischen Krone und Parlament herbeizuführen.

Ich fand den König, der sehr offen und sehr intim mit mir alle politischen Verhältnisse besprach, energischer und sicherer als vor zwei Jahren. Die Erfahrung, die er in Schweden gemacht hat, welches sich entschieden auf den unionistischen Standpunkt stellte, gab ihm einen Rückhalt, den er früher nicht hatte. Der Kronprinz verrieth mir, dass der geheime Ausschuss, welcher aus Mitgliedern des Reichstages zusammenberufen wurde, erklärt habe, absolut an der Union festzuhalten und diese sogar mit *Waffengewalt* aufrecht erhalten zu wollen. Er wollte es im Nothfall auf einen Conflict ankommen lassen. Sollte ihm andauernd ein *königstreues* Ministerium verweigert werden, wollte er nach Friedrichshall gehen, dort eine provisorische Regierung bilden und diejenigen um sich schaaren, welche noch königstreu geblieben seien.

Ich war über diese Thatkraft erstaunt, sprach aber dem König aus, dass er logisch verfahre, wenn er als erster Berather der Krone sich nicht Männer oktroyren lasse, welche *Feinde* der Krone seien. Auch zollte ich dem König besondere Anerkennung dafür, dass er die Gegensätze zwischen Schweden und Norwegen *selbst* auszugleichen die Absicht habe. Denn ein europäischer Congress könne Schwedens Verderben werden.

Der Kronprinz führte die Absichten des Königs auf ihren wahren Werth zurück. Er sagte mir, dass allerdings der König nach Friedrichshall wolle, wenn die Zustände unhaltbar würden, jedoch *allein*. Das werde weder er noch Schweden zugeben, da die Norweger ihn einfach gefangen nähmen. Der Kronprinz, der auf dem Standpunkt steht, es auf einen Bruch mit Norwegen hinzutreiben weil er Schwedens sicher ist, bat Seine Majestät den Kaiser und mich, in allen Tonarten zur Energie zu rathen und den König zu bewegen jeden Kompromiss abzulehnen.

Dem gegenüber machte sich die Haltung der Königin bemerkbar. Ich constatirte durch Erzählungen einer Hofdame, welche eine Freundin meiner Frau ist, dass die Königin neuerdings die Politik zu ihrer speziellen Domäne gemacht habe und täglich in der Einsamkeit ihres Landlebens einige zwanzig Zeitungen lese. Da mir die Kronprinzessin einmal geklagt hatte, dass der König keinen privaten oder offiziellen Entschluss ohne die Königin fasse, so liegt die Entwicklung der Dinge in Skandinavien wesentlich in den Händen der Königin. Da diese aber für Ausgleich und, wie mir die Kronprinzessin sagte, für einen europäischen Congress zur Regelung der Differenzen plaidirt, kann es nicht erstaunen, dass sich ein Gegensatz zwischen Seiner Majestät dem Kaiser und der Königin von Schweden herausbildete.

Seine Majestät gingen bei der Unterhaltung mit dem König Oskar von folgenden Gesichtspunkten aus: Deutschland ist der natürliche Freund Skandinaviens, weil es eine Ausbreitung Russlands in der Ostsee nicht wünschen kann. Fällt jedoch Skandinavien auseinander und nimmt Russland den Norden Norwegens, England etwa Bergen in Besitz, so kann Deutschland gezwungen werden, die südlichen Landstriche Norwegens zu besetzen. Um diese, Deutschland durchaus lästige Eventualität zu vermeiden, muss Skandinavien *selbst* Ordnung schaffen und zwar in energischer Weise. Weder darf Russland den Vorwand haben wegen Schwächlichkeit der Regierung in Stockholm in Norwegen einzurücken, noch darf ein europäischer Congress zusammentreten, auf dem die Nachbarn sich für ihre Mühewaltung bezahlen lassen resp. eine äusserst gefährliche europäische Verwicklung eintritt.

Nach den ersten Besprechungen Seiner Majestät und meiner Wenigkeit mit König Oskar in diesem Sinne, begann die Königin Einfluss auf ihren Gemahl zu nehmen. Ich erfuhr durch die Kronprinzessin, dass sich angesichts der Nothwendigkeit eine Entscheidung in Norwegen bezüglich des Ministeriums zu fällen, eine ziemlich heftige Familienscene am Bett der Königin abgespielt habe. Prinz Eugen stand mit der Königin gegen den Kronprinzen und Prinz Karl, während der König unsicher herumschwankte. Die Königin erklärte, dass Kaiser Wilhelm nichts von schwedischen Verhältnissen verstände und rieth zum Ausgleich mit den Radikalen. Der Kronprinz erklärte alsdann gänzlich aus dem Rathe auszuscheiden. Eine Folge dieser Scene war, dass bei einer zweiten Unterhaltung zwischen Seiner Majestät dem Kaiser und König Oskar Letzterer von Neuem den Congress anregte. Der Kaiser wiess in energischer Form auf die Verantwortung hin, die damit der König auf sich lade und erreichte, dass bei einer bald darauf folgenden Staatsrath-Sitzung der König ungewöhnliche Energie zeigte. Aber als er Stockholm verliess, begleitete ihn, gegen alle Verabredung, die Königin bis Marstrand und so kam es, dass mir am 19 *ten* in Hernösand der Kronprinz telephonisch mittheilte, der König mache nicht die Conzession, nach Norwegen zu gehen, aber er habe schliesslich dem Gedanken eines Coalitions-Ministeriums nachgegeben – was allerdings schwer zu Stande zu bringen sei. Er, der Kronprinz, habe erklärt, keine Verantwortung mehr mitübernehmen zu wollen und ziehe sich gänzlich zurück. So ist momentan die Lage wiederum ungünstig geworden und das Uebergewicht der Königin droht den König in eine höchst bedenkliche Richtung zu drängen.

Angesichts dieser Situation gewinnen die folgenden Fakten grosse Bedeutung:

1. Der Kronprinz erzählte mir ganz vertraulich, Fürst Lobanow habe dem schwedischen Vertreter auf dessen Mittheilung über die Lage in Norwegen gesagt »er hoffe, dass keine Unordnungen in Norwegen entstehen würden; *er wisse nicht welche Haltung Russland* und die Mächte einnehmen würden.«

2. Lord Salisbury hat Seiner Majestät *gesagt*, dass England niemals die Russen in der Nordsee dulden würde.

3. Oberst Swaine hat vorigen Sommer eine geheime Recognoscirung der Norwegischen Häfen und Befestigungen vorgenommen.

4. Von der Absicht Russlands, eventuell den Prinzen Waldemar von Dänemark zum König von Norwegen zu machen, hat der Kronprinz geheime Kenntniss erhalten; bereits im vorigen Jahre. Ebenso von der Anwendung russischen Geldes in der radikalen Partei.

Auf Grund dieser Nachrichten ist möglicherweise zu gewärtigen, dass, selbst wenn Schweden gewaltsam Ordnung in Norwegen schaffen will, Russland den Vorwand der Unordnung benutzt, um seinerseits vorzugehen, etwa Tromsö und Bodö zu besetzen und durch die antischwedische Partei Prinz Waldemar unter russischem Protektorate zum König zu machen. Es ist anzunehmen, dass alsdann England Bergen besetzt. Ein Congress könnte wohl noch einen friedlichen Ausgleich zwischen England und Russland zu Stande bringen, doch würde *eine Verständigung dieser beiden Mächte* in Norwegen *auf unsere Kosten* geschehen. Denn die Existenz Schwedens wäre nach einer Verständigung welche auf der Basis der Besitzergreifung von Norwegischen Häfen geschähe, gefährdet. Das Land würde bald Russland als reife Frucht in den Schooss fallen. Eine solche Verschiebung der Machtverhältnisse an der Ostsee kann Deutschland nicht dulden. Man stände dann aber zugleich vor einem ziemlich unpopulären Kriege.

Die *Integrität* des jetzigen Skandinaviens dürfte demnach den deutschen Interessen am besten entsprechen.

Dass sich aus der Norwegischen Frage ein russisch-englischer Krieg entwickelt, ist nicht mit Sicherheit anzunehmen. Gewinnt England einen norwegischen Hafen, so giebt es sich wahrscheinlich zufrieden.

Tritt nun der Fall ein, dass Russland einen norwegischen Hafen besetzt, so würden wir wohl den Zuschauer spielen müssen und die Entwicklung der Gegensätze zwischen Russland und England abwarten. Kommt es soweit, dass England einen norwegischen Hafen besetzt, müssten wir zur Wahrung unserer Interessen Stavanger und wohl auch Christiania besetzen. Das giebt uns bei Entwicklung der Dinge eine bessere Basis. Wir können später an das Aufgeben unserer Pfänder Bedingungen knüpfen resp. halten bei dauernder Besetzung unsere Hand besser über dem von Russland bedrohten Schweden. Seine Majestät *neigt* zu einer solchen Besetzung in dem Fall, dass England und Russland bis zu einer Besetzung von Häfen vorgehen.
Ph. Eulenburg.

Aus: PA AA, Schweden 53, Nr.1 *secr.*

c. Kaiser Wilhelm II. an den schwedisch-norwegischen Kronprinzen Gustaf

An Bord S.M.Y. »Hohenzollern«
25 Juli 1895.

Mein lieber Gustav,
da die Zeit drängt benutze ich Eulenburgs bewährte Hand um einige Gedanken über die norwegische Frage, die ich ihm diktire, Dir zu übermitteln.

Die Nachrichten, die Du mir gütigst (durch ihn) hast zukommen lassen, sind ja im höchsten Grade beklagenswerth und erfüllen mich mit aufrichtiger Besorgniß. Leider scheint unser Gespräch in Drottningholm, welches zuerst scheinbar einen so guten Effekt auf des Königs Entschlüsse ausgeübt hatte durch andere Einflüsse zu verblassen zu drohen. Wenn ich von allen Détails absehe, so ist der Kernpunkt der Situation eine Prinzipienfrage geworden. Nämlich die der Aufrechterhaltung der Union durch den König persönlich. Norwegen will by fair means or by foul aus der Union heraus und bedroht dadurch den Bestand beider Reiche und auch die Sicherheit des europäischen Friedens. Bei dem weichen Gemüt und dem subtilen Gewissen des Königs ist es ein beliebtes Manöver, ihm die scheinbare Heiligkeit der Verfassung Norwegens und seinen Eid auf dieselbe vorzuhalten, um ihn dadurch in Zwiespalt mit seinem Gewissen zu bringen. Die norwegische Verfassung hat in diesem Augenblick nur sekundäre Bedeutung. Es handelt sich jetzt nicht mehr darum, ob mit diesem oder jenem Arrangement, mit dieser oder jener Partei ein auf kurze Zeit reichender Modus vivendi oder eine augenblickliche Erleichterung der Situation herbeigeführt werden kann. Zum Conflikt muß es *doch* kommen. Und zwar deshalb, weil die norwegische Verfassung sich als vollkommen unzureichend herausgestellt hat und durch die Machtlosigkeit, in welche sie der König versetzt hat, direkt den Bestand der Union gefährdet. Mit anderen Worten: es muß jetzt der König von Norwegen vor dem König der Union zurücktreten. Dieser hat ebenso den Eid geleistet die *Union* unter allen Umständen aufrecht zu erhalten. Ich beschwöre Dich diesen Punkt immer wieder dem König ins Gedächtniß zurückzurufen! Denn es ist derjenige welcher uns Andere, Ausländer und Mächte, angeht. Du selbst bist besorgt über den orakelhaft gehaltenen Ausspruch Lobanows über die norwegischen Zustände. Und Du thust recht daran. Gelingt es dem König nicht, *bald endgültig* in Norwegen Ruhe und dauernde Zustände herzustellen, so ist es unausbleiblich daß fremde Staaten sich hineinmischen. Rußland als Euer Nachbar will der erste sein, um die Finger in das Spiel zu stecken. Unter dem Scheine freundschaftlicher Hülfe mit der Motivierung daß der dauernd ungeordnete Zustand eine Gefahr für seine eigene Grenzbevölkerung sei, würde es mit liebenswürdiger Hülfe in Norwegen einrücken und wie einst in Ungarn dort Ruhe herstellen helfen. Vielleicht würde dann ein Telegramm an den Zaren durch den damit betrauten General auch ähnlich lauten wie damals: »Ganz Norwegen liegt zu Füßen Ew. Majestät!« Russisches Geld und russische Umtriebe haben genügend in Norwegen vorgearbeitet, besonders bei den Radikalen, um im geeigneten Augenblick eine Partei mit dem Rufe nach russischer Hülfe zu organisieren.

Rußland würde seinen Freundschaftsdienst sich durch den längst gewünschten norwegischen Hafen mit obligatem Hinterland bezahlt machen. Dieses wäre für England ein casus belli. Sollte letzteres jedoch nach der Falstaff'schen Regel: die Vorsicht als den besseren Theil der Tapferkeit ansehen, so würde es auch seinerseits durch ein Arrangement mit Rußland einen norwegischen Hafen als Garantie sich nehmen. *Ich* kann mir unter keinen Umständen gefallen lassen, daß in der germanischen Nordsee Slaven und Britten sich die Herrschaft theilen ohne mich zu fragen oder ohne meine Erlaubniß. Ich wäre daher gezwungen gleichfalls zur Sicherung meines Handels und meiner Küsten den südlichen Theil Norwegens zu besetzen. Die Union wäre damit vernichtet und was würde aus *Schweden*? Von Rußland von allen Seiten bis zur Nordsee umklammert würde es allmälig der Umarmung dieses Koloßes erliegen und von ihm absorbirt werden.

Nachdem ich den herrlichen Ångermannelf kennen gelernt habe, bezweifle ich keinen Augenblick, daß er das erste sein wird, was sich Rußland nehmen wird. So würde das Schicksal Eures Hauses mit dem Eures Landes besiegelt sein. Eine Rettung würde vielleicht vorhanden sein, gegen das direkte Aufgehen Schwedens in Rußland: wenn es in den Zollverband des Deutschen Reiches einträte. Dieses würde dem König das Fortbestehen seines Reiches und seiner Dynastie garantiren können – nach dem Verlust Norwegens. Was wäre dieser Zustand aber im Vergleich zu der herrlichen Stellung welche Dein Vater jetzt noch bekleidet und so Gott will noch manche Nachkommen seines Hauses bekleiden werden!

Noch eine andere Seite möchte ich Dir in dieser Angelegenheit zu bedenken geben: Mein ganzes Dichten und Trachten und meine ganzen Gedanken in der Politik sind darauf gerichtet, die germanischen Stämme auf der Welt – speziell in Europa, fester zusammen zu schließen und zu führen um uns so sicherer gegen slavisch-czechische Invasion zu decken, welche uns Alle im höchsten Grade bedroht. Schweden-Norwegen ist eine der Hauptfaktoren in diesem Bund germanischer Völker. Was soll nun daraus werden, wenn dieses große nordische Staatengebilde mit einem Male ausfällt und womöglich von den Slaven (Russen) absorbirt wird? Der ganze europäische germanische Norden bildet in dieser Hinsicht die linke Flanke für Deutschland beziehungsweise Europa, ist mithin für unsere Sicherheit von großer Wichtigkeit. Sein Verschwinden würde eine Preisgabe unsrer Flanke und eine schwere Bedrohung für uns alle bedeuten. – Auch das monarchische Prinzip als solches würde auf das empfindlichste leiden. Es ist so schon durch Portugals, Serbiens, Griechenlands Könige in Mißkredit gekommen. Möge Dein Vater davor bewahrt bleiben solchen Collegen zugetheilt zu werden! Seine Pflicht als Monarch und König ist es, seine persönlichen Gefühle hintenan zu setzen und seiner Pflicht zu gehorchen, die von ihm erheischt daß er Respekt und Gehorsam vor der Königlichen Autorität in seinem Lande schaffe. Es liegt augenblicklich der europäische Friede in seiner Hand. Möge dieser Friede bleiben! – und nicht durch Nachgiebigkeit zur unrechten Zeit gefährdet oder gar gebrochen werden.

Ich habe es für meine Pflicht gehalten nochmals in alter Offenheit und ungeschminkt Dir die Verhältnisse klar zu legen, weil von den Entscheidungen Deines Vaters so unendlich viel abhängig ist. Es ist die Meinung eines treuen Freundes, der es mit Euerem Lande u. Euerem Hause redlich meint! Es ist die Bitte eines Collegen an einen anderen, ihn bei seiner Arbeit zu unterstützen. Möge sie nicht ungehört verhallen! –

Du kannst diesen Brief nach Gutdünken verwerthen.

Mit wärmstem Dank für die schönen Tullgarner Tage und herzlichsten
Grüßen an Vicky verbleibe ich stets
Dein
Dir treu ergebener Vetter
Wilhelm I. R.

Aus: RA, Kabinettet för utrikes brevväxling (Utrikesdepartement), F I, Vol. 191.

d. Kaiser Wilhelm II. an den schwedisch-norwegischen Kronprinzen Gustaf

Jagdschloß Rominten.
27. September 1895.

Lieber Gustav,
da sich gerade Philipp Eulenburg, dem ich Kenntniß von Deinem Briefe geben sollte, bei mir befindet, benutze ich wiederum seine Hand, um Dir zu antworten.

Mit größtem Interesse habe ich Kenntniß von dem Briefe Deines Vaters genommen. Es freut mich daraus zu ersehen, wie freundschaftlich derselbe meinen letzten Brief an Dich aufgenommen hat. Daß der König in so bestimmter Form dem Gedanken Ausdruck giebt, daß nur die wirklich loyal gesinnten und das *Königthum* stützenden Elemente Norwegens bei der Bildung des Ministeriums zur Macht gekommen sind und kommen werden, ist mir sehr erfreulich zu vernehmen; denn das ist wirklich die einzig denkbare und mögliche Basis für eine schließliche Gesundung des skandinavischen Confliktes. Das Königthum kann nicht mit der Revolution *paktiren*. So wenig wie Wasser mit Feuer. Darum ist es *Existenzfrage* für den König, als Berather seiner Krone *nur* Männer zu wählen, welche über diese Krone wachen wie ein Ritter über den heiligen Graal – d. h. sie müssen daran *glauben*.

Ich habe, nachdem ich Kenntniß von der Stimmung in Schweden und Stellung des schwedischen Reichstages zu der Unionsfrage erhielt, ein größeres Zutrauen gewonnen, daß der Conflikt schließlich doch auf friedlichem Wege gelöst wird, denn der größere Theil der Norweger wird es doch vorziehen, sich angesichts der einmüthigen und ernsten Haltung Schwedens tant bien que mal zu arrangieren, als sich auf das russische Abenteuer einzulassen, das sich auch selbst den weniger hellen Köpfen nur als überzuckerte Knute darstellen dürfte. Daß trotzdem die Gefahr einer russischen Aktion immer noch vorliegt, wenn sich ein Haufen Radikaler in Norwegen das Vergnügen macht zu revoltiren oder sich von Schweden loßzusagen, kann ich nicht in Abrede stellen.

Der König hat daher auch vollkommen Recht, diese Eventualität mit allen Folgen in das Auge zu fassen und sich darauf vorzubereiten.

Ich komme damit auf die Vertragsfrage.

Darin will ich Dir ebenso offen schreiben als ich in meinem letzten Briefe über die Skandinavische Lage und meine Stellung dazu schrieb. Ich habe Dir damals auseinandergesetzt, daß wir Eure besten Freunde sind, weil wir *naturgemäß* nur die Aufrechterhaltung des Status quo wünschen können. In fast gleicher Lage wie wir befindet sich England, und Rußland weiß, daß es uns auf seinem Wege finden würde, wenn es Hand auf Norwegen legen wollte. Was wird an diesem Verhältniß geändert, wenn, wie es Dein Vater wünscht, ich mich durch *Vertrag verpflichtete*, dem in Norwegen einrükkenden Rußland mit Waffengewalt entgegenzutreten? Rußland würde nur den Eindruck erhalten, daß Deutschland sich in Gegensatz zu Rußland *setzen wolle*, während ich glücklich bin zu constatiren, daß zwischen ihm und Deutschland *direkt* gegensätzliche Punkte *nicht* vorhanden sind.

Wenn Rußland solche Punkte *schafft* – nun gut, dann wird Deutschland einen gerechten Krieg führen, wenn es angegriffen ist. Ich aber würde eine schwere Verantwortung auf mich wälzen, wenn *ich* Punkte schaffen wollte, welche Rußland verletzen müssen, und die in Deutschland außerdem noch höchst unpopulär wären. Du wirst mir verzeihen, lieber Gustav, wenn ich bei dem Gedanken einer solchen Abmachung auch das *Wesen* derselben im Allgemeinen berühre, welches darin besteht, daß *beide* Theile ihren *Vortheil und Nutzen* davon haben sollen: Du wirst mir zugeben, daß der Vortheil recht *einseitig* bei dieser Abmachung wäre! Ich glaube daß man sich mit der *Thatsache* genüge lassen kann, daß der Status quo in Skandinavien unter allen Umständen aufrecht erhalten werden *muß*. Die *natürlichen* deutschen und englischen Interessen verlangen dieses kategorisch und ein besonderes Abkommen ändert an *dieser* Thatsache nichts, während es von Rußland in einer Weise gedeutet werden muß, die ganz außerhalb der friedlichen Tendenzen meiner Politik liegt.

Auf die *natürliche* Bundesgenossenschaft Deutschlands und Englands kann sich die schwedische Politik sicher aufbauen. Hat aber Schweden das *Bedürfniß* nach öffentlichem Anschluß an mächtige Staaten, so stünde ja einem Anschluß an die friedlichen Aufgaben, die der Dreibund sich stellte, nichts im Wege. Es würde damit Rußland eine Warnung ertheilt werden, *ohne daß ein feindlicher Gegensatz* zu Tage träte, denn Europa glaubt endlich an die friedlichen Aufgaben des Dreibundes und es fällt der Antheil chauvinistischer Franzosen und panslavistischer Russen hierbei nicht ins Gewicht.

Hinzu möchte ich zum Schluß fügen, daß ich trotz schönstem Wetter bisher nur 3 Hirsche in 8 Tagen geschossen da sie bisher völlig unsichtbar waren. Viele Grüße an Vicky und die Jungens, mit besten Wünschen für Besserung der Erstern verbleibe ich stets
   Dein treuer Freund und Vetter
                  Wilhelm

Aus: RA, Kabinettet för utrikes brevväxling (Utrikesdepartement), F I, Vol. 191.

IX. Quellen- und Literaturverzeichnis

1. Bibliographische Hilfsmittel

BAUMGART, WINFRIED: Das Zeitalter des Imperialismus und des Ersten Weltkrieges (1871–1918). Teil 1: Akten und Urkunden, Teil 2: Persönliche Quellen. (Quellenkunde zur deutschen Geschichte der Neuzeit von 1500 bis zur Gegenwart, Bd. 5/1–2.) Darmstadt 1977.
BRING, SAMUEL E(BBE): Itineraria svecana. Bibliografisk förteckning över resor i Sverige fram till 1950. Stockholm 1954.
GENTIKOW, BARBARA: Skandinavische und deutsche Literatur. Bibliographie der Schriften zu den literarischen, historischen und kulturgeschichtlichen Wechselbeziehungen. Neumünster 1975.
GOFF, PENRITH: Wilhelminisches Zeitalter (Bibliographie). (Handbuch der deutschen Literaturgeschichte. 2. Abteilung. Bibliographien, Bd. 10.) Bern/München 1970.
HANSEN, MORTEN: Utenlandske privattrykk om reiser i Norge. Oslo 1956.
LINDBERG, FOLKE/KOLEHMAINEN, JOHN I.: The Scandinavien Countries in International Affairs. A Selected Bibliography on the Foreign Affairs of Denmark, Finland, Norway and Sweden 1800–1952. Minneapolis 1953.
SCHIÖTZ, EILER H.: Utlendingers reiser i Norge. En bibliografi. Oslo/Bergen/Tromsø 1970.
DERS.: Itineraria Norvegica. Utlendingers reiser i Norge inntil år 1900. En bibliografi. Bd. 2: Supplementer. Oslo/Bergen/Stavanger/Tromsø 1986.

2. Ungedruckte Quellen

BERNADOTTESKA FAMILJEARKIVET, STOCKHOLM

Konung Oscar II:s arkiv
Vol. 47   Brev från tyska furstehus
Vol. 122   Kronologiskt ordnade tidningsklipp 1892–1899
Vol. 123   Kronologiskt ordnade tidningsklipp 1900–1907
Vol. 124   Tidningsklipp om Konungens resor m.m. Juni 1889–31 Dec. 1891

Gustaf V:s arkiv
Vol. 1   Koncept till brev, återställda originalbrev: Inneh. strödda brevkoncept bl.a. till Wilhelm II av Tyskland
Vol. 46   Mottagna brev i Tyskland (utom Baden)
Vol. 76   Handlingar angående Norge och unionen 1881–1905

BUNDESARCHIV, KOBLENZ

Nachlaß Philipp Fürst zu Eulenburg-Hertefeld, Nl. 29
Nr. 1, 5, 6, 8, 21, 32, 37, 42, 53, 54
Eine preußische Familiengeschichte, Haus Liebenberg. Meinen Kindern und Kindeskindern aus dem Leben ihrer Vorfahren P. F. z. E. u. H.
Nr. 74   Die Nordlandreise (Manuskript, von Eulenburg authentisiert)
1. Teil: Geselliger Verkehr
2. Teil: Zur Psyche und Politik Kaiser Wilhelms II.
Wochenschauen und Dokumentarfilme 1895–1950 im Bundesarchiv-Filmarchiv (16 mm-Verleihkopien). Neubearb. v. Peter Bucher. (Findbücher zu Beständen des Bundesarchivs, Bd. 8.) Koblenz 1984.

BUNDESARCHIV-MILITÄRARCHIV, FREIBURG

Nachlaß Admiral Georg Alexander von Müller N 159
Nr. 3   Tagebuch vom 1.4.1899 bis 31.8.1910
Nr. 4   Tagebuch vom 1.9.1910 bis 20.3.1915

Nachlaß Gustav Freiherr von Senden-Bibran N 160
Nr. 1   Amtliche Korrespondenz 11.7.1889 bis 12.12.1898 Gustav Frhr. v. Senden-Bibran mit Kaiser Wilhelm II. und Kaiserin Victoria, u.a. eigenhändige Zeichnungen und Skizzen Wilhelms II.

Kaiserliches Marinekabinett (RM2)
RM2/116   Schiffspredigten, 1896–1908
RM2/228   Bau der Kaiserlichen Yacht »Hohenzollern« (II), Indiensthaltung der kaiserlichen Yacht und ihrer Begleitschiffe, 1889–1893
RM2/230   Bd. 1: 1894–1900
RM2/231   Bd. 2: 1901–1904
RM2/232   Bd. 3: 1905–1907
RM2/233   Bd. 4: 1908–1918
RM2/234   Bau der kaiserlichen Yacht »Hohenzollern« (III) Bd. 1: 1904–1906
RM2/235   Bd. 2: 1907–1913
RM2/353   Reisedaten Kaiser Wilhelms II.
RM2/356   See- und Landreisen Kaiser Wilhelms II., Bd. 2: 1889, hierin: Reise in die norwegischen Küstengewässer

RM2/363	Bd. 9: 1893
RM2/364	Bd. 10: 1894
RM2/365	Bd. 11: 1895
RM2/366	Bd. 12: 1896
RM2/367	Bd. 13: 1897
RM2/368	Bd. 14: 1898
RM2/370	Bd. 16: 1899
RM2/371	Bd. 17: 1900
RM2/372	Bd. 18: 1900–1901
RM2/374	Bd. 20: 1902
RM2/375	Bd. 21: 1903
RM2/377	Bd. 23: 1904–1905
RM2/380	Bd. 26: 1906
RM2/381	Bd. 27: 1906–1907
RM2/386	Bd. 32: 1908, hierin: Reise nach Schweden im Sommer 1908
RM2/388	Bd. 34: 1909–1911, hierin: Reise zur Begegnung mit Zar Nikolaus vor Björkö 1905
RM2/389	Bd. 35: 1909–1910
RM2/390	Bd. 36: 1911
RM2/391	Bd. 37: 1912
RM2/392	Bd. 38: 1913
RM2/393	Bd. 39: 1914
RM2/1454	Hilfeleistung für die abgebrannte norwegische Stadt Aalesund
RM2/1660	Übungen der Hochseeflotte, zu Bd. 5 (1659) Anlagen zum Übungsbericht über die Sommerreise 1911
RM2/1740	Auslandsreisen von Schiffen der Kaiserlichen Marine Bd. 6: Juni 1905 – Aug. 1906
RM2/1744	Bd. 10: Juli 1910 – Sept. 1911

Reichsmarineamt (RM3)

RM3/231	Reisen Sr. Majestät des Kaisers, Januar 1903 bis Januar 1910. RMA Zentralabt. Heft 1.
RM3/232	Dito. Heft 2. Febr. 1910 bis Dez. 1913.
RM3/233	Dito. Heft 3. Jan. 1914 bis Okt. 1918.

DEUTSCHES SCHIFFAHRTSMUSEUM, ARCHIV, BREMERHAVEN

III A 1768	Spitzbergen-Erkundungsexpedition 1910

GEHEIMES STAATSARCHIV PREUSSISCHER KULTURBESITZ, BERLIN

Brandenburg-Preußisches Hausarchiv
Rep. 53 Nr. 327 Material Carl Saltzmann

Originalzeichnungen von Prof. C. Saltzmann zu der Reise Kaiser Wilhelms
II. nach Norwegen 1889/1890

HESSISCHES STAATSARCHIV, DARMSTADT

Das Graf Görtzische Akten-Archiv, Herrschaft Schlitz Abt. F 23 A
Abt. F 23 A Aktennr. 296/3 Nordland-Reise 1898/99, Nordlandfahrt 1890, 1891, 1897, 1898, 1899, 1902
Abt. F 23 A Aktennr. 387/5 Kaiser Wilhelm II. Ein Brief von der Nordlandreise 1911

DET KONGELIGE UTENRIKSDEPARTEMENT, OSLO

G 2 C 1/06   Den tyske Keisers Reiser i Norge fra 1890 flg. (1897 Löjtnant v. Hahnkes Död), 1890–1904
G 2 C 9/06   Keiser Wilhelm II's reise i Norge sommeren 1906
P 12 A 2/06 Det politiske forhold Norge-Tyskland
P 12 A 3/08 Rykter om tysk prins som tronkandidat Norge 1905 – Dementi
P 12 C 1/11 Norge-Tyskland. Agitasjon i Norge mot fremmede flåtebesøk
P 12 C 2/14 Keiser Wilhelms gave til Trondhjems domkirke

KUNGLIGA BIBLIOTEKET, STOCKHOLM

Generaldirektör Sigfrid Wieselgrens papper
I v 26 B:I:1   Politiska anteckningar från riksdagen 1880–1885, 1899, 1901, 1902, 1904, 1905, odaterade

POLITISCHES ARCHIV DES AUSWÄRTIGEN AMTES, BONN

Nachlaß Friedrich von Holstein
Nachlaß Franz von Reichenau
Nachlaß des ehemaligen Staatssekretaers von Tschirschky, 1906–1907

Buero-Akten Nr. 4 Programme für die Reisen Seiner Majestaet des Kaisers und Koenigs nebst den Bestimmungen über Depeschenbefoerderung, Bd. 3, 4, 6, 21, 23, 28

Daenemark 37 secr. Die Neutralität Daenemarks und der Schutz der Ostsee, Bd. 4, 5

Deutsche Gesandtschaft, Stockholm
– Besuch schwedischer Häfen durch deutsche und deutscher Häfen durch fremde Kriegsschiffe

Deutschland 135 Nr. 18 Die Gesandtschaft in Stockholm, Bd. 1
Deutschland 136 Die Beziehungen zwischen Deutschland und Schweden, Bd. 1, 3, 4

Norwegen 1 Allgemeine Angelegenheiten Norwegens, Bd. 1
Norwegen 2 Diplomatische Vertretungen Norwegens im Auslande und das diplomatische Korps in Norwegen, Bd. 1, 2
Norwegen 3 Nr. 1 Personalien: Die Königliche Familie, Bd. 1, 3
Norwegen 17 Beziehungen zu Deutschland, Bd. 1

Preussen 1 Nr. 1d, Seine Majestaet der Kaiser und Koenig Wilhelm II., Bd. 7, 8, 15, 16
Preussen 1 Nr. 1d *secr.* Seine Majestaet der Kaiser und Koenig, Bd. 1
Preussen 1 Nr. 1 Nr. 3w Correspondenz Seiner Majestaet des Kaisers und Koenigs mit dem Koenig von Schweden, Bd. 1
Preussen 1 Nr. 1 Nr. 3x Correspondenz Seiner Majestaet des Kaisers und Koenigs mit dem Koenig von Daenemark, Bd. 1
Preussen 1 Nr. 1 Nr. 4d Begegnung Seiner Majestaet des Kaisers und Koenigs mit dem Koenig von Daenemark, Bd. 1, 2
Preussen 1 Nr. 1 Nr. 4f Begegnung Seiner Majestaet des Kaisers und Koenigs mit dem Koenig von Schweden, Bd. 1, 2
Preussen 1 Nr. 1 Nr. 4w Reisen Seiner Majestaet nach Norwegen, Bd. 1, 2, 4, 9, 10, 11, 13

Schweden 42 Schriftwechsel mit der K. Gesandtschaft in Stockholm sowie mit anderen Missionen und fremden Kabinetten über die inneren Zustände und Verhältnisse Schwedens und Norwegens, Bd. 15–17
Schweden 45 Beziehungen Schwedens zu Russland, Bd. 1–4
Schweden 47 Die schwedische und norwegische Presse, Bd. 1
Schweden 50 Nr. 1 Das schwedische Königshaus, Bd. 4, 8–10, 13
Schweden 50 Nr. 2 Schwedisch-norwegische Staatsmänner, Bd. 3
Schweden 52 Das diplomatische Corps in Schweden, Bd. 2
Schweden 53 Nr. 1 *secr.* Die inneren Verhältnisse Norwegens, Bd. 1
Schweden 56 *secr.* Die Stellung Schweden-Norwegens im Falle eines Krieges. Neutralitaetsfrage, Bd. 1, 2

RIKSARKIVET, STOCKHOLM

Utrikesdepartementets arkiv
1902 års dossiersystem

1. Politik
A Redogörelser från beskickningen i Berlin
Vol. 2, 4, 5 1901–1909
P Redogörelser från beskickningen i Kristiania
Vol. 107 1913–1919

2. Konungahuset
O Särskilda frågor
Vol. 50 Ds. 10 Novembertraktaten och frågan om Norges integritet
I 1896-1906, nov.

3. Utländska furstehus och statschefer
F Resor
Vol. 187 Ds. 5 Kejsar Wilhelm II i Kristiania, 1889-1890
Vol. 188 Ds. 8 I, II Tyske Kejsarens resor i Sverige 1-2, 1888-1914

4. Unionella frågor
A Allmänt
Vol. 210 Ds. 6 Uttalanden i utlandet rör. unionsfrågan 1 (1862-1896)
M Unionsupplösningen
Vol. 233 Ds. 1 f Rapporter och accusés de réception från Besk. Berlin i anl. af statshvälfningen i Norge 7 juni 1905

9. Svenska och norska föreningar i utlandet
C I Tyskland
Vol. 363 Ds. 4 Deutsch-Schwedische Gesellschaft 1907

16. Främmande diplomater i de förenade rikena (Sverige)
P Tyskland
Vol. 1000

Utrikesdepartementets tidningsklippsamling
Serie 1
Vol. 1   Svensk utrikespolitik 1909-12 (13)
              Professor Fahlbecks tal d. 12 maj 1913
              Art. i Statsvetenskapl. Tidskr. 1912
              Sverige-Trippelalliansen eller Sverige-Trippelentente?
              Professor Fahlbecks broschyr 1912
Vol. 2   Svensk utrikespolitik 1912 maj – 1913 juni
Vol. 3   Svensk utrikespolitik 1913 aug. – 1914 maj
Vol. 17   Sverige-Tyskland 1909-1911
Vol. 18   Sverige-Tyskland 1911-1914. Svensk-tyskt kulturförbund 1913
Vol. 36   Norge-Tyskland 1910-1914
              Tidningsklipp med anledning af tyska flottans besök i norska farvatten
              Den norske flaggaffären på turistutställningen i Berlin 1911
              Förhållandet mellan Tyskland och Norge 1910-1911
              Tyska flottbesöken i norska hamnar 1913-1914

Kabinettet för utrikes brevväxling (Utrikesdepartement)
A Vol. 132-134   Diarier över ministeriella protokoll
A Vol. 140-143   Diarier över statsrådsprotokoll
F I Vol. 191   Brevväxling mellan Kejsar Wilhelm och Kronprins Gustaf ang. Unionen 1895

Utrikesdepartementets handarkiv
Serie 2
Vol. 3   Utrikesmin. A L F Gyldenstolpe 1905
              Utrikesmin. A F Wachtmeister 1905
              Utrikesmin. Eric Trolle 1905–1908
              Utrikesmin. Arvid Taube 1909
              Utrikesmin. Albert Ehrensvärd d.y. 1911–1914

Sven Hedins arkiv
E Inkommna handlingar, I Registrerade brev
Korrespondens Tyskland
Vol. 503 Wilhelm -Wirt

Alfred Lagerheims samling
Vol. 3   Brev från Oscar II och andra medlemmar av konungahuset

Statsrådet Carl Lewenhaupts anteckningar
Häfte 1 1889–1895

Riksdagens arkiv
Andra kammarens diarier 1895

STAATSBIBLIOTHEK PREUSSISCHER KULTURBESITZ, BERLIN

Nachlaß Paul Güßfeldt
K.2.
– Heft   »Ergänzungen zu meinen Tagebüchern betr. d. Kaiserl. Nordland- u. Ostsee-Nordsee-Reisen in d. J. 1890, 91, 92, 93, 94, 95, 97, 1905«
– Heft   »Nordlandreisen«

K.3.
– Heft   »1890 Zweite Kaiserreise nach Norwegen. Ende. Eigene Reise nachher«
– Heft   »1892 Norwegische Kaiserreise (letzte auf der alten »H«). Anfang Svolvaer 24. Juni 1892, Ende Berlin 23. Juli 1892. Fortsetzung«
– Heft   »Kurze Notizen«, enthält Angaben zur Nordlandfahrt 1895
– Heft   »Nordlandreise No VIII 1896«
– Heft   »1897 Neunte Nordlandfahrt«, enthält Angaben zu den Nordlandfahrten 1897 und 1898
– Heft   »11. Nordlandreise 1899«
– Heft   »1900, 1901, 1902, 1903«, enthält Angaben zu den Nordlandfahrten 1900–1903
– Heft   »1907 Kaiserliche Nordlandreise Nr. 19«

- Heft   »Nordlandreise 1909«
- Heft   »22. Kaiserliche Nordlandreise 1910«
- Heft   »1911 23. Nordlandreise S.M. des Kaisers«

K.4.
- Heft   »Notizen. Nordlandfahrt 1893«
- Heft   »Tagebuch der Nordlandreisen 1904, 1905, 1906«

STATENS SJÖHISTORISKA MUSEUM, STOCKHOLM

Arkiv, Nr. 403 enthält Zeitungsartikel über die Einweihung der Fährverbindung Trelleborg-Saßnitz 1909

3. Gedruckte Quellen

a. Dokumente, Memoiren, Korrespondenzen, Reden, Darstellungen

ADLER, F.: Die Nordlandfahrt des Kaisers. Rede zur Feier des allerhöchsten Geburtstages Seiner Majestät des Kaisers und Königs am 27. Januar 1890 veranstaltet von der Königlichen Akademie der Künste in Berlin. Berlin 1890.

AFFAIRES DE NORVÈGE. Documents officiels concernant la dissolution de l'Union entre la Suède et la constitution du Royaume de Norvège (1903–1905). Documents officiels communiqués par le Gouvernement Norvégien en 1907. Paris 1907.

BERGER, HERBERT VON/ZORN, PHILIPP (Hrsg.): Deutschland unter Wilhelm II. 3 Bde. Berlin 1914.

STENOGRAPHISCHE BERICHTE ÜBER DIE VERHANDLUNGEN DES DEUTSCHEN REICHSTAGES. Berlin 1889–1914.

BERNHARDI, FRIEDRICH VON: Denkwürdigkeiten aus meinem Leben nach gleichzeitigen Aufzeichnungen und im Lichte der Erinnerung. Berlin 1927.

BETHMANN HOLLWEG, THEOBALD VON: Betrachtungen zum Weltkriege. 2 Bde. Berlin 1919–1922.

BJØRNSON, BJØRNSTJERNE: En ny feriefart, in: Samlede digter-verker. Standardutgave ved Francis Bull. Bd. 3. Kristiania/København 1919, S. 22–38.

BLEHR, SIGURG (Hrsg.): Mot frigørelsen. Utdrag av statsminister Otto Blehrs politisk korrespondanse 1891–1903. 2 Bde. Oslo 1946–1948.

BOHRDT, HANS: Deutsche Schiffahrt in Wort und Bild. Hannover o.J. (vor 1907)

BÜLOW, BERNHARD FÜRST VON: Denkwürdigkeiten. Hrsg. v. Franz von Stockhammern. 4 Bde. Berlin 1930–1931.

DERS.: Deutschland und die Mächte vor dem Krieg in amtlichen Schriften des Fürsten Bernhard von Bülow, ohne seine Mitwirkung hrsg. v. einem Ungenannten. 2 Bde. Dresden 1929.
BÜXENSTEIN, GEORG W. (Hrsg.): Unser Kaiser. Zehn Jahre der Regierung Wilhelms II. 1888–1898. Berlin/Leipzig/Stuttgart 1898.
BULL, E(DVARD) HAGERUP: Fra 1905. Erindringer og betragtninger. Oslo 1927.
CHAILLU, PAUL B. DU: Land of the Midnight Sun. New York 1882.
CHAMBERLAIN, HOUSTON STEWART: Briefe 1882–1924 und Briefwechsel mit Kaiser Wilhelm II. 2 Bde. München 1928.
DERS.: Die Grundlagen des 19. Jahrhunderts. Bd. 1. 3. Aufl. München 1899.
CONRADI, HERMANN: Wilhelm II. und die junge Generation. Eine zeitpsychologische Betrachtung 1889, in: Hermann Conradis Gesammelte Schriften. Hrsg. v. Gustav Werner Peters. Bd. 3. München/Leipzig 1911, S. 307–446.
DAHL BÆKKELUND, INGEBORG: »Keisertiden« i Molde 1889–1914. 2. Aufl. Molde 1984.
DAUTHENDEY, MAX: Gedankengut aus meinen Wanderjahren. Bd. 1. München 1913.
DENKBLÄTTER VOM BESUCH KAISER WILHELMS II. IN DER HAUPTSTADT NORWEGENS IM JULI 1890. Christiania 1890.
DIE DEUTSCHEN DOKUMENTE ZUM KRIEGSAUSBRUCH 1914. Hrsg. im Auftrage des Auswärtigen Amtes v. Graf Max Montgelas/Walter Schükking. 4 Bde. 2. Aufl. Berlin 1921.
DIETRICHSON, L(ORENTZ)/MUNTHE, H(EINRICH): Die Holzbaukunst Norwegens in Vergangenheit und Gegenwart. Berlin 1893.
EULENBURG-HERTEFELD, PHILIPP FÜRST ZU: Eine Erinnerung an Graf Arthur Gobineau. Stuttgart 1906.
DERS.: Erlebnisse an deutschen und fremden Höfen. 2 Bde. Hrsg. v. Augusta Fürstin zu Eulenburg-Hertefeld. Leipzig 1934.
DERS.: Aus fünfzig Jahren. Erinnerungen: Tagebücher und Briefe aus dem Nachlaß des Fürsten. Hrsg. v. Johannes Haller. Berlin 1923.
DERS.: Mit dem Kaiser als Staatsmann und Freund auf Nordlandsreisen. Hrsg. v. Augusta Fürstin zu Eulenburg-Hertefeld. 2 Bde. Dresden 1931.
DERS.: Philipp Eulenburgs politische Korrespondenz. Hrsg. v. John C. G. Röhl. 3 Bde. (Deutsche Geschichtsquellen des 19. und 20. Jahrhunderts, Bd. 52/I-III.) Boppard am Rhein 1976–1983.
DERS.: Skaldengesänge. Dichtungen von Philipp Graf zu Eulenburg. Braunschweig 1892.
FAHLBECK, PONTUS: Svensk och nordisk utrikespolitik. 2. Aufl. Stockholm 1912.
FISCHER, HENRY W. (Hrsg.): The Private Lives of William II & His Consort: A Secret History of the Court of Berlin. From the Papers and Diaries Extending over a Period Beginning June 1888 to the Spring of 1898 of a Lady-in-waiting on Her Majesty the Empress-Queen. London 1904.

FLEETWOOD, CARL GEORGSSON: Från studieår och diplomattjänst. Dagböcker, brev och skrifter, 1879–1892. Hrsg. von Gwendolen Fleetwood. Bd. 2. Stockholm 1968.
FONTANE, THEODOR: Briefe an Georg Friedlaender. Hrsg. u. erl. v. Kurt Schreinert. Heidelberg 1954.
FOX, EDWARD LYELL: Wilhelm Hohenzollern & Co. London 1918.
FRIIS, F. A.: Hans Majestæt Kong Oscar II.s Reise i Nordland og Finmarken Aar 1873. Christiania 1874.
GEISS, IMANUEL (Hrsg.): Juli 1914. Die europäische Krise und der Ausbruch des Ersten Weltkrieges. 3. Aufl. München 1986.
DERS. (Hrsg.): Julikrise und Kriegsausbruch 1914. Eine Dokumentensammlung. 2 Bde. Hannover 1963–1964.
GENNERICH, THEODOR: Eine Vergnügungs-Fahrt nach dem nördlichen Eismeer. Reiseerinnerungen an die Nordlandfahrt der Deutschen Nordland-Gesellschaft zu Leipzig nach Norwegen und Spitzbergen mittels Salon-Schnelldampfers St. Sunniva vom 1. bis 24. August 1896. Leipzig 1897.
GERSTENBERGER, L.: Über Island nach Spitzbergen. Polarfahrt auf dem »D. Großer Kurfürst« des Nordd. Lloyd im Jahre 1913. Reise-Erzählungen. Würzburg 1913.
GJELSVIK, N.: Skal det norske folket indføre republiken eller skal det indføre en prins? Kristiania 1905.
GRAND-CARTERET, JOHN: Les célébrités vues par l'image. »Lui« devant l'Objectif Caricatural. 384 images de tous les pays. Paris o.J. (1906)
GREY, LORD EDWARD: Fünfundzwanzig Jahre Politik 1892–1916. 2 Bde. München 1926.
GRIEG, EDVARD: Breve fra Grieg. Hrsg. v. Gunnar Hauch. Kjøbenhavn/Kristiania 1922.
GÜSSFELDT, PAUL: Kaiser Wilhelm's II. Reisen nach Norwegen in den Jahren 1889 und 1890. Berlin 1890.
DERS.: Kaiser Wilhelm's II. Reisen nach Norwegen in den Jahren 1889 bis 1892. 2. Aufl. Berlin 1892.
DERS.: Keiser Wilhelm II's reiser i Norge i aarene 1889 og 1890. Übers. v. H. C. Hansen. Kristiania 1891.
DERS.: Die Nordlandreisen des Kaisers, in: Unser Kaiser. Zehn Jahre der Regierung Wilhelms II. 1888–1898. Hrsg. v. Georg W. Büxenstein. Berlin/Leipzig/Stuttgart 1898, S. 323–334.
HAFFTER, E(LIAS): Briefe aus dem hohen Norden. Eine Fahrt nach Spitzbergen mit dem HAPAG-Dampfer »Auguste Victoria« im Juli 1899. 2. unveränd. Aufl. Frauenfeld 1900.
HAMBURG-AMERIKA LINIE. Nordlandfahrten 1911. Leipzig 1911.
DIES.: Vergnügungs- und Erholungsreisen zur See. Hamburg Juni 1906 bis September 1906.
HAMILTON, HUGO: Hågkomster. Strödda Anteckningar. Stockholm 1928.
HAMMER, S(IMON) C(HRISTIAN): William the Second. As seen in contem-

porary documents and judged on evidence of his own speeches. London 1917. Zuerst erschienen unter dem Titel: Wilhelm II. Et blad av Tysklands nyeste historie. Kristiania 1915.

HANDELS- UND SCHIFFAHRTSVERTRAG ZWISCHEN DEM DEUTSCHEN REICHE UND SCHWEDEN. Vom 8. Mai 1906, in: Reichs-Gesetzblatt Nr. 36. Hrsg. vom Reichsamte des Innern. Berlin 1906, S. 739–842.

HANSTEIN, ADALBERT VON: Kaiser Wilhelms II. Nord- und Südlandfahrten. Dresden o.J. (1890)

HASSELGREN, A.: Oscar II. En lefnadsteckning. Uppsala 1908.

HEDIN, SVEN: Große Männer, denen ich begegnete. Bd. 2. Wiesbaden 1952.

DERS.: Ett varningsord. Stockholm 1912.

HENKING, HERMANN: Norwegens Walfang. Theilstück aus dem Reisebericht der 1898 zum Besuche der Internationalen Fischerei-Ausstellung in Bergen entsandten Kommission. (Sonder-Abdruck aus den »Mittheilungen des Deutschen Seefischerei-Vereins«: Nr. 12.) Berlin 1899.

HERZOG, ALBERT: Im Lande der hellen Nächte. Schwedische Symphonie. (Sonderabdruck aus der »Badischen Presse«.) Karlsruhe 1910.

HEVESI, LUDWIG: Blaue Fernen. Neue Reisebilder. Stuttgart 1897.

HOHENLOHE-SCHILLINGSFÜRST, CHLODWIG FÜRST ZU: Denkwürdigkeiten des Fürsten Chlodwig zu Hohenlohe-Schillingsfürst. Im Auftrage des Prinzen Alexander zu Hohenlohe-Schillingsfürst hrsg. v. Friedrich Curtius. 2 Bde. 4. Aufl. Stuttgart/Leipzig 1907.

DERS.: Denkwürdigkeiten der Reichskanzlerzeit. Hrsg. v. Karl Alexander von Müller. Stuttgart/Berlin 1931.

HOLMBERG, TEODOR: Kejsar Wilhelm II. Stockholm 1914.

HOLSTEIN, FRIEDRICH VON: Lebensbekenntnis in Briefen an eine Frau. Eingel. u. hrsg. v. Helmuth Rogge. Berlin 1932.

DERS.: Die geheimen Papiere Friedrich von Holsteins. Hrsg. v. Norman Rich/M. H. Fisher. Dt. Ausg. v. Werner Frauendienst. 4 Bde. Göttingen/Berlin/Frankfurt 1956–1963. Zuerst erschienen unter dem Titel: The Holstein Papers. 4 Bde. Cambridge 1955–1963.

HORN, LEO: Bei den »echten Schweden«. Reiseskizzen. Berlin 1897.

ISENBURG, L.: Im Lande der Mitternachtssonne. Reiseskizzen aus dem hohen Norden. Allen Nordkapfahrern gewidmet. Hersfeld 1895.

DAS DEUTSCHE KAISERPAAR IM HEILIGEN LAND IM HERBST 1898. Mit allerhöchster Ermächtigung Seiner Majestät des Kaisers und Königs bearb. nach authentischen Berichten und Akten. Berlin 1899.

KAPP SALVINI, GIULIA: Viaggi nordici colla »Hamburg-Amerika-Linie«. Le capitali del Nord. Scandinavia – Russia. Islanda – Capo Nord e le coste della Norvegia. Milano 1907.

KAUFMANN, WILHELM: Eine Nordlandfahrt. Kristiania, Gothenburg, Wisby, Stockholm, Petersburg, Moskau, Kopenhagen. Cleveland o.J. (1903)

KESSLER, JOHANNES: Ich schwöre mir ewige Jugend. 6.-9. Aufl. Leipzig 1935.

KIDERLEN-WÄCHTER, ALFRED VON: Kiderlen-Wächter, der Staatsmann und Mensch. Briefwechsel und Nachlaß. Hrsg. v. Ernst Jäckh. 2 Bde. Stuttgart 1924.

KINAST, JOHANNES: Die Nordlandfahrt Posener Lehrer vom 25. September bis 3. Oktober 1904. Lissa i. P. 1905.

KLEBINDER, PAUL (Hrsg.): Der Deutsche Kaiser im Film. Berlin o.J. (1913)

KLINGHAMMER, WALDEMAR: Eine Reise nach Norwegen und Spitzbergen auf der »Auguste Victoria«. Humoristische Schilderung aus der Kleinstädterperspektive. 2. Aufl. Rudolstadt 1903.

KNAPLUND, PAUL (Hrsg.): British Views on Norwegian-Swedish Problems 1880–1895. Selections from Diplomatic Correspondence. (Norsk Historisk Kjeldeskrift-Institut.) Oslo 1952.

KÜHLMANN, RICHARD VON: Erinnerungen. Heidelberg 1948.

KÜNTZEL, GEORG: Kaiser Wilhelm II. und das Zeitalter der deutschen Erhebung von 1813. Rede bei der Kaisergeburtstagsfeier der Universität Frankfurt. Frankfurt am Main 1915.

KUMMER, FRIEDRICH: Bilder aus der Nordlandfahrt deutscher Journalisten 14. Juni bis 4. Juli 1910. (Sonderdruck aus dem »Dresdner Anzeiger«.) Dresden 1910.

LAMPRECHT, KARL: Der Kaiser. Versuch einer Charakteristik. Berlin 1913.

LANGBEHN, JULIUS: Rembrandt als Erzieher. Von einem Deutschen. 33. Aufl. Leipzig 1891.

LAUSBERG, CARL: Das Nordland. Leipzig 1913.

LIMAN, PAUL: Der Kaiser 1888–1909. Ein Charakterbild Kaiser Wilhelms II. Neue umgearb. u. stark verm. Ausg. Leipzig 1909.

LØVLAND, JØRGEN: Noen personlige erindringer fra 1904 og 1905. O.O. 1929.

DERS.: Menn og Minner fra 1905. Av statsminister J. Løvlands papirer. Hrsg. v. Torkell J. Løvland. Oslo 1929.

MIETHE, ADOLF / HERGESELL, HUGO (Hrsg.): Mit Zeppelin nach Spitzbergen. Bilder von der Studienreise der deutschen arktischen Zeppelin-Expedition. Mit einem Vorwort des Prinzen Heinrich von Preußen. Berlin / Leipzig / Wien / Stuttgart 1911.

MINDEBLAD: Keiser Wilhelm II. Besøg i Norge. Sommeren 1890. Kristiania 1890.

MIRBACH, ERNST FRHR. VON: Die Reise des Kaisers und der Kaiserin nach Palästina. Berlin 1899.

MOHR, MARTIN: Schwedische Streifzüge eines deutschen Journalisten. (Sonderdruck aus den »Münchener Neuesten Nachrichten«.) München 1911.

MOLTKE, GENERALOBERST HELMUTH VON: Erinnerungen-Briefe-Dokumente 1877–1916. Ein Bild vom Kriegsausbruch, Kriegsführung und Persönlichkeit des ersten militärischen Führers des Krieges. Hrsg. u. mit einem Vorwort vers. v. Eliza von Moltke geb. Gräfin Moltke-Huitfeldt. 2. Aufl. Stuttgart 1922.

Müller, Admiral Georg Alexander von: Der Kaiser... Aufzeichnungen des Chefs des Marinekabinetts Admiral Georg Alexander v. Müller über die Ära Wilhelms II. Hrsg. v. Walter Görlitz. Göttingen/ Berlin/Frankfurt/Zürich 1965.
Ders.: Regierte der Kaiser? Kriegstagebücher, Aufzeichnungen und Briefe des Chefs des Marine-Kabinetts Admiral Georg Alexander von Müller 1914–1918. Mit einem Vorwort v. Sven von Müller. Hrsg. v. Walter Görlitz. Göttingen/Berlin/Frankfurt 1959.
Nansen, Fridtjof: Dagbok fra 1905. Hrsg. v. Jacob S. Worm-Müller. Oslo 1955.
Naso, Eckart von: Ich liebe das Leben. Erinnerungen aus fünf Jahrzehnten. Hamburg 1953.
Niemann, Walter: Das Nordlandbuch. Eine Einführung in die gesamte nordische Natur und Kultur. Berlin 1909.
Norge og Stormaktene 1906–14. I. Aktstykker i Det Kgl. Utenriksdepartements arkiv. Hrsg. v. Reidar Omang. (Skrifter utgitt av Det Kgl. Utenriksdepartements arkiv, Bd. 3.) Oslo 1957.
Olssøn, Christian Wilhelm Engel Bredal: Avisklipp fra 1905. 4 Bde. O.O. u. o.J. (Kristiania 1905)
Oscar II.: Majestät i närbild. Oscar II i brev och dagböcker. Hrsg. v. Stig Hadenius/Torgny Nevéus. Stockholm 1960.
Ders.: Mina memoarer. Hrsg. v. Nils F. Holm. 3 Bde. Stockholm 1960–1962.
Planer, Carl: Beschreibung vom Nordland-Panorama in der Friedrichstadt, Wilhelmstrasse 10, Berlin: Nebst Karten und Gemälde-Abbildungen. Das grosse Rund-Gemälde: Gebirgs-Landschaft aus den Lofoten- und Vesteraalen-Inseln (Norwegen). Berlin o.J. (1890)
Ders.: Nordland-Panorama. Berlin/Lofoten, Norwegen. Berlin o.J. (1890)
Die Grosse Politik der Europäischen Kabinette 1871–1914. Sammlung der diplomatischen Akten des Auswärtigen Amtes, im Auftrage des Auswärtigen Amtes hrsg. v. Johannes Lepsius/Albrecht Mendelssohn-Bartholdy/Friedrich Thimme. 40 Bde. in 54. Berlin 1922–1927.
Quidde, Ludwig: Caligula. Eine Studie über römischen Cäsarenwahnsinn. Separat-Abdruck aus der »Gesellschaft«, Monatsschrift f. Litteratur, Kunst und Sozialpolitik. 16. Aufl. Leipzig 1894.
Reise-Album: Internationales illustriertes Auskunftsbuch für Reise und Verkehr. Zentralorgan zur Förderung des Fremdenverkehrs und Handels. 18. Jg. München 1912–1913.
Riezler, Kurt: Tagebücher, Aufsätze, Dokumente. Eingel. u. hrsg. v. Karl Dietrich Erdmann. (Deutsche Geschichtsquellen des 19. und 20. Jahrhunderts, Bd. 48.) Göttingen 1972.
Rosen, Friedrich: Aus einem diplomatischen Wanderleben. 4 Bde. in 2. Berlin 1931–1959.
Schiemann, Theodor: Deutschland und die große Politik anno 1901–1914. Berlin 1902–1915.

SCHIEMANN, THEODOR: Deutschlands und Kaiser Wilhelms II. angebliche Schuld am Ausbruch des Weltkrieges. Eine Entgegnung an Karl Kautsky. Berlin/Leipzig 1921.
SCHNELLER, LUDWIG: Die Kaiserfahrt durchs Heilige Land. 3. Aufl. Leipzig 1899.
SCHOEN, (WILHELM E.) FRHR. VON: Erlebtes. Beiträge zur politischen Geschichte der neuesten Zeit. Stuttgart/Berlin 1921.
SCHÖNINGEN, HANS: Kaiser Wilhelm II. und seine Zeit in Wort und Bild. Hamburg o.J. (1913)
SCHRÖDER, E(MILIE): Ein Tagebuch Kaiser Wilhelms II. 1888–1902 nach Hof- und anderen Berichten. Breslau 1903.
SCHRÖDER, WILHELM: Das Persönliche Regiment. Reden und sonstige öffentliche Äußerungen Wilhelms II. München 1907.
SCHÜTTE, GUDMUND: Altyskerne og Danmark. Et dansk Svar paa letfærdige Sigtelser. Kjøbenhavn 1914.
SCHUKOWITZ, HANS: Wikingerblut. Eine Nordlandsfahrt. O.O. 1913.
SCHULTHESS' EUROPÄISCHER GESCHICHTSKALENDER. Neue Folge, Jg. 6–30. München 1891–1914.
SCHURTZ, HEINRICH: Altersklassen und Männerbünde. Eine Darstellung der Grundformen der Gesellschaft. Berlin 1902.
SCHWERING, AXEL COUNT VON: The Berlin Court Under William II. London/New York/Toronto/Melbourne 1915.
SEIDEL, PAUL (Hrsg.): Der Kaiser und die Kunst. Berlin 1907.
SPECTATOR: Fürst Bülow und der Kaiser. Mit einer Wiedergabe aus ihrem geheimen Briefwechsel. Dresden 1930.
SPITZEMBERG GEB. FREIIN VON VARNBÜLER, BARONIN: Das Tagebuch der Baronin Spitzemberg geb. Freiin von Varnbüler. Aufzeichnungen aus der Hofgesellschaft des Hohenzollernreiches. Ausgew. u. hrsg. v. Rudolf Vierhaus. (Deutsche Geschichtsquellen des 19. und 20. Jahrhunderts, Bd. 43.) Göttingen 1960.
STÖWER, WILLY: Zur See mit Pinsel und Palette. Braunschweig/Berlin/Hamburg 1929.
DERS./ WISLICENUS, G(EORG): Kaiser Wilhelm II. und die Marine. Berlin 1912.
TA TÜ – TA TA! 100 heitere Bilder von S.M. Berlin 1913.
TEGNÉR, ESAIAS: Fritiofs Saga. 28. Aufl. Hrsg. v. F. W. Lindvall. Stockholm 1917.
TESCH, P.: Sang an Aegir. Dichtung von S.M. dem deutschen Kaiser, König von Preussen Wilhelm II. Erläutert v. P. Tesch. Berlin/Leipzig/Neuwied 1895.
THORSØE, ALEXANDER: Den danske Rigsdag og Udenrigspolitiken fra 1866 til 1908. Et Bidrag til Danmarks nyeste Historie. Kjøbenhavn 1913.
TIRPITZ, ALFRED VON: Erinnerungen. Leipzig 1919.
TOPHAM, ANNE: Memories of the Fatherland. London 1916.
DIES.: Memories of the Kaiser's Court. 3. Aufl. London 1914.

TRELOAR, SIR W. P.: With the Kaiser in the East, 1898. Notes of the Imperial Tour in Palestine and Syria. London 1915.
TREUTLER, KARL GEORG VON: Die graue Exzellenz. Zwischen Staatsräson und Vasallentreue. Aus den Papieren des Kaiserlichen Gesandten Karl Georg von Treutler. Hrsg. v. Karl-Heinz Janssen. Frankfurt am Main/Berlin/Wien 1971.
TSCHAUDER, F.: Präparation zur unterrichtlichen Behandlung Sr. Maj. Kaiser Wilhelms II. »Sang an Ägir«. Breslau 1895.
VALENTINI, RUDOLF VON: Kaiser und Kabinettschef. Nach eigenen Aufzeichnungen und dem Briefwechsel des Wirklichen Geheimen Rats Rudolf von Valentini. Dargest. v. Bernhard Schwertfeger. Oldenburg i. O. 1931.
VEIEL, FRANZ EDUARD HERMANN: Meine Reise nach dem Glück. Tagebuch eines deutschen Wanderers in Schweden und Norwegen. Berlin 1895.
DEM DEUTSCHEN VOLKE EIN VOLKSKAISER. Ein offener Brief an Se. Majestät Kaiser Wilhelm II. Von einem Deutschen. Leipzig o.J. (1896)
WALDERSEE, ALFRED GRAF VON: Denkwürdigkeiten des General-Feldmarschalls Grafen von Waldersee. Auf Veranlassung des Generalleutnants Georg Grafen von Waldersee bearb. u. hrsg. v. Heinrich Otto Meisner. 3 Bde. Stuttgart/Berlin 1922–1923.
WEDEL, CARL GRAF VON: Zwischen Kaiser und Kanzler. Aufzeichnungen des Generaladjutanten Grafen Carl von Wedel aus den Jahren 1890–1894. Eingel. u. hrsg. v. Graf Erhard von Wedel. Leipzig 1943.
DIE WEIZSÄCKER-PAPIERE. Hrsg. v. Leonidas E. Hill. Berlin/Frankfurt/Wien 1982.
WILE, FREDERIC WILLIAM: Men around the Kaiser. The Makers of Modern Germany. London 1913.
WILHELM II.: Briefe Wilhelms II. an den Zaren 1894–1914. Hrsg. u. eingel. v. Walter Goetz. Berlin o.J. (1920)
DERS.: Briefe und Telegramme Wilhelms II. an Nikolaus II. (1894–1914). Hrsg. v. Hellmuth von Gerlach. Wien 1920.
DERS.: Ereignisse und Gestalten aus den Jahren 1878–1918. Leipzig/Berlin 1922.
DERS.: Erinnerungen an Korfu. Berlin/Leipzig 1924.
DERS.: Aus meinem Leben 1859–1888. Berlin/Leipzig 1927.
DERS.: Die Reden Kaiser Wilhelms II. Bd. 1–3 hrsg. v. Johannes Penzler, Bd. 4 hrsg. v. Bogdan Krieger. Leipzig 1897–1913.
DERS.: Reden des Kaisers. Ansprachen, Predigten und Trinksprüche Wilhelms II. Hrsg. v. Ernst Johann. 2. Aufl. München 1977.
DERS.: Sang an Ägir. Dichtung und Composition von S.M. dem Deutschen Kaiser, König von Preussen Wilhelm II. Berlin 1894.
DERS.: Seepredigt Sr. Majestät des Kaisers an Bord der »Hohenzollern«. Sonntag 29. Juli 1900. Berlin 1900.
DERS.: Worte und Predigt Sr. Maj. Kaiser Wilhelm II., letztere an Bord der »Hohenzollern«. Ein Mahnruf an sein Volk! Pforzheim o.J. (1915)

Für oder wider Wilhelm II. den Friedenskaiser? 6 schwerwiegende Dokumente von Persönlichkeiten, die zu dem Kaiser in naher Berührung standen. Hrsg. v. Bund Deutscher Männer und Frauen zum Schutze der persönlichen Freiheit und des Lebens Wilhelms II. Görlitz 1919.

Winterfeld, Achim von: Im Schein der Mitternachtssonne. Island-Spitzbergen-Norwegen. Stimmungsbilder von den Polarfahrten des Norddeutschen Lloyd. Berlin 1913.

b. Zeitschriftenaufsätze

Bohrdt, Hans: Die Kaiserfahrt nach dem Nordland 1901, in: Westermanns illustrierte deutsche Monats-Hefte für das gesamte geistige Leben der Gegenwart Bd. 91, 1901–1902, S. 813–828.

Brassey, Lady: Mr. Gladstone in Norway, in: The Contemporary Review 48, 1885, S. 480–502.

Braun-Hagen, R.: Eine Nordlandfahrt, in: Die Welt auf Reisen Nr. 11, 1908, S. 321–325; Nr. 12, 1908, S. 353–358.

Chamberlain, Houston Stewart: Kaiser Wilhelm II., in: Jugend. Münchner Illustrierte Wochenschrift für Kunst und Leben I, 22, 1900, S. 370–371.

Cleinow, George: Mit dem Kaiser auf Reisen. Nach Briefen und Tagebuchblättern von Teilnehmern erzählt von George Cleinow in Berlin, in: Die Grenzboten LXXII, 24, 1913, S. 495–500; 25, 1913, S. 558–566; 26, 1913, S. 598–608; 28, 1913, S. 72–79.

Ders.: Maßgebliches und Unmaßgebliches. Jubiläumsliteratur, in: Die Grenzboten 24, 1913, S. 531–533.

Ein Flugblatt des Deutsch-Nordischen Touristen-Verbandes. In: Nordland 10, 1912, S. 1 f.

Grabein, Paul: Des Kaisers Nordlandsfahrten, in: Daheim 34, 1898, Halbjahr 2, S. 667–670.

Güssfeldt, Paul: Die Nordlandreise des Deutschen Kaiserpaares im Jahre 1894, in: Deutsche Rundschau 81, 1894, S. 355–383.

Ders.: Die diesjährige Nordlandreise des deutschen Kaisers, in: Deutsche Rundschau 89, 1896, S. 25–40.

Harden, Maximilian: Ferien, in: Die Zukunft v. 11.7.1896, S. 96.

Ders.: Kaiserliche Kunst, in: Die Zukunft v. 17.11.1894, S. 289–298.

Ders.: Kamarilla, in: Die Zukunft v. 9.5.1896, S. 241–247.

Hedin, Sven: Sven Hedin an den Herausgeber von »Nordland«, in: Nordland 1, 1912, S. 7 f.

Hülsen, Hans von: Der Kaiser und das Theater, in: Die Tat 5, 1913, S. 587 ff.

Käjsarens Nya Profession. In: Puck Nr. 32 v. 9.8.1906, o. S.

Kaiser Wilhelm in Kopenhagen. In: Illustrirte Zeitung Nr. 3119 v. 9.4.1903, S. 537 f.

Die Kaiserzusammenkunft bei Björkö. In: Illustrirte Zeitung Nr. 3240 v. 3.8.1905, S. 159.
Klæboe, H. B.: Keiser Wilhelms Besøg i Kristiania, in: Norsk Folke-Kalender eller Aarbog for 1891. Hrsg. v. G. Kr. Johs. Parmann. Kristiania 1891, 31 S. ohne Numerierung.
Kürschner, Joseph: Des Kaisers Freund, in: Ueber Land und Meer 43, 1890, S. 866.
Lützow, Carl von: Die Holzbaukunst Norwegens in Vergangenheit und Gegenwart, in: Zeitschrift für bildende Kunst NF 5. Jg., 1894, S. 265–270.
Der Vierte Mann im Skat. In: Kladderadatsch Nr. 52 v. 24.12.1893, S. 206.
Die Mitternachtssonne Ruft! In: Die Welt auf Reisen Nr. 11, 1908, S. 321.
Moeller, Cajus: Der Kopenhagener Besuch des dritten Kaisers, in: Gegenwart Nr. 15 v. 11.4.1903, S. 225 f.
Ders.: Gen Norden!, in: Nordland 1, 1912, S. 5 f.
Naumann, Friedrich: Das Königtum, in: Die Hilfe 4, 1909, S. 48–50.
Was Nordland Will. In: Nordland 1, 1912, o.S.
Nordlandreise des Deutschen Flottenvereins 29. Mai bis 9. Juni 1912. In: Nordland 11, 1912, S. 3–6.
Die Nordlandreise des Deutschen Flotten-Vereins vom 29. Mai bis 9. Juni 1912. In: Die Flotte XV, 8, 1912, S. 148–150.
Von der Nordlandsreise des Deutschen Kaisers. In: Illustrirte Zeitung Nr. 3344 v. 1.8.1907, S. 184 f.
Programme von Kinematographen-Theatern. In: Der Kinematograph Nr. 33 v. 14.8.1907, o.S.
Notre Programme. In: La Revue Scandinave 1, 1910, S. 1–5.
Rodenberg, Julius: Die Nordlandsfahrten Kaiser Wilhelm's, in: Deutsche Rundschau 66, 1891, S. 139–143.
Schiemann, Theodor: Eine Fahrt ins Mittelmeer mit Kaiser Wilhelm, in: Deutsche Monatsschrift 4, 1904/05, S. 303–311.
Selber, Walter (d.i. Leistikow, Walter): Die Affaire Munch, in: Freie Bühne III, 1892, S. 1296–1300.
Skandinavien und der Dreibund. In: Nordland 24, 1912, S. 17.
Todtenschau. In: Deutsche Bauzeitung XXXII, 44, 1898, S. 279–280.
Deutsch Nordischer Touristen Verband. In: Nordland 2, 1912, S. 1.
Verbandsangelegenheiten. Zur Förderung der Bestrebungen des Deutsch-Nordischen Touristen-Verbandes. In: Nordland 22, 1912, S. 20.
Wislicenus, Georg: Der Kaiser und die Flotte, in: Die Flotte XVI, 6, 1913, S. 98 f.

c. Zeitungen

Aftenposten
Aftonbladet
Basler Vorwärts
Bergens Tidende
Berliner Morgenpost
Courrier de Bruxelles
Dagbladet
The Daily Telegraph
Deutscher Generalanzeiger
Figaro, Wien
Göteborgs Aftonblad
Göteborgs Handels- och Sjöfarts-Tidning
Göteborgs Morgonpost
Göteborgs-Posten
Hamburger Fremdenblatt
Hamburger Nachrichten
Hannoverscher Courier
Das kleine Journal
Kölnische Volkszeitung
Kölnische Zeitung
Lübeckischer Anzeiger
Le Matin
Morgenbladet
Morgenposten
Münchner Neueste Nachrichten
Nationaltidende
Neue Preußische Zeitung
New York Tribune
Nya Dagligt Allehanda
Politiken
Stockholms Dagblad
Sydsvenska Dagbladet
Tägliche Rundschau
Tidens Tegn
Times
Ugens Nyt
Verdens Gang
Vestlands-Posten
Vorwärts
Vossische Zeitung

4. Sekundärliteratur

AALL, HERMAN HARRIS: Das Schicksal des Nordens, eine europäische Frage. Weimar 1918.

BALFOUR, MICHAEL: Der Kaiser. Wilhelm II. und seine Zeit. Mit einem einleitenden Essay v. Walter Bussmann. 3. Aufl. Berlin 1967. Zuerst erschienen unter dem Titel: The Kaiser and His Times. London 1964.

BARTHELMESS, KLAUS: Der Kaiser und sein Walfänger (Noch einmal zu einem Gemälde im KYC), in: Kieler Yacht-Club Mitteilungsblatt Nr. 2, April 1989, S. 51–53.

DERS.: Deutsche Walfanggesellschaften in wilhelminischer Zeit. Germania AG und Sturmvogel GmbH, in: Deutsches Schiffahrtsarchiv 9, 1986, S. 227–250.

BARTMANN, DOMINIK: Anton von Werner. Zur Kunst und Kunstpolitik im Deutschen Kaiserreich. Berlin 1985.

BENESTAD, FINN/SCHJELDERUP-EBBE, DAG: Edvard Grieg. Mennesket og kunstneren. Oslo 1980.

BERG, ROALD: »Det land vi venter hjælp af...« Norge og stormaktene 1905–1908: en holdningsanalyse. Bergen 1983.

BERGHAHN, VOLKER R.: Germany and the Approach of War in 1914. London/Basingstoke 1973.

DERS./DEIST, WILHELM: Kaiserliche Marine und Kriegsausbruch 1914. Neue Dokumente zur Julikrise, in: Militärgeschichtliche Mitteilungen 1, 1970, S. 37–58.

BERGMANN, KLAUS: Agrarromantik und Großstadtfeindschaft. (Marburger Abhandlungen zur Politischen Wissenschaft, Bd. 20.) Meisenheim-am-Glahn 1970.

BEYRER, KLAUS: Die Postkutschenreise. (Untersuchungen des Ludwig-Uhland-Instituts der Universität Tübingen, Bd. 66.) Tübingen 1985.

BLÜHER, HANS: Die Rolle der Erotik in der männlichen Gesellschaft. Eine Theorie der menschlichen Staatsbildung nach Wesen und Wert. Bd. 2: Familie und Männerbund. Jena 1919.

BOBERG, STIG: Realitet och politisk argumentering i konsulatsfrågan 1890–1891, in: Scandia 34, 1968, S. 24–65.

BORN, KARL ERICH: Von der Reichsgründung bis zum Ersten Weltkrieg. 9. neu bearb. Aufl. (Gebhardt Handbuch der deutschen Geschichte, Bd. 16.) München 1975.

BRANDT, OTTO: Das Problem der »Ruhe des Nordens« im 18. Jahrhundert, in: Historische Zeitschrift 140, 1929, S. 550–564.

BRENNECKE, DETLEF: Tegnér in Deutschland. Eine Studie zu den Übersetzungen Amalie von Helvigs und Gottlieb Mohnikes. (Skandinavistische Arbeiten, Bd. 1.) Heidelberg 1975.

BRÖNNER, WOLFGANG: Die bürgerliche Villa in Deutschland 1830–1890 unter besonderer Berücksichtigung des Rheinlandes. (Beiträge zu den Bau- und Kunstdenkmälern im Rheinland, Bd. 29.) Düsseldorf 1987.

BRØNSTED, MOGENS (Hrsg.): Nordische Literaturgeschichte. 2 Bde. München 1984.
BRUCH, RÜDIGER VOM: Kunst- und Kulturkritik in führenden bildungsbürgerlichen Zeitschriften des Kaiserreiches, in: Ideengeschichte und Kunstwissenschaft. Philosophie und bildende Kunst im Kaiserreich. (Kunst, Kultur und Politik im Deutschen Kaiserreich, Bd. 3.) Hrsg. v. Ekkehard Mai u.a. Berlin 1983, S. 313–347.
BURMEISTER, HANS WILHELM: Prince Philipp Eulenburg-Hertefeld (1847–1921). His Influence on Kaiser Wilhelm II and His Role in the German Government, 1888–1902. Wiesbaden 1981.
CARLGREN, WILHELM MORITZ: Neutralität oder Allianz. Deutschlands Beziehungen zu Schweden in den Anfangsjahren des ersten Weltkrieges. (Acta universitatis Stockholmiensis. Stockholm Studies in History, Bd. 6.) Stockholm/Göteborg/Uppsala 1962.
DERS./LINDBERG, FOLKE: Ett svenskt förslag till stormaktsintervention i unionskonflikten våren 1899. Aktstycken ur de tyska och österrikisk-ungerska utrikesministeriernas arkiv, in: Historisk Tidskrift, Stockholm, 73. årg., 1953, S. 258–269.
CECIL, LAMAR: Albert Ballin. Business and Politics in Imperial Germany, 1888–1918. Princeton, New Jersey 1967.
DERS.: The German Diplomatic Service, 1871–1914. Princeton, New Jersey 1976.
DERS.: Wilhelm II. Prince and Emperor, 1859–1900. Chapel Hill/London 1989.
DANIELSEN, ROLF: Trondheim bys historie. Bd. 4: Det nye bysamfunn 1880–1914. Trondheim 1958.
DEIST, WILHELM: Flottenpolitik und Flottenpropaganda: Das Nachrichtenbureau des Reichsmarineamtes, 1897–1914. Stuttgart 1976.
DERS.: Kaiser Wilhelm II in the Context of his Military and Naval Entourage, in: Kaiser Wilhelm II. New Interpretations. The Corfu Papers. Ed. by John C. G. Röhl/Nicolaus Sombart. Cambridge/London/New York/New Rochelle/Melbourne/Sydney 1982, S. 169–192.
DERRY, T. K.: A History of Modern Norway 1814–1972. Oxford 1973.
DESCHNER, GÜNTHER: Gobineau und Deutschland. Der Einfluß von J. A. Gobineaus ›Essai sur l'inégalité des races humaines‹ auf die deutsche Geistesgeschichte 1853–1917. Diss. phil. Fürth 1967.
DOERRY, MARTIN: Übergangsmenschen. Die Mentalität der Wilhelminer und die Krise des Kaiserreichs. Weinheim 1986.
DÜWELL, KURT: Geistesleben und Kulturpolitik des Deutschen Kaiserreichs, in: Ideengeschichte und Kunstwissenschaft. Philosophie und bildende Kunst im Kaiserreich. (Kunst, Kultur und Politik im Deutschen Kaiserreich, Bd. 3.) Hrsg. v. Ekkehard Mai u.a. Berlin 1983, S. 15–30.
ELIAS, NORBERT: Die höfische Gesellschaft. Untersuchungen zur Soziologie des Königtums und der höfischen Aristokratie. 1. Aufl. (Suhrkamp-Taschenbuch Wissenschaft, Bd. 423.) Frankfurt am Main 1983.

ELLEFSEN, EINAR S.: Næringslivet – fra sagadrøm til industrieventyr, in: Møre og Romsdal. Under redaksjon av Pio Larsen. Oslo 1977, S. 227–276.

ELLMERS, DETLEV/JURK, WOLFGANG: Kurs Spitzbergen. Walfang – Expeditionen – Kreuzfahrten. Münster 1977.

EYCK, ERICH: Das persönliche Regiment Wilhelms II. Politische Geschichte des Deutschen Kaiserreiches von 1890 bis 1914. Erlenbach-Zürich 1948.

FEHRENBACH, ELISABETH: Images of Kaiserdom: German Attitudes to Kaiser Wilhelm II, in: Kaiser Wilhelm II. New Interpretations. The Corfu Papers. Ed. by John C. G. Röhl/Nicolaus Sombart. Cambridge/London/New York/New Rochelle/Melbourne/Sydney 1982, S. 269–285.

DIES.: Wandlungen des deutschen Kaisergedankens 1871–1918. (Studien zur Geschichte des neunzehnten Jahrhunderts, Bd. 1.) München/Wien 1969.

FINK, TROELS: Ustabil balance. Dansk udenrigs- og forsvarspolitik 1894–1905. (Skrifter udgivet af Jysk Selskab for historie, sprog og litteratur, Bd. 9.) Aarhus 1961.

DERS.: Deutschland als Problem Dänemarks. Die geschichtlichen Voraussetzungen der dänischen Außenpolitik. Flensburg 1968.

FISCHER, FRITZ: Griff nach der Weltmacht. Die Kriegszielpolitik des kaiserlichen Deutschland 1914/18. Düsseldorf 1961.

DERS.: Krieg der Illusionen. Die deutsche Politik von 1911 bis 1914. Neudruck Kronberg/Düsseldorf 1978.

FRECOT, JANOS/GEIST, JOHANN FRIEDRICH/KERBS, DIETHART: Fidus 1868–1948. Zur ästhetischen Praxis bürgerlicher Fluchtbewegungen. München 1972.

FUGLUM, P.: 1905. En forskningsoversikt, in: Historisk Tidsskrift, Oslo, 59, 1980, S. 125–139.

GALL, LOTHAR: Bismarck. Der weiße Revolutionär. 5. Aufl. Frankfurt am Main/Berlin/Wien 1981.

GAUSTAD, RANDI: Hans Dahl, in: Norsk kunstner leksikon. Bildende kunstnere – arkitekter – kunsthåndverkere. Redigert av Nasjonalgalleriet. Bd. 1. Oslo 1982, S. 436f.

GEISS, IMANUEL: Das Deutsche Reich und die Vorgeschichte des Ersten Weltkrieges. München/Wien 1978.

GERHARDT, MARTIN: Norwegische Geschichte. 2 Aufl., neu bearb. v. Walther Hubatsch. Bonn 1963.

DERS./HUBATSCH, WALTHER: Deutschland und Skandinavien im Wandel der Jahrhunderte. 2. verbess. Aufl. Bonn 1977.

GLASER, HERMANN: Die Kultur der wilhelminischen Zeit. Topographie einer Epoche. Frankfurt am Main 1984.

GOEBEL, THEO: Deutsche Pressestimmen in der Julikrise 1914. (Beiträge zur Geschichte der nachbismarckschen Zeit und des Weltkriegs, Bd. 44.) Stuttgart 1939.

GOETZ, WALTER: Kaiser Wilhelm II. und die deutsche Geschichtsschreibung, in: Historische Zeitschrift 179, 1955, S. 21–44.
GOLLWITZER, HEINZ: Die gelbe Gefahr. Geschichte eines Schlagwortes. Studien zum imperialistischen Denken. Göttingen 1962.
DERS.: Geschichte des weltpolitischen Denkens. Bd. 2: Zeitalter des Imperialismus und der Weltkriege. Göttingen 1982.
GREVE, TIM: Haakon VII. Menneske og monark. Oslo 1980.
DERS.: Fridtjof Nansen og kongevalget i 1905. Nansen minneforelesning 15. oktober 1974. (Fridtjof Nansen Minneforelesninger, XI.) Oslo/Bergen/Tromsø 1975.
GRIEP, WOLFGANG/JÄGER, HANS WOLF (Hrsg.): Reisen und soziale Realität am Ende des 18. Jahrhunderts. (Neue Bremer Beiträge, Bd. 1.) Heidelberg 1983.
GRIMM, KLAUS: Graf Witte und die deutsche Politik. Diss. phil. Freiburg i. Br. 1930.
GRÜNDER, HORST: Die Kaiserfahrt Wilhelms II. ins Heilige Land 1898. Aspekte deutscher Palästinapolitik im Zeitalter des Imperialismus, in: Weltpolitik – Europagedanke – Regionalismus. Festschrift für Heinz Gollwitzer. Hrsg. v. Heinz Dollinger/Horst Gründer/Alwin Hanschmidt. Münster 1982, S. 363–388.
HADENIUS, STIG (Hrsg.): Historia kring Oscar II. Stockholm 1963.
HÄVERNICK, WALTER: Der Matrosenanzug der Hamburger Jungen 1890–1939. (Museum für Hamburgische Geschichte. Aus den Schausammlungen, H. 1.) Hamburg 1962.
HAFFNER, SEBASTIAN: Der letzte Bismarckianer. Zur politischen Korrespondenz Eulenburgs, in: Merkur 11, 1977, S. 1093–1106.
HALLER, JOHANNES: Aus dem Leben des Fürsten Philipp zu Eulenburg-Hertefeld. Berlin 1924.
HAMMOND, J. L.: Gladstone and the Irish Nation. London 1964.
HARTUNG, FRITZ: Das persönliche Regiment Kaiser Wilhelms II., in: Sitzungsberichte der deutschen Akademie der Wissenschaften zu Berlin 3, 1952, S. 4–20.
HAUGE, YNGVAR: På Norges trone 1906–1930. Oslo 1958.
HEDIN, EINAR: Sverige-Norges utrikespolitik i början av Oskar II:s regering, in: Historisk Tidskrift, Stockholm, 3, 1946, S. 229–260.
HEINSIUS, PAUL: Wilhelm II. und seine Flottenskizzen, in: Übersee. Seefahrt und Seemacht im deutschen Kaiserreich. Hrsg. v. Volker Plagemann. München 1988, S. 207 f.
HEPP, CORONA: Avantgarde. Moderne Kunst, Kulturkritik und Reformbewegungen nach der Jahrhundertwende. (Deutsche Geschichte der neuesten Zeit vom 19. Jahrhundert bis zur Gegenwart, dtv, 4514.) München 1987.
HERMAND, JOST: Germania Germanicissima. Zum präfaschistischen Arierkult um 1900, in: Ders.: Der Schein des schönen Lebens. Studien zur Jahrhundertwende. Frankfurt am Main 1972, S. 39–54.
HERRE, PAUL: Fürst Bülow und seine Denkwürdigkeiten, in: Berliner

Monatshefte 8, 1930, S. 1024–1042; 9, 1931, S. 123–143 u. 358 bis 372.

DERS.: Die kleinen Staaten Europas und die Entstehung des Weltkrieges. München 1937.

HERWIG, HOLGER H.: Das Elitekorps des Kaisers. Die Marineoffiziere im Wilhelminischen Deutschland. (Hamburger Beiträge zur Sozial- und Zeitgeschichte, Bd. 13.) Hamburg 1977. Zuerst erschienen unter dem Titel: The German Naval Officer Corps. A Social and Political History 1890–1918. Oxford 1973.

HILDEBRAND, HANS H./RÖHR, ALBERT/STEINMETZ, HANS-OTTO: Die deutschen Kriegsschiffe. Biographien – ein Spiegel der Marinegeschichte von 1815 bis zur Gegenwart. Bd. 3. Herford 1981.

HILDEBRAND, KARL: Gustaf V som människa och regent. Kronprinstiden och de första kungaåren. Unionskriser och utrikespolitik. Stockholm 1945.

HILDEBRAND, KLAUS: Deutsche Außenpolitik 1871–1918. (Enzyklopädie deutscher Geschichte, Bd. 2.) München 1989.

DERS.: Julikrise 1914: Das europäische Sicherheitsdilemma. Betrachtungen über den Ausbruch des Ersten Weltkrieges, in: Geschichte in Wissenschaft und Unterricht 36, 1985, S. 469–502.

HILLER VON GAERTRINGEN, FRIEDRICH FRHR.: Fürst Bülows Denkwürdigkeiten. Untersuchungen zu ihrer Entstehungsgeschichte und ihrer Kritik. (Tübinger Studien zur Geschichte und Politik, Nr. 5.) Tübingen 1956.

HILLGRUBER, ANDREAS: Die deutsch-russischen politischen Beziehungen (1887–1917). Grundlagen, Grundmuster, Grundprobleme, in: Deutschland und Rußland im Zeitalter des Kapitalismus 1861–1914. Hrsg. v. Karl Otmar Frhr. von Aretin/Werner Conze. (Veröffentlichungen des Instituts für Europäische Geschichte, Mainz, Abteilung Universalgeschichte, Beiheft 3.) Wiesbaden 1977, S. 207–220.

HODNE, F.: Norges økonomiske historie 1815–1970. Oslo 1981.

HÖFELE, KARL HEINRICH: Selbstverständnis und Zeitkritik des deutschen Bürgertums vor dem ersten Weltkrieg, in: Zeitschrift für Religions- und Geistesgeschichte 8, 1956, S. 40–56.

HÖJER, TORVALD: Die Genesis der schwedischen Neutralität. Die Außenpolitik Schwedens im 19. Jahrhundert, in: Historische Zeitschrift 186, 1958, S. 65–79.

HUBATSCH, WALTHER: Die Deutschen und der Norden. Ein Beitrag zur politischen Ideengeschichte vom Humanismus bis zur Gegenwart in Dokumenten. Göttingen 1951.

DERS.: Zur deutschen Nordeuropa-Politik um das Jahr 1905. Nach Akten des Auswärtigen Amtes, in: Historische Zeitschrift 188, 1959, S. 594–606.

DERS.: Rezension zu: Folke Lindberg: Kunglig utrikespolitik. Studier och essayer från Oskar II:s tid. Stockholm 1950, in: Historische Zeitschrift 173, 1952, S. 585–589.

Hubatsch, Walther: Skandinavien und Deutschland im 19. und 20. Jahrhundert. – Der Ostseeraum im Blickpunkt der deutschen Geschichte. (Studien zum Deutschtum im Osten, Bd. 6.) Köln 1970.
Ders.: Unruhe des Nordens. Studien zur deutsch-skandinavischen Geschichte. Göttingen/Berlin/Frankfurt 1956.
Ders.: Das deutsch-skandinavische Verhältnis im Rahmen der europäischen Großmachtspolitik 1890–1914. Diss. phil. Göttingen 1941.
Huber, Ernst Rudolf: Das persönliche Regiment Wilhelms II., in: Zeitschrift für Religions- und Geistesgeschichte 3, 1951, S. 134–148.
Ders.: Das persönliche Regiment Wilhelms II., in: Moderne deutsche Verfassungsgeschichte (1815–1918). Hrsg. v. Ernst-Wolfgang Böckenförde unter Mitarb. v. R. Wahl. (Neue Wissenschaftliche Bibliothek, Bd. 51.) Köln 1972, S. 282–303.
Hughes, Judith M.: Emotion and High Politics. Personal Relations at the Summit in Late Nineteenth-Century Britain and Germany. Berkeley/Los Angeles/London 1983.
Huldermann, Bernhard: Albert Ballin. Oldenburg i. O./Berlin 1922.
Hull, Isabel V.: The Entourage of Kaiser Wilhelm II 1888–1918. Cambridge/London/New York/New Rochelle/Melbourne/Sydney 1982.
Dies.: Kaiser Wilhelm II and the ›Liebenberg Circle‹, in: Kaiser Wilhelm II. New Interpretations. The Corfu Papers. Ed. by John C. G. Röhl/ Nicolaus Sombart. Cambridge/London/New York/New Rochelle/ Melbourne/Sydney 1982, S. 193–220.
Imhof, Arthur Erwin: Grundzüge der nordischen Geschichte. 2. unveränd. Aufl. (Grundzüge, Bd. 19.) Darmstadt 1985.
Jacobson, Gustaf: Svensk opinion om Frankrike och Tyskland efter 1870, in: Svensk tidskrift, Uppsala, 19, 1929, S. 79–96.
Jäger, Wolfgang: Historische Forschung und politische Kultur in Deutschland: die Debatte 1914–1980. Über den Ausbruch des Ersten Weltkrieges. (Kritische Studien zur Geschichtswissenschaft, Bd. 61.) Göttingen 1984.
Jansen, Jonas: Björkötraktaten. En episode i europæisk storpolitik. (Avhandlinger fra universitetets historiske seminar, Bd. 7.) Oslo 1929.
Jonge, Jan A. de: Wilhelm II. Keizer van Duitsland. Koning van Pruisen. Banneling in Doorn. Amsterdam 1986.
Jungar, Sune: Ryssland och den svensk-norska unionens upplösning. Tsardiplomati och rysk-finländsk pressopinion kring unionsupplösningen från 1880 till 1905. (Acta Academiae Aboensis, Ser. A, Humaniora, Bd. 37, Nr. 3.) Åbo 1969.
Kampen, Wilhelm van: Studien zur deutschen Türkeipolitik in der Zeit Wilhelms II. Diss. phil. Kiel 1968.
Klein, Alfred: Der Einfluß des Grafen Witte auf die deutsch-russischen Beziehungen. Diss. phil. Münster 1931.
Klein, Walter: Der Vertrag von Björköe. Berlin 1931.
Kludas, Arnold: Die Geschichte der deutschen Passagierschiffahrt.

5 Bde. (Schriften des Deutschen Schiffahrtsmuseum, Bde. 18–22.) Hamburg 1986–1990.
DERS.: Die Passagierschiffahrt, in: Übersee. Seefahrt und Seemacht im deutschen Kaiserreich. Hrsg. v. Volker Plagemann. München 1988, S. 159–167.
KNAGENHJELM, WIBEKE: Kunst og kunstnere, in: Sogn og Fjordane. (Bygd og By i Norge.) Hrsg. v. Nikolai Schei. Oslo 1980, S. 361–389.
KNOPS, TILO RUDOLF: Vom Werden deutscher Filmkunst. Zur Legende einer Goldenen Ära, in: Merkur 5, 1989, S. 444–452.
KOEBNER, THOMAS/JANZ, ROLF-PETER/TROMMLER, FRANK (Hrsg.): »Mit uns zieht die neue Zeit«. Der Mythos Jugend. (Edition Suhrkamp, NF Bd. 229.) Frankfurt am Main 1985.
KÖHLER, RUDOLF: Deutschland und das dänische Neutralitätsproblem von 1906 bis zum 8. August 1914. Diss. phil. Kiel 1958.
KOHT, HALVDAN: Kongs-Vale i 1905. Forhandlingane utanlands. Oslo 1947.
KOHUT, THOMAS AUGUST: Kaiser Wilhelm II and His Parents: an Inquiry into the Psychological Roots of German Policy towards England before the First World War, in: Kaiser Wilhelm II. New Interpretations. The Corfu Papers. Ed. by John C. G. Röhl/Nicolaus Sombart. Cambridge/London/New York/New Rochelle/Melbourne/Sydney 1982, S. 63–89.
DERS.: The Politicization of Personality and the Personalization of Politics: A Psychohistoried Study of Kaiser Wilhelm II's Leadership of the Germans. Ann Arbor, Michigan 1983.
KOLLTVEIT, BÅRD: De »flytende hoteller«, in: Norsk Sjøfartsmuseum. Årsberetning 1980. Oslo 1981, S. 47–138.
DERS.: Med turister ombord, in: Norsk Sjøfartsmuseum. Årsberetning 1978. Oslo 1979, S. 45–104.
KOLLTVEIT, OLAV: Ullensvang og Kinsarvik i gamal og ny tid. Bygdesoga II. Odda/Ullensvang/Kinsarvik 1962.
KOTOWSKI, GEORG/PÖLS, WERNER/RITTER, GERHARD A. (Hrsg.): Das Wilhelminische Deutschland. Stimmen der Zeitgenossen. Frankfurt am Main/Hamburg 1965.
KRACKE, FRIEDRICH: Prinz und Kaiser. Wilhelm II. im Urteil seiner Zeit. München 1960.
KRASNOBAEV, BORIS I./ROBEL, GERT/ZEMAN, HERBERT (Hrsg.): Reisen und Reisebeschreibungen im 18. und 19. Jahrhundert als Quellen der Kulturbeziehungsforschung. (Studien zur Geschichte der Kulturbeziehungen in Mittel- und Osteuropa, Bd. 6.) Berlin 1980.
KRIEGER, FOLKERT: Deutsch-dänische Beziehungen 1901–1914. Diss. phil. Bonn 1974.
KUMPF-KORFES, SIGRID: Bismarcks »Draht nach Rußland«, 1878–1891. Berlin (Ost) 1968.
LAMBI, IVO NIKOLAI: The Navy and German Power Politics, 1862–1914. Boston/London/Sydney 1984.

LAQUEUR, WALTER: Die deutsche Jugendbewegung. Eine historische Studie. Dt. v. Barbara Bortfeld. Köln 1978.
DERS./MOSSE, GEORGE LACHMANN (Hrsg.): Kriegsausbruch 1914. 2. Aufl. München 1970.
LEE, SIDNEY SIR: King Edward VII. A Biography. Vol. II. London 1927.
LEIGH, ERLING: Molde og Romsdals Turistforening 1889–1964, in: Molde og Romsdals Turistforening 75 år. 1889–1964. Molde 1964, S. 9–27.
LINDBERG, ANDERS: Småstat mot stormakt. Beslutssystemet vid tillkomsten av 1911 års svensk-tyska handels- och sjöfartstraktat. (Bibliotheca historica Lundensis, Bd. 55.) Lund 1983.
LINDBERG, FOLKE: Englands nordiska politik sommaren 1905, in: Historiska studier. Tillägnade Nils Ahnlund. Stockholm 1949, S. 304–324.
DERS.: De svensk-tyska generalstabsförhandlingarna år 1910, in: Historisk Tidskrift, Stockholm, 1, 1957, S. 1–28.
DERS.: Oscar II och utrikespolitiken, in: Historia kring Oscar II. Hrsg. v. Stig Hadenius. Stockholm 1963, S. 61–94.
DERS.: Oskar II och utrikespolitiken, in: Historisk Tidskrift, Stockholm, 69, 1949, S. 105–141.
DERS.: Kan man lita på Die Grosse Politik. En diskussion i The Times Literary Supplement, in: Historisk Tidskrift, Stockholm, 2. Folge, 4, 1953, S. 354–360.
DERS.: Scandinavia in Great Power Politics 1905–1908. (Acta universitatis Stockholmiensis. Stockholm Studies in History, Vol. 1.) Stockholm 1958.
DERS.: Skandinavien und das Deutsche Reich. Schwedisch-deutsche Beziehungen 1871–1918, in: Europa und die Einheit Deutschlands. Eine Bilanz nach 100 Jahren. Hrsg. v. Walther Hofer. Köln 1970, S. 159–179.
DERS.: Kunglig utrikespolitik. Studier och essayer från Oskar II:s tid. Stockholm 1950.
DERS.: Kunglig utrikespolitik. Studier i svensk utrikespolitik under Oscar II och fram till borggårdskrisen. Stockholm 1966.
DERS.: Den svenska utrikespolitikens historia, Abt. III, Bd. 4 (1872–1914). Stockholm 1958.
LINSE, ULRICH: Die Jugendkulturbewegung, in: Das wilhelminische Bildungsbürgertum. Zur Sozialgeschichte seiner Ideen. Hrsg. v. Klaus Vondung. Göttingen 1976, S. 119–137.
LÖHNEYSEN, WOLFGANG FRHR. VON: Kunst und Kunstgeschmack von der Reichsgründung bis zur Jahrhundertwende, in: Das Wilhelminische Zeitalter. (Zeitgeist im Wandel: Bd. 1.) Hrsg. v. Hans Joachim Schoeps. Stuttgart 1967, S. 87–120. Zuerst erschienen unter dem Titel: Der Einfluß der Reichsgründung von 1871 auf Kunst und Kunstgeschmack in Deutschland, in: Zeitschrift für Religions- und Geistesgeschichte XII, 1, 1960, S. 17–44.
LUDWIG, EMIL: Wilhelm der Zweite. Berlin 1926.
LÜHR, DORA: Matrosenanzug und Matrosenkleid. Entwicklungsge-

schichte einer Kindermode 1770 bis 1920, in: Beiträge zur Deutschen Volks- und Altertumskunde 5, 1960/61, S. 19-42.

LUTZHÖFT, HANS-JÜRGEN: Der Nordische Gedanke in Deutschland 1920-1940. (Kieler Historische Studien, Bd. 14.) Stuttgart 1971.

MACZAK, ANTONI/TEUTEBERG, HANS JÜRGEN (Hrsg.): Reiseberichte als Quellen europäischer Kulturgeschichte. Aufgaben und Möglichkeiten der historischen Reiseforschung. (Wolfenbütteler Forschungen, Bd. 21.) Wolfenbüttel 1982.

MAI, EKKEHARD/WAETZOLDT, STEPHAN/WOLANDT, GERD (Hrsg.): Ideengeschichte und Kunstwissenschaft. Philosophie und bildende Kunst im Kaiserreich. (Kunst, Kultur und Politik im Deutschen Kaiserreich, Bd. 3.) Berlin 1983.

MANN, GOLO: Deutsche Geschichte des neunzehnten und zwanzigsten Jahrhunderts. Frankfurt am Main 1958.

DERS.: Wilhelm II. München 1964.

MARIENFELD, WOLFGANG: Wissenschaft und Schlachtflottenbau in Deutschland 1897-1906. Diss. phil. (Marine-Rundschau, Beiheft 2.) Berlin/Frankfurt 1957.

MATHISEN, TRYGVE: Nøytralitetstanken i norsk politikk fra 1890-årene og til Norge gikk med i Folksforbundet, in: Historisk Tidsskrift, Oslo, XXXVI, 1, 1952, S. 30-60.

MEISTER, JÜRG: Der Krieg, der nie stattfand. Die norwegisch-schwedischen Operationspläne 1905, in: Marine-Rundschau 69, 1972, S. 153-165.

MEYER, KLAUS: Theodor Schiemann als politischer Publizist. (Nord- und osteuropäische Geschichtsstudien, Bd. 1.) Frankfurt am Main/Hamburg 1956.

MEYER-FRIESE, BOYE: Der Kaiser und die Wale (Zu einem Gemälde im KYC), in: Kieler Yacht-Club Mitteilungsblatt Nr. 2, April 1986, S. 62f.

DERS.: Marinemalerei in Deutschland im 19. Jahrhundert. (Schriften des Deutschen Schiffahrtsmuseums, Bd. 13.) Oldenburg/Hamburg/München 1981.

MICHAEL, MAURICE: Haakon. King of Norway. London 1958.

MOGGE, WINFRIED: Wandervogel, Freideutsche Jugend und Bünde. Zum Jugendleitbild der bürgerlichen Jugendbewegung, in: »Mit uns zieht die neue Zeit«. Der Mythos Jugend. Hrsg. v. Thomas Koebner u.a. Frankfurt am Main, S. 174-198.

MOHR, CHRISTIAN: Familien Mohr fra Bergen. Oslo 1953.

MORLEY, JOHN: The Life of William Ewart Gladstone (1880-1898). London/New York 1903.

MYKLEBY, AXEL: Holm Hansen Munthe, in: Norsk kunstner leksikon. Bildende kunstnere – arkitekter – kunsthåndverkere. Bd. 2. Redigert av Nasjonalgalleriet. Oslo 1983, S. 1017-1019.

NANSEN-HØYER, LIV: Mein Vater Fridtjof Nansen. Forscher und Menschenfreund. Wiesbaden 1957.

NIPPERDEY, THOMAS: Nationalidee und Nationaldenkmal in Deutsch-

land im 19. Jahrhundert, in: Historische Zeitschrift 206, 1968, S. 529–585.
NISSEN, BERNT A.: Vårt Folks Historie, Bd. 7. Oslo 1964.
OLSSON, JAN-OLOF: 1914. Stockholm 1964.
OMANG, REIDAR: Stortinget og de utenrikske saker etter unionsoppløsningen, in: Det Norske Storting gjennom 150 år. Utg. av Alf Kaartvedt/ Rolf Danielsen/ Tim Greve. Bd. 4. Oslo 1964, S. 67–164.
OSTWALD, PAUL: Der Vertrag von Björköe und die Einkreisung Deutschlands, in: Kriegsschuldfrage 8, 1930, S. 680–688.
PARET, PETER: The Berlin Secession. Modernism and Its Enemies in Imperial Germany. Cambridge, Massachusetts/London 1980.
PETERSEN, CARL (Hrsg.): Deutschland und der Norden. Umrisse/Reden/Vorträge. Ein Gedenkbuch. Breslau 1931.
PEZOLD, DIRK VON: Cäsaromanie und Byzantinismus bei Wilhelm II. Diss. phil. Köln 1971.
PLAGEMANN, VOLKER (Hrsg.): Übersee. Seefahrt und Seemacht im deutschen Kaiserreich. München 1988.
RATHENAU, WALTHER: Der Kaiser. Eine Betrachtung. Berlin 1919.
REICHEL, HANS-GÜNTHER: Das Königliche Schauspielhaus unter Georg Graf von Hülsen-Haeseler (1903–1918). Mit besonderer Berücksichtigung der zeitgenössischen Tagespresse. Diss. phil. Berlin 1962.
REULECKE, JÜRGEN: Das Jahr 1902 und die Ursprünge der Männerbund-Ideologie in Deutschland, in: Männerbünde – Männerbande. Zur Rolle des Mannes im Kulturvergleich, Bd. 1. Hrsg. v. Gisela Völger/Karin von Welck. Köln 1990, S. 3–10.
DERS.: Männerbund versus Familie. Bürgerliche Jugendbewegung und Familie in Deutschland im ersten Drittel des 20. Jahrhunderts, in: »Mit uns zieht die neue Zeit«. Der Mythos Jugend. Hrsg. v. Thomas Koebner u. a. Frankfurt am Nain 1985, S. 199–223.
REUSCHEL, KARL: Theodor Fontanes nordische Balladen und Bilder, in: Festschrift für Eugen Mogk zum 70. Geburtstag. Halle an der Saale 1924, S. 335–349.
REUSS, MARTIN: Bismarck's Dismissal and the Holstein Circle, in: European Studies Review V, 1, 1975, S. 31–46.
ROBEL, GERT: Reisen und Kulturbeziehungen im Zeitalter der Aufklärung, in: Reisen und Reisebeschreibungen im 18. und 19. Jahrhundert als Quellen der Kulturbeziehungsforschung. (Studien zur Geschichte der Kulturbeziehungen in Mittel- und Osteuropa, Bd. 6.) Hrsg. v. Boris I. Krasnobaev/Gert Robel/Herbert Zeman. Berlin 1980, S. 9–37.
RÖHL, JOHN C. G.: Admiral von Müller and the Approach of War, 1911–1914, in: The Historical Journal XII, 4, 1969, S. 651–673.
DERS.: The Disintegration of the Kartell and the Politics of Bismarck's Fall from Power, 1887–90, in: The Historical Journal IX, 1, 1966, S. 60–89.
DERS.: Germany without Bismarck. The Crisis of Government in the Second Reich, 1890–1900. London 1967.

DERS.: Kaiser, Hof und Staat. Wilhelm II. und die deutsche Politik. München 1987.
DERS.: Kaiser Wilhelm II. »Eine Studie über Cäsarenwahnsinn«. (Schriften des Historischen Kollegs. Vorträge, 19.) München 1989.
DERS.: Staatsstreichplan oder Staatsstreichbereitschaft? Bismarcks Politik in der Entlassungskrise, in: Historische Zeitschrift 203, 1966, S. 610–624.
DERS./SOMBART, NICOLAUS (Eds.): Kaiser Wilhelm II. New Interpretations. The Corfu Papers. Cambridge/London/New York/New Rochelle/Melbourne/Sydney 1982.
ROGGE, HELMUTH: Holstein und Harden. Politisch-publizistisches Zusammenspiel zweier Außenseiter des Wilhelminischen Reiches. München 1959.
RÜEGG, WALTER: Jugend und Gesellschaft um 1900, in: Kulturkritik und Jugendkult. (Neunzehntes Jahrhundert, Forschungsunternehmen der Fritz Thyssen Stiftung.) Hrsg. v. dems. Frankfurt am Main 1974.
SCHADT, HERMANN/SCHNEIDER, INA/YPERLAAN, PIETER JOHANNES: Kaiserliches Gold und Silber. Schätze der Hohenzollern aus dem Schloß Huis Doorn. Katalog zur Ausstellung im Deutschen Goldschmiedehaus Hanau, 24. November 1985 bis 23. Februar 1986.
SCHEMANN, LUDWIG: Gobineau. Eine Biographie. 2 Bde. Straßburg 1913–1916.
SCHMIDT-PAULI, EDGAR VON: Fürst Bülows Denk-Unwürdigkeiten. Berlin 1931.
SCHNALL, UWE: Faszination des Nordens. Kreuzfahrten nach Norwegen, in: Deutsche Schiffahrt 2, 1988, S. 9–16.
SCHRAEPLER, E.: Die Forschung über den Ausbruch des Ersten Weltkrieges im Wandel des Geschichtsbildes 1919–1969, in: Geschichte in Wissenschaft und Unterricht 23, 1972, S. 321–338.
SCHÖLLGEN, GREGOR: Die Großmacht als Weltmacht. Idee, Wirklichkeit und Perzeption deutscher »Weltpolitik« im Zeitalter des Imperialismus, in: Historische Zeitschrift 248, 1989, S. 79–100.
DERS.: Das Zeitalter des Imperialismus. (Oldenbourg. Grundriß der Geschichte, Bd. 15.) München 1986.
SCHOEPS, HANS JOACHIM: Das Wilhelminische Zeitalter in geistesgeschichtlicher Sicht, in: Das Wilhelminische Zeitalter. (Zeitgeist im Wandel, Bd. 1.) Hrsg. v. dems. Stuttgart 1967, S. 11–39.
SCHRÖDER, HANS: Die diplomatischen Beziehungen zwischen England und den skandinavischen Ländern 1905–1908, in: Wissenschaftliche Zeitschrift der Ernst-Moritz-Arndt-Universität Greifswald. Gesellschafts- und sprachwissenschaftliche Reihe XIV, 2/3, 1965, S. 275–282.
SCHUBERTH, INGER: Schweden und das Deutsche Reich im Ersten Weltkrieg. Die Aktivistenbewegung 1914–1918. Diss. phil. (Bonner Historische Forschungen, Bd. 46.) Bonn 1979.
SCHÜLER, WINFRIED: Der Bayreuther Kreis von seiner Entstehung bis zum Ausgang der wilhelminischen Ära. Wagnerkult und Kulturreform

im Geiste völkischer Weltanschauung. (Neue Münstersche Beiträge zur Geschichtsforschung, Bd. 12.) Münster 1971.

SCHWERTE, HANS: Deutsche Literatur im Wilhelminischen Zeitalter, in: Das Wilhelminische Zeitalter. (Zeitgeist im Wandel: Bd. 1.) Hrsg. v. Hans Joachim Schoeps. Stuttgart 1967, S. 121–145. Zuerst erschienen in: Wirkendes Wort XIV, 4, 1964, S. 254–270.

SEE, KLAUS VON: Der Germane als Barbar, in: Jahrbuch für Internationale Germanistik XIII, 1, 1981, S. 42–72.

DERS.: Germanenbilder, in: Die Nibelungen – Bilder von Liebe, Verrat und Untergang. Hrsg. v. Wolfgang Storch. München 1987, S. 85 bis 90.

DERS.: Deutsche Germanen-Ideologie vom Humanismus bis zur Gegenwart. Frankfurt am Main 1970.

DERS.: Politische Männerbund-Ideologie von der wilhelminischen Zeit bis zum Nationalsozialismus, in: Männerbünde – Männerbande. Zur Rolle des Mannes im Kulturvergleich, Bd. 1. Hrsg. v. Gisela Völger / Karin von Welck. Köln 1990, S. 93–102.

DERS. (Hrsg.): Die Strindberg-Fehde. Frankfurt am Main 1987.

SENGLE, FRIEDRICH: Wunschbild Land und Schreckbild Stadt. Zu einem zentralen Thema der neueren deutschen Literatur, in: Studium generale XVI, 10, 1963, S. 619–631.

SEVE, NIELS DE: Molde Bys Historie. Bd. 2, 1838–1916. Eksportby-Turistby-Industriby. Molde 1963.

SHETELIG, HAAKON: Mohr, Conrad, in: Norsk Biografisk Leksikon. Bd. 9. Oslo 1940, S. 299–301.

SIEVERT, HEDWIG: Die Kieler Woche, in: Übersee. Seefahrt und Seemacht im deutschen Kaiserreich. Hrsg. v. Volker Plagemann. München 1988, S. 49–52.

SJØVOLD, THORLEIF: Vikingskipene i Oslo. (Universitetets Oldsaksamling.) Oslo 1985.

SOMBART, NICOLAUS: The Kaiser in His Epoch: Some Reflexions on Wilhelmine Society, Sexuality and Culture, in: Kaiser Wilhelm II. New Interpretations. The Corfu Papers. Ed. by John C. G. Röhl / Nicolaus Sombart. Cambridge / London / New York / New Rochelle / Melbourne / Sydney 1982, S. 287–311.

DERS.: Nachdenken über Deutschland. Vom Historismus zur Psychoanalyse. München 1987.

STAVANGER TURISTFORENINGS ANNALER. 1887–1937 i utdrag ved sekretæren Olav Engen. Stavanger 1937.

STEEN, SVERRE: Næringslivet, in: Hordaland og Bergen. (Bygd og By i Norge.) Hrsg. v. Gunnar Hagen Hartvedt. Oslo 1970, S. 279–324.

STUBMANN, PETER FRANZ: Ballin. Leben und Werk eines deutschen Reeders. Berlin 1926.

STÜRMER, MICHAEL: Machtgefüge und Verbandsentwicklung im wilhelminischen Deutschland, in: Neue Politische Literatur XIV, 4, 1969, S. 490–507.

SVÄRDSTRÖM, SVANTE: Monarkmötet i Gävle 1905, in: Livrustkammaren XI, 3/4, 1967, S. 55–64.
SVANSTRÖM, RAGNAR: En bok om Wilhelm II. Stockholm 1978.
DERS.: Kring Kejsaren. Tyska porträtt. 1890–1914. Stockholm 1932.
THEWELEIT, KLAUS: Männerphantasien. 2 Bde. in einem. Basel/Frankfurt am Main 1986.
THIMME, FRIEDRICH (Hrsg.): Front wider Bülow. München 1931.
THORSON, ODD: Ålesund 1848–1948. Økonomisk og kommunal historie. 2 Bde. Oslo 1948–1952.
TITTEL, LUTZ: Die »Spur der Nibelungen« in deutschen Monumentaldenkmälern, in: Die Nibelungen – Bilder von Liebe, Verrat und Untergang. Hrsg. v. Wolfgang Storch. München 1987, S. 91–95.
TSCHUDI-MADSEN, STEPHAN: Veien hjem. Norsk arkitektur 1870–1914, in: Norges kunsthistorie. Bd. 5. Oslo 1981, S. 7–108.
TVINNEREIM, HELGA STAVE: Arkitektur i Ålesund 1904–1907. Oppattbygginga av byn etter brannen 23. januar 1904. Ålesund 1981.
VALENTIN, VEIT: Deutschlands Außenpolitik von Bismarcks Abgang bis zum Ende des Weltkrieges. Berlin 1921.
VEDUNG, EVERT: Unionsdebatten 1905. En jämförelse mellan argumenteringen i Sverige och Norge. (Skrifter utgivna av statsvetenskapliga föreningen i Uppsala, Bd. 57.) Stockholm 1971.
VIKTORIA LUISE, HERZOGIN VON BRAUNSCHWEIG: Bilder der Kaiserzeit. 2. Aufl. Göttingen 1970.
VÖLGER, GISELA/WELCK, KARIN VON (Hrsg.): Männerbünde – Männerbande. Zur Rolle des Mannes im Kulturvergleich. 2 Bde. Köln 1990.
VOGEL, BARBARA: Deutsche Rußlandpolitik. Das Scheitern der deutschen Weltpolitik unter Bülow 1900–1906. (Studien zur modernen Geschichte, Bd. 11.) Düsseldorf 1973.
VONDUNG, KLAUS (Hrsg.): Das Wilhelminische Bildungsbürgertum. Zur Sozialgeschichte seiner Ideen. Göttingen 1976.
WÅHLSTRAND, ARNE: 1905 års ministärkriser. (Skrifter utgivna av statsvetenskapliga föreningen i Uppsala, Bd. 11.) Uppsala/Stockholm 1941.
WALL, ANNIE: Omkring Christian Michelsen och 1905. Oslo 1925.
WALLER, STURE M.: Oskar (II.), Preußen och Tyskland. En politisk omvändelse och dess orsaker, in: Historisk Tidskrift, Stockholm, 1, 1959, S. 1–35.
WEDEL JARLSBERG, FREDRIK: 1905. Kongevalget. Oslo 1946.
WEHLER, HANS-ULRICH: Das deutsche Kaiserreich 1871–1918. (Deutsche Geschichte, Bd. 9.) Göttingen 1973.
WEIBULL, JÖRGEN: Kronprins Gustaf inför unionsupplösningen 1905, in: Scandia XXVI, 2, 1960, S. 167–229.
DERS.: Inför unionsupplösningen 1905. Konsulatsfrågan. Stockholm 1962.
WENDEL, FRIEDRICH: Wilhelm II. in der Karikatur. Dresden 1928.
WERNECKE, KLAUS: Der Wille zur Weltgeltung. Außenpolitik und Öffentlichkeit im Kaiserreich am Vorabend des Ersten Weltkrieges. Düsseldorf 1970.

WERNER, YVONNE MARIA: Svensk-tyska förbindelser kring sekelskiftet 1900. Politik och ekonomi vid tillkomsten av 1906 års svensk-tyska handels- och sjöfartstraktat. (Bibliotheca historica Lundensis, Bd. 65.) Lund 1989.
WIG, KJELL ARNLJOT: Spillet om tronen. Oslo 1980.
WILKE, EKKEHARD-TEJA P. W.: Political Decadence in Imperial Germany. Personnel-political Aspects of the German Government Crisis 1894–1897. (Illinois Studies in the Social Sciences, Vol. 59.) Urbana/ Chicago/London 1976.
WORM-MÜLLER, JACOB S.: Kongespørsmålet i 1905, in: Samtiden 64, 1955, S. 613–620.
WYLLER, THOMAS CHRISTIAN: Christian Michelsen. Politikeren. Oslo 1975.

X. Abkürzungsverzeichnis

BA	Bundesarchiv, Koblenz
BA-MA	Bundesarchiv-Militärarchiv, Freiburg
BFA	Bernadotteska Familjearkivet, Stockholm
BPH	Brandenburg-Preußisches Hausarchiv
DD	Die Deutschen Dokumente zum Kriegsausbruch 1914. Hrsg. im Auftrage des Auswärtigen Amtes v. Graf Max Montgelas/ Walter Schücking. 4 Bde. 2. Aufl. Berlin 1921.
DSM	Deutsches Schiffahrtsmuseum, Bremerhaven
GP	Die Große Politik der Europäischen Kabinette 1871–1914. Sammlung der Diplomatischen Akten des Auswärtigen Amtes, im Auftrage des Auswärtigen Amtes hrsg. v. Johannes Lepsius/Albrecht Mendelssohn-Bartholdy/Friedrich Thimme. 40 Bde. in 54. Berlin 1922–1927.
GStA PK	Geheimes Staatsarchiv Preußischer Kulturbesitz, Berlin
KB	Kungliga Biblioteket, Stockholm
NUD	Det Kongelige Utenriksdepartement, Oslo
PA AA	Politisches Archiv des Auswärtigen Amtes, Bonn
RA	Riksarkivet, Stockholm
SB PK	Staatsbibliothek Preußischer Kulturbesitz, Berlin
SSHM	Statens Sjöhistoriska Museum, Stockholm
StAD	Hessisches Staatsarchiv, Darmstadt
UD	Utrikesdepartementet, Stockholm

XI. Personenregister

Kursiv gedruckte Zahlen weisen auf Abbildungen hin.
Kaiser Wilhelm II. wurde nicht ins Register aufgenommen.

Aall, Hans 89
Aall, Herman Harris 117
Abdul Hamid II., Sultan der Türkei 27
Adler, F. 191
Albert, König von Sachsen 211
Albert, Prinz zu Schleswig-Holstein 40, 69, 143, 176, 222
Alexander, Prinz von Dänemark 157
Alexander III., Zar von Rußland 106f.
Alexandra, Prinzessin von Dänemark 107
Althoff, Friedrich 43
Alvensleben, Friedrich Johann Graf von 200
Arminius, Cheruskerfürst 85
Arnim, Volkmar von 222
August Wilhelm, Prinz von Preußen 45
Auguste Viktoria, Deutsche Kaiserin und Königin von Preußen 45, 223

Bachmann, von, stellvertretender Chef der Marinestation der Ostsee 179
Bade, Wilhelm 211
Ballin, Albert 187
Bandel, Ernst von 85
Bang, Herman Joachim 183
Baroda, Maharaja Geakvar von 183
Bassermann, Ernst 106, 208
Baudissin, Friedrich Graf von 222
Bebel, August 23
Becker, Carl Heinrich 216
Begas, Reinhold 75
Berchem, Maximilian Graf von 31
Berchtold, Leopold Anton Graf von 172
Berg, Björn *34*
Berg, Gustav Freiherr von 222
Berg, Roald 117
Bergström 167
Bernhardi, Friedrich von 53
Bernstorff, Johann Hartwig Graf von 103

Bethmann Hollweg, Theobald von 86, 105, 164f., 169ff., 179, 195, 205, 207, 209f.
Bexell, Alfred 141
Birilew, Alexei 150
Bismarck, Herbert Nikolaus Graf von 55, 60, 62, 64
Bismarck, Otto Fürst von 26, 35, 55, 60ff., 71, 97, 105, 110, 113f., 148
Bjørnson, Bjørnstjerne *35*, 133, 181, 203
Blehr, Otto 128
Blüher, Hans 47f.
Böhn, Hans von 42, 222
Boetticher, Karl Heinrich von 66f.
Bohrdt, Prof. Hans 36, 38f., 45, *45*, 191f., 222
Borsig, August 208
Borsig, Ernst von 208
Brandes, Georg [Morris Cohen] 98
Brandt, G. *13*, 51
Brockdorff-Rantzau, Ulrich von 103
Bronsart von Schellendorf, Walter 64–67
Büchsel 108
Bülow, Adolf von 32, 50, 58, 62, 223
Bülow, Bernhard Fürst von 28, 33, 35, 52–56, 63–71, 102, 105, 107, 109, 112, 122, 127, 131f., 135f., 138ff., 145ff., 158–164, 166, 196, 210, 218
Bülow, Flügeladjutant und Fregattenkapitän von 222
Busch, Klemens von 103, 112, 119, 124, 139
Bußmann, Walter 68

Caligula [Gajus Julius Caesar Germanicus], römischer Kaiser 50, 175
Caprivi, Georg Leo Graf von 63f., 103, 106, 112, 118f., 124ff., 139, 142
Carl, Prinz von Dänemark 143, 145, 149, 157f.

Carl, Prinz von Schweden *35*, 123, 145, 227
Carola, Königin von Sachsen 211
Cecil, Lamar 17
Chaillu, Paul B. du 183, 194
Chamberlain, Houston Stewart 20, 35f., 76–79, 86, 215
Chelius, Oskar von 42, 223
Christensen 143
Christian, Prinz zu Schleswig-Holstein-Sonderburg-Augustenburg 40
Christian IX., König von Dänemark, Herzog von Schleswig und Holstein 107ff., 155ff.
Christophersen, norwegischer Gesandter in Berlin 143
Comte, Auguste 115
Conradi, Hermann 34

Dagmar, Prinzessin von Dänemark 107
Dahl, Hans *10*, 38, 85, 167
Dahl Bækkelund, Ingeborg 31
Dahn, Felix 20, 100, 205
Dauthendey, Max 185
Delitzsch, Friedrich 81
Deuntzer, Johan Henrik 108
Dickhuth-Harrach, Oberstleutnant von 222
Diederichs, Eugen 15
Dietrichson, Lorentz 91
Ditten, Thor von 84, 87, 143, 158, 166f.
Dönhoff-Friedrichstein, Karl Graf von 94f.
Doepler, Karl Emil *26*
Doepler d. J., Emil *26*, 97
Dohna-Schlobitten, General Graf zu 223
Dohna-Schlobitten, Richard Fürst zu 24
Dommes, Wilhelm von 223
Douglas, Ludvig Wilhelm August Graf 126, 129f.
Dove, Heinrich von 208
Dresky, Hauptmann von 101
Drexel 139

266

Edward VII., König von Großbritannien und Irland 107, 142, 145, 159, 183, 218
Egloffstein, Heinrich Freiherr von und zu 43
Ehrensvärd d. J., Albert 141
Einem gen. von Rothmaler, Karl Wilhelm von 223
Eitel Friedrich, Prinz von Preußen 143
Elias, Norbert 17
Elisabeth, Kaiserin von Österreich und Königin von Ungarn 24, 86
Erler, Fritz 97
Ernst Günther, Herzog von Schleswig-Holstein-Sonderburg-Augustenburg 143
Erzberger, Matthias 208
Etzel (Attila), König der Hunnen 197
Eugen, Prinz von Schweden 123, 227
Eugénie, Kaiserin der Franzosen 183
Eulenburg, August Graf zu 43, 45, 223
Eulenburg, Botho Graf zu 64, 66
Eulenburg-Hertefeld, Philipp Fürst zu 16, 17, *17*, 18, *18*, 19f., 24, 29f., 33f., 36ff., 43, 45f., 49, 53f., 56–61, 63–79, 82, 89f., 92, 96, 111, 116ff., 120–123, 125, 127, 129, 192f., 200, 211, 215f., 222, 224f., 228, 231
Eyck, Erich 16f., 154

Faber du Faur, von, dt. Generalkonsul in Norwegen 132, 135, 155
Fahlbeck, Pontus 124, 165
Falkenberg, Gustaf Freiherr von 87f., 167
Falkenhayn, Erich von 169, 223
Fehrenbach, Elisabeth 16
Fidus [Hugo Höppener] 14, 189
Fischer, Fritz 171, 173
Fischer, Samuel 208
Fleetwood, Carl Georgsson 114f., 118
Fontane, Theodor 14, 71, 73, 93
Forsström, Edvard 2, *30*, *33*, 35f., 104, 133
Franz Ferdinand, Erzherzog, österreichisch-ungarischer Thronfolger 169f., 174

Franz Joseph I., Kaiser von Österreich und König von Ungarn 129, 170, 174
Freytag-Loringhoven, Generalleutnant Freiherr von 223
Friedeburg, General von 42, 223
Friedlaender, Georg 14
Friedrich I., Großherzog von Baden 145
Friedrich II., König von Preußen 93
Friedrich III., Deutscher Kaiser und König von Preußen 55, 73
Friedrich Ferdinand, Herzog von Schleswig-Holstein-Sonderburg-Augustenburg 143
Fröding, Gustaf 111
Frommel, Emil 196
Fürstenberg, Maximilian Egon Fürst zu *1*, 24, 45

Gabriel, deutscher Konsul in Wien 94f.
Gade, Konsul 89
Gaertner-Griebener, Baron von 31, 118
Geiss, Imanuel 172
Gennerich, Theodor 181
Gerlach, Hellmuth von 151
Gersdorff, Claire von 46, 223
Gervais, Konteradmiral 106
Giaever, Johannes H. 211, 225
Giesl von Gieslingen, Wladimir Freiherr von 177
Gladstone, William Ewart 183
Gobineau, Joseph Arthur Graf 20, 75ff., 112
Goelette 139
Göns, Georg 45, 196
Görlitz, Walter 43, 180
Görtz, s. Schlitz gen. Görtz
Goethe, Johann Wolfgang von 96, 100, 111
Goetz, Walter 16, 152, 154
Gollwitzer, Heinz 205
Goluchowski, Agenor Maria Adam Graf 130
Grabein, Paul 192
Greenbaum, Direktionsmitglied der Vitascop GmbH 201
Grey, Sir Edward 163, 174
Grieg, Edvard 37, 98, 203
Gründer, Horst 27
Grumme-Douglas, Karl Ferdinand von 43, 132, 222
Güßfeldt, Prof. Dr. Paul 20, 25, 30, 32, 34, 39f., 44, 50, 56, 59, 81, 147ff., 152, 185, 194f., 200, 211, 217, 221

Gulbransson, Olaf *41*
Gustaf, Kronprinz von Schweden und Norwegen, seit 1907 König von Schweden *35*, *39*, 110, 116f., 120–126, 129f., 139f., 142, 145, 158, 164, 185f., 193, 195, 219, 224, 228, 231,
Gustaf II. Adolf, König von Schweden 103, 113, 185
Gustaf Wasa, König von Schweden 164
Gyldenstolpe, August Louis Fersen Graf 116, 137, 140, 145

Haakon VII., König von Norwegen *21*, *40*, 88, 104, 158ff., 166
Hahnke, Gustav von 198ff., 223
Hahnke, Wilhelm von 41, 44, 54, 199, 223
Hallström, Per 111
Hamilton, Hugo 144
Hamilton, Stephanie Gräfin 44
Hammer, Simon C. 21
Hamsun, Knut 190
Harald Haarfager, König von Norwegen 82
Harden, Maximilian [Maximilian Felix Ernst Witkowsky] 17, 53, 74, 92, 95
Harnack, Prof. Adolf von 106, 208
Hart, Heinrich 14
Hartmann, Ludwig 94
Hartung, Fritz 15f.
Hatzfeldt-Wildenburg, Paul Graf von 142
Hauptmann, Gerhart 208
Hedin, Sven *39*, 124, 148, 165, 202f., 207
Heidenstam, Verner von 166, 208
Heine, Thomas Theodor 27
Heinemann, Direktor der Deutschen Bank 208
Heinrich, Prinz von Preußen *43*, 188
Heintze-Weißrode, Heinrich Freiherr von 43, 222
Helene, Prinzessin von Großbritannien 40
Helvig, Amalie von 83
Henking, Hermann 212
Herder, Johann Gottfried von 21, 111

267

Hergesell, Prof. Dr. Hugo 204
Hertling, Georg Graf von 172f., 177
Herzl, Theodor 27
Hessenthal, von, Zeremonienmeister 43, 223
Hildebrand, Karl 127
Hildebrand, Klaus 102
Hinzpeter, Dr. Georg Ernst 38
Hjärne, Harald 209
Höpfner, Paul von 222
Hofmann, Hermann 62
Hohenau, Graf von 43
Hohenlohe-Schillingsfürst, Chlodwig Fürst zu 63–67, 93ff., 127f., 142, 200
Hollmann, Friedrich von 43
Holm 88
Holstein, Friedrich von 45, 53f., 57–61, 63–67, 102, 111, 120, 140, 150ff.
Holzing-Berstett, Major Freiherr von 223
Horaz [Quintus Horatius Flaccus] 13
Hoyos, Alexander Graf von 171
Hubatsch, Walther 18, 121, 125
Huber, Ernst Rudolf 16
Hubner, Bertha 209
Hülsen-Haeseler, Botho Graf von 37
Hülsen-Haeseler, Dietrich Graf von 37, 41ff., 105, 222
Hülsen-Haeseler, Georg Graf von 36ff., 42, 222
Hull, Isabel V. 17

Ibsen, Henrik 20, 37, 47, 98, 202f., 216
Ibsen, Sigurd 203
Ihlen, Claus 167
Ilberg, Dr. Friedrich von 42f., 222
Ingeborg, Prinzessin von Schweden 35
Ingenohl, Admiral von 178
Irgens, Johannes 84, 87, 167
Iswolski, Alexander Petrowitsch 154

Jacobi, F. W. L. Albano von 42, 222
Jagow, Gottlieb von 169, 172, 174, 177, 179f.
James, William 28
Jaurès, Jean 23
Jenisch, s. Rücker-Jenisch
Jensen, Anton 90
Johann, Ernst 196

Juch, Zeichner *27*
Jürgensen, Hofphotograph 201
Jüttner, F. *3, 7*
Jungar, Sune 141

Kaempf, Dr. Johannes 208
Kalckstein, Georg von 223
Karl XII., König von Schweden 103, 165f., 208
Karl XV., König von Schweden 112f.
Kautsky, Karl 40
Kayser, Dr. Paul 60
Keller, Friedrich Wilhelm Graf 46, 223
Kessel, Gustav von 42, 44, 221
Keßler, Johannes 36, 45, 196, 223
Ketteler, Klemens Freiherr von 196
Key, Ellen 98
Kiderlen-Wächter, Alfred von 32, 41, 43f., 49, 52ff., 57–61, 63, 103, 109, 217, 222
Kinast, Johannes 189
Kjellén, Rudolf 124, 165
Klehmet, Reinhold 43
Klein, Walter 154
Kleist, General von 223
Klinkowström, Arthur Graf von 223
Klopstock, Friedrich Gottlieb 96
Kluhs, Musikdirektor 92
Knackfuß, Hermann 92, 97, 198
Knesebeck, Bodo von dem 46, 223
Knorr, von 32
Köller, Ernst Matthias von 64f.
Kohut, Thomas A. 50, 79
Kollwitz, Käthe 99
Koner, Max 99
Krieger, Folkert 103
Krupp, Friedrich Alfred 47
Kühlmann, Richard von 102

Lagarde, Paul Anton de [P. A. Bötticher] 76
Lagerheim, Alfred 104, 110f., 118, 121f., 129, 209
Lagerlöf, Selma 209
Lamprecht, Karl 24
Lamzdorf, Wladimir Graf 148, 153
Landgren, Lars 113
Langbehn, Julius 77, 101
Lange, Architekt 90

Langen, Albert 27
Larsson, Carl 209
Lauenstein, Oberst von 223
Lausberg, Carl 186
Lenbach, Franz von 75
Leopold II., König der Belgier 183
Leuthold, Prof. Dr. Rudolph von 42, 222
Lewenhaupt, Carl 103, 119, 141
Lewetzow, Leutnant von 200, 223
Leyden, Casimir Carl Maximilian Graf von 112, 122, 127
Lie, Michael 143, 160
Liebermann, Max 75
Lilienthal, Erich 210, 217
Liljefors, Bruno 203
Liman, Paul 23
Lindberg, Folke 18, 121, 162
Linse, Ulrich 35
Lippe, Flügeladjutant und Oberst von 222
Lloyd George, David 169
Lobanov Rostovskij, Alexei Borissowitsch Fürst 227f.
Loening, Arthur 202
Løvland, Jørgen Gundersen 158, 160
Loewe, Carl 71
Loewenfeld, Alfred von 42f., 222
Lortzing, Albert 80
Lucanus, Dr. Hermann von 43, 223
Lucius, von 207
Ludwig, Emil [Emil Cohn] 45
Lyncker, Maximilian Freiherr von 40, 221
Lyncker, Moritz Freiherr von 41, 105, 222

Mackensen, Hans-Georg von 223
Mann, Golo 23
Marie, Prinzessin von Dänemark 146
Marschall von Bieberstein, Adolf Freiherr 60f., 63–67, 118f., 124, 158, 223
Marschall gen. Greiff, Ulrich Freiherr von 223
Maud, Prinzessin von Großbritannien, seit 1905 Königin von Norwegen 144, 157
Maupassant, Guy de 115
Menier, Gaston 161f.
Mensing, Admiral von 43, 223
Menzel, Adolf von 75

Messer, Gesandter von 59
Metternich, von 41
Metternich, Paul Graf von Wolff 155
Michelsen, Christian 40, 133f., 166
Miller, Fritz von 28, 97
Moeller, Cajus 206
Mogge, Winfried 35
Mohnike, Gottlieb 83
Mohr, Conrad 51, 89f., 134, 215
Molin, Johan [Jean] Peter 166
Moltke, Cuno Graf von 17, 34, 37f., 41, 46, 92, 222
Moltke, Helmuth Graf von 34, 41, 44, 56, 84, 139, 146f., 152, 169, 222
Monaco, Fürst Albert von 183
Mühlberg, Otto von 158
Müller, Felix von 138f., 155, 166
Müller, Georg Alexander von 24, 30f., 33, 37, 41, 43, 49, 83f., 87, 166, 170f., 177–180, 222
Müller-Meiningen, Dr. Ernst 208
Munch, Edvard 99
Munthe, Gerhard Peter Frantz Vilhelm 203
Munthe, Heinrich 91
Munthe, Holm 23, 90, 215
Mutius, Maximilian von 223
Myerheim, Paul 75

Nansen, Fridtjof 134ff., 157, 167, 188, 203
Napoleon I., Kaiser der Franzosen 166, 182
Naso, Eckart von 42
Naumann, Friedrich 215
Neumann-Cosel, Gustav von 223
Niedner, Dr. Otto von 42, 223
Niemann, George 75
Nikolaus I., Zar von Rußland 151
Nikolaus II., Zar von Rußland 39, 146f., 149, 151, 154, 218
Nissen, Johannes Henrik 132

Oberndorff, Dr. Graf von, Gesandter und bevollmächtigter Minister zu Christiania 86, 167, 210
Oertzen, Freiherr von 118
Olaf V., König von Norwegen 157
Olssøn, Christian Wilhelm Engel Bredal 160

Omang, Reidar 162
Oscar II., König von Schweden und Norwegen 15, 34f., 80, 89, 98, 110–114, 117–123, 125ff., 129, 132f., 135f., 139, 145, 149, 164, 182f., 219, 227
Osten-Sacken, Nikolai Dimitriovich Graf von der 153
Otto, Prinz zu Sayn-Wittgenstein 40, 222

Paasche, Prof. Dr. Hermann 208
Paleske, Flügeladjutant und Korvettenkapitän Freiherr von 223
Percy, Thomas 71
Pfuel, Richard von 114
Platen-Hallermund, Fügeladjutant und Kapitänleutnant Graf von 223
Plessen, Hans Georg Hermann von 42, 45, 223
Plüskow, von 223
Plunkett, Sir Francis Richard 114, 142
Poincaré, Raymond 173
Prell, Hermann 99, 99
Pritzelwitz, General von 223
Pückler, Carl E. H. F. von 164, 195
Pückler, Hofmarschall 43

Quidde, Ludwig 50, 175

Raben-Lewetzau, Frederik Graf von 143f., 157
Rathenau, Walther 14, 41, 46
Rebeur-Paschwitz, Kapitän zur See von 222
Recke, von der 93
Redern, Wilhelm Graf von 43
Reichenau, Franz von 164f., 204, 206f., 209
Reinhardt, Max 208
Reischach, Hofmarschall 43
Reuss, Martin 61
Richter, Feldprobst 196
Richter, Gustav 75
Richthofen, Ferdinand Freiherr von 203
Richthofen, Oswald Freiherr von 108, 119f., 125, 139f., 143, 150
Riezler, Kurt 173
Rodd, Sir Rennell 122
Rodenberg, Julius 194
Röhl, John C. G. 16ff., 43, 58, 61, 68, 180

Röntgen, Julius 98
Rosen, Friedrich 29, 43, 59
Rubinstein, Anton Grigorjewitsch 75
Rücker-Jenisch, Martin Freiherr von 41, 45, 160f., 223
Rumbold, Sir Horace 142
Rydberg, Viktor 111
Rydning, Knut Axel 35

Salisbury, Robert Arthur Talbot Gascoyne-Cecil Marquis of 114, 124, 227
Saltzmann, Prof. Carl 14, 32, 34, 38f., 48, 212, 221
Sandels, Augusta Gräfin 43
Scheller, deutscher Gesandter in Christiania 166
Schemann, Ludwig 75ff.
Schiemann, Prof. Dr. Theodor 40, 43, 53ff., 223
Schimmelmann, Baron von, deutscher Marineattaché für die nordischen Reiche 105
Schleinitz, Marie Gräfin von 75
Schlitz gen. Görtz, Emil Graf von 20, 24, 36ff., 84f., 92, 176, 200, 222
Schmettow, Major Graf von 223
Schmidt, Alfred 31
Schoen, Hans von 172f., 177
Schoen, Wilhelm Freiherr von 43, 52, 103, 107, 109, 135, 143, 153, 156, 159, 205
Scholl, Friedrich von 42f., 221
Schonberg, T. 39
Schulenburg-Wolfsburg, Gräfin von der 46, 223
Schulze-Gaevernitz, Prof. Dr. Gerhart von 208
Schurtz, Heinrich 47
Schwartzkoppen, von 52
Schwering, Count Axel von [Pseud.] 19, 174–177
Schytte-Berg, Architekt 133
Scott, Sir Walter 71, 99
Seckendorff, Admiral Freiherr von 43, 223
Senden, Flügeladjutant von 43
Senden-Bibran, Gustav Freiherr von 31, 41, 43, 51, 222
Siemens, Wilhelm von 208
Sinding-Larsen, Holger 23
Slevogt, Max 75
Snorri Sturluson 203
Soden, Maximilian Graf von 223

269

Sofia, Königin von Schweden und Norwegen 121, 123
Sombart, Nicolaus 46, 48f.
Ssasanow, Sergei 154
Staaff, Karl 87f., 164
Steen, Johannes Wilhelm Christian 35, 128
Stein, Charlotte von 83
Stempel, von 223
Stöwer, Prof. Willy 10, 38f., 43ff., 59, 223
Strindberg, August 20, 98, 216
Stuebel, Dr. Oscar 158, 160
Suchomlinow, Wladimir 154
Svanström, Ragnar 87
Swaine, Leopold 227
Szögyényi-Marich, Ladislaus Graf 170ff.

Tacitus, Cornelius 80
Taine, Hippolyte 115
Taube, Arvid F. Graf 104, 116, 122, 136f., 140, 143, 145, 159, 161, 210
Tegnér, Esaias 82f., 99, 216
Theweleit, Klaus 46ff.
Thiis, Jens 203
Thomsen, Admiral 224
Thrap-Meyer, Henrik 90
Tirpitz, Alfred von 14, 107, 169
Tisza de Boros-Jenö, István Stephan 171
Treutler, Karl Georg von 40f., 44, 163f., 166, 222
Trolle, Eric 140, 159, 161, 209f.
Trotha, von 224
Tschirschky und Bögendorff, Heinrich von 41, 43, 52, 54, 98, 140, 145, 148ff., 152, 156, 160, 162, 169f., 222
Tschulalongkorn Rama V., König von Siam 183

Uhde, Fritz von 99
Unger, Prof. Eduard 10, 19, 38, 84f.
Upmark, Eva 209
Usedom, Guido von 42, 224

Valdemar, Prinz von Dänemark 145f., 227f.
Valentin, Veit 102
Valentini, Rudolph von 43
Vanderbilt 139
Varnbüler, Axel Freiherr von 59
Victoria, Königin von Großbritannien und Irland 40
Victoria, Kronprinzessin von Schweden und Norwegen, seit 1907 Königin von Schweden 110, 120, 145, 225, 231f.
Viktoria Luise, Prinzessin von Preußen 45
Vogelsang, Kapitän 44

Wagener, Bruno 93
Wagner, Cosima 75f.
Wagner, Richard 20, 75f., 80f.
Waldeck-Rousseau, Pierre 161
Waldersee, Alfred Graf von 32, 41, 50, 58, 61f., 66, 169, 172, 224
Wallwitz, Nikolaus H. V. Graf von 128
Wedekind, Frank 27
Wedel, Carl Graf von 42f., 58, 62, 102, 105, 128, 142, 178ff., 223
Wedel Jarlsberg, Fredrik 119, 134f., 143
Wegel, Dr. 224
Wehler, Hans-Ulrich 16
Weizsäcker, Ernst 131, 180
Werner, Anton von 75, 99
Werthern, Freiherr von 158
Wesendonck, deutscher Marineattaché für die nordischen Reiche 168
Whitlock, Anna 209
Widerström, Karolina 209
Wied, Prinz und Prinzessin zu 94
Wiese, von der 224
Wieselgren, Sigfrid 121, 136
Wilde, Alexander 112
Wildenbruch, Ernst von 99
Wilhelm, Kronprinz des Deutschen Reiches und von Preußen, Sohn Kaiser Wilhelms II. 110
Wilhelm I., Deutscher Kaiser und König von Preußen 35, 79, 145, 151
Wislicenus, Georg 39
Witte, Sergei Juljewitsch Graf von 153
Wolff, Theodor 50
Wolzogen, Hans Paul Freiherr von 75f.

Zeppelin, Ferdinand Graf von 188
Zetterberg 8
Zimmermann, Arthur 170
Zitzewitz, Flügeladjutant und Major von 223
Zola, Émile 115